FOR2

FOR pleasure    FOR life

FOR2 25

# 好人總是自以爲是

政治與宗教如何將我們四分五裂

*The Righteous Mind*
*Why Good People Are Divided by Politics and Religion*



作者：強納森．海德特（Jonathan Haidt）
譯者：姚怡平
責任編輯：江灝
封面設計：兒日設計
美術編輯：Beatniks
校對：呂佳眞

法律顧問：董安丹律師、顧慕堯律師
出版者：英屬蓋曼群島商網路與書股份有限公司台灣分公司
發行：大塊文化出版股份有限公司
台北市 105022 南京東路四段 25 號 11 樓
www.locuspublishing.com
TEL：(02)8712-3898　FAX：(02)8712-3897
讀者服務專線：0800-006689
郵撥帳號：18955675　戶名：大塊文化出版股份有限公司

總經銷：大和書報圖書股份有限公司
地址：新北市 24890 新莊區五工五路 2 號
TEL：(02)8990-2588　FAX：(02)2290-1658
製版：瑞豐實業股份有限公司

初版一刷：2015 年 4 月
二版一刷：2022 年 4 月
二版三刷：2024 年 6 月
定價：新台幣 520 元
ISBN： 978-626-7063-10-1

Printed in Taiwan

# 好人總是自以為是

## 政治與宗教如何將我們四分五裂

強納森・海德特 著

姚怡平 譯

# The Righteous Mind

## Why Good People Are Divided by Politics and Religion

Jonathan Haidt

# 目次

CONTENTS

目次

CONTENTS

謹以本書獻給先父
哈洛德・海德特

我努力的目標，
不是為了嘲笑人類的行為，
也不是為了人類一掬傷心淚，
更不是為了憎恨人類，
我為的是瞭解人類。

——哲學家斯賓諾沙《政治論》（*Tractatus Politicus*，一六七六年）

# 前言

「我們能不能好好相處？」這句呼籲在美國相當知名，出自於一九九二年五月一日羅德尼．金恩（Rodney King）之口。金恩是個黑人，前一年遭四名洛杉磯警察痛毆，瀕臨死亡，美國全國上下都看過金恩挨打的錄影畫面。後來，陪審團宣告警方無罪，各地民眾憤慨不已，洛杉磯更是發生為期六天的暴動，共有五十三人遭殺害，逾七千棟建物遭縱火，暴動狀況多有現場直播，直升機在民眾的頭頂上盤旋，用新聞攝影機追蹤民眾的行動。一名白人卡車司機遭受極其恐怖的暴行，金恩心生憐憫之情，出面呼籲和平。

金恩說出的這句呼籲經美國人過度使用後，成了大家經常耳聞的一句俗話。這句口頭禪[1]多半用於博君一笑，很少用於認真呼籲大家相互瞭解。因此，要把金恩的話當成本書開頭第一句話，我不免多所猶豫，最後仍決定採用，此乃基於兩大理由。第一個理由，今日的美國人說出這句話時，並非針對種族關係，而是針對政治關係和跨黨派合作的失敗。很多美國人都覺得，華盛頓每晚傳來的消息猶如直接從華盛頓城上方盤旋的直升機拋下，是在傳遞戰區來的快電。

本書開頭採用這句老生常談，第二個理由就是金恩說了這句話後，還繼續說了一些少有人引用的美好話語。當時，接受電視訪談的金恩結結巴巴，努力抑制淚水，常常把話說了又說，接著他說：「拜託，我們可以在這裡好好相處的，我們可以好好相處的，我的意思是，我們全都會困在這裡好一陣子，好好努力解決問題吧。」

本書闡釋人類難以和睦相處的原因。我們的確會困在這裡好一陣子，因此起碼要盡力去瞭解人類為何如此容易分裂成幾個敵對的團體，為何各自確信所屬陣營扛著的旗幟是正義之旗。

終生致力於研究的人士往往會認為，自己著迷研究的某樣東西就是瞭解一切的關鍵所在。近年來，市面上有多本書籍講述烹飪、母愛、戰爭甚至鹽巴等等，究竟如何促進人類歷史的轉型，而本書正是其一。我研究的課題是道德心理學，我要證明道德這種獨特的人類能力促成了文明的誕生。我無意暗示烹飪、母愛、戰爭、鹽巴是不必要的，本書是站在道德心理學的角度，帶領讀者一探人性和歷史。

願讀者在這趟旅程的結尾，能以全新的思維去思考人類生命中最重要、最傷腦筋、最能引起不和的兩種話題——政治與宗教。禮儀書都教大家，在文明社會可別談論政治與宗教，可是我鼓勵大家討論。政治與宗教表達出我們潛在的道德心理，而瞭解背後的心理學就能有助於大家團結一心。本書的宗旨就是讓這兩種主題引起的一些憤怒與不和給排解出去，讓大家改以敬畏、驚嘆、好奇的眼光來看待。我們幸運極了，竟能發展出這一套複雜的道德心理學，這使得突然現身於森林和莽原的人類，歷經數千年的時間[2]，終於步入了愉快、舒適又特別和平的現代社會。希望本書能讓大家以更平常、更文明、更有趣的方式談論道德、政治、宗教等話題，甚至在有男有女、觀念各異的場合，也能大方討論。希望這樣的討論能協助大家融洽相處。

## 天生正義

我原本可以把書名取為 *The Moral Mind*（《道德之心》），藉以表達人類的心智係用於行道德之事，正如其用於語言、性欲、音樂，以及大眾書籍基於最新科學發現而提及之其他種種事物。不過，我卻選擇了 *The Righteous Mind*（直譯《正義之心》）這個書名，藉以傳達人性的本質不僅是講道德，同時也愛說教、愛批評、愛論斷。

Righteous 這個英文字源於古挪威文的 rettviss 以及古英文的 rihtwis，這兩個古字皆有「公道、正直、德行」[3]（just, upright, virtuous）的意思，這些意思納入了 *righteous* 與 *righteousness* 這兩個現代英文字當中。然而，時至今日，righteous 和 righteousness 二字卻帶有強烈的宗教含義，因為美國人往往把希伯來文的 tzedek 翻譯成 righteous 或 righteousness。在希伯來聖經裡，Tzedek 是一常見字，通常用於描述那些依據上帝旨意行事之人，同時也是用來指稱上帝的特質，以及上帝對人類的審判（往往很嚴厲，但大家一律認為那是公正的）。

Righteousness（正義）和 judgmentalism（論斷主義）之間的關係，從 righteous 一字的若干現代定義中便可得知，比如說，righteous 的其中一個字義即為「源於強烈的公道感、道德感或公平感」[4]。類似的關係也出現在 *self-righteous*（自以為是）這個詞彙，self-righteous 的意思是「對自己心中的正義深信不疑，尤其是跟別人的行為和信念背道而馳者；站在狹隘的立場講道德卻不寬容異見」[5]。我想要向讀者證明，著迷於正義——最後必然會變得自以為是——其實是一種很正常的人類境況（human condition），這是人類演化得來的特質，並不是某種毛病或錯誤悄悄潛入了客觀理性的心智裡[6]。

人類的正義之心使得人類——而非別種動物——得以組成大型的合作團體、部落和民族，不用藉由親屬關係就能相互依附。然而，人類的正義之心也必然會讓合作團體永遠苦於道德衝突。多個團體之間產生某種程度的衝突，這種情況甚至是社會邁向健全發展的必經之路。十幾歲的我曾經希望世界和平，而今日的我卻期盼世界有多種相互抵觸的意識型態維持在平衡狀態，期盼有多種課責制度（system of accountability）使我們不能拿得太多又不負責任，期盼越來越少人會認為正義之目的可合理化暴力之手段。這些願望不是很浪漫，卻很有可能成真。

## 內容預告

本書內容共分為三部分，讀者可視為三本獨立的書籍，只是每一部分都依附前一部分而生，每部分分別代表道德心理學的一項重要原理。

第一部分，闡述第一項原理——**直覺先來，策略推理後到**[7]。道德上的直覺係為自動出現，幾乎是即刻發生，早在道德推理（moral reasoning）尚未開始前就上場了。最先出現的直覺往往會促成後續的推理。如果你認為人是藉由道德推理來認清真相，那麼別人跟你意見不合時，對方所展現出的愚蠢、偏見、不合邏輯，肯定會讓你經常大失所望。然而，如果你把道德推理視為人類發展出的一種技巧，其目的是為了穩固自己的社會議題立場，為了合理化自己的行為，為了捍衛自己所屬的團隊，那麼一切就合理多了。請時時注意直覺，可別把道德論證信以為真，道德論證多半是事後才迅速建構出來，用以促成一項或多項策略目標。

第一部分的內容共有四章，中心隱喻係為「**心智一分為二，如同騎在大象上的騎象人，騎象人的工作就是服侍大象**」。騎象人代表的是有意識的推理，亦即人類充分意識到的一連串言語和意象。在心理歷程當中，騎象人只佔了百分之一，大象卻佔了其餘的百分之九十九，發生於意識之外，卻主導了大部分的行為[8]。這個象徵是我在上一本書——《象與騎象人》——發展出來的，該書說明人類終其一生跌跌撞撞地尋求意義和關聯之時，騎象人與大象是如何共同合作，而有時合作成效並不佳。本書使用象與騎象人的象徵來解決若干謎團，例如：為什麼（自己以外的）每個人都好像是偽君子[9]？為什麼政黨的死忠支持者情願相信無恥的謊言和陰謀論？另外，有些人對於理性思考似乎毫無反應，本書會運用前述象徵，向讀者說明應採用何種方法，才比較容易說服這種人。

第二部分，闡述道德心理學的第二項原理——**道德不光是傷害和公平而已**。內容共有四章，中心隱喻係為「**正義之心如同舌頭有六種味覺受體**」。西方的世俗道德規範如同一盤盤的菜餚，只試著去活化一種或兩種的味覺受體，不是關切傷害和苦難，就是關切公平和不公。然而，人類還擁有這麼多強大的道德直覺，比如說是自由、忠實、權威和神聖。本書會對以下疑問提出說明：「這六種味覺受體是從何而來？」「這些味覺受體是如何構成世上眾多道德菜餚的根基？」「為什麼右翼政治人物具有先天優勢，能烹調出選民喜愛的菜餚？」

第三部分，闡述第三項原理——**道德凝聚人心卻也令人目盲**。內容共有四章，中心隱喻係為「**人類是百分之九十的黑猩猩加上百分之十的蜜蜂**」。人類的天性是天擇而成，同時在兩個層次運作。在每個團體中，個體會相互競爭，而人類是靈長類動物的後代，對於這樣的競爭很是擅長。競爭讓人類的天性有了醜陋的一面，而講述人類演化起源的書籍往往是以醜陋面作為主題。人類確實是自私的偽君子，善於裝出一副仁義道德的模樣，連自己都被唬得一愣一愣。

然而，群體之間的競爭也會塑造人類的天性。許久以前，達爾文曾說，凝聚力最強、合作度最高的群體，往往都會擊敗那些由自私個體組成的群體。達爾文的群體演化概念早在一九六〇年代就已不受歡迎了，但最近的發現又讓達爾文的概念重回舞台，並具有深遠的含義。人類並非時時都是自私的偽君子，在特殊的情況下，也有能力拋下微小的自身，變成有如軀體裡的細胞，或者是蜂巢裡的蜜蜂，為了群體的意義而採取行動。這類的體驗通常是人類生命中極其珍愛的一部分，但蜂群思維有可能會讓我們對其他的道德層面視而不見。蜜蜂般的天性促成了利他主義、英雄主義、戰爭及種族屠殺。

若把正義之心視為靈長類動物的心智加上蜜蜂的表面，就能站在全新的角度看待道德、政治、宗教。本書會證明人類「高層次的天性」可促使人類極度利他，只不過利他的對象多半是跟自己同一群體的成員。本書會證明宗教（可能）是演化上的適應作用，以利凝聚群體的向心力，同時藉由共同的道德觀，協助群體建立社群。近年來，有些科學家（新無神論者）主張宗教是一種病毒或寄生蟲，但我不這麼認為。我會站在演化適應的觀點，解釋為何有些人是保守派，有些人是自由派（liberal，又稱改革派），有些人是自由意志派（libertarian，又稱古典自由派）。人們會支持那些跟自己抱有同樣道德觀的政治團體。人一接納了特定的觀點，就會對別種道德觀視而不見。

（詞彙備註：在美國，liberal 指的是改革派或左翼的政治信念，本書是基於這個意義使用此字。然而，在歐洲和其他地方，liberal 比較接近原本的字義，亦即自由的價值凌駕一切，涵蓋經濟活動在內。歐洲人使用 liberal 時，往往比較接近美國人說的 libertarian，無法輕易就以左右翼劃分[10]。本書提及 *liberal* 之處，美國地區以外的讀者或可替換為**進步派**〔progressive〕或**左翼**〔left-wing〕。）

讀者即將閱讀的章節，著墨於神經科學、遺傳學、社會心理學、演化模型等的最新研究結果。然而，本書的重點卻是以下這則古老的明訓，大家都應該要自知，自己其實是個自以為是的偽君子。

為什麼看見你弟兄眼中有刺，卻不想自己眼中有梁木呢？你自己眼中有梁木，怎能對你弟兄說：容我去掉你眼中的刺呢？你這假冒為善的人！先去掉自己眼中的梁木，然後才能看得清楚，去掉你弟兄眼中的刺。（《馬太福音》第七章第三節至第五節）

若要啟蒙思想（或可說是智慧），我們全都必須去掉自己眼中的刺，然後逃離自己那一套永無休止、心胸狹窄又引起不和的道德主義。八世紀僧璨禪師撰寫的〈信心銘〉曾言：

至道無難，唯嫌揀擇。
但莫憎愛，洞然明白。
毫釐有差，天地懸隔。
欲得現前，莫存順逆。
違順相爭，是為心病。

我並非要大家奉行僧璨禪師的教誨過日子，其實我認為，世界要是沒了道德主義，沒了閒話，沒了批評，很快就會腐朽衰敗，陷入一片混亂。然而，假使想要瞭解自身、自身分歧的意見、自身的侷限、自身的潛力，那麼就必須往後退一步，放下自己的那一套道德主義，運用道德心理學的一些技巧，分析大家正在玩的這場遊戲。

現在就讓我們一起運用心理學，檢視這場「順」與「逆」之間的對抗。我們每個人的正義之心裡頭，我們所屬的正義團體之間，全都上演著這樣的對抗場面。

註釋：

1 金恩的呼籲已經變成口頭禪，而他呼籲的話經改動一事就是確實的明證，若在 Google 搜尋「can't we all get along」（意思是「我們難道不能好好相處」，金恩從沒說過這句話），搜尋結果筆數是「can we all get along」的三倍。

2 請參閱平克（Pinker 2011）提出的解釋，從而瞭解文明如何造成暴力和殘忍行為驟降——即使計入二十世紀的戰爭與種族滅絕，情況依然算是好轉。亦請參閱 Keeley 1996，就能瞭解團體間的暴力在文明誕生前是極為普遍的行徑。

3 引自《牛津英文字典》（*Oxford English Dictionary*）。

4 引自《韋伯新國際字典第三版》（*Webster's Third New International Dictionary*），原文為「arising from an outraged sense of justice, morality, or fair play」，此為 righteous 的第三個字義。第一個字義是「doing that which is right: acting rightly or justly: conforming to the standard of the divine or the moral law」（行正當之事，行為恰當或公正，遵循神律和道德律的規範）。

5 原文為引自《韋伯新國際字典第三版》，「convinced of one's own righteousness, especially in contrast with the actions and beliefs of others; narrowly moralistic and intolerant」。

6 演化是一種設計歷程，不是一種智慧設計歷程。請見 Tooby and Cosmides 1992。

7 我的學術著作說明了道德心理學的四大原理，而非三大原理。為了簡單和易於記憶起見，本書將前兩大原理合併在一起，畢竟兩者都是跟社會直覺模型（social intuitionist model，Haidt 2001）的觀點有關。這兩大原理分別為：「直覺首位，而非獨裁」（Intuitive primacy but not dictatorship），「道德思考是為了社會行為」（moral thinking is for social doing）。請參考 Haidt and Kesebir 2010 對四大原理的廣泛討論。

8 請參閱威爾森（T. D. Wilson）於二〇〇二年提出的「適應性潛意識」（adaptive unconscious）。

9 引用羅伯特．庫爾茨班（Robert Kurzban）於二〇一〇年出版的鉅作書名：《為什麼別人都很偽善？》（*Why Everyone (Else) is a Hypocrite*）。

10 如英國自由民主黨黨魁尼克．克萊格（Nick Clegg）說：「我們不是左派，也並非右派。我們有屬於自己的標籤——『自由派』」（出自二〇一一年三月十三日在英國雪菲爾市自由民主黨春季會議上發表的演說）。歐洲自由派少有像美國自由黨那般在自由市場和縮減政府權力上投注心力。有關自由意志派的文學評論和最新研究結果，請參閱 Iyer, Koleva, Graham, Ditto and Haidt 2011。

# 直覺先來，策略推理後到

中心隱喻

心智一分為二，如同騎在大象上的騎象人，騎象人的工作就是服侍大象。

# 1 道德從何而來？

我要簡單說個故事，建議讀者讀完之後，想一下故事人物的行為道不道德。

某戶人家的狗在家門前被車撞死了，這家人聽說狗肉很好吃，就把狗的屍體給切一切，煮來當晚餐吃，沒人看見他們的行為。

如果你跟我的多數研究對象一樣，教育程度很高，那麼你會立刻覺得一陣噁心。可是，要說那家人不**道德**，你又不禁遲疑起來。畢竟，狗已經死了，那家人又沒傷害狗，對吧？而且，那是他們的狗，他們有權處置狗的屍體，不是嗎？假如我逼你說出看法，你可能會給我一種很微妙的回答：「我覺得很噁心，他們應該要把狗埋了就好，但我不會說他們不道德。」

好，接下來的故事更能挑起你的神經。

有個男人每星期都會上超市一趟，買一隻全雞。煮雞前，他會跟雞性交，然後再煮來吃。

同樣的，沒有傷害，沒人知道，而且他就跟吃狗的那家人一樣，都是從事一種回收再利用的行為，這種行為正如我的部分研究對象所指出的，是在有效利用自然資源。不過，這次的噁心感比上次強烈多了，這樣的行為似乎很……可恥吧。可是，要因為這樣，就說不對嗎？假如你是教育程度高的西方人，在政治上屬於自由派，那麼你可能又會給我一種微妙的回答，承認說人有權做想做的事情，只要不傷害到別人就好。

可是，如果你**不是**自由派或自由意志派的西方人，可能就會認為這個人跟雞的屍體性交然後吃掉雞，這種行為實在不對，不道德。對你而言，對地球上的多數人而言，道德的範疇很寬廣，即使沒有傷害到任何人，某些行為還是不對的。若能瞭解世界各地（甚至是同一個社會裡）的道德觀各有不同，那麼就能跨出第一步，去瞭解自己的正義之心。接下來的一步，就是去瞭解各種道德觀起初是從何而來。

## 道德的起源（鏡次一）

我大學是讀哲學系，希望能弄清楚生命的意義是什麼。當初看伍迪・艾倫的電影看了太多部，誤以為哲學多少會有點幫助[1]。不過，我也修了一些心理學課程，非常喜歡，於是我決定繼續讀下去。一九八七年，我申請到賓州大學的心理學研究所，模糊打算著要進行幽默心理學的實驗，還以為做這樣的研究，可以去喜劇俱樂部混一混，或許會很有意思。

我抵達賓州一星期後，坐下來與強納森・拜倫（Jonathan Baron）討論。拜倫教授專門研究人類的思考與決策方式，而我憑著那（極少的）哲學背景，跟教授針對倫理這項課題進行充分的討論。拜倫教授直截了當地問我：「**道德**是否有別於其他思考方式？」我說，思考道德議題（例如墮胎是否不對）似乎有別於思考其他種類的問題（例如今晚要去哪裡用餐），畢竟前者更有必要去提供理由給別人，藉以證明自己的道德判斷是正當的。拜倫教授熱心回應，而我們就這樣在研究室裡，討論有哪些方式可以把道德思考比作是其他種類的思考方式。翌日，我就憑著那一點受到鼓舞的感覺，請拜倫教授當我的指導教授，於是我就開始研究起道德心理學了。

一九八七年，道德心理學仍是發展心理學底下的分支。研究人員專攻的其中一種課題就是：「兒童對於規則——尤其是公平的規則——的思考是如何發展的？」這種研究背後的大哉問則是：「兒童如何漸漸明白是非對錯？道德從何而來？」

這個問題有兩個明顯的答案——不是天生，就是**教養**。假如你選擇的答案是天生，就表示認同**先天論**，主張道德知識是人類心智與生俱來的，它是預先載入的，可能是如聖經所言，由上帝刻印在人類的心裡，或許是如達爾文所主張，是刻在我們那演化的道德情緒裡[2]。

假如你認為道德知識源於教養，就表示認同**經驗論**[3]。你會同意約翰·洛克（John Locke）的看法，認為兒童出生時多少是一張白紙[4]。如果世界各地以及數百年來的道德觀各有不同，那麼道德觀怎麼可能是先天的？身為成年人的我們，無論抱持著何種道德觀，肯定都是在兒童時期從經驗習得，比方說，成人會教導兒童分辨是非對錯（**經驗論**的意思是「出於觀察或經驗」）。

然而，這卻是個錯誤的答案。一九八七年的道德心理學領域多半著重於第三種答案——**理性論**。理性論認為兒童是為了自己而去理解道德觀。史上最偉大的發展心理學家尚·皮亞傑（Jean Piaget）一開始從事的職業是動物學家，他在祖國瑞士專門研究軟體動物與昆蟲。皮亞傑著迷於動物變形所經過的階段，例如從毛毛蟲變成蝴蝶的過程。之後，皮亞傑把注意力轉移到兒童，而他對發展階段的關注也應用在兒童身上。皮亞傑想要知道小孩子的有限能力（卑微的毛毛蟲）是經歷了何等特別又複雜的過程，才能讓成年人的思維（有認知力的蝴蝶）得以浮現。

皮亞傑的重心放在兒童犯下的錯誤類別上。舉例來說，皮亞傑會把水倒在兩個一模一樣的水杯裡，問兒童這兩個水杯裡的水是不是一樣多。（對。）然後，他把其中一個水杯裡的水倒進一個又高又細的水杯裡，請兒童比較新水杯與舊水杯。未滿六歲或七歲的兒童通常會說，又高又細的水杯裡的水比較多，因為水位比較高。其實，水倒在另一個杯子，水的總容量仍是守恆的，可是兒童並不明白這點。皮亞傑還發現，成人向兒童解釋容量守恆的現象，其實毫無意義可言。兒童要到了一定年齡（亦即處於認知階段），等心智準備就緒之後，才能理解容量守恆的現象。等兒童準備就緒後，就會在玩水杯的過程中，自行理解該現象。

換言之，兒童並非先天就理解容量守恆，也不是從成人那裡習得。兒童是**自行理解**，而且唯有等到心智準備就緒**並且**獲得適當種類的經驗後，才能夠理解。

皮亞傑還把這種認知發展方法應用於兒童道德思考的研究上[5]。皮亞傑跪在地上，跟小孩一起玩彈珠。有時他會故意不遵守遊戲規則，還裝傻。接著，小孩會對他犯下的錯誤做出回應。在這樣的過程中，逐漸可看出小孩越來越有能力去尊重規則、改變規則、輪流玩遊戲、解決爭端等等。這種漸次累積的知識是隨著兒童認知能力的成熟，依序經過一系列的階段方能獲得。

皮亞傑主張，兒童對於道德的理解正如其對於水杯的理解，不能說是先天，也不能說是直接從成年人那裡習得[6]。這樣的理解是小孩在跟別的小孩一起玩遊戲的過程中**自我建構**而成。輪流玩遊戲正如同水在兩個水杯之間倒來倒去，無論大人在三歲小孩的面前做了多少次，小孩就是無法理解公平的概念[7]，無法理解容量守恆的現象。然而，一旦兒童年滿五歲或六歲，那麼玩遊戲、起爭執、共同解決問題的過程，就有助於兒童理解公平的概念，而且這種方法比成人說教還要有效得多。

心理理性論的核心就是：人逐漸變成理性的人，就像毛毛蟲變成蝴蝶。毛毛蟲吃了足夠的葉子，（最後）就會長出翅膀；兒童體驗到足夠的輪流、分享、遊樂場的正義之後，（最後）就會變成講道德的生物，能夠運用自己的理性能力，解決更困難的問題。理性是人的天性，而良好的道德推理即是發展的終點。

哲學的理性論具有悠久又複雜的歷史，凡認為推理（reasoning）是獲得道德知識最重要最可靠的方法，則本書皆以「**理性派**」稱之[8]。

美國心理學家勞倫斯・柯伯格（Lawrence Kohlberg）進一步擴展皮亞傑的主張。一九六〇年代，柯伯格提出兩項重要的創新概念，在道德研究方面獲得突破進展[9]。首先，對於皮亞傑觀察到兒童的道德推理會隨時間而變化，柯伯格則發展出量化的方法。柯伯格擬定一套道德難題，測試年齡不一的兒童，記錄他們的回答並編碼。舉例來說，漢茲的太太快死了，漢茲該不該闖入藥局偷藥救太太？露薏絲的妹妹在媽媽面前說謊，露薏絲該不該告訴媽媽？無論小孩的回答是肯定還是否定，都無關緊要，重要的是小孩在嘗試解釋答案時所給的**理由**。

柯伯格發現，兒童對於**社會**世界的推理分為六大發展階段，而這六大發展階段恰好對應至皮亞傑針對兒童對**物質**世界的推理而提出的階段說。年幼的兒童是根據非常膚淺的性質去判定是非對錯，比方說，小孩是看行為有沒有受到處罰來決定對錯，如果孩子的行為受到爸媽的處罰，就表示那行為肯定是不對的。柯伯格把前兩個階段稱為「道德成規前期」（Pre-conventional Level），相當於皮亞傑提出的「兒童以膚淺性質判斷物質世界」之階段（如果玻璃杯比較高，就表示裡頭的水比較多）。

然而，到了小學階段，兒童多半會進展至「道德循規期」（Conventional Level）的兩個階段，變得善於理解規定和社會常規，甚至懂得操控規定和社會常規。這年齡的孩子會拘泥於瑣碎小事的規定，跟兄弟姊妹一起長大的人應該對以下的對話記憶猶新：「我才沒有打你，是你的手打你，你不要再自己打自己啦！」這階段的孩子通常很注重規矩，很尊重權威——不是實際上的權威，就是表面上的權威。就算他們正學著在成人施加的約束範圍內耍花招，或是避開成人的約束以遂行所願，他們還是極少質疑權威是否合理。

柯伯格發現，在青春期過後，亦即皮亞傑說兒童有能力進行抽象思考時，有些孩子會開始自行思考權威的本質、正義的含義、規則與法律背後的理由。在道德自律期（Post-conventional Level）的兩個階段中，青少年仍重視誠實，尊重規則與法律，只是有時會合理化不誠實或違背法紀的行為，以便尋求更大的善，特別是正義。柯伯格把這些理性的青少年稱為「道德哲學家」，這些孩子試圖自行發展出一致的道德體系[10]。青少年歷經道德自律期的階段，最後就會變得擅長這套體系。柯伯格提出的道德難題可用於衡量道德推理的戲劇化進展。

## 自由派輿論

美國作家馬克·吐溫曾說：「人要是鐵鎚在手，每樣東西看起來都像釘子」。柯伯格提出了道德難題和評分法之後，心理學界便有了新的鐵鎚，一千位研究生用這支鐵鎚把道德推理的論文給敲了出來。然而，這麼多年輕的心理學者開始從理性派的角度研究道德，其背後有更深的理由，亦即柯伯格提出的第二個偉大創新概念——柯伯格利用自己的研究，建立科學上的合理性，用以支持世俗的自由派道德秩序。

柯伯格發現，道德方面進展最快的孩子——此乃根據柯伯格的評分法——是那些常有機會進行角色取替（role taking）的孩子，這是柯伯格最具影響力的發現。所謂的角色取替，就是設身處地為對方著想，站在對方的角度看問題。平等的關係（如同儕關係）會引起角色取替，但階級關係（如孩子跟老師父母之間的關係）卻不會引起角色取替。因為孩子從來沒當過老師，所以真的很難站在老師的角度去看事情。皮亞傑和柯伯格皆認為，父母和其他權威者是道德發展過程中的**阻礙**。假如做父母的希望孩子理解物質世界，就讓孩子玩水杯吧，別滔滔不絕地講述容量守恆的現象。假如做父母的希望孩子理解社會世界，就讓孩子跟其他孩子一起玩，自行解決爭端，別滔滔不絕地講述「十誡」。還有，行行好吧，千萬不要強迫孩子服從上帝、老師或你們這些做父母的，否則孩子的發展就會停滯在道德循規期。

柯伯格抓住了完美的時機。第一波嬰兒潮進入研究所時，柯伯格剛好把道德心理學轉化成嬰兒潮認同的正義頌歌，還讓嬰兒潮有了方法可以衡量孩童在自由理想方面的進展。接下來的二十五年，即一九七〇年代至一九九〇年代，道德心理學家多半只拿道德難題來訪談年輕人，對年輕人提出的正當理由進行分析[11]。這類科學研究工作大多數並非出於政治動機，而是以謹慎誠實的態度從事的研究。然而，由於研究架構是將道德預先定義為正義，同時還詆毀了權威、階級、傳統，因此研究結果必然會擁護世俗、平等又好詰問的世界觀。

## 簡單的測試

如果逼小孩解釋複雜的觀念（比如說，關於權利和正義，大家在意的地方各有不同，如何在不同的看法之間取得平衡），那麼必定會發現小孩的反應會隨著年齡而有所差別，畢竟每長一歲，口語表達能力就會大幅進展。不過，如果你要找的是道德觀念的萌芽跡象，那麼最好是找到一種不需要太多口語技能的方法。柯伯格之前的學生艾略特・杜瑞爾（Elliot Turiel）就順利研究出這種新的方法，他在小孩面前簡短講述其他小孩違反規定的狀況，然後使用一連串簡單的探問型是非題。例如，你可以跟那些小孩說，有個小孩穿便服去學校，不過學校沒規定要穿制服。此時，你要先取得整體的看法，先問：「那個小孩可以這樣嗎？」小孩多半會說不行。然後，你問：「學校有沒有規定要穿什麼衣服？」（「有。」）你繼續探問下去，找出那規則是屬於哪種類型。「如果老師說那個小孩可以穿便服，這樣可以嗎？」「如果這件事是發生在別間學校，而且那間學校沒規定要穿制服，那這樣可以嗎？」

杜瑞爾發現，五歲幼兒通常會說，那個小孩違反規定是不對的，可是如果老師說可以，或者是發生在別間學校，而那間學校沒規定要穿制服的話，那就不用穿制服。小孩都知道，凡是跟衣服、食物、其他生活層面有關的規定，皆是屬於**社會成規**（Social

Conventions），而社會成規在某種程度上反覆無常又容易變動[12]。

然而，如果是拿傷害別人的行為等這類問題去問兒童（例如小女孩想玩盪鞦韆，就把鞦韆上的小男孩給推下來），那麼兒童的回答就跟前例大不相同了。幾乎全部的兒童都會說，小女孩不對，就算老師說可以，就算事情是發生在別間學校，而那間學校對於把小孩推下鞦韆的行為並沒有規定，小女孩的行為還是不對。小孩都知道，凡是避免傷害的規定，皆是屬於**道德規範**（Moral Rules）。杜瑞爾認為，道德規範是關係到「正義、權利、福祉，是牽涉到人們該如何建立彼此的關係」[13]。

換句話說，幼童並不是以同樣的角度看待所有的規定，這情況也符合皮亞傑和柯伯格的主張。小孩子雖然無法像道德哲學家那樣侃侃而談，卻也忙著運用精密複雜的方法去釐清社會訊息。兒童似乎早在初期就能理解那些避免傷害的規定很重要特殊，堅定不移又舉世通用。杜瑞爾表示，這樣的理解正是所有道德的發展基礎。兒童對於道德的理解，係建構於絕對道德真理——亦即**傷害別人是不對的**——的基石之上。具體的規定或許視文化而異，但在杜瑞爾檢驗的所有文化中，兒童仍會覺得道德規範有別於社會成規[14]。

就許多方面而言，杜瑞爾對於道德發展的闡釋都跟柯伯格不一樣，但在政治意涵方面卻十分類似，兩人都認為道德就是**善待個體**，關係到傷害與公平（而非忠誠、尊重、責任、恭敬、愛國或傳統）。一般而言，階級和權威是不好的，因此最好讓兒童自行理解事物。

此外，學校和家庭應當漸進實施平等自治的原則，揚棄那些可讓長者訓練及箝制兒童的獨裁式原則。

## 與此同時，世上其他地方……

等到我坐在拜倫教授的辦公室裡，決定攻讀道德學時，柯伯格和杜瑞爾在道德心理學領域已提出幾近完整的清楚論述[15]。我所進入的領域很活躍，也正在成長中，可是我心裡頭就是覺得不對勁。這並非政治使然，畢竟我當時是死忠的自由派，才二十四歲，對於雷根總統和保守派團體（例如理直氣壯取名為「道德多數」的團體）感到憤慨不已。其實，問題在於我覺得自己閱讀的東西好枯燥。我跟兩個姊姊一起長大，我們年齡相近，每天鬥嘴，用盡了所能想到的每一種下流的口頭招數。在我家，道德這件事可是能引發熱情呢，但我讀的文章總圍繞著推理、認知結構、知識領域等打轉，好像太過理智了，幾乎不曾提及情緒這項要素。

當時我只是研究所一年級的學生，還沒自信到可以信任自己的直覺，只好逼自己繼續讀下去。不過，到了二年級時，我修了文化心理學，立刻迷上了。開課的教授是傑出的人類學者艾倫・費斯克（Alan Fiske），他曾待在西非多年，研究社會關係背後的心理基礎[16]。費斯克要求學生全都要閱讀民族誌（亦即人類學者根據田野工作寫成的報告書），每一本民族誌的論題各有不同，例如親屬關係、性行為、音樂等等。可是，不管論題是什麼，道德一律是中心主題。

我讀過一本書講的是蘇丹阿贊德族（Azande）的巫術[17]，原來巫術信仰在許多地方都是以出乎意料的類似形式興起，這要不就是世上真有巫師，要不就是人類心智裡有某種特質往往會造成這樣的文化習俗（後者的可能性比較高）。阿贊德族認為，巫師不一定是女的，也有可能是男的。阿贊德族人都害怕自己被叫作巫師，因此做人處事格外小心，不願激怒鄰居，也不願讓鄰居心生妒忌。我首次隱隱發現，群體創造超自然的存在，原來不是為瞭解釋宇宙，而是為了維持社會秩序[18]。

我還讀過一本講述伊朗革族（Ilongot）的書籍。伊朗革族是菲律賓境內的一個部落民族，該族的年輕男子藉由割人頭的方式獲得榮耀[19]。有些割首行為是復仇的殺戮，這樣的動機西方讀者是可以理解的。不過，許多的割首對象卻是陌生人，跟割首者並無任何糾紛。作者認為，這種令人費解的殺戮行為其實是小團體的男人為了加強團結，便將團體內部的怨憤嫌隙轉移至一場「狩獵派對」，以部族一整晚高唱歡慶歌告終。我首次隱隱發現，道德往往牽涉到團體**內部**的緊張情勢，關係到不同團體**之間**的競爭。

這些民族誌頗有意思，儘管內容怪異，卻往往寫得十分精彩，又可直覺理解。每讀一本民族誌，猶如在一個陌生的國家待了一星期，起初心裡覺得困惑不已，經過逐漸的調整，發現自己更能猜出接下來會發生的事情。此外，讀民族誌就跟所有的異國旅行一樣，不但更認識了異國，也更認識了祖國。我開始覺得美國和西歐是歷史上的特例，這兩個新社會竟然找到了方法，把人類學者撰寫的那種厚重又包得密不透風的道德秩序給拆解下來，變得稀薄了。

歐美社會對於人類學者所稱的「純潔」和「污穢」是缺乏規範的，從這點最得以顯見這種稀薄化的現象。歐美社會和紐幾內亞的胡亞族（Hua）形成明顯的對比，胡亞族發展出一套複雜的食物禁忌，用以規範男女可以吃的食物。胡亞族的男孩要變成男人的話，必須避開所有類似陰道的食物，凡是紅色的、潮濕的、黏滑的、來自洞穴或有毛髮的食物都不可以吃。起初，這聽來像是族長制社會裡獨斷專行的迷信加上墨守成規的性別偏見。杜瑞爾會把這類規範稱為社會成規，畢竟胡亞族認為其他部族的男人不用遵守這些規範。然而，胡亞族似乎的確把族裡的食物規範視為道德規範，他們經常談論食物規範，以飲食習慣相互評判，還用人類學家安娜．梅格斯（Anna Meigs）所稱的「身體的宗教」來管理他們的生活、責任和關係[20]。

然而，要說只有雨林裡的狩獵採集者相信身體實踐就是道德實踐，卻又不盡然如此。我當年讀到希伯來聖經——西方道德的其中一個起源——的時候非常驚訝，裡頭竟然有這麼多的內容在講述食物、月經、性交、皮膚、屍體處置等等規範。有些規範顯然是為了避免疾病的發生，例如，《利未記》就長篇講述了痲瘋。然而，許多規範似乎是依循著更情緒化的邏輯，以避免噁心，例如，希伯來聖經禁止猶太人食用或甚至觸碰「在地上成群爬行的生物」（請想一想吧，一群老鼠是不是比一隻老鼠噁心多了？）[21]。其他規範所依循的似乎是觀念上的邏輯，像是保持類別純粹或者不要混用東西等等（例如衣服不能用兩種不同的纖維製成）[22]。

究竟是怎麼回事？杜瑞爾主張道德其實是跟傷害有關，如果他的說法正確，那麼為何西方以外的文化，多半會把許多看似跟傷害無關的事情給道德化？為何許多的基督教徒和猶太教徒認為「潔淨」僅次於「虔敬」[23]？為何這麼多的西方人——甚至是沒有宗教信仰的西方人——會繼續認為食物和性的選擇具有深切的道德意義？自由派有時會說，宗教上的保守分子在性事方面也是老古板，除了婚姻關係內的傳教士體位以外，其他性事都視為罪惡。然而，保守派也可以取笑自由派費力選擇一頓均衡早餐的模樣，自由派想在自由放養家禽生的蛋、自由貿易咖啡、順應自然、各種毒素等道德議題之間取得平衡，而有些議題（例如基因改造玉米和黃豆）對精神造成的威脅其實大過於生理。杜瑞爾認為，兒童是用行為是否有害來區分不道德的行為。即使杜瑞爾的主張是正確的，我仍然無法理解西方兒童是如何自行領會純潔和污穢的概念，而阿贊德族、伊朗革族、胡亞族的兒童就更不用說了。道德發展肯定不光是兒童站在他人角度及感受他人痛苦時所建構的規範，除了理性論之外，肯定還有別的東西。

## 重大爭議

人類學家在書寫道德時，與我讀過心理學家所寫的，彷彿是不同的語言。我之所以能解譯這兩個領域，全有賴於費斯克之前的指導教授理察·史威德（Richard Shweder）在芝加哥大學發表的一篇論文[24]。史威德是心理人類學家，曾在印度東岸的奧里薩（Orissa）邦居住及工作過一段時間，他發現奧里薩居民和美國人在人格和個性的看法上有很大的差異，而這樣的差異使得雙方在道德的看法上也有了分歧。人類學家克利弗德·紀爾茲（Clifford Geertz）認為，西方人把人看成是離散的個體，其實是一種極其罕見的看法，而史威德引用了紀爾茲的話：

西方把個人看成是一個有界限的、獨特的、多少融合了動機與認知的宇宙，這樣的機能中心把意識、情緒、判斷、行動，組織成一個具有特色的完整自我，而且跟其他的這類完整自我之間有著懸殊的差別，跟所屬的社會背景和自然背景之間也有著懸殊的差別。儘管這樣的概念在我們眼裡看似根深柢固，可是在世上別種文化的脈絡下，卻是一種相當奇怪的概念。[25]

史威德提出一個簡單的概念，用以解釋不同的文化對自我的概念何以差異懸殊。所有的社會都必須思考如何維持社會秩序，其中最重要的問題，就是如何在個體需求與群體需求之間取得平衡，而這個問題的答案似乎只有兩種：一種是**社會中心型**，此為多數社會的選擇，以團體和體制的需求為優先，個體需求為其次；一種是**個人主義**型，以個人為主，而社會是用來服務個人[26]。社會中心型的答案主宰了古代世界的多數地區，但在啟蒙運動時期，個人主義成為可與之匹敵的強力對手。到了二十世紀，個人權利迅速擴張，消費者文化向外拓展，再加上西方世界害怕極端社會中心型的法西斯主義和共產主義帝國所犯下的邪惡行徑，因此個人主義型的答案擊敗了社會中心型的方法（就此定義而言，社會福利優良的歐洲國家並不屬於社會中心型，這類國家只是善於保護**個人**免於旦夕禍福）。

史威德認為，柯伯格和杜瑞爾的理論是出自個人主義型文化，也是為個人主義型文化所做。史威德覺得這兩人的理論可能很難應用於印度的奧里薩邦，畢竟奧里薩邦的道德觀是社會中心型，自我相互依存，道德規範（用以避免傷害）以及社會成規（用以控制那些跟傷害未直接關聯的行為）之間也沒有明顯的界限。史威德為了測試自己的想法，便跟另外兩位研究人員共同構思了三十九則簡短的故事，故事中的人物不是違反了美國的常規，就是違反了印度奧里薩邦的常規。接著，研究人員運用這些故事，在美國芝加哥大學附近的海德公園區，訪談了一百八十名兒童（年齡層介於五至十三歲）以及六十名成人。此外，研究人員在布巴內斯瓦爾鎮——奧里薩邦一處古老的朝聖地——訪談了婆羅門階級的一百八十名兒童和六十名婆羅門成人[27]，還另外訪談了階級低下（即不可接觸的賤民）的一百二十人。研究人員在這兩個天差地別的城市，總共進行了六百場訪談，真是好龐大的工作量。

這些訪談多少採用了杜瑞爾的方法，但故事案例涵蓋的行為數量超過杜瑞爾設想的題目。從圖一・一最右邊的部分可得知，有些故事裡的人物顯然是傷害了別人或者對待別人不公，而兩國的受訪者都譴責這類行為，說故事人物做錯了，那種錯永遠不會變成對的，放諸四海皆然。可是，有些故事案例在美國人的眼裡，明顯地是傷害到別人又不公平，印度人卻沒有譴責（見中間部分）。

這三十九則故事絕大多數並未呈現傷害或不公的對待，起碼是五歲兒童看不出來的。此外，幾乎所有的美國人都說，這些行為是可以容許的（見圖一・一最左邊的部分）。如果印度人說某些行為不對，那麼杜瑞爾就會預料印度人只是基於違反社會成規而去譴責這些行為。可是，印度受訪者——即使是五歲兒童——多半表示這些行為不對，那種錯永遠不會變成對的，放諸四海皆然。在印度，凡是跟食物、性交、衣服、性別有關的常規，幾乎一律被視為道德議題，而不是社會成規。而且，每個城市裡的成人和兒童之間並沒有太大差異。換句話說，史威德在奧里薩邦的社會中心型文化中，幾乎找不到社會成規思維的跡象。史威德曾說，在奧里薩邦，「社會秩序就是道德秩序」，奧里薩邦擁有更廣泛更濃厚的道德觀，幾乎所有的常規都承載著道德力量。如果這種說法為真，那麼杜瑞爾的理論就沒那麼有道理了。兒童並不是因為確信「傷害別人是不對的」而自行理解出一套道德觀。

即使是在芝加哥，史威德也發現社會成規思維的證據少之又少。許多的故事案例（例如寡婦吃魚）都不具明顯的傷害或不公，而美國人也正如所料，說這些案例沒問題。然而，更重要的一點，美國人並不把這些行為視為人民共識可以改變的社會成規，他們認為寡婦應該要能夠愛吃什麼就吃什麼，如果在其他國家，有人試圖去限制寡婦的自由，那種人的行為就不對。即使是在美國，社會秩序仍是道德秩序，只不過那是基於保護個人與個人自由，而建構出的個人主義秩序。道德與成規之間的差別，並不是用來讓各地兒童自我建構道德知識，這樣的差別其實是一種文化製品，是在個體和團體如何建立聯繫的問題上，提出了個人主義型的答案，因而產生出這樣的必要副產品。假使你主張個體為先、社會其次，那麼規範或社會常規要是限制了個人自由，就應予以質疑。如果規範或社會常規沒有保護某人不受傷害，在道德上就是不正當的，而那只不過是一種社會成規罷了。

印度人和美國人都認為不對的行為：

●有個男人走路時，看見一隻狗睡在路上，他走上前去，踢了狗。

●爸爸對兒子說：「如果考試考得好，就買一枝筆給你。」兒子考得很好，爸爸卻什麼也沒買給兒子。

美國人說不對但印度人可以接受的行為：

●已婚少婦沒告知丈夫，就獨自去看電影。她回家後，丈夫說：「要是還有下次，就把你打得鼻青眼腫。」後來，她又一個人去看電影，丈夫就把她打得鼻青眼腫。（評斷丈夫的行為）

●有個男人有一對已婚的兒子和已婚的女兒。這男人死了之後，兒子主張自己應該得到大部分的財產，女兒只拿到一點點。（評斷兒子的行為）

印度人說不對但美國人可以接受的行為：

●一二十五歲的兒子直呼爸爸的名字。

●婦女煮好飯，想跟丈夫和大伯同桌吃飯，就跟他們同桌吃了。（評斷婦女的行為）

●跟你同社區的寡婦一星期吃兩三次魚。

●婦女排便後沒有換衣服就去煮東西。

圖一・一：史威德、馬哈帕特拉、米勒於一九八七年的研究報告中採用之部分故事案例。

史威德的研究等於是在強烈抨擊整個理性論，杜瑞爾可沒忍氣吞聲，他長篇大論寫了一篇反駁的文章，指出史威德的三十九則故事很多都屬於誘導式問題，這類問題在印度和美國兩地的含義極為不同[28]。例如，奧里薩邦的印度人認為魚是「燥」食，會刺激人的性欲，要是寡婦吃了辛食，就比較有可能跟別人性交，這樣會觸犯了已故丈夫的靈魂，而她來世也不能投胎到比較高的階級。杜瑞爾認為，一旦把印度人對世界運作方式的「資訊假設」列入考量，就會知道史威德的三十九則故事其實多半是違反了道德的行為，以美國人無法理解的方式傷害了受害者。因此，史威德的研究並未抵觸杜瑞爾的主張，如果能確切找出史威德的印度受訪者是否在故事中看出傷害的存在，史威德的研究甚至可說是支持杜瑞爾的主張。

## 噁心和不敬

我閱讀史威德和杜瑞爾的文章時，油然生起兩種強烈的反應。第一個反應是理智上同意杜瑞爾的辯白。史威德使用誘導式問題不是為了耍手段，而是為了證明食物、衣服、稱謂、其他看似常見事物的規範，全都可以織成一大片厚實的道德網，可是我仍同意杜瑞爾所言，史威德的研究缺少了一項重要的實驗控制因素——他沒有詢問受訪者有關傷害的問題。如果史威德想要證明奧里薩邦的道德觀跨越了傷害的層面，就必須證明奧里薩人對其自稱無害的行為，願意在道德上予以譴責。

我的第二個反應就是直覺認為史威德終歸是對的。史威德對於社會中心型道德的闡釋，非常符合我在費斯克課堂上讀到的民族誌。我閱讀了這麼多篇的大腦認知發展文章之後，看到史威德對於道德情緒的關注，實在令人滿意。我認為，如果有人進行了適當的研究，亦即針對傷害的感知進行對照檢驗，那麼史威德對於文化差異的主張就能通過檢驗。於是，下學期的時間我都在構思著如何進行這項研究。

我開始撰寫簡短的故事，故事人物做出令人反感的行為，可是沒有人受到傷害。我把這些故事稱為「違反禁忌的無害行為」，讀者在本章開頭已讀了其中兩則（狗被吃和雞……被吃的故事）。我想出了數十則故事，可是很快就發現一點，那些最有用的故事可分成兩種類別：一種是噁心，一種是不敬。如果你想要讓對方立刻感到一陣嫌惡，同時又沒有受害者可讓對方藉此證明道德譴責是正當的，那麼就要拿故事人物的噁心或不敬行為去問問對方，還要確定故事人物的行為是私下為之，沒人會受到冒犯。比方說，我編造的其中一則不敬故事就是：「有個女人在清理衣櫃，發現老舊的美國國旗，她不想要這面國旗，就把國旗剪成一片片的抹布，拿來清洗浴室。」

我的想法是在成人和兒童的面前講述故事，讓重要文化規範的直覺以及無害的推理相互對抗，然後看哪一種力量比較強大。杜瑞爾的理性論預料道德判斷的基準是針對傷害而做出的推理，因此即使人們說吃狗不對，卻也必須將吃狗的行為視為違反社會成規的行為（**我們**不吃自己的狗，可是，如果別國的人不去埋葬自家死掉的寵物，反倒想吃掉牠，我們又憑什麼去批評別人？）。另一方面，根據史威德的理論，杜瑞爾的預測只適用於個人主義型的世俗社會成員，在別的地方行不通。現在，我已經設計出一個研究計畫，只差要找出那個「別的地方」是哪裡。

我的西班牙語說得相當流利，一得知拉丁美洲的心理學家要在一九八九年七月的布宜諾斯艾利斯召開重要會議，就立刻買了機票。我在那邊沒有門路，對於要如何開始進行國際研究合作，也毫無頭緒，只好去了每一場跟道德有關的演講。我當時大為懊惱，拉丁美洲的心理學不是很科學化，竟然極為理論化，而且理論多半圍繞在馬克斯主義上面，關注壓迫、殖民主義、權力等。當我開始心生絕望時，碰巧參加了一場由幾位巴西心理學家主持的會議，他們採用柯伯格的方法來研究道德發展。之後，我跟會議主席安琪拉·畢吉歐（Angela Biaggio）及其研究生席薇雅·柯勒（Silvia Koller）聊了一下。儘管這兩個人都喜歡柯伯格的方法，卻也想要聽聽其他方法。畢吉歐邀請我會後去他們的大學拜訪，她任教的大學坐落於愉港（Porto Alegre），這是巴西最南州的首府。

巴西南部是巴西境內最像歐洲的地方，十九世紀葡萄牙人、德國人、義大利人皆大批移居此區。愉港有現代化的建築和中產階級的繁榮景象，一點也不像我腦袋中的拉丁美洲，所以我剛開始很失望，畢竟我希望自己能在奧里薩邦那種有異國風味的地方進行跨文化研究。席薇雅・柯勒真是一位優秀的研究人員，她想出了兩個很棒的主意，可以增加文化的多樣性。首先，席薇雅建議這項研究應包含不同的社會階層，巴西的貧富差距很大，窮人和富人彷彿是住在不同的國家。我們決定訪談受過教育的中產階級成人和兒童，並訪談階級較低者，亦即在富人家裡當傭人的成人（教育程度通常不超過八年級），以及住有許多傭人的社區裡的公立學校兒童。其次，席薇雅有一位朋友，在勒希非（Recife）剛剛獲聘為教授，勒希非坐落於巴西的東北端，此區的文化與愉港差異甚遠。席薇雅安排我下個月去拜訪她的友人葛拉莎・狄亞斯（Graça Dias）。

我和席薇雅，還有一群大學生，共同合作了兩週之久。我們把無害的禁忌故事翻譯成葡萄牙文，選出最好的一些故事，把探問型問題的用字琢磨一番，還測試了訪談腳本，以便確定每樣東西都容易理解，就算是沒受過什麼教育的受訪者——有些人不識字——也能夠明白。然後，我前往勒希非，跟葛拉莎一同培訓了一組學生，以便運用我們在愉港研究出的方法來進行訪談。在勒希非，我終於覺得自己是在有異國情調的熱帶地區工作了，巴西音樂在街頭飄揚，成熟的芒果從樹上墜落。還有一點更為重要，巴西東北部的居民多半是混血兒（祖先來自非洲和歐洲），此區比愉港更貧窮，工業化程度更低。

我回到費城後，訓練了一組訪談團隊，並指導團隊收集四組費城受訪者的資料。因此，這個研究可說是「3×2×2」的設計，意思就是有三個城市，每個城市有兩個社會階層（高和低），每個社會階層有兩個年齡層：兒童（十歲至十二歲）和成人（十八歲至二十八歲）。這樣總共有十二組，每組有三十人，總計三百六十個訪談。如此大量的受訪者使我得以進行統計檢定，分別檢驗城市、社會階層、年齡帶來的影響。我預測費城會是三個城市中最個人主義型的城市（亦即最貼近杜瑞爾的理論），勒希非會是最社會中心型的城市（亦即在判斷上會最貼近奧里薩邦）。

研究結果顯然是支持史威德的理論。我有三大發現。第一，費城的四組受訪者證實了杜瑞爾的研究結果，亦即美國人認為違反道德的行為和違反成規的行為其實有很大的差異。我直接從杜瑞爾的研究中選用了兩則故事：女生把鞦韆上的男生給推下來（這顯然是違反道德的行為），男孩不願穿學校制服（這是違反成規的行為）。這證明我的方法的確有效，亦即我在無害禁忌故事中發現的差異，都不能藉口歸咎於我在探問型問題所使用的措辭，或者我訓練訪談者的方式。上層階級的巴西人對於這些故事的反應就跟美國人一樣，而勞工階層的巴西兒童往往認為，違反社會成規、不穿制服，就是不對的行為，放諸四海皆然。特別是勒希非，那裡的勞工階層兒童認為，不穿制服就跟把人推下鞦韆一樣。這個模式證實了史威德的主張，道德成規的差異大小視文化族群而定。

第二，受訪者對於無害禁忌故事的回應正如史威德的預測，費城的上層階級認為故事人物的行為違反社會成規，勒希非的下層階級認為故事人物的行為違反道德。城市（愉港人比費城人更講道德）、社會階層（下層階級比上層階級更講道德）、年齡（兒童比成人更講道德）這三種因素分別造成重大的影響。社會階層的影響力居然比城市的影響力還要大得多，這實在出乎我的預料。換句話說，在這三座城市中，教育程度高的人們彼此之間十分相似，他們跟住在自家附近的下層階級鄰居反而差異較大。我往南飛越了五千英里，想找出道德觀的差異，實際上，在我大學校區往西幾個街區的窮困社區，反而能找到更大的差異。

第三，假使我能針對傷害的觀念進行對照檢驗，那麼我找到的所有差異就站得住腳了。我在每則故事之後使用一個探問型的問題，訪談者會直接問：「你認為故事人物的行為會傷害到任何人嗎？」如果史威德的研究結果是，由於有「不為人知的受害者」這種看法所致（如杜瑞爾提出的主張），那麼我把回答「是」的受訪者移除之後，跨文化差異應該就會消失。可是，在濾除了這類受訪者之後，文化差異反而變得**更大**了。此一情形在在證實了史威德的主張，道德版圖確實跨越了傷害的層面。大部分的受訪者都說，違反禁忌的無害行為即使沒有傷害到任何人，也是放諸四海皆錯。

換句話說，在這場爭論中，史威德是贏了。我曾把杜瑞爾的方法用在一些跟我很類似的受訪者身上（亦即在個人主義型文化中長大、受過教育的西方人），藉以重現杜瑞爾的研究結果。然而，結果卻證實了史威德的主張，杜瑞爾的理論適用範圍有限。道德版圖會因國家和社會階層而異。就我的研究中的多數受訪者而言，道德版圖跨越了傷害和公平的議題層面。

實在難以設想理性派要如何解釋這些研究結果。兒童如何能從自己私下對傷害的分析當中，自我建構出其對於噁心和不敬事物的道德知識？肯定有其他的道德知識來源（例如史威德主張的文化學習），或者先天就對噁心和不敬的事物具有道德直覺（如我數年後開始主張的論點）。

## 創造受害者

即使研究結果正如史威德的預測，但是在研究期間仍然出現了一些令人詫異的事情。最令人詫異的就是有許多受訪者試圖創造受害者。我編故事時很謹慎，把所有可能傷害別人的因素全都去除了。然而，在訪談者說了一千六百二十次無害的反感故事之後，卻有百分之三十八的受訪者表示某人會受到傷害。以狗的故事為例，有很多人說那家人會受到傷害，因為他們吃了狗肉會覺得噁心。這個例子是不是杜瑞爾提及的「資訊假設」呢？人真的是因為預見傷害的發生，才去譴責某些行為嗎？還是說，這過程是反過來的？先譴責行為，再去**創造**傷害？

費城的訪談有許多是我親自執行的，而顯然這類假設的傷害多半是之後才虛構出來

我曾在印第安那州北部的麥當勞餐廳廁所裡，偶然聽見一段柯伯格風格的道德判斷訪談。受訪者是一名年約三十的白種男性，訪談者是一名年約四歲的白種男性，該場訪談在我旁邊的小便池進行。

訪談者：爸，我在這裡（小便池）便便會怎樣？

受訪者：會很噁心。沖水吧。快點，我們去洗手。

（這對父子走到洗手台前面）

訪談者：爸，那我在洗手台便便呢？

受訪者：老闆會生你的氣。

訪談者：那我在家裡的洗手台便便呢？

受訪者：我會生你的氣。
訪談者：那你在家裡的洗手台便便呢？
受訪者：媽媽會生我的氣。
訪談者：那我們都在家裡的洗手台便便呢？
受訪者：（停頓）那我們就完了。
訪談者：（大笑）耶，那我們就完了。
受訪者：快點，把手擦乾，要走了。

注意訪談者的技巧和執拗，他改變了罪行的內容，好去除懲罰者，進而探問更深層的答案。然而，即使大家都一起從事違紀的行為，沒人扮演懲罰者的角色，受訪者仍堅持天道公理的觀念，於是不知怎的，總之全家人都「完了」。

當然，這位父親並不是真的試圖表現出自己最佳的道德推理，畢竟道德推理往往是用來影響他人（見第四章）。這位父親所做的，是要讓好奇的兒子感受到正確的情緒——噁心和恐懼，藉以刺激兒子在廁所做出適當的行為。

的。人往往會在很短的時間內就去譴責行為，似乎不需要很多時間就能決定自己的想法。然而，人往往需要一段時間才能想出受害者是誰，而說出受害者的態度也不太認真，幾乎帶著辯解的意味。曾有一位受訪者表示：「我不曉得耶，也許那女的丟掉國旗，以後會覺得很內疚？」這類表示有人受害的言論當中，有許多都極為荒謬。比方說，有個小孩譴責了破壞國旗的行為，為了證明自己有充分的理由，就說國旗做的抹布可能會塞住馬桶，馬桶水會溢出來。

然而，我或其他訪談者在質疑這些創造受害者的言論時，發生了更有意思的事情。我在事前已訓練好訪談者，要他們在受訪者的言論抵觸故事內容時，以委婉的態度指正受訪者。例如，要是受訪者說：「剪國旗是不對的，鄰居可能會看見她在剪國旗，也許會覺得不舒服。」那麼訪談者就要說：「可是，這個故事已經表明，沒有人看見她剪國旗。這樣的話，你還會說她剪國旗是不對嗎？」然而，就算受訪者認清受害者言論是自己捏造出來的，他們還是不願說那行為沒關係，反倒繼續尋找另一位受害者。他們會說出類似這樣的話：「我知道那樣不對，我只是想不出原因而已。」他們出現了**道德錯愕**的反應，亦即無法用言語去解釋自己直覺上知道的事情，以致啞口無言[29]。

這些受訪者是在推理，他們很努力在推理。然而，這樣的推理並不是為了尋找真相，而是為了支持自己的情緒反應。這樣的推理正如大衛．休姆（David Hume）於一七三九年留下的文字：「理性即為且應當只能為熱情的奴隸，除服侍聽命於熱情外，無法妄求他職。」[30]

我找到了證據可以證明休姆的主張，我發現道德推理往往成為道德情緒的僕人，這不啻是挑戰了道德心理學主流的理性派方法。一九九三年十月，我的研究成果刊載於某頂尖的心理學月刊[31]，我不安地等待回應。我很清楚自己只是個研究生，還提出一些不符主流典範的資料，道德心理學可不會一夜之間就有了改變。我自己也很清楚，道德心理學領域的爭論有時會很激烈（但一向很文明）。可是，竟然一點回應也沒有，實在出乎預料。我還以為自己完成了具有決定性的研究，終於能平息道德心理學的一大爭議，可是我的論文刊載後的五年之間，沒有一個人引用我的論文內容，甚至連攻擊也沒有。

我的論文著陸了，卻悄無聲息，部分是因為我在社會心理學期刊上發表論文。然而，在一九九〇年代初期，道德心理學領域仍隸屬於發展心理學。如果你稱自己是道德心理學家，就表示你研究的是道德推理，以及道德推理如何隨年齡而變化，而且無論你贊不贊同柯伯格的觀點，都會大量引用他的理論。

然而，心理學這個領域即將產生變化，變得更加情緒化。

## 總結

道德從何而來？有兩個最常見的答案，一是先天（先天論），二是兒童時期的學習（經驗論）。本章討論第三個可能性——理性論。我進入道德心理學領域的時候，理性論是主流論點，主張道德是由兒童根據自己的傷害經驗，自我建構而成。兒童知道傷害是不對的，畢竟他們自己也討厭受到傷害。接著，兒童會逐漸明白傷害別人是不對的，從而理解公平的道理，最後會明白正義的含義。前文解釋了我在巴西和美國進行研究後為何會否定理性論，並做出以下結論：

◎道德版圖視文化而定。在教育程度高的個人主義型西方文化中，道德版圖非常狹隘。社會中心型文化則會拓展道德版圖，使其涵蓋及控管更多生活層面。

◎人有時會有直覺，尤其是對噁心及不敬的事情。這樣的直覺可以迫使人進行推理。道德推理有時只是之後才虛構出來的。

◎道德不可能全是兒童根據自己對傷害的日益瞭解而自我建構出來。文化上的學習或指導所扮演的角色，肯定比理性派主張的還要重要。

如果道德主要不是來自於推理，那麼最有可能就是先天加上社會學習。本書其餘內容會試圖解釋道德為何是先天（一套演化的直覺）加上習得（兒童學習在特定的文化中運用這些直覺）。我們生來就有正義之心，只是必須確切瞭解人們會對哪些事情抱以正義之心。

註釋：

1 我畢業時有了個結論，凡是追尋存在意義的年輕人，研讀心理學和文學這兩個領域會比較有幫助。不過，在那之後，哲學領域已有較佳的進展。見 Wolf 2010。

2 請參閱《耶利米書》第三十一章第三十三節至第三十四節：「我要將我的律法放在他們裡面，寫在他們心上。」亦見 Darwin 1998/1871。

3 經驗論有兩種意義。我在此處提及的經驗論是心理學家的典型用法，主張人類出生時的心智多少是一張白紙，心智裡的所有內涵幾乎都是從經驗習得，這是相對於先天論而言。我認為這個觀點不正確。經驗論的另一種意義是科學家的用法，是指致力於經驗法，亦即以觀察、測量、操控世界的方法，來得出可靠的結論。我身為科學家，完全認同這種意義的經驗論。

4 Locke 1979/1690.

5 Piaget 1932/1965.

6 不過，現在大家都知道物理學知識在某種程度上是天生具有（Baillargeon 2008），而道德知識也同樣是如此（Hamlin, Wynn, and Bloom 2007）。更多內容請見第三章。

7 皮亞傑的主張似乎是錯了，如今看來，好像只要使用更審慎的方法，兒童不用口頭回應的話，那麼兒童到了三歲（LoBue et al., 2011），甚至有可能提早到十五個月大就會開始對不公平的行為做出反應（Schmidt and Sommerville 2011）。換句話說，有越來越多人支持道德基本原則理論（Moral Foundations Theory）這類的先天論（請見第六章）。

8 我對理性論的定義跟哲學定義其實相差不遠，比方說，理性派相信「先驗理由的力量可理解世界上大致的真實」（B. Williams 1967, p. 69）。然而，我的方法避開了十八世紀對天生概念而起的爭論，只著眼於二十世紀關切的重點，亦即在選擇法律與公共政策時，理性——尤其是獨立個體的理性——是否為可靠（相對於危險）的方法。請參閱 Oakeshott 1997/1947。有的理性派認為可藉由理性的反思，建構社會上或道德上的秩序，而 Hayek 1988 主張這種觀念若稱為「建構主義」（constructivism）會比較精確。我發現柯伯格其實並未以理性派自稱，而是以建構派自稱。然而，本書其餘部分仍將柯伯格、皮亞傑、杜瑞爾當成理性派，藉以凸顯他們與直覺派之間的差別。

9 Kohlberg 1969, 1971.

10 Kohlberg 1968.

11 可參閱 Killen and Smetana 2006。

12 Turiel 1983 第三頁把「社會成規」定義為「行為的一致性，用於協調社會互動，並與特定的社會體制背景有關」。

13 Turiel 1983, p.3.

14 Hollos, Leis, and Turiel 1986; Nucci, Turiel, and Encarnacion-Gawrych 1983.

15 多數的實驗工作是受到柯伯格和杜瑞爾的啟發，但我也應該提及另外兩位極具影響力的人物：一位是卡蘿．吉利根（Carol Gilligan, 1982），她認為柯伯格忽略了「關懷倫理」（ethic of care），她說關懷倫理比較常見於女性；另一位是馬丁．霍夫曼（Martin Hoffman, 1982），他在同理心的發展領域進行重要的研究工作，他特別關注道德情緒，而當時大多數的研究重心是道德推理。可惜柯伯格於一九八七年一月自殺身亡，他一直為憂鬱症所苦，且因受寄生蟲感染，長期忍受疼痛。

16 A. P. Fiske 1991.

17 Evans-Pritchard 1976.

18 我會在第十一章發展這個概念，著重說明艾彌爾．涂爾幹（Emile Durkheim）提出的幾個概念。

19 Rosaldo 1980.

20 Meigs 1984.

21 見 Leviticus 11。

22 見《申命記》第二十二章第九節至第十一節。瑪麗．道格拉斯（Mary Douglas）認為保持類別純粹的需求是猶太律法背後最重要的原則，但我不同意，我認為噁心感扮演的角色強大多了。請見 Rozin, Haidt, and McCauley 2008。

23 這種說法最早的紀錄是約翰．衛斯理（John Wesley）於一七七八年的布道，但顯然是呼應《利未記》。

24 Shweder, Mahapatra, and Miller 1987.

25 Geertz 1984, p. 126.

26 Shweder and Bourne 1984。史威德的用字是自我中心（egocentric），而非個人主義（individualistic），但我怕「自我中心」這個詞有太多負面含義，又太過於接近自私。

27 Shweder, Mahapatra, and Miller 1987。每位受訪者要對三十九個案例中的十三個案例做出回應。

28 Turiel, Killen and Helwig 1987.

29 感謝丹尼爾．魏格納（Daniel Wegner）發明 moral dumbfounding（道德錯愕）這個詞彙，他是我在維吉尼亞大學任職時的同事兼良師益友。

30 Hume 1969/1739-40, p. 462。休姆的意思是理性會找到方法來達成熱情所選擇的目標，他的重心不是把事後合理化當成推理的作用。不過，正如後續章節所述，合理化個人的行為和判斷是我們全都熱切從事的一大目標。

31 Haidt, Koller, and Dias 1993.

# 2 直覺的狗和牠理性的尾巴

心智分成好幾個部分，有時會相互矛盾[1]，這是心理學領域的其中一個重要真理。生而為人，就是會感覺到自己被拉往不同的方向，因自己沒有能力去控制自己的行動，而感到詫異，有時甚至是恐懼。在古羅馬詩人奧維德（Ovid）生活的年代，大家都以為疾病是膽汁不平衡所致。不過，奧維德深諳心理學，他筆下的人物悲嘆：「一股奇妙的新力量牽引著我往前，欲望和理性各自拉扯著我往不同的方向去，我明明看見正確的道路，也認同要往那裡去，卻走上了錯誤的道路。」[2]

古代的思想家留下諸多隱喻，供後人瞭解這樣的矛盾衝突，然而少有隱喻能像柏拉圖的《提邁歐斯》（*Timaeus*）對話錄那般活靈活現，書中的敘事者提邁歐斯解釋天神如何創造宇宙，人類也包括在內。提邁歐斯說，有一位完美的造物主只創造完美的東西，祂創造靈魂去填滿新的宇宙，而在靈魂的裡頭，哪有什麼會比完美的理性更完美的呢？造物主在創造了大量完美又理性的靈魂之後，決定休息一下，把剩餘的創造工作交給一些神力較低的神祇，眾神便盡全力勾勒出這些靈魂的血脈。

眾神開始把靈魂裝進最完美的形狀——球形，於是人類的腦袋才多少有一些圓圓的。然而，眾神不久就發現一點，地球表面不平坦，球形的腦袋有點難以四處滾動，而且看起來也不光彩。於是，眾神創造身體來扛腦袋，還把第二個靈魂放進身軀裡。第二個靈魂既不理性又無法永生，實在劣等多了。第二個靈魂的裡頭包含了——

一些可怕又必要的滋擾成分：首先是享樂，這是最強大的邪惡誘惑；其次是痛苦，會使我們逃離善；此外，還有魯莽和恐懼，伴隨旁邊的愚蠢——這是兩者的顧問；接著還有難以平息的憤怒、易入歧途的期望。眾神把前述的成分混合了不理智的感官知覺和大膽妄為的性欲，依其必要，創造出凡俗的靈魂。[3]

享樂、情緒、感官……全都是必要之惡。眾神想讓神聖的腦袋離激動的身體及其「愚蠢的顧問」遠一些，於是創造了頸項。

創世神話多半以部落或祖先作為創世的核心，因此柏拉圖的《提邁歐斯》把中心位置讓賢給心理機能，看來實在奇怪。不過，等你明白了這位哲學家的神話其實提高了哲學家的地位，就不會覺得奇怪了。這則神話證明了哲學家終生擔任理性主教或公正的哲學家皇帝，實為正當。理性派最大的夢想就是「熱情即為且應當只能為理性的僕人」，這種說法顛覆了休姆的表述。此外，為了避免柏拉圖對熱情的輕蔑受到質疑，敘事者提邁歐斯還說，凡懂得控制情緒之男子，即能終生保持理性及正義，將重生於天堂，獲得永恆的快樂；然而，受制於熱情之男子，來世會轉生為女子。

數千年來，西方哲學向來崇尚理性，厭惡熱情[4]。柏拉圖、康德、柯伯格，一脈相傳。本書把這種崇敬理性的態度稱為**理性派的迷思**。之所以稱為迷思，是因為一群人要是把某個東西給神聖化，這教派的成員就沒有能力對那個東西做清晰的思辨。道德凝聚人心，卻也令人目盲。忠實的信徒會創造出其所篤信卻不符現實的幻想，最後會有人把寶座上的偶像給打下來。前述文字為休姆的主張及其瀆神的哲學看法——理性只不過是熱情的僕人[5]。

湯瑪斯・哲斐遜（Thomas Jefferson）針對理性與情緒之間的關係，提出了一種更平衡的模式。一七八六年，哲斐遜擔任美國駐法大使期間，墜入了愛河。哲斐遜經由一位共同友人的介紹，認識了英國藝術家瑪利亞・柯斯韋（Maria Cosway），二十七歲的柯斯韋美麗動人。兩人一見鍾情，幾個小時難分難捨。在那完美的晴日，兩位異鄉人漫步於巴黎街頭，攜手共賞宏偉壯麗的巴黎城。哲斐遜編了個藉口，派信差去取消晚上的聚會，好讓白日的快樂延續到晚間。柯斯韋已經結婚了，但她的婚姻似乎是政治聯姻。這段情在後續的數週究竟進展到何種程度，歷史學家並不清楚[6]。後來，柯斯韋的丈夫堅持帶妻子返回英國，獨留哲斐遜傷心欲絕。

哲斐遜為求減輕痛苦，寫了一封情書給柯斯韋。信中運用文學手法，掩飾寫情書給已婚婦女的不當之舉。信中內容是哲斐遜的腦和心在交談，對於是否應追尋一段終將結束的「友誼」而爭辯不休。哲斐遜的腦袋是柏拉圖哲學理想中的理性，腦責罵心，說心竟又拖著腦一起陷入可怕的困境。心乞求腦的憐憫，腦卻回以嚴厲的告誡：

> 這世上的每樣東西都是加加減減的計算。因此，應謹慎行進，平衡就掌握在你的手中。把一物帶來的愉悅放在天平的一端，也要把隨後而來的痛苦放在天平的另一端，再看看哪一端佔優勢。[7]

心一次又一次忍受著腦的辱罵，態度相當順從。最後，心終於鼓起勇氣為自己辯護，並且把腦放在適當的位置，亦即負責處理那些不牽涉到人的問題。

自然之母令我倆住在同一處，卻是在一個分裂的帝國裡。自然之母把科學的領域分派給你，把道德的領域分派給我。若要計算圓形的面積，或是描摹彗星的軌道；當要找出能承受最大重量的拱形物，或最小阻力的固體時，把這些問題扛起來，這種事就交給你吧。畢竟那是你的領域，自然之母並未賦予我那般的認知能力。同樣的，自然之母並未賦予你同情、仁慈、感激、正義、愛、友誼等感覺，你可不受這些感覺的控制。自然之母令心的機制適應這些感覺。就人類的幸福而言，道德至關重要，不能冒險放在腦袋裡那些不明確的組合上。因此，自然之母令道德奠基於感性，而非科學。[8]

於是，現在有了以下三種心智模式：柏拉圖說，理性應當成為主宰，即使唯有哲學家才有能力善加掌握理性，也只能如此[9]；休姆說，理性即為且應當只能為熱情的僕人；哲斐遜提出了第三個選項，理性和感性即為（且應當）各自獨立卻又共同統治，有如羅馬的帝王，把帝國分成東西兩半。究竟誰的主張才是對的？

## 威爾森的預言

柏拉圖、休姆、哲斐遜都在試圖瞭解人類心智的構成，可惜少了達爾文演化論的幫助，演化論可是瞭解生物構成的史上最強工具。達爾文之所以著迷於道德領域，是因為生物間的合作範例都必須符合達爾文極為強調的競爭和「適者生存」的概念[10]。關於道德可能的演化方式，達爾文提出了一些說法，而這些說法多半是說情緒（如同情）促成演化的發生。達爾文認為，情緒是社交本能的「基石」[11]。此外，達爾文還在文中討論了羞愧和驕傲的感覺，兩者皆涉及了人類對於博得好名聲的欲望。達爾文對於道德是抱持先天論，他認為天擇使得人類的心智預先裝載了道德情緒。

然而，隨著二十一世紀道德學的發展，有兩波道德主義浪潮改變了道德學的路線，使得先天論成了一種觸犯道德的主張。第一波的浪潮是人類學家和其他人對於「社會達爾文主義」開始心生恐懼所致。社會達爾文主義衍生自達爾文的觀點，但達爾文本人並未表示認同。社會達爾文主義認為，最富裕與最成功的國家、種族、個人，才是最適合生存下來的。因此，施捨窮人，使窮人得以繁殖，即是干涉了演化過程的自然進展[12]。至於某些種族先天就比其他種族更加優異之說法，之後也獲得希特勒的擁護。從這個脈絡下來，希特勒支持先天論的話，就表示支持先天論的人都支持納粹主義了（這個結論不合邏輯，可是如果你不喜歡先天論，在情緒上就說得過去了）[13]。

第二波的道德主義浪潮就是激進政治主義，在一九六〇年代和一九七〇年代，橫掃歐美和拉丁美洲境內的大學院校。激進改革者往往想要相信人類的天性是一張白紙，可以在白紙上描繪任何一種烏托邦版本。舉例來說，假使演化過程賦予男女不同的欲望和技能，那麼先天論肯定是錯誤的（同樣的，這種說法在邏輯上存有謬誤，可是這就是正義之心運作的方式）。

認知學家史迪芬・平克（Steven Pinker）在一九七〇年代是哈佛大學的研究生，他在二〇〇二年出版《心靈白板論：現代人怎樣剝奪人性》（*The Blank Slate: The Modern Denial of Human Nature*），說明科學家如何背離科學價值，藉以繼續忠於進步運動（Progressive Movement）。科學家變成了階梯教室裡的「道德暴露狂」，他們把科學家同僚給妖魔化，他們鼓勵學生評估概念時，並不是為了真相，而是看那概念是否符合進步主義的理想，例如種族平等、性別平等[14]。

最能清楚證明背離科學價值之例子，莫過於愛德華・威爾森（Edward. O. Wilson）遭受攻訐一事。威爾森終生投入螞蟻和生態系統之研究，一九七五年出版《社會生物學：新綜合理論》（*Sociobiology: The New Synthesis*），探討天擇——無疑是塑造了動物的軀體——如何塑造動物的行為。這個主張並不會引起爭論，可是威爾森竟在末章大膽提議，說天擇也影響了人類的行為。威爾森認為，人類天性確實存在，而且人類在養育子女或構思新的社會制度時，天性侷限了其所能實現的範圍。

威爾森運用倫理學來闡明自己的論點。威爾森是哈佛大學的教授，跟柯伯格和哲學家約翰・羅爾斯（John Rawls）是同事，所以威爾森很清楚這兩人對於權利和正義所抱持的理性論觀點[15]。威爾森顯然認為，理性派的作為其實是在替道德直覺找出聰明的藉口，而最能解釋道德直覺的就是演化了。人之所以相信人類權利，是因為這樣的權利實際上存在嗎？好比是數學真理坐在宇宙書架上的畢氏定理隔壁，等著柏拉圖那方的理性派發現？還是說，人們讀到酷刑報導，心生嫌惡及同情，因而發明出普世權利的說法，替自己的感受辯護？

威爾森贊同休姆的觀點，威爾森認為道德學家在做的事情，其實是先「問過情緒中心」，然後才編織出藉口[16]。威爾森預測，倫理學研究不久就會從道德學家的手中被拿走，並且邁向「生物化」，或者改造成適合新興的人類天性學。而哲學、生物學、演化三者之間的連結，會成為威爾森夢想中的「新綜合理論」範例，日後威爾森稱之為**融通**（consilience，譯註：字面解作「一致」），亦即多種概念「一起跳躍」，創造出統一的知識體系[17]。

先知挑戰現狀，往往引來掌權者的憤恨。由此可見，威爾森應當冠上「道德心理學先知」的稱號。無論是在報刊雜誌，還是在公開場合，都有人騷擾痛罵威爾森[18]。有人說他是法西斯分子，（對某些人而言）這樣就充分證明了他確實是種族主義分子，（對某些人而言）這樣又足以證明試圖阻止他在公開場合發表談話的正當性。曾有抗議人士試圖打斷他的科學演講，他們衝上台，呼喊：「威爾森，種族主義者，我們指控你造成種族滅絕，你躲也躲不了」[19]。

## 情緒化的九〇年代

等到我一九八七年進入研究所時，那樣的攻訐現象已然休止，社會生物學已不足以採信，至少我是這麼感覺到的。當時的科學家把「社會生物學」視為含貶義的詞彙，用以描述那種把心理學範圍限縮成演化的幼稚言論。當時的觀念是道德心理學的內容不是演化出來的眾多情緒，而是推理和資訊處理的發展[20]。

然而，我關注心理學以外的領域，發現有很多精彩的書籍講述道德的情緒基礎。我閱讀法蘭斯．德瓦爾（Frans de Waal）的《天性善良：人類與其他動物是非辨認之起源》（*Good Natured: The Origins of Right and Wrong in Humans and Other Animals*）[21]，德瓦爾並未主張黑猩猩有道德觀，他只是認為黑猩猩（及其他猿類）擁有人類用來建構道德制度和社群的大多數心理基石。這些心理基石多半是情緒化的，比如說，同情、恐懼、憤怒、鍾愛等等感覺。

我還閱讀了安東尼．達馬吉歐（Antonio Damasio）的《笛卡兒的錯誤》（*Descartes' Error*）[22]。達馬吉歐發現，腦部特定部位——即腹內側前額葉皮質（Ventromedial Prefrontal Cortex，簡稱「vmPFC」，鼻梁後上方區域）——受傷的患者出現了不尋常的症狀模式，患者的情緒降至幾近零的程度，就算看著最有趣或最恐怖的相片，也沒有任何感覺。他們仍保有是非對錯的完整知識，智商也沒有低於預期，甚至在柯伯格的道德推理測試，也獲得很高的分數。然而，他們在私人生活和工作上要做決定時，卻往往做出愚蠢的決定，或者根本不下決定。他們疏遠家人和雇主，生活四分五裂。

基於此種現象，達馬吉歐認為直覺和身體反應其實是理性思考的**必要**環節，而 vmPFC 的作用就是將種種直覺整合起來，放到意識層次，讓人深思熟慮一番。假使你對殺死父母的優缺點進行衡量……你連做也做不到，因為恐懼感頓時湧入 vmPFC。

然而，達馬吉歐的患者不管做什麼事都會思考，而且未經情緒便進行篩選或渲染。要是 vmPFC 不起作用，每一刻的每個選擇，感覺起來就跟別的選擇一樣好。做出決定的唯一方法就是檢視每個選擇，用意識層次的言語推理，去衡量優缺點。要是你曾挑選過那種激不起太多感覺的家電用品（如洗衣機），就會懂得如果選項超過六七個——短期記憶的容量——的時候，有多麼難以抉擇。試想，假使在每一刻，在每個社會情境下，挑出正確的事情去做，或者挑出正確的話語去說，都變得像是在十種洗衣機當中挑出最好的一款，每分每刻，日復一日，皆是如此，那麼生活會變成什麼樣子？此外，你還會做出愚蠢的決定。

達馬吉歐的研究發現簡直就是極其反柏拉圖。vmPFC 腦傷患者實質上就是身體裡的理性靈魂和激動熱情之間的溝通橋梁遭到關閉。熱情不是源自於心臟和胃部（柏拉圖並不知道這點），熱情是源自於腦部當中掌管情緒的區域。再也沒有那些「討厭又必要的干擾」、那些「愚蠢的顧問」會讓理性的靈魂走上歧途。然而，熱情和理性分道揚鑣，理性卻沒有從熱情的奴役下解脫，原來理性竟需要熱情，實在出乎意料，令人吃驚不已。這樣的話，哲斐遜的模式就比較貼切了，也就是說，兩位共治的皇帝有一位被擊倒時，另一位試圖獨自統治帝國，卻無法勝任。

然而，假使哲斐遜的模式是正確的，那麼達馬吉歐的腦傷患者過著總是由腦控管的生活，應該仍然可以好好過日子。可是，決策的瓦解現象——即使是純粹的分析工作和組織工作——卻會蔓延出去。沒了心，腦甚至連自己的工作也無法做。因此，最切合前述實情的還是休姆的模式，亦即主人（熱情）死掉的時候，僕人（理性）就沒有能力也沒有欲望去維持莊園的運作，一切都會崩毀。

## 為什麼無神論者不賣靈魂

一九九五年，我搬到維吉尼亞大學，開始從事第一個工作——教授。當時，道德心理學仍以道德推理研究為重心。然而，如果把注意力放在發展心理學以外的領域，就會看見

圖二・一：我早期提出的哲斐遜雙程序模式。情緒和推理是通往道德判斷的個別路徑，然而道德判斷有時也可能會導致事後的推理。

威爾森的新綜合理論正要起步。有些經濟學家、哲學家、神經學家默默建構出另一種看待道德的方法，他們認為道德的根基其實是情緒，情緒是由演化塑造的[23]。這些綜合理論在一九九二年社會生物學重生後，有了新的名稱——演化心理學[24]。

我搬到維吉尼亞州夏洛特維爾的第一個月，閱讀了哲斐遜寫給柯斯韋的信，當成是我膜拜哲斐遜所踏出的第一步（哲斐遜於一八一九年創辦維吉尼亞大學，而身處於「哲斐遜先生的大學」的我們，都把哲斐遜視為神一般的存在）。不過，我已經認同了哲斐遜的觀點，即道德情緒和道德推理是個別的程序[25]。這兩個程序可自行做出道德判斷，有時還會相互爭奪判斷的權利（圖二・一）。

我在維吉尼亞大學的頭幾年，進行了幾個實驗，要求受試者在一些強化或弱化其中一個程序的情況下做出判斷，藉以測試這個雙程序模式。舉例而言，社會心理學家往往要求受試者處理一些任務，同時承受沉重的認知負擔（例如在心裡記住七二五〇四七五這個號碼），或者承受輕微的認知負擔（例如記住七這個號碼）。如果受試者在負擔沉重的情況下，效能會受到負面影響，就表示該項特定任務需要進行「控制式」的思考（例如有意識的推理）。然而，如果受試者無論負擔輕重，任務成效都很好的話，就表示進行該項任務只需要「自動化」的程序（例如直覺和情緒）。

我的問題很簡單：「人們在認知負擔沉重的情況下所做的道德判斷，是否跟負擔輕時一樣好？」結果，答案是肯定的。我發現人們在各種狀況下所做的道德判斷都沒有差異，認知負擔並不會造成影響。我用不同的故事再試一次，結果還是一樣。我嘗試另一種操作方法：用電腦程式強迫部分受試者沒時間思考，必須快速回答，另外還強迫部分受試者等待十分鐘再說出看法。我還以為這種操作法肯定能削弱或加強道德推理並改變權力的平衡，結果卻不然[26]。

我來到維吉尼亞大學時，十分確信哲斐遜雙程序模式是正確的，我努力證明卻未果。我必須在年限內爭取到終身職，搞得心裡越來越緊張。五年內就要生產出一連串的論文，在頂尖的期刊上發表，否則便無法取得終身職，也就得離開維吉尼亞大學。

同時間，我開始進一步研究幾年前在論文訪談時觀察到的道德錯愕狀況。我跟史考特．墨菲（Scott Murphy）共同合作，他是一位很有天賦的大學生。我們的計畫是讓史考特拋棄溫和的訪談者形象，改而扮演魔鬼代言人，藉此增加道德錯愕狀況的數量。假如史考特順利反駁受試者的論點，受試者的道德判斷會改變嗎？還是說，受試者會發生道德錯愕的狀況，結結巴巴地抓住理由，堅持原本的道德判斷？

史考特把三十位維吉尼亞大學學生帶到研究室，以一次一位的方式進行長時間的訪談。史考特先向受試者解釋，無論受試者的回答是什麼，史考特都會質疑受試者的推理。然後，史考特會在受試者面前說出五個情境題。其中一個情境題是柯伯格的漢茲難題：「漢茲該不該去偷藥救妻子一命？」我們預測漢茲難題造成的道德錯愕程度應該不高。在漢茲的故事中，傷害與生命對上了法律與財產權，而故事也編得容易引人做出冷靜又理性的道德推理。史考特果然無法用漢茲的故事激得受試者產生道德錯愕。受試者回答時提出了很好的理由，史考特無法讓受試者放棄「生命比財產更重要」之類的原則。

我們還選了兩個會直接影響直覺的情境題。第一個情境題是「蟑螂果汁」，史考特會打開一小罐蘋果汁，倒在新的塑膠杯裡，請受試者喝一小口，每個人都喝了。然後，史考特拿出一個白色的塑膠盒，說：

這個盒子裡有一隻蟑螂，消過毒了。我們向一家實驗室用品公司，買了一些蟑螂。蟑螂是在乾淨的環境中飼養長大，但為了保險起見，我們用壓力鍋把蟑螂又消毒了一遍。壓力鍋會把東西加熱到極高溫，沒有細菌可以存活下來。我要拿蟑螂沾一下果汁，就像這樣

（用濾茶器示範）。那麼，你願意喝一小口嗎？

在第二個情境題中，史考特會說，如果受試者願意在一張紙上簽名，就可以拿到兩美元。紙上寫著：「本人——在此願以兩美元的價格，將死後的靈魂賣給史考特．墨菲。」有一行是簽名欄，其下還有備註：「**本表屬於心理學實驗的一部分，無論如何都不是具有法律或約束效力的合約。**」[27]史考特還告訴受試者，簽完名也可以把紙撕掉，這樣還是能拿到兩美元。

在史考特沒有煽動的情況下，只有百分之二十三的受試者願意簽署那張紙。有百分之三十七的受試者竟然願意喝一小口蟑螂果汁[28]，我們有點訝異。在這兩種情況下，史考特不能扮演魔鬼代言人的角色。

不過，對於那些拒絕的多數受試者，史考特要求他們提出理由，還盡全力去質疑受試者提出的理由。史考特說服了另外百分之十的受試者去喝一口蟑螂果汁，以及另外百分之十七的受試者去簽署那張出賣靈魂契約。然而，在這兩個情境題中，多數人都堅持原本的立場，即使當中有很多人都不能提出充分的理由，還是拒絕了。有幾個人承認自己是無神論者，不相信靈魂的存在，卻還是覺得簽了合約，心裡會很不安。

這兩個情境題同樣沒有引起太多的道德錯愕。無論要不要喝蟑螂果汁，要不要簽署合約，受試者會覺得終歸還是自己的選擇。因此，多數的受試者會很自在地說出這類的話：「我就是不想做，我說不出理由。」

這項研究的宗旨在於檢視受試者對於兩種違反禁忌的無害行為會有什麼反應。我們想要知道，人們對於令人不安卻沒有危害的事件所做出的道德判斷，是比較接近漢茲難題的道德判斷（與推理有密切關係），還是比較接近蟑螂果汁和出賣靈魂情境題的道德判斷（人們很快就承認自己是依照直覺判斷）。以下是我們使用的一則故事：

茱莉和馬克是姊弟，一起在法國旅行，他們讀的大學正在放暑假。某天晚上，他們單獨待在海灘附近的小木屋裡，覺得要是做愛的話會很有意思又有趣。最起碼，這對他們而言也會是一段新的體驗。茱莉已經在吃避孕藥了，但為了保險起見，馬克也用了保險套。他們都很享受，卻也覺得以後不要再做了。他們把那天晚上當成彼此之間特別的祕密，這樣一來，兩人的關係更覺親密了。那麼，你對這件事有什麼看法？他們做愛是不對的嗎？

在另一則無害的禁忌故事中，故事人物珍妮佛在醫院的病理實驗室工作，她覺得殺動物是不對的，基於道德考量選擇吃素。不過，某天晚上，她必須把剛死的人類屍體火化，她覺得丟棄完全可以食用的肉實在浪費，便割下一塊肉帶回家，煮了吃掉。

我們都知道這些故事很噁心，也預期這些故事會立即造成受試者提出道德譴責。只有百分之二十的受試者表示茱莉和馬克可以做愛，百分之十三的受試者表示珍妮佛可以吃屍體的肉。然而，史考特要求受試者解釋其所做的判斷，還質疑受試者的解釋，結果確實出現了我們所預測的休姆模式。在這些無害的禁忌情境中，受試者提出的理由數量以及拋棄的理由數量，遠多於其他情境。受試者似乎在亂槍打鳥，接連拋棄一個個的理由，就算史考特證明受試者提出的最新理由不恰當，受試者也很少改變心意。以下是亂倫情境題的訪談逐字稿：

實驗者：那你對這件事有什麼看法？茱莉和馬克做愛是不對的嗎？

受試者：我認為他們做愛是大錯特錯。你知道的，因為我有虔誠的信仰，總之我認為亂倫是不對的。可是，我不曉得。

實驗者：亂倫為什麼不對？你的看法是什麼？

受試者：嗯，這整個概念，嗯，我聽說……我甚至不知道是不是真的，不過，在那種情況下，要是女生懷孕的話，小孩會畸形，很多時候啦，像那種狀況。

實驗者：可是，他們有用保險套和避孕藥……

受試者：喔，好，對，你說過。

實驗者：……那他們就絕對不可能有小孩。
受試者：嗯，我想最安全的性行為就是禁欲，可是，嗯，呃……嗯，我不知道，我只是覺得那是不對的。我不知道，你剛才問我什麼？
實驗者：他們做愛是不對的嗎？
受試者：我覺得不對。
實驗者：我現在是在試圖找出原因，你覺得這有什麼地方不對？
受試者：好，嗯，好……我們看看，我想一下，嗯……他們年紀多大？
實驗者：他們上大學了，大約二十歲左右。
受試者：喔，喔（露出失望的表情）。我不知道，我只是……你從小不是這樣學的。那就只是不——嗯，我的意思是我不會。我認為大多數人不是（笑）。我只是覺得你不應該——我不——我猜我的理由是，嗯……就只是，嗯……你從小學到的不是這樣的，你不會看見這種事，那不……嗯……我不覺得那種事情是可以接受的，差不多就是這樣了。
實驗者：你從小沒看過的事情，並不代表那種事情是不對的，是吧？比如說，要是你從小沒看過女人出家門工作，你會說女人工作是不對的嗎？
受試者：嗯……好……喔，天啊，好難啊。我真的……嗯，我是說，我絕對不可能改變心意，我只是不知道要怎麼……怎麼去表達自己的感覺，我對這件事的感覺，就很怪啊。[29]

在這段文字紀錄以及其他許多的文字紀錄中，受試者顯然是立刻憑情緒做出道德判斷。理性只不過是熱情的僕人，僕人找不到充分的理由時，主人並不會改變心意。我們把看似最易引發道德錯愕的一些行為加以量化，而根據分析結果顯示，跟漢茲難題相較之下，受試者對無害禁忌情境做出的反應存有巨大的差異[30]。

研究結果支持休姆的主張，而不是哲斐遜或柏拉圖的主張。人們憑著情緒快速做出道德判斷。道德推理充其量只是在事後尋找理由，用以證明人們做出的道德判斷是正當的。然而，這些判斷是不是代表著大致上的道德判斷呢？我不得不編寫出一些超乎尋常的故事，才能讓人閃現出連自己都無法輕鬆解釋的道德直覺。人類的思考方式應該多半都不是這樣運作的，是吧？

## 「明白現象」相對於「提出論點」

史考特和我研究道德錯愕的兩年前，我閱讀了心理學家極少提及的獨特書籍——

豪爾德・馬戈里斯（Howard Margolis）的《模式、思維與認知》（*Patterns, Thinking, and Cognition*）。馬戈里斯是芝加哥大學的公共政策教授，他試圖瞭解人們對政治議題的信念為何往往跟客觀事實沒有太大關聯，並希望認知科學能夠解開這個謎團。然而，一九八〇年代盛行的思維方式導致馬戈里斯的研究不受青睞，當時的主流思維多半把心智比喻成電腦。

馬戈里斯認為，若要研究高層次的認知（如政治思維），比較適合的模式為低層次的認知（如視覺），低層次認知多半藉由快速的無意識模式比對進行運作。馬戈里斯在書中的開頭講述了幾項知覺假象的研究，比如說，知名的繆氏錯覺（Muller-Lyer illusion，見圖二・二），明明知道兩條線一樣長，可還是覺得其中一條線看起來比較長。接下來，馬戈里斯開始談論邏輯問題，例如瓦森（Peter Wason）的四張紙牌題目[31]，把四張紙牌放在桌

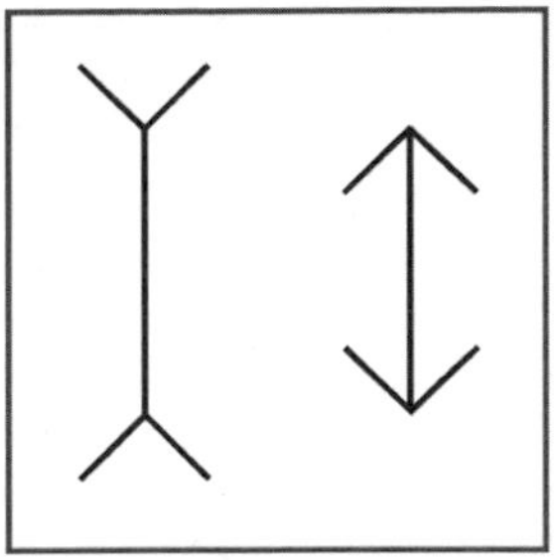

圖二・二：繆氏錯覺圖。

上，受試者的面前。每張紙牌是分別從一疊紙牌取出，這四疊紙牌都是一面是字母、另一面是數字。受試者要想辦法證明「一面是母音、另一面就是偶數」的規則，那麼在圖二・三中，受試者至少要翻開哪幾張紙牌才能證明？

大家立刻就曉得必須翻開紙牌E，不過也有很多人說必須翻開紙牌4。這些人似乎都在腦中做了簡單的模式比對：**問題中提到了母音和偶數，那就翻開母音和偶數的紙牌**。很多人都抗拒著題目背後的簡單邏輯說明：紙牌4的背面若為B，並不會證明規則無效，但紙牌7的背面若為U，就無法證明規則了，因此必須翻開紙牌E和7。

假使先把答案告訴受試者，並要求受試者解釋答案為何正確，那麼受試者就說得出理由。然而，還有一點令人吃驚，無論受試者聽到的是正確答案（E和7），還是很多人選的錯誤答案（E和4），受試者都能夠說出理由，就跟提出論點時那樣有自信[32]。瓦森從這類研究結果當中獲得一項結論，亦即**判斷和證明是個別的程序**。馬戈里斯跟瓦森有同樣的看法，並以下文摘述事態：

> 人類根據判斷（由腦中無意識的認知機制產生，有時正確，有時則不一定），產生了基本理由，自以為可以充分解釋自己的判斷。然而，（此論證的）基本理由只是事後合理化的成品。[33]

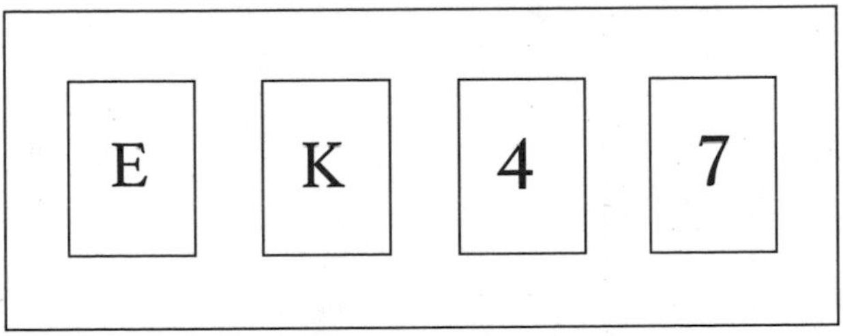


圖二．三：瓦森的四張紙牌題目。若要證明「紙牌的一面是母音，另一面是偶數」，必須翻開哪些紙牌？

馬戈里斯認為，人在判斷問題、解決問題時，有兩種截然不同的認知程序在進行運作，一種是「明白現象」，另一種是「提出論點」。「明白現象」是數億年來大腦一直在進行的模式比對，即使是構造最簡單的動物，對於某些輸入模式（例如光或糖），天生就會做出特定的行為反應（例如避開光線或停下來吃含糖的食物）。動物輕鬆學會新的模式，把新模式連結到本身的既有行為，而既有行為也可以重新調整，適應新的模式。比如說，馴獸師教導大象學習新把戲。

隨著大腦變得越來越大、越來越複雜，動物開始顯現出更多的複雜認知行為，例如：做出選擇（今天要去哪裡找食物、何時要飛往南方等），做出判斷（階級低的黑猩猩是否應表現出適宜的恭敬行為）。然而，在所有的情況下，其基本心理就是模式比對。在繆氏錯覺中推動我們的知覺的，就是這種快速、自動又不費力的處理過程。你無法選擇要不要去看清這個錯覺，你就只是

「明白現象」——這兩條線的長度不一樣。馬戈里斯還把這種思維方式稱為「直覺」。相反的，「提出論點」的過程則是用來形容「我們自己如何達到結論，或者我們認為別人如何達到那樣的判斷」[34]。唯有具備語言及須向其他生物解釋自己的生物，才會出現「提出論點」的過程。「提出論點」不是自動的過程，它是有意識的，有時**感覺**像是心理活動，而且容易因認知負擔而瓦解。柯伯格已說服道德心理學家研究「提出論點」，忽略「明白現象」[35]。

馬戈里斯的概念完美地符合了我在研究時觀察到的一切現象：先是快速的直覺判斷（「那就是不對！」），再來是緩慢且有時迂迴的辯解（「嗯，他們用的兩種避孕方法可能會失敗，他們生出來的孩子可能會畸形」）。直覺發動了推理，但直覺並不是取決於推理的成敗。我那些無害的禁忌故事就有如繆氏錯覺，也就是說，測量了當中涉及的傷害程度，也同意故事裡的行為是無害的，但心裡頭就是覺得不對勁。

馬戈里斯的理論亦適用於難度較低的窘境。在漢茲難題中，多數人直覺上「明白現象」，也就是漢茲應該偷藥（畢竟妻子的性命垂危）。不過，人們很容易就能替這個案例找到理由。柯伯格建構的窘境讓兩方都能找到充分的理由，因此沒人會發生道德錯愕。

蟑螂果汁和出賣靈魂的契約使得受試者立即明白自己想要拒絕，可是不會感受到很大的對話壓力，不會覺得非得提出理由不可。不想喝蟑螂沾過的果汁，並不屬於道德判斷，而是屬於個人偏好。就個人主觀的偏好而言，開口說「因為我就是不想做」，完全是可以接受的正當理由。然而，道德判斷並不是主觀的陳述，而是在聲稱某個人做某件事是不對的。我不能因為自己不喜歡你做的事，就要求大家懲罰你。我提出的理由必須超乎個人偏好，而那樣的理由就屬於道德推理了。我們進行道德推理，不是為了重新建構自己下判斷時所依據的實際理由；我們推理是為了找出最充分的理由，好讓別人應該要站在我們這邊，支持我們的判斷[36]。

## 騎象人和大象

我花了好幾年才充分領略馬戈里斯提出的概念含義。部分的問題就出在我的思維被那種主流又無用的二分法給困住了，還以為不是認知就是情緒。我嘗試讓認知在不受情緒的影響下進行運作，可是我一次又一次失敗。之後我開始體會到二分法毫無道理可言。認知指的只不過是資訊的處理過程，當中包含了高層次的認知（例如有意識的推理）以及低層次的認知（例如視覺感知、記憶提取）[37]。

情緒有點難以定義。長期以來，大家都認為情緒是愚笨又本能的。然而，自一九八〇年代開始，科學家益發明白情緒其實是充滿著認知。情緒的發生分成幾個階段，第一個階段就是在事情剛發生時，判斷該事對你的目標是助力還是阻力，藉以評價事件[38]。這類評價算是一種資訊處理，屬於認知。當評價程式偵測到特定的輸入模式時，就會在你的腦中推動一組變化，讓你準備就緒，做出適當的回應。舉例來說，如果你在黑暗的街上，聽見背後有人朝你跑過來，那麼你的恐懼系統就會偵測到威脅，觸動你的交感神經系統，激發「戰逃反應」，刺激你的心跳率，還讓你的瞳孔放大，好讓你接收到更多資訊。

情緒毫不蠢笨，達馬吉歐的患者之所以做了嚇人的決定，是因為他們在做決定時缺乏情緒的輸入。**情緒是一種資訊處理**[39]，因此拿情緒跟認知進行對比，就像是拿雨水跟天氣對比，拿汽車跟車輛對比，毫無意義可言。

馬戈里斯幫助我丟棄了情緒和認知的對照，他的作品讓我明白了一點，**道德判斷即為認知程序**，所有形式的判斷都是如此。關鍵的差別其實在於**兩種不同的認知**：直覺和推理。道德情緒是一種道德直覺，但多數的道德直覺是更加微妙的，不會浮現在情緒層次[40]。下次你讀報或開車時，請留神注意，有多少次微小的譴責念頭飛掠過你的意識。這類微小的念頭算是情緒嗎？或可自問，拯救五位陌生人的性命，是不是比救一個人還要好（假設其他所有條件都一樣）？你需不需要情緒來告訴你應該選擇五個人？你需不需要推理？不用，你馬上就明白五比一好。**直覺**這個詞彙最適合用來形容大家每天所做的數千個快速又不費力的道德判斷和決定，而在眾多的直覺當中，只有少數幾個直覺帶有完整的情緒。

我在《象與騎象人》一書，把這兩種認知分別稱為騎象人（控制式歷程，含「提出論點」）和大象（自動化歷程，含情緒、直覺、所有的「明白現象」形式）[41]。我選的不是馬，而是大象，這是因為大象的體型大多了，也聰明多了。正如自動化歷程已運轉動物心智長達五億年那般，自動化歷程也運轉著人類的心智，因此他們當然深諳箇中之道，好比軟體經過數千個產品週期後，獲得了大幅的改善。在過去數百萬年的某個時間點，人類的語言和推理能力逐漸成形，但大腦並沒有重塑，沒有把韁繩交給沒經驗的新騎士。騎象人（以語言為基礎的推理）進化了，這是因為它做的事情對大象而言很有用。

騎象人能做一些有用的事情，能預知未來的情況（人可以在腦袋裡檢視其他情境），如此可有助於大象在當下做出更好的決定。騎象人能學習新的技能，精通新的技術，藉以協助大象達到目標、避開災難。而且，最重要的一點，騎象人即使不一定知道大象真正的想法，也仍是大象的代言人。無論大象剛才做了什麼事，騎象人都善於在事後杜撰出一套說法。而且，不管大象接下來想做什麼，騎象人都善於找出理由來證明大象的行為是正當的。人類一發展出語言，就開始用語言說彼此的閒話，那大象四處溜達時都在背上背著全職公關，的確極為可貴[42]。

我在一九九〇年代尚未想出騎象人與大象的象徵，但我不再思考情緒與認知的區別，轉而思考直覺與推理的區別之後，一切就都水到渠成了。我拿以前構思出的哲斐遜雙程序模式（圖二・一），做出兩項重大改變。首先，我把推理至判斷的箭頭給削弱了，降級為虛線（圖二・四的第五條連結）。虛線表示獨立推理而得的判斷在理論中是可能出現的，但實際上卻是罕見的情況。這個簡單的改變讓哲斐遜模式變成了休姆模式，亦即直覺（而非熱情）是道德判斷背後的主因（第一條連結），然後推理通常會依循道德判斷（第二條連結），創造事後的說詞。理性是直覺的僕人。騎象人起初被放在大象的背上，為的就是服侍大象。

我也想要記錄道德判斷的社交性質。道德言論具有各種策略用途，例如，在日常生活常見的爭議當中，你會運用名聲、建立聯盟、吸收旁觀者等方式，讓別人站在你這一邊。我想要知道的，不光是人們聽見某個腥羶的八卦消息或目睹某件驚人事件時所做出的第一個反應。人們在經過一次次相互讓步的討論和立論之後，有時會改變主意，我希望自己提出的模式能反映出這種情形。

我們快速做出第一個判斷，很怕會找到證據推翻自己最初的判斷[43]。然而，我們自己做不到的事情，朋友能幫我們做到，朋友可以質疑我們，可以提供理由論據給我們（第三條連結），而這有時會觸發新的直覺，使得我們改變原本的想法。我們自行深思問題時，偶爾會突然以全新的目光或全新的角度看待事物（在此使用兩個視覺象徵），因而改變了

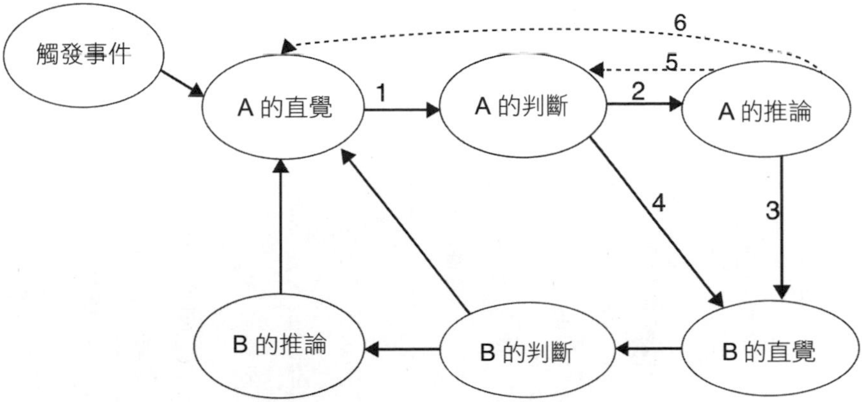


四條主要連結：
(1) 直覺判斷
(2) 事後推理
(3) 理性說服
(4) 社群說服

兩條少用的連結：
(5) 理性判斷
(6) 個人反思

圖二・四：社群直覺模式。直覺先來，推理往往是判斷後才產生，以便影響別人。然而，隨著討論的進展，別人提出的理由有時會改變我們的直覺和判斷（來源：Haidt 2001，頁八一五，美國心理學會出版，改寫已獲得許可。）

想法。模式中的第六條連結代表的是這種個人反思的程序，這條連結之所以是虛線，是因為這個程序似乎不是很常發生[44]。就絕大多數人而言，要是沒有別人慫恿，我們才不會每天或甚至每個月就改變自己對某個道德議題的看法。

還有一種現象比這類改變個人心意的情況更為常見，那就是社群影響。別人只要透露自己喜不喜歡某個人，我們往往就會因此受到影響。這種形式的影響是第四連結，即社群說服連結。有許多人認為，自己遵循的是內心的道德羅盤，但社會心理學歷史卻充分證明了別人可以施加強大的力量，不用提供任何理由或論據，就能讓殘忍行徑變得似乎可以接受[45]，讓利他行為變得似乎令人尷尬[46]。

基於這兩項改變，我把這個理論稱為「道德判斷的社群直覺模式」，並在二〇〇一年撰寫的〈情緒的狗和牠理性的尾巴〉（The Emotional Dog and Its Rational Tail）[47]一文中提及這個理論。事後，我還真希望「情緒的狗」改為「直覺的狗」，畢竟有些心理學家仍困在情緒與認知的二分法裡，往往看了文章名稱就以為我主張道德一律是由情緒所驅使。之後，這些心理學家就會證明認知很重要，並認為自己找到了證據可以反對直覺論[48]。然而，直覺（包括情緒反應）都是認知的一種，不是推理的一種。

## 如何贏得爭論

社群直覺模式說明了道德和政治上的爭論為何如此令人沮喪，**因為道德理由是直覺的狗搖動的尾巴**。狗搖動尾巴是為了溝通，強迫狗去搖尾巴，狗是不會開心的。反駁對方的論點，並無法改變對方的想法。很早以前，休姆就已經診斷出以下的問題：

由於推理並不是源頭，因此爭論的雙方都引伸出自己的信條。若還期盼有任何邏輯——情緒就更不用說了——能吸引爭論者信奉更健全的原則，未免是癡心妄想。[49]

如果你想要改變對方的想法，就必須跟對方的大象談一談，必須運用社群直覺模式的第三連結和第四連結，引出新的直覺，而非新的論據。

卡內基（Dale Carnegie）是史上極為優秀的大象溝通師，他在《卡內基溝通與人際關係》（*How to Win Friends and Influence People*）這部經典之作當中，即反覆力勸讀者避免直接衝突，並建議讀者「一開始就用友善的態度」、「微笑」、「成為好的聆聽者」，而且「永遠不要說『你不對』」。要是想說服別人，就該先表現出尊重親切且開放對話的態度，然後再表達自己的想法。卡內基鼓勵讀者運用第四連結（即社群說服連結），替自己的觀點鋪路，然後再嘗試運用第三連結（即理性說服）。

讀者看了我對卡內基的描述，或許會認為卡內基的方法未免膚淺又操控人心，只適合業務員使用。然而，卡內基其實是傑出的道德心理學家，很瞭解衝突的底層真相。卡內基引用美國汽車大王亨利．福特的話來表達這點：「如果成功真有祕訣，那祕訣肯定就是理解別人的觀點，除了從自己的角度看待事情外，還要站在別人的角度。」[50]

這件事再明顯不過了，可是卻少有人應用於道德和政治上的主張，因為我們的正義之心太容易就進入戰鬥模式。我們的騎象人和大象合作無間，抵擋攻擊，還拋出強力的言詞手榴彈。我們的表現或許能讓友人留下深刻的印象，並向盟友證明，我們確實是團隊裡忠堅的一員。然而，無論我們的邏輯有多好，只要對手也處於戰鬥模式，對手的想法就不會改變。如果你真的想要改變某人在道德或政治議題上的想法，除了站在自己的角度看事情外，還必須站在那個人的角度。如果你真的深切又直覺地站在對方的觀點看事情，那麼或許甚至會發現自己也以開放的態度回應。雖然在道德觀分歧的情況下很難有同理心，但是同理心仍是治療正義的良方。

## 總結

人會推理，人會有道德直覺（包括道德情緒），然而這些程序之間究竟有什麼關係？柏拉圖認為理性可以且應是主人；哲斐遜認為這兩個程序是平等的夥伴（腦和心），共同統治一個分裂的帝國；休姆認為理性是（且只適合是）熱情的僕人。我在本章試圖證明休姆的主張是對的。

◎心智分成幾個部分，好比騎象人（控制式歷程）騎在大象（自動化歷程）的背上。騎象人逐步演化為服侍大象。

◎人們發生道德錯愕時，就會呈現出騎象人服侍大象的樣子。人們對於是非對錯有強烈的直覺，並且為了那些直覺，努力建構出事後的說詞。即使僕人（理性）空手而回，主人（直覺）也不會改變判斷。

◎社群直覺模式始於休姆的模式，而比其更具社交性質。在我們終身奮鬥於贏得朋友、影響別人的過程裡，道德推理也參與其中。這是為什麼我會說：「直覺先來，推理往往是判斷後才產生」。如果你把道德推理想成人們為了追求真相而要自己做的事，那麼你就誤會大了。

◎因此，如果你想要改變對方在道德或政治議題上的想法，那麼請**先跟大象對話**。如果你請對方相信的事情違反了對方的直覺，那麼對方就會努力找尋出路，也就是找理由來質疑你的主張或結論，不過他們離成功總是差那麼一步。

我在撰寫本書時，試著運用直覺論。我的目標是改變各類讀者——自由派與保守派、世俗讀者與宗教讀者——對道德、政治、宗教、彼此所抱持的思考方式。我知道自己應該要放慢腳步，應該更訴諸於大象。我不能直接在第一章講述理論，然後要求讀者等到我攤開所有支持的證據再下判斷。因此，我決定同時講述道德心理學的歷史和我個人的故事，以便從理性論過渡至直覺論。我提到了歷史趣聞，我引用了古人的話，還讚美了幾位頗有遠見的人士。我創造了幾個象徵（例如騎象人與大象），這些象徵在本書中會重複出現。我做這些事的用意是要「調整」讀者對道德心理學的直覺。如果我失敗了，而你真心不喜歡直覺論，或者不喜歡我，那麼我提出的證據再多，也無法說服你，無法讓你認為直覺論是正確的。可是，如果你現在有一絲直覺浮現，覺得直覺論**或許**是正確的，那麼就繼續聽我說吧。我在接下來的兩章當中，會更常跟騎象人對話。

註釋：

1 這是《象與騎象人》第一章提及的基本真理。
2 Medea, in *Metamorphosis* (Ovid 2004), Book VII.
3 Plato 1997。引文出自《提邁歐斯》（*Timaeus*）69d。請注意，提邁歐斯似乎代表柏拉圖發言，並不是一名被蘇格拉底駁倒的陪襯者。
4 Solomon 1993.
5 休姆用的字是「奴隸」（slave），但我改成較不冒犯人且較精確的「僕人」（servant）。休姆提出的概念立基於其他的英格蘭與蘇格蘭感性論者，例如赫京生（Francis Hutcheson）和沙夫茨伯里伯爵（Earl of Shaftesbury）。其他知名的感性論者（或稱反理性派）有盧梭、尼采、佛洛依德等。
6 Ellis 1996.
7 Jefferson 1975/1786 p. 406.
8 同前，頁四〇八－九。
9 柏拉圖在《提邁歐斯》提出的模式（如《斐德羅》〔*Phaedrus*〕），其實是靈魂分成三個部分：理性（位於頭腦）、心靈（包含對光榮的渴望，位於胸膛）、欲望（對享樂和金錢的喜愛，位於胃部）。然而，本章將其簡化為雙程序的模式，使理性（頸項之上）與兩組熱情（頸項之下）相爭。
10 這個有名的措辭是由史賓塞（Herbert Spencer）發明，但達爾文也使用這個措辭。
11 Darwin 1998/1871，第一篇第五章。更多資訊請見第九章。
12 此概念係由史賓塞於十九世紀晚期發展出來，但可追溯至十八世紀的馬爾薩斯（Thomas Malthus）。達爾文確實認為部落之間會相互競爭（請見第九章），但根據 Desmond and Moore 2009，達爾文並不是社會達爾文主義者。
13 希特勒也是素食者，但不會有人覺得認同素食主義就等於是納粹。
14 Pinker 2002, p. 106.
15 政治學家羅爾斯的主張仍被許多論文所引用。他在 Rawls 1971 提出的假想實驗（thought experiment）相當知名，他要求受試者想像自己站在「無知之幕」（veil of ignorance）的後面，構思出某種社會，而受試者不知道自己在那社會中最後會是什麼身分地位。理性派往往欣賞羅爾斯。
16 威爾森的一字一句帶有預言意味，值得反覆再三出現：「倫理學家會先訴諸自己的下視丘－邊緣腦系統的情緒中心，因而直覺知道道德的義務論準則。發展學者（例如柯伯格）即便是處於最客觀的狀態，也同樣是如此。唯有把情緒中心的活動當成生物適應加以解譯，才能破解義務論準則蘊含的意義。」E. O. Wilson 1975, p.563.
17 E. O. Wilson 1998.
18 社會生物學把科學明確連結至社會正義的政治議程，史蒂芬．傑伊．古爾德（Stephen Jay Gould）、理察．列萬庭（Richard Lewontin）等頂尖的生物學家曾撰文譴責。可見 Allen et al. 1975。
19 見 Pinker 2002 第六章。
20 這段陳述文字有一項例外，即馬丁．霍夫曼對同理心的研究。見 Hoffman 1982。
21 De Waal 1996。我研究所畢業後才讀到這本書，但在研究所期間就對德瓦爾的作品很感興趣。

22 Damasio 1994.

23 有三本極具影響力的書籍在討論道德時提及了情緒因素：經濟學家羅伯特．法蘭克（Robert Frank）的《理智駕馭下的情緒》（*Passions Within Reason*），哲學家亞倫．吉巴德（Allan Gibbard）的《聰明的選擇，敏捷的感覺》（*Wise Choices, Apt Feelings*），哲學家歐文．弗蘭納根（Owen Flanagan）的《道德人格的多樣性》（*Varieties of Moral Personality*）。此外，社會心理學家約翰．巴夫（John Bargh）的作品在自動化歷程的復興上也是一大關鍵環節，此處的自動歷程指的就是直覺，以及第三章主要探討的心中閃現之微小情感。見 Bargh and Chartrand 1999。

24 我把重生的日期訂為一九九二年，因為當時有一本頗具影響力的巨作出版——《適應的想法：進化心理學與文化的世代》（*The Adapted Mind: Evolutionary Psychology and the Generation of Culture*），書名頗能引發討論。該書的編輯有傑洛米．巴可（Jerome Barkow）、利達．柯斯麥（Leda Cosmides）、約翰．圖比（John Tooby）。此領域其他的代表人物有大衛．巴斯（David Buss）、道格．肯瑞克（Doug Kenrick）、史迪芬．平克。道德（尤其是合作和欺騙）從一開始就一直是演化心理學的重要研究範疇。

25 此模式之所以命名為「哲斐遜」，是因為此模式可讓「腦」和「心」做出各自獨立又相互衝突的道德判斷，如哲斐遜寫給柯斯韋的信件內容所述。然而，我發現哲斐遜認為腦極不適合做出道德判斷，腦應當只適合那些可藉由估算來判定的議題。哲斐遜本人在道德議題方面屬於感性論者。

26 我是與史蒂芬．史托斯（Stephen Stose）和費瑞克．畢歐蘭（Fredrik Bjoklund）一同進行研究。當時我以為這些徒勞的研究結果不能出版，因此從未根據這些資料寫成手稿。

27 這道題目的概念發想自丹．魏格納，他在看《辛普森家庭》某一集時得到靈感，在該集中，霸子把靈魂賣給死黨麥浩斯。

28 我們實際上並沒有讓任何人喝果汁，受試者的嘴快碰到玻璃杯時，史考特就趕快阻止了。

29 這段逐字稿有贅字冗詞，未經編輯，只刪除了受試者說的一些離題話。這是該位受試者回答該情境題的逐字稿上半段。所有的訪談均使用隱藏攝影機拍攝，並在訪談後取得所有受訪者（僅有一位不同意）的同意，對錄影畫面進行分析。

30 比方說，跟漢茲訪談相比，無害的禁忌訪談當中說「我不知道」的受訪者多了幾乎一倍，發表沒有論據的言論（「那就是不對！」或「你就是不會做那種事！」）之受訪者多了一倍，表示自己無法說明理由之受訪者則為十倍（如上方逐字稿末尾所示）。有百分之七十的受訪者在推論時把自己逼到了死結，亦即受試者開始形成論點，發現論點行不通後，就馬上拋下論點。比方說，前述逐字稿的受訪者就開始主張姊弟年紀太小，不可以跟別人性交。發言者在碰到某些死結時，就會露出自我懷疑的表情，他們講話的時候，皺起眉來，面帶怒容，露出的表情彷彿聽到別人發表荒謬的論點。我從未在報紙期刊上發表這個研究結果，如需閱讀研究報告，請至我的網站 www.jonathanhaidt.com，點選 Research and Publications (full list)，再點選 Moral Psychology，用 Ctrl + F 搜尋 Haidt, J., Bjorklund, F., & Murphy, S.。

31 Wason 1969.

32 Johnson-Laird and Wason 1977, p. 155.

33 Margolis 1987, p. 21。類似論點請見 Gazzaniga 1985。

34 Margolis 1987, p. 76。沒有語言能力的生物可完成某些形式的推論，可是無法提出論點，因為那種推論是特別為了說服他者才會做的。

35 柯伯格在後期推出的一部巨作中，曾表示自己的方法有一大支柱，那就是假設「道德推論是一種運用一般道德語言的程序」（Kohlberg, Levine, and Hewer 1983, p. 69）。柯伯格並未關注無意識的推論或非言語的推論（即直覺的推論）。

36 將道德推論理解為發揮社會化及正當化的作用，已有幾位哲學家發展出這種概念。見 Gibbard 1990 和 Stevenson 1960。至於心理學範疇，請見 Mercier and Sperber 2011。

37 見 Neisser 1967。葛林（Greene 2008）用更為侷限的範疇，對認知的概念下了謹慎的定義，使其可與情緒做一對照，但葛林是少數的例外。

38 Ekman 1992; Ellsworth and Smith 1985; Scherer 1984.

39 Lazarus 1991.

40 情緒不全是屬於直覺底下的類別，大家往往把情緒說成是涵蓋了讓人準備做出適應行為而起的所有身體變化，當中包含了身體其餘部位的荷爾蒙變化。荷爾蒙反應並不是直覺。然而，情緒的認知要素（例如對事件的評價，注意力與警戒的變動）皆屬於直覺底下的類型，是自動發生的，而且是有意識知道反應（output），而不是有意識知道程序。

41 長久以來，康納曼（Daniel Kahneman）把這兩種認知稱為「系統一」（大象）和「系統二」（騎象人）。如需站在這兩種系統的角度來看待思考與決策，Kahneman 2011 有極為易讀的說明。

42 神經學家麥可．葛詹尼加（Michael Gazzaniga）把這個情況稱為「翻譯員模組」。

43 此現象稱為「驗證性偏誤」（confirmation bias），文獻評論請見第四章。

44 哲學家最常對社群直覺模式提出的批評，就是圖中以虛線表示的第五連結和第六連結，他們認為這兩條連結在日常生活出現的頻率比我主張的要高多了。可參考接下來提到的葛林。他們的批評並沒有提出證據，同時為了公平起見，我也沒有證據能證明人們在日常生活中推斷出違反直覺的結論（第五連結）之實際頻率，也無法證明人們對道德事宜進行個人反思時改變心意（第六連結）之實際頻率。人們當然可以改變其對道德議題的想法，但我猜想在多數情況下，改變的原因其實是獲得了直覺上令人信服的全新經驗（第一連結），例如看見胎兒的超音波圖，或者別人提出了直覺上令人信服的論據（第三連結）。我也猜想著，哲學家會比一般人更容易推翻自己的最初直覺，此番猜想是根據孔恩（Kuhn）一九九一年的研究結果。

45 Zimbardo 2007.

46 Latane and Darley, 1970.

47 Haidt 2001.

48 請特別參閱 Hauser 2006、Huebner, Dwyer and Hauser 2009、Saltzstein and Kasachkoff 2004。

49 Hume 1960/1777 的首段第一部分。

50 Carnegie 1981/1936, p. 37.

# 3 大象是主人

二〇〇七年二月三日，我在午餐前發現自己是個慣性騙子。當時，我人在家裡，正在寫一篇道德心理學的評論文章，而我的妻子珍恩走過我的書桌旁邊。她經過的時候，請我不要把髒盤子放在流理台上面，那裡是她準備嬰兒食物的地方。她禮貌地提出要求，語調中卻帶著言外之意：「我已經跟你說過一千遍了。」

我的嘴巴在她的嘴巴還沒停以前就開始動了，說出了一些話，那些話加起來的意思就是，小孩醒來的時候，我們家的老狗也吠著要去散步，對不起，我那時把早餐盤子順手一擱。在我家，照顧餓肚子的小孩和失禁的老狗，兩個都是鐵定成功的藉口，於是我被宣告無罪。

珍恩離開房間，我繼續工作。我正在寫道德心理學的三個基本原理[1]。第一個原理是

**直覺先來，策略推理後到**，這十個字概要說明了社群直覺模式[2]。為了闡述這個原理，我描述了自己跟塔莉亞·魏特利（Thalia Wheatley）曾經做過的研究。塔莉亞目前是達特茅斯學院的教授[3]，當時則是維吉尼亞大學的研究生，她學會了催眠的技術，還想出聰明的辦法，可用來檢驗社群直覺模式。她催眠受試者，讓受試者在看見某個字時，便會產生一陣厭惡感（一半的受試者的關鍵字是**收取**，另一半受試者則是**經常**）[4]。受試者仍處於催眠狀態，塔莉亞下指示，說他們醒來後就會忘記她說的話，然後讓催眠者離開催眠狀態。

等受試者完全清醒後，我們要求受試者填寫問卷，受試者要對六則短篇故事的違反道德行為加以判斷。其中一半的受試者讀到的故事版本含有催眠關鍵字，比方說，有一則故事講述議員聲稱要打擊貪污，卻「收取菸業遊說團體的賄款」；其餘一半的受試者讀到的故事雷同，只不過有幾個字不一樣，他們讀到的是「菸業的遊說團體經常賄賂」議員。一般而言，如果故事中夾帶受試者的催眠關鍵字，受試者就會覺得那個故事比較令人厭惡，比較不道德。這個研究結果證實了社群直覺模式。只要在受試者讀故事時，以人為方式讓受試者產生小小的負面感覺，那麼不用提供任何新資訊，就能讓受試者在道德判斷上變得更苛刻。

不過，我們事後加上的第七則故事帶來真正意外的結果。那則故事不含任何一種違反道德的行為，內容是講述一位叫作阿丹的學生會會長，阿丹負責安排學生與教職員的開會時間，其中一半的受試者讀到的是阿丹「試著收取教授和學生都偏好的主題以利雙方討論」，而其餘一半的受試者讀到的故事內容是相同的，只不過是改成了阿丹「經常挑選的主題」是教授和學生都偏好的。我們之所以增加這個故事，是為了證明直覺力有其侷限。在實驗以前，我們都認為受試者在閱讀故事時，要是產生了一股厭惡感，就會不得不推翻自己的直覺。畢竟，去譴責阿丹未免奇怪。

多半的受試者確實說阿丹的行為沒問題，可是有三分之一的受試者看見故事中的催眠關鍵字後，仍舊跟從直覺，譴責阿丹。他們說阿丹的行為不對，有時甚至說他很不對。幸好，我們要求受試者寫下一兩句話說明理由。我們發現一些特別的答案，例如：「阿丹想兩邊討好，又很勢利。」「我不知道，反正就是覺得他有別的盤算。」受試者捏造出荒謬的理由，好證明自己基於直覺所做的判斷是正當的，而所謂的直覺也只不過是塔莉亞的催眠指令。

於是，我坐在書桌前，寫著人們是如何習慣性地編出正當的理由，好合理化直覺。此時，我突然明白了，我剛才也對妻子做了同樣的事情。我不喜歡別人批評我，珍恩才說了幾個字（「**你可不可以不要……**」），我就覺得她在否定我。就算我還沒得知她批評的原因，我已經知道自己並不同意她的說法（畢竟直覺先來）。等我一聽到批評的內容（「**把髒盤子放在……**」），我心裡的律師就開始幹活了，要找個藉口（策略推理後到）。我確實吃了早餐，確實讓麥斯喝了當天的第一瓶牛奶，確實讓安迪出門散了步，但是這三件事情是發生在不同的時間。等到妻子批評我時，我才把這三件事放在一起，創造出一名父親忙得不可開交的畫面，而妻子指責完的時候（「**流理台上，那裡是我準備嬰兒食物的地方**」），我已經編完藉口了。於是，我立刻說了個謊，那謊好有說服力，妻子和我都信以為真。

好長一段時間以來，我都在嘲笑妻子，她跟朋友講事情的時候，都會扭曲事實，講得很誇張。可是，我研究道德心理學長達二十年，才明白自己也會扭曲說話內容。我終於懂了——不僅是理智上、直覺上懂了，心態也很開放——原來古今中外的哲人告誡大家切勿自以為是，其實都是一番苦心忠告。前文已經引用了耶穌的話（亦即「為什麼看見你弟兄眼中有刺」），而現在佛陀也提出了類似的看法：

> 易見他人過，自見則為難。揚惡如颺糠，已過則覆匿，如彼狡博者，隱匿其格利。[5]

耶穌和佛陀都說得沒錯，本章與下章將證明人是怎麼習慣性地自以為是。一開始是快速又強烈的直覺（社群直覺模式的第一連結），接著是事後推理，背後有社會策略目的（第二連結和第三連結）。下文列出六大研究發現，共同呈現出第一個原理的前半部分——**直**

**覺先來**（下一章則會證明後半部分——**策略推理後到**）。大象是主人，但有時也會開放心胸，被騎象人說服。

## 1. 大腦往往立刻評估

大腦會根據自我受到的潛在威脅或益處來評估每一件事，然後據此調整行為，以獲得更多的益處、更少的壞處[6]。動物的大腦一天要進行數千次的評估，而且不用藉由有意識的推理，這全都是為了讓大腦針對動物的基本生存問題，做出最有效的回應——到底要接近還是避開？

一八九〇年代，實驗心理學創始者威廉．馮特（Wilhelm Wundt）闡明了「情感優先」（Affective Primacy）[7]的原理。**情感**是指心中浮現的微小的正面或負面感覺，讓我們準備好去接近或避開某樣東西。每種情緒（如快樂或厭惡）都含有情感反應，可是情感反應多半一閃而逝，稱不上是情緒。比方說，讀到**快樂**與**厭惡**這兩組名詞時所產生的微妙感覺，就屬於情感反應。

馮特說，我們注意到某樣東西的那一瞬間就產生了好惡，有時都還沒認清那東西是什麼，就已經產生了好惡，而這樣的好惡與情感反應密切結合[8]。我們在看著那樣東西時，好惡突然浮現，早於其他的思緒。下次你碰見多年沒見的人，就能感覺到情感優先的機制在作用。你往往會在一兩秒鐘內就知道自己喜不喜歡對方，但可能要花上好一段時間，才能想起對方是誰，或者你跟對方是怎麼認識的[8]。

一九八〇年，社會心理學家羅伯特·柴恩斯（Robert Zajonc）使得長久遭受遺忘的馮特主張再度興起。當時的心理學家普遍認為，人類是冷靜又理性的資訊處理者，先察覺到物體，進行分類，再做出反應。然而，柴恩斯受夠了這種觀點，便進行了幾個巧妙的實驗，請受試者對不公平的事物進行評比，例如日本的象形圖、虛構的語言文字、幾何形狀等等。受試者要評定自己有多喜歡外國字以及無意義的曲線，或許看似奇怪，但是受試者之所以辦得到，是因為我們看到的**每樣東西**幾乎都會觸發微小的情感。還有一點更為重要，柴恩斯只要隨意選一個文字或影像，讓受試者多看個幾次，受試者就會變得更喜歡那文字或影像[9]。大腦會把熟悉的東西標示為好的東西，柴恩斯把這種現象稱為「重複曝光效應」，這也是廣告的基本原理。

柴恩斯曾在一篇劃時代的文章中，鼓勵心理學家運用雙程序模式，在這個模式中，情感或「感覺」是第一個程序[10]。感覺擺第一，首先是因為感覺是第一個發生（感覺是感知能力的一部分，因此發生的速度很快），其次是因為感覺的力量更為強大（感覺與動機有密切的關聯，因此會對行為造成強烈的影響）。第二個程序——思考——是一種漸進且較新的能力，扎根於語言，與動機並無密切關聯。換句話說，思考是騎象人，情感是大象。思考系統沒有領導能力，它就是沒有力量能讓事情發生，但它卻是個好用的顧問。

柴恩斯說，理論上，思考的運作可以獨立於感覺之外，可是實際上，情感反應發生的速度又快又強烈，有如馬兒戴的眼罩，會把稍後思考時可用的「選擇範圍給縮減」[11]。騎象人是個細心周到的僕人，向來努力參與大象的下一個動作。要是大象稍微向左傾斜，彷彿要踏出一步，那麼騎象人就會往左看，開始準備協助大象即將發生的左傾動作，而且會立刻對向右的一切失去興致。

## 2. 社會與政治上的判斷尤其屬於直覺判斷

下方列出四個名詞組合，請你只看名詞組合的第二個名詞，然後判定好壞。

花朵—快樂
厭惡—陽光
鍾愛—癌症
蟑螂—寂寞

這題目未免太簡單了吧，不過，請你想想，如果我要求你在電腦上進行判斷，各詞組的第一個名詞會在電腦上顯示兩百五十毫秒（相當於四分之一秒，這個時間長度剛好足以讓你看到），隨後會立即顯示第二個名詞。在這種情況下，你對**陽光**和**癌症**進行價值判斷所耗費的時間會比**快樂**和**寂寞**還要久。

這種作用稱為「情感優先」，第一個名詞觸發一股情感浮現，讓心神準備好往某個方向去[12]。那就像是預期大象會向左走或向右走，而讓大象稍微往左傾斜或往右傾斜。情感不到兩百毫秒就會浮現，如果沒有其他顛簸的話，情感浮現後大約會維持一秒鐘[13]。如果你在那段短暫的時間內看見第二個名詞，而且第二個名詞和第一個名詞屬於相同類型的話，那麼你就能以特別快的速度做出回應，因為你的心智已經往那個方向傾斜了。可是，如果第一個名詞讓你的心智準備好傾向於負面評價（**厭惡**），而我隨後出示的是正面名詞（**陽光**），那麼你必須把負面傾向給扳回來，反應時間會慢兩百五十毫秒左右。

目前為止，這只是證實了柴恩斯的理論，亦即情感速度極快且普遍可見。然而，後來有多位社會心理學家開始使用**社會群體**作為第一個出現的畫面，鉅額的回報來了。如果我在第一個出現的畫面使用黑人和白人的相片，你的反應速度會不會受到影響？只要你沒有偏見，你的反應時間就不會受到影響。然而，如果你對別人是有內隱（即習慣性及下意識）的預設立場，那麼預設的立場（含浮現的情感）以及浮現的感覺就會讓你的反應時間起了變化。

要衡量這類的內隱態度，最常用的方法就是內隱關聯測驗（Implicit Association Test，簡稱IAT），開發這項測驗的人員有湯尼・格林沃（Tony Greenwald）、馬札林・巴納吉（Mahzarin Banaji）、我在維吉尼亞大學的同事布萊恩・諾塞克（Brian Nosek）[14]。讀者可自行接受測驗，請上網至ProjectImplicit.org。不過，要事先警告一聲，這個測驗可能會令人感到不安。畫面會要求你把好的事物跟某個種族的臉孔連結起來，此時你就會實際上感受到自己的思慮變得更為緩慢。你可以觀察到自己的內隱態度與外顯價值產生了矛盾。研究結果發現，多數人對於黑人、移民、胖子、老人等社會群體有負面的內隱連結。

如果大象傾向於遠離老人等群體（很少人會在道德上譴責老人），那麼我們應當預期人們在想到政敵時會發生一些傾斜（預設立場）的情況。我在維吉尼亞大學的同事傑米・莫里斯（Jamie Morris）為了尋找這類作用，便請自由派和保守派的人士閱讀帶有政治含義的字眼，同時記錄他們的腦波[15]。莫里斯把前例中的**花朵**和**厭惡**換成了**柯林頓**、**布希**、**國旗**、**稅金**、**福利**、**擁護生命權**（pro-life，即擁護胎兒的生命權，反對墮胎），而兩派的死忠支持者會先看到前述名詞，接著隨即看到大家心目中的正面名詞（**太陽**）或負面名詞（**癌症**），這期間的腦波有時會顯露出不一致的情況。**擁護生命權**和**太陽**在自由派的心中所引起的情感是彼此抵觸的；相同地，**柯林頓**和**太陽**在保守派的心中也會引起相互矛盾的情感。**擁護**和**生命權**都是正面的字眼，但兩派的死忠支持者對於數百個名詞片語已經習得了一套適切的直覺反應。你的大象對於**擁護生命權**這類的名詞已經知道該往哪個方向傾斜，你的大象一整天左傾右斜，而你發現自己會喜歡及信任周遭那些同時間往同個方向傾斜的人。

在普林斯頓大學艾力克斯．托德洛夫（Alex Todorov）從事的研究中，政治判斷的直覺性質甚至更為引人注目。托德洛夫專門研究人類對別人的印象是如何形成。當他開始進行研究時，已有一堆研究顯示人們會認為有吸引力的人比較聰明善良。我們比較容易姑且相信那些臉蛋好看的人[16]。對於長得好看的被告，陪審團比較可能宣告無罪。一般而言，讓好看的人被判有罪時，法官判的刑期也比較輕[17]，這種現象其實是正常的情感優先，讓每個人都向被告傾斜過去，還向騎象人透露消息，使得證據的詮釋方式支持了大象想要宣告無罪的欲望。

然而，托德洛夫發現這當中的因素不光是吸引力而已。托德洛夫收集了數百場美國參議員與眾議員選戰當中得票率第一和第二的候選人相片。托德洛夫在受試者面前出示每一場選戰的一組兩張候選人相片，而且不提供政黨資訊，受試者要選出看起來比較有能力的人。結果發現，人們覺得比較有能力的候選人，當中約有三分之二都贏得選戰[18]。人們會根據候選人的外表吸引力和整體喜好度，瞬間做出判斷，但這兩點並不能準確預言選戰勝利，因此針對能力所下的判斷並不是光憑整體的正面感。我們可以有多個直覺同時產生，而每個直覺分別負責處理一種資訊。

托德洛夫在電腦螢幕上僅顯示一組兩張相片**十分之一秒**（時間長度不足以讓受試者專心注視每張影像），然後就強迫受試者進行能力判斷。說也奇怪，受試者對候選人能力所做的瞬間判斷，竟也準確預測出實際的結果[19]。不管大腦做的事是什麼，都是瞬間做出，就像你看繆氏錯覺圖的時候那樣。

重點在於人類心智——如同動物心智——經常對感知到的一切，做出直覺的反應，並根據這些反應做出回應。在看見、聽見或遇見另一個人的第一秒內，大象就已經開始向對方傾斜或遠離對方，而那樣的傾斜或遠離會對你接下來的思考和行為造成影響。畢竟直覺先來[20]。

## 3. 身體引導判斷

要觸及大象，其中一種方法就是透過象鼻。嗅覺神經會把臭味訊號帶到腦島皮質（又稱腦島），此區是大腦前區的下表面。大腦的這個部分稱為味覺皮質區，因為在所有的哺乳類當中，味覺皮質區負責處理鼻子和舌頭傳來的資訊，協助引導動物接近正確的食物，遠離不對的食物。然而，在人類身上，這個古老的食物處理中心扛下了新的職責，現在是負責引導我們對人的感受。當我們看見某件事在道德上存有疑慮，特別是噁心的東西以及常見的不公時，那麼味覺皮質區就會變得更為活躍[21]。如果我們有某種微小的電極可以貫穿人的鼻腔，進入腦島，那就可以控制對方的大象，只要按按鈕，就能讓人遠離當時所看到的東西。我們確實擁有這樣的電極，那就是臭屁噴劑。

史丹佛大學研究生艾力克斯．喬登（Alex Jordan）想到了一個主意，他悄悄觸發受試者的厭惡警鈴，並在同時間請受試者進行道德判斷。他站在史丹佛大學校園一處行人穿越區，請路過的行人填寫簡短的問卷。問卷要求受試者就四個有爭議的問題進行判斷，例如表兄妹能不能結婚？紀錄片導演誘騙一些人接受訪談，電影工作室能不能發行該部紀錄片？

艾力克斯就站在垃圾桶的旁邊，他先清空了垃圾桶，而且在徵求每位受試者之前，他都會在金屬垃圾桶裡套上新的垃圾袋。其中一半的人走過來之前（在對方看見他之前），他會拿臭屁噴劑朝垃圾袋噴兩次，有好幾分鐘整個行人穿越區都是臭氣沖天；其餘一半的人走過來時，他並沒有朝空垃圾袋噴臭屁噴劑。

可想而知，人吸進臭氣後，做出的判斷會變得更嚴苛[22]。其他研究人員要求部分受試者先喝苦的飲料，部分受試者先喝甜的飲料，然後再填寫問卷，結果也發現同樣的作用[23]。正如傑瑞．克勞爾（Jerry Clore）——我在維吉尼亞大學的同事——所言，我們把「情感當成資訊」[24]。當我們試圖決定自己對某件事的想法，我們會往內心端詳，看看自己有什麼感覺。如果覺得不錯，肯定就代表喜歡那件事；如果覺得不愉快，肯定就代表不喜歡。

你甚至用不著觸發厭惡感，就能產生這些效用，只要洗手就行了。多倫多大學的鐘晨波（Chenbo Zhong）證明了受試者在填寫問卷前先用肥皂洗手，對於道德純淨的相關議題（例如色情書刊與毒品使用）[25]，就會變得更講道德。一旦乾淨了，就會想要遠離骯髒的事物。

鐘晨波還證明了以下這個相反的程序：「不道德的事情會讓人想要把自己弄乾淨。」實驗者請受試者回想自己違反道德的行為，或者請受試者抄寫某人違反道德行為的描述文字，結果發現受試者更常想著清潔這件事，更強烈希望能夠把自己給弄乾淨[26]。若在實驗後，請受試者挑選消費產品帶回家，受試者較有可能挑選濕紙巾和其他的清潔產品。鐘晨波把這種現象稱為馬克白作用（Macbeth effect），此名稱源於馬克白夫人唆使丈夫謀殺鄧肯國王之後，對於水和清潔起了執著心（她先是表示「一點水可以洗淨我們的行為」，後來則說「該死的污漬，消失！我說，給我消失」）。

換句話說，我們的身體和正義之心之間有一條雙向道。不道德的事情會讓我們覺得生理上是骯髒的，而清潔自己有時會讓我們更為關注於保衛自身的道德純淨。還有個極其古怪的論證可證明馬克白作用，艾瑞克・海哲（Eric Helzer）和大衛・皮薩羅（David Pizarro）請康乃爾大學的學生填寫政治態度問卷，讓部分學生在填問卷時站在洗手乳的附近，部分學生遠離洗手乳。結果發現站在洗手乳附近的學生暫時變得比較保守[27]。

道德判斷不是單純的理性事物，不是光衡量我們對於傷害、權利、正義的關切程度而已。道德判斷是一種快速又自動化的歷程，更類似於動物在這世界移動時所下的判斷，動物感覺到自身被各種東西吸引，或者遠離各種東西。道德判斷多半是由大象所下的。

## 4. 病態人格者有理性、無感覺

一百名男性當中約有一名男性（女性比例更低）是病態人格者，大多數並不殘暴，但少數的殘暴者會犯下重大罪行，例如連續殺人、連續強暴、殺害警察等[28]。頂尖的研究員羅伯特・海爾（Robert Hare）認為病態人格者有兩個特徵群，一是病態人格者會**做**的一些不尋常行徑（衝動的反社會行為，始於童年時期），二是病態人格者**缺乏的**一些道德情緒。病態人格者沒有慈悲、罪惡、羞愧或甚至難堪的感覺，因而很容易說謊，容易傷害親友和動物。

病態人格者的確有一**些**情緒。海爾問某位病態人格者，是否曾經覺得心臟劇烈跳動或胃部翻攪，對方回答：「當然啦！我又不是機器人，我做愛或打架時，就覺得幹勁十足[29]。」

然而，病態人格者缺乏那種關心別人的情緒，似乎是活在一個充滿物體的世界裡，只是當中有些物體剛好會用兩條腿走來走去。某位病態人格者告訴海爾，他曾經闖入一位老人的家裡行竊，並犯下謀殺案。

我到處翻東西，那老頭就下樓了……嗯……他開始尖叫，還發脾氣……所以我就對他開了一槍，嗯，射中頭部，可是他還是沒有閉嘴。所以，我就往喉嚨一砍，他……就這樣……搖搖晃晃往後退，然後倒在地上。他咕嚕咕嚕冒出血來，發出的聲音很像豬被放血！（大笑）他真的讓我很不爽，所以我……嗯……就對他的頭踢了幾下，這樣他就閉嘴了……這時我已經很累了，所以就從冰箱拿了幾罐啤酒，打開電視來看，並且睡著了。後來警察把我叫醒（大笑）。[30]

理性的能力，再加上缺乏道德情緒，其實是很危險的一件事。病態人格者只要能弄到自己想要的東西，就什麼話都敢說出口。以連續殺人犯泰德．邦迪（Ted Bundy）為例，他在大學主修心理學時，還在危機熱線（譯註：類似生命線）當志工。他在接聽那些電話時，學會了怎麼跟女人說話，怎麼獲得女人的信任。他在一九七八年被捕之前，強暴、殘害及謀殺了至少三十名年輕女性。

病態人格並不是因缺乏母愛或早期受過創傷而起，也不是其他教養方面的因素可以解釋。病態人格是基因遺傳的症狀[31]，病態人格者的大腦對他人的需求、痛苦或尊嚴，一律無動於衷[32]。即使是面臨最不義的事情，大象也不會回以一絲的傾斜，騎象人倒是正常得很，相當善於策略推理。然而，騎象人的工作是去服侍大象，而不是充當道德羅盤。

## 5. 嬰兒有感覺、無理性

過去的心理學家常假設嬰兒的心智就像是一張白紙。正如威廉・詹姆斯（William James）所言，嬰兒進入的世界是「一大團五光十色、嘁嘁喳喳的混亂景象」[33]，嬰兒要在接下來的幾年，努力搞懂這一切。然而，發展心理學家發明了幾種可望進嬰兒心智的方法，結果發現那張白紙已經寫上了不少內容。

箇中訣竅就是觀察哪些現象會讓嬰兒嚇一跳。兩個月大的嬰兒凝視未預期事件的時間會比凝視預期事件的時間還要久。如果每件事都是一團嘁嘁喳喳的混亂，那麼每件事造成的訝異程度都應該是相同的。然而，如果嬰兒的心智已經能夠以某些方式來詮釋事件，那麼一旦這世界不如嬰兒的預期，嬰兒就會嚇一跳。

心理學家運用這個訣竅，發現嬰兒先天就具有物理學和力學的一些知識。嬰兒預期物體的移動是根據牛頓的運動定律，要是心理學家讓嬰兒看到物理上不可能成真的景象（例如讓玩具車看似穿過實心物體），那麼嬰兒就會嚇一跳。心理學家之所以知道這一點，原因就在於跟平凡無奇的景象（玩具車從實心物體的**正後方**通過）相較之下，嬰兒對於不可能成真的類似景象，目光停留的時間比較久[34]。嬰兒似乎先天就有一些能力可以處理物理世界（一個充滿物體的世界）裡的事件。

然而，心理學家深究後發現，嬰兒也先天就有能力可以理解所屬的**社會**世界。嬰兒能理解傷害和幫助之類的事情[35]。耶魯大學心理學家凱莉．漢林（Kiley Hamlin）、凱倫．韋恩（Karen Wynn）、保羅．布倫（Paul Bloom）讓六個月和十個月大的嬰兒看木偶戲，戲中的「爬山者」（黏上眼睛的積木）努力爬上山，有時山底下會有第二個木偶過來幫爬山者，有時山上會有另一個木偶，一直用力把爬山者給推下山去。

幾分鐘後，讓嬰兒看新的木偶戲。這次，爬山者來回看著幫助者和阻礙者，然後決定靠近阻礙者。對嬰兒而言，這幅社交景象等同於車子穿過實心盒子，毫無道理可言，因此嬰兒目光停留的時間比爬山者靠近幫助者時還要更久[36]。

在實驗的尾聲，幫助者和阻礙者被放在托盤上，擺在嬰兒的面前。嬰兒伸手挑選幫助者的機率高多了。嬰兒若未解析自己所屬的社會世界，就不會在乎自己選的是哪一個木偶。然而，結果顯示嬰兒想要善良的木偶。研究人員據此推斷，「根據個體的社會互動行為來評估個體，是一種普世皆有、不學而知的評估能力。」[37]嬰兒輕鬆就能學會誰對**自己**好，這聽來合理，連小狗也學得會。不過，這些研究結果是在暗示六個月大的嬰兒就已經會觀察人們對**別人**採取的行為，並逐漸偏愛善良的人，討厭兇惡的人。換句話說，在嬰兒時期，大象開始做的事情已經類似道德判斷，而這是早在語言和推理出現前就產生的。

看了嬰兒和病態人格者的研究結果之後，就會發現道德直覺顯然很早就顯露出來，而且也是道德發展的必要環節[38]。推理能力是很晚之後才出現的，而且如果道德推理並未伴隨著道德直覺，往往會造成可怕的結果。

## 6. 情感反應在正確的時間　出現在正確的大腦位置

根據達馬吉歐的腦傷患者研究顯示，如欲找出道德根基的正確**位置**，就要往大腦的情緒區域去找，這是因為失去了情緒區域，道德能力就會受損。如果情緒區域在正確的**時間**是活躍的，那麼前述論證就會更加穩固。人在下道德判斷或道德決定之前，情緒區域是否變得更加活躍？

一九九九年，普林斯頓大學哲學所研究生約書亞．葛林（Joshua Greene）與頂尖的神經學家強納森．柯恩（Jonathan Cohen）組成研究團隊，共同研究人類在進行道德判斷時的大腦實際情況。柯恩研究的道德難題是兩大相互扞格的倫理原則，舉例來說，你或許聽過知名的「電車難題」（trolley dilemma）[39]，要阻止脫軌電車撞死五人，就只能把一個人從橋上推到下方的軌道。

可不可以為了幫助或拯救幾個人，就去傷害某個人呢？長久以來，哲學家對此一問題各持不同看法。主張效益論的哲學家認為，人應永遠致力於取得最大的總效益，即使少數人在過程中受到傷害，也仍應以最大總效益為依歸。因此，如果真的沒有其他方法可以拯救這五條性命，那麼就把那個人推下去吧。另一群哲學家則認為，人有義務尊重個體的權利，在追求其他目標時，不得傷害他人，即使追求的是拯救性命之類的道德目標，也不可以傷人。這種觀點稱為義務論（deontology，源於希臘字，並衍生為英文字的duty「義務」）。義務論者主張的崇高道德原則，是經過仔細推理而得出且證明的原則，誰要是說那些道德原則僅是直覺在事後做出的辯護，義務論者是絕對不會同意的。然而，葛林有一種預感，他認為直覺往往會讓人做出義務論的判斷，而效益論的判斷比較冷靜且經過算計。

葛林為了測試自己的預感，便寫了二十則故事。這二十則故事就跟電車故事一樣，都是講述個人直接受到傷害的情況，而且往往是基於充分理由才去傷害個人。比方說，為了避免救生艇沉沒，造成乘客全數溺死，能不能把一名受傷的乘客丟出船外？葛林撰寫的這些故事全都是為了讓受試者浮現強烈的負面情感。

葛林還另外寫了二十則故事講述**非個人**的傷害，其中一篇就是電車難題的另一個版本，要救五個人的話，就要按下開關，讓電車轉往旁邊的軌道，而電車轉向後就會撞死一個人。這個版本跟之前的版本同樣都是客觀地用一條命換五條命，因此有些哲學家會說，這兩個案例在道德程度上是等量的，然而站在直覺論者的角度來看，這兩個案例根本天差地別[40]。假使沒有最初浮現的恐懼感（徒手推人），受試者就可自由檢驗兩個選項，並選擇可挽救最多條性命的方法。

葛林請十八位受試者進入功能性核磁共振造影儀（fMRI Scanner），然後在螢幕上一次顯示一則故事，受試者必須按下兩個按鈕中的一個按鈕，用以表示故事人物採取的行動步驟（例如推人或按開關）是否恰當。

研究結果清楚明瞭，令人信服。受試者閱讀的故事若涉及個人傷害，大腦裡跟情緒處理有關的幾個區域就會變得比較活躍。在多則故事中，這些情緒反應的相對強度準確反應了平均的道德判斷。

二〇〇一年，葛林在《科學》（*Science*）期刊發表了這篇當今知名的研究報告[41]。此後，有許多實驗室也把受試者放到功能性核磁共振造影儀裡頭，請受試者觀看以下類型的相片：不道德行為、慈善捐款、指定刑罰、跟背叛者和合作者玩遊戲等[42]。除了少數例外，這些研究都呈現出一致的結果，大腦裡跟情緒處理有關的區域幾乎是立刻就活躍起來，而這些區域的高度活躍狀況，又跟人們最終做出的道德判斷或道德決策互有關聯[43]。

葛林在〈康德靈魂的祕密笑話〉（The Secret Joke of Kant's Soul）一文中，摘述自己與他人發現的現象[44]。雖然葛林撰寫該篇文章時，並不曉得威爾森認為哲學家都問過他們的「情緒中心」，但是葛林提出的以下結論卻與威爾森的看法如出一轍：

> 我們的內心有強烈的感覺，這些感覺以清晰又確信的措辭說，有些事情就是不能做，有些事情就是必須要做。然而，要用何種方法釐清感覺背後的意義，卻是難明。於是，我們借助於某些特別有創意的哲學家，編造出理性動人的「權利」說法。

以上的例子雖令人吃驚，卻也符合邏輯推理。威爾森在一九七五年即預言，倫理學不久後就會邁向「生物化」並重新建構，著重於詮釋大腦裡的「情緒中心」活動。威爾森做出這番預言，等於是跟當時的主流觀點唱反調。大多數的心理學家（如柯伯格）都認為，依倫理觀採取的行動取決於推理，而非情緒。威爾森竟然主張演化式的思考可用來有效檢驗人類行為，這番大膽的言論，不免要面對嚴苛的政治氛圍。

威爾森和葛林兩人如出一轍的論述相距三十三年之久，而在這段時間內，一切都改變了。許多領域的科學家開始認識到自動化歷程（包含情緒在內）所產生的力量和智慧[45]。演化心理學家開始變得受人尊敬，儘管不是所有的學術單位，但起碼目前研究道德的跨領域社群都是如此[46]。近年來，威爾森早在一九七五年提出的「新綜合理論」終於大放異彩。

## 大象有時會開放推理

我在前文已經表明，相較於柏拉圖的模式（即理性可以且應是主人）或哲斐遜的模式（即腦和心共同統治），休姆的模式（即理性是僕人）比較切合事實。不過，休姆說理性是熱情的「奴隸」，我認為這種說法未免過於誇大。

若是奴隸，就永遠不得質疑主人，但我們泰半會質疑及修正自己做出的第一個直覺判斷。騎象人和大象的象徵十分貼近實情。騎象人逐漸進化，好服侍大象，但兩者之間的關係其實是保有尊嚴的夥伴關係，比較像是律師為客戶提供服務，而不是僕人服侍主人。優秀的律師會盡己所能，幫助客戶，但有時也會無法同意客戶提出的要求。這也許是因為客戶的要求是不可能辦到的，比方說，找出理由來譴責學生會會長阿丹——最起碼我的催眠實驗裡的多數受試者找不到理由。也許是因為客戶的要求有自毀意味，比方說，大象想要吃第三塊蛋糕，而騎象人無法同意，也拒絕找藉口。大象的力量比騎象人強大多了，可是大象並不是個專制的獨裁者。

大象何時會聽從理性呢？人之所以會改變自己對道德議題的看法，主要就是因為跟別人互動的結果。若要我們自行找出證據，推翻自己的信念，這未免太難了，但別人可以幫我們找出來，正如我們也善於找出別人信念中的謬誤。假使討論氣氛充滿敵意，那麼改變的機率就微乎其微，大象會遠離對手，而騎象人會瘋狂地反駁對手的指控。

然而，如果內心帶著情感、欽佩或渴望，想要讓對方滿意，那麼大象就會**傾向**對方，騎象人就會努力在對方的論據中找到事實之處。大象在**自己**背上的騎象人提出異議時，可能不常改變方向，不過只要有別的友善大象出現（即社群直覺模式中的社群說服連結），或者有別的友善大象的騎象人提出充分的論據（即理性說服連結），還是可以輕鬆駕馭大象的。

有時，我們甚至在沒有別人幫助的情況下，就會自己改變想法。有時，我們對某件事會產生矛盾的直覺，像是墮胎議題和其他頗具爭議性的議題，很多人都會有矛盾的直覺。你在特定時刻思考的是哪位受害者、哪項論據、哪位朋友，這些因素會讓你的看法搖擺不定，就像在看奈克方塊（圖三．一）。

最後，人確實有可能光憑自行推理，就能做出跟最初直覺判斷相反的道德結論。然而，

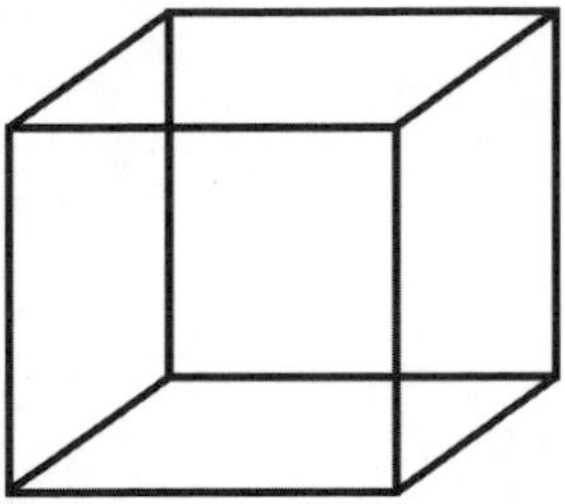

圖 三．一：奈克方塊（Necker Cube）。視覺系統可看到兩個方塊面向兩個不同的方向，但不是同時看到兩個方塊。同樣的，你的正義之心去看部分的道德難題，也會看到兩種不同的面向，只是難以同時間感覺到兩種直覺。

我認為這種過程相當罕見。據我所知，經實驗證明且具重要發現的就只有一項研究。

喬．派斯頓（Joe Paxton）和葛林請哈佛大學生就茱莉和馬克的故事發表意見，就是我在第二章講的故事[47]。派斯頓和葛林提供了很爛的論據給其中一半的受試者，當成合意亂倫的論點（「如果茱莉和馬克做愛，那世上就有更多的愛」）。其餘一半的受試者聽到的論據比較有道理（「人之所以對亂倫起反感，其實是因為在沒有避孕法的世界，古老的演化適應機制欲避免先天缺陷所致」）。你以為哈佛大學生會比較容易信服充分的論據，結果卻是好論據和爛論據都沒差。受試者一聽到故事，大象就立刻傾斜身體，接著騎象人找到方法來反駁訪談者提供的（好或爛）論據，最後受試者都同樣譴責了故事中的人物。

不過，派斯頓和葛林在這個實驗中加上了一項變化，亦即不准部分受試者立刻回應。電腦強迫受試者等待一兩分鐘，再說出他們對茱莉和馬克的看法。對這些受試者而言，大象傾斜了身體，可是迅速浮現的情感持續不了兩分鐘。受試者坐在原位，盯著電腦畫面看時，大象不傾斜了，騎象人有時間有自由去思考訪談者提出的論據。被迫思考爛論據的受試者最後仍譴責茱莉和馬克，人數比立刻回答的受試者還要多；被迫花兩分鐘時間思考好論據的受試者，對於茱莉和馬克決定做愛一事，卻變得寬容許多。這兩分鐘的時間使騎象人得以獨自思考，再做出判斷，而在許多的受試者案例中，騎象人最後做出的判斷，跟大象最初的傾斜方向居然完全相反。

換句話說，在一般情況下，騎象人是看大象怎麼做就跟著怎麼做，就像是律師聽從客戶的指示。可是，假使你強迫騎象人和大象好好坐著，談個幾分鐘，大象其實會打開心胸，接受騎象人的建議以及外部的論據。直覺先來，在一般情況下，直覺讓人埋首於社交方面的策略推理，但確實有方法可以讓關係變得更像是雙向道。

## 總結

道德心理學的第一個原理是**直覺先來，策略推理後到**。為了證明這個原理，我檢閱了六個實驗研究領域，證明了以下現象：

◎大腦往往立刻評估（如馮特和柴恩斯所言）。
◎社會與政治上的判斷取決於快速浮現的直覺（如托德洛夫以及內隱關聯測驗所示）。
◎身體狀態有時會影響道德判斷。不好的氣味和味道會讓人變得更輕下論斷（那些會引人思考純潔和潔淨的東西也有同樣效果）。
◎病態人格者有理性、無感覺（而且有嚴重的道德缺陷）。
◎嬰兒有感覺、無理性（而且有剛萌芽的道德觀）。
◎情感反應在正確的時間出現在正確的大腦位置（如達馬吉歐、葛林、大量新近的研究證明）。

這六個現象加起來，就能清楚呈現騎象人和大象的狀況，以及兩者在正義之心當中所扮演的角色。在道德心理中，大象（自動化歷程）就是活動多半發生的地方。推理自然很重要了，尤其是人與人之間的推理，尤其是理由觸發新直覺的時候。大象雖是主人，卻並不愚蠢專橫。推理確實可以塑造直覺，若理由是嵌在友善的對談，嵌在感人的小說、電影或新聞報導中，尤能塑造直覺[48]。

然而，重點是我們一看見、一聽見別人做的事情，大象就會立刻開始傾斜，而永遠努力預測大象下一個動作的騎象人，就會開始東張西望，找方法協助大象的行動。妻子譴責我把髒盤子擱在流理台上，當時的我由衷相信自己是無辜的，決定編派理由替自己辯護，才短短三秒鐘就提出有效的案件摘要。我剛好——在那個當下——在寫道德推理的性質，於是特地仔細審視了我內在律師的論據，結果發現那些論據都是歷史小說之流，依照真實事件編撰出來。

為什麼我們的心理構造會這麼怪異？今日的人腦大小是五百萬年前的三倍，還發展出語言能力以及大幅提升的推理能力。為什麼我們的內心會演化成律師，沒有演化成法官或科學家？如果人類的祖先不用全部腦力去找證據支持自己想要相信的事情，而是能弄清楚**真相**，真正明瞭誰基於什麼原因做了什麼事，這樣不是最適合的嗎？其實背後的答案就藏在這個問題裡：「你認為人類祖先要生存下去，真相和名聲哪個比較重要？」

註釋：

1 我寫的那篇文章於二〇〇七年發表。我在那篇文章以及全部的學術作品當中，皆描述了道德心理學的四個原理，前兩個原理是直覺優先但不專制，以及道德思維是為了社會實踐，本書將這兩個原理合而為一，改為直覺先來，策略推理後到。我認為合併起來比較容易牢記運用。

2 根據社群直覺模式，這十個字概要說明了前幾秒的判斷期間發生的事情。當兩個人向對方提出自己的理由時，一段時間後會相互影響，有時會改變彼此的想法，但這十個字並未呈現出這種情況。

3 Wheatley and Haidt 2005.

4 我們只用極易受到催眠的受試者。我開設了一門心理學概論課程，而受訪者是從那些有上催眠主題那堂課的學生當中挑選出來。一九八〇年代，有一段時期的科學家認為催眠並非真實的現象，只不過是受到催眠的人選了某個角色扮演或者在演戲。然而，一連串的研究證實了一些不能假裝的效果，比方說，假使你給受試者一個催眠後的暗示，讓受試者認為自己只看得見黑色與白色，接著讓受試者進入核磁共振造影儀，結果發現受試者在觀看彩色影像時，大腦的彩色視覺迴路的活動確實大量減少了（Kosslyn et al. 2000）。

5 《法句經》第二五二偈（Mascaro 1973）。如需進一步瞭解這個偉大真理背後的心理學，請參閱《象與騎象人》第四章。

6 此句尚且近似行為主義的中心主張。如需瞭解兩個基本的導向反射，請參閱 Pavlov 1927。若稍加改動，亦可應用於佛洛依德，即無意識裡的不同部分會經常掃視環境，並觸發快速又習慣性的反應，但這些反應有時會彼此分歧。亦請參閱 Osgood 1962，瞭解三個主要的分類範疇，第一個範疇就是好價向和壞價向。

7 Wundt 1907/1896.

8 請見 LeDoux 1996，可瞭解大腦皮質在有機會處理事件前，杏仁核是如何觸發人對該事的情緒反應。

9 效用並不是取決於人們記不記得自己看過具體的刺激物。柴恩斯在一項研究中，讓影像在螢幕上出現僅千分之一秒，速度極快，受試者在意識層次無法辨識，但受試者在稍後接受測試時，比較偏好剛才「看過」五次的影像，更甚於只看過一次的影像或沒看過的影像（Zajonc 1968）。

10 Zajonc 1980。我在構思大象和騎象人的象徵時，大幅運用了柴恩斯的主張。

11 同前，頁一七一。

12 Fazio et al. 1986; Greenwald, McGhee, and Schwartz 1998.

13 Morris et al. 2003.

14 Greenwald, Nosek, and Banaji 2003.

15 Morris et al. 2003。差異在於N400腦波成分，大腦碰見不一致的情況時（即莫里斯把情緒含義不同的兩個字配對時），N400會變大。有一項更為新近的荷蘭研究（Van Berkum et al. 2009），請政黨的死忠支持者閱讀了幾篇贊同或反對某些議題（如安樂死）的聲明，結果發現了同樣的N400作用，以及更大、更慢的晚期正向腦波（Late Positive Potential，簡稱LPP），這些大致上都跟情緒回應有關，這就表示政黨的死忠支持者在讀到關鍵字的前半秒內，開始感覺到不同的東西。

16 Dion, Berscheid, and Walster 1972.

17 如需閱讀模擬陪審員實驗內容，請見 Efran 1974。如需田野研究來證明長相好看的被告判的罪比較輕，請參閱 Stewart 1980。如需統合分析，請參閱 Mazzella and Feingold 1994。就大多數的犯罪行為而言，被告的長相迷人是一大優勢。然而，若魅力有助於罪犯作案（如詐騙案）成功，反而就不會是優勢了（Sigall and Ostrove 1975）。

18 Todorov et al. 2005。有幾個案例的參與者認出雙方候選人，於是他只好放棄這些案例。

19 原本的研究是採用曝光一秒的方式，卻沒有出現精確度下降的情況。十分之一秒的研究結果是取自後續的研究（Ballew and Todorov 2007）。另外，現任公職者是第三個變數，候選人若現任公職，看起來就可以勝任公職，巧合的是也贏了，而這份研究也處理了這個可能性，去除了第三個變數。然而，不管是任職者落選或沒有現任公職者的競選，還是現職者贏了的競選，總之依據相貌顯露的能力而預測的結果，都是同樣精確。

20 關於直覺與自動「道德捷思法」扮演的角色，其他評論請見 Gigerenzer 2007 和 Sunstein 2005。

21 請見 Damasio 2003 和 Greene, 2009a 的評論。如需瞭解公平和腦島，請見 Hsu, Anen, and Quartz 2008、Rilling et al. 2008、Sanfey et al. 2003。

22 Schnall et al. 2008, Study I。全部四種判斷都傾向於預測的方向，但不是每個對照都具有統計顯著性。四則故事結合起來時（此為分析這類資料所採用的一般方法），臭屁噴劑的作用就變得極為顯著，$p < .001$。此外，還有第三個實驗條件，即只噴一次臭屁噴劑，但這個條件跟噴兩次的條件並無不同。

23 Eskine, Kacinic, and Prinz 2011。如需瞭解好氣味如何促進好行為，請見 Liljenquist, Zhong, and Galinsky 2010。

24 Clore, Schwarz, and Conway 1994。若受試者知道某個外部因素會導致自己產生不愉快的感覺，那麼效果往往會減弱或消失。人的情感反應往往可用來看出自己對某件事物的喜好，但心理學家若觸發外來情緒來「哄騙」受試者，那麼「情感為資訊」的捷思法就會犯錯。

25 Zhong, Strejcek, and Sivanathan 2010.

26 Zhong and Liljenquist 2006.

27 Helzer and Pizarro 2011。這份論文的第一個研究（即使用洗手乳的研究）僅詢問受試者的整體自我概念，並發現受試者站在洗手乳附近時會把自己形容得比較保守。在第二個研究中，作者複製了結果，並證明了那些令人聯想到潔淨和清洗的東西，會讓人變得更容易批判性純潔相關議題。

28 Hare 1993.

29 同前，頁五四。

30 同前，頁九一。

31 Beaver et al. 2011; Blonigen et al. 2005; Viding et al. 2005.

32 腦部掃描研究證實，病態人格者情緒區（含杏仁核和 vmPFC）的活性程度多半比一般人低多了，請見 Blair 2007 和 Kiehl 2006。如果把這些情緒區跟皮膚導電度測量儀給接起來，就像測謊器測試那樣，則病態人格者看見張嘴鯊魚照時會呈現出正常反應。不過，要是拿殘缺的軀體照或受苦兒童照給病態人格者看，測量儀就毫無變化（Blair 1999）。如需閱讀病態人格者的絕佳臨床描述文字及病態人格者對他人抱持的冷漠心態，請見 Cleckley 1955。

33 James 1950/1890, I:488.

34 Baillargeon 1987.

35 大衛．普里馬克（David Premack）和安．普里馬克（Ann Premack）從事的研究，首次證實嬰兒先天就具備理解社會世界的能力（包括推測他人意圖和因應他人傷害的能力）。如需閱讀道德認知起源的摘要評論，請見 Premack and Premack 1994。

36 Hamlin, Wynn, and Bloom 2007。目光停留時間的差異只發生在十個月大的嬰兒身上，六個月大的嬰兒沒有差別。然而，兩個年齡層在選擇木偶方面存在著差異。此處的木偶並非傳統的木偶，而是顏色和形狀各異的積木。如欲觀看木偶戲，請至 www.yale.edu/infantlab/In_the_Media.html，點選連結即可觀看影片。這項衡量嬰兒歸因的技巧是由庫邁爾（V. Kuhlmeier）、韋恩、布倫於二〇〇三年率先提出。

37 Hamlin, Wynn, and Bloom 2007, p. 559.

38 有關此概念的早期文章，請見 Hoffman 1982、Kagan 1984。

39 首先討論電車難題的人是哲學家菲利帕．福特（Philippa Foot）和朱迪斯．賈維斯．湯姆遜（Judith Jarvis Tompson）。

40 部分哲學家注意到兩者的差異，橋梁故事把受害者當成是一種為達目的而採取的手段，開關故事的受害者並不是一種為達目的而採取的手段，受害者的死亡只不過是個不幸的副作用。因此，葛林和他人對其他版本進行檢驗，比方說，按開關之所以能救人，是因為開關使得電車轉往旁邊的會車線，而這條會車線上站著一個人。在這種情況下，受害者仍被當成一種為達目的而採取的手段；假使該人離開軌道，電車就會在會車線上繼續前進，接著回到主要的軌道，造成五人死亡。在這類情況下，受試者的回應往往介於原本的開關故事和橋梁故事之間。

41 Greene et al. 2001。根據此項研究報告，根據效益論做出選擇的受試者，花了較長的時間才回答，彷彿他們努力用推論來克服情緒。然而，之後卻證明這項研究結果是所選的特定故事製出的人造品，並不是通則（McGuire et al. 2009）。不過，可參閱 Green 2009b 的回應。

42 Rilling et al. 2008; Sanfey et al. 2003.

43 評論請見 Greene 2009a 以及葛林即將出版的論文。最常呈報的區域有 vmPFC、腦島、杏仁核等。例外情況請見 Knoch, Pascual-Leone, Meyer, Treyer, and Fehr 2006。

44 Greene 2008；引文在頁六三。我問葛林，他知不知道威爾森在《社會生物學：新綜合理論》（*Sociobiology*）頁五六三的言論。葛林表示他並不知情。

45 我對這些作品的評論，請見 Haidt and Kesebir 2010。

46 由跨領域社群發表的三本一組論文集，請見 Sinnott-Armstrong 2008。

47 Paxton, Ungar, and Greene，即將出版。

48 應注意，人對強烈直覺的感受度，建構理由的能力高低，對他人理由抱持的開放度，程度各有不同。有關這些個別差異的討論，請見 Bartels 2008。

# 4 請投我一票（原因在此）

假設你誕生的當天，神明在擲錢幣，正面的話，你終其一生都極為誠實公正，可是周遭的人都認為你是個無賴；背面的話，你只要有需要就會說謊騙人，可是周遭的人都認為你是個道德模範生。這兩個結果，你會喜歡哪一個呢？柏拉圖的《理想國》（*The Republic*）——極具影響力的西方經典大作——即大力主張，為了自己好，應該要選正面，實質的品德勝過表面的品德。

在《理想國》的前面篇章中，葛勞康（Glaucon，柏拉圖的親兄弟）要蘇格拉底證明正義本身——不光是正義的名聲——就能帶來幸福。葛勞康要蘇格拉底想像，人要是戴上了蓋吉氏（Gyges）戒指（可讓配戴者隨意隱身的金戒指），會有什麼事發生。

如果一個人可以想從市集裡拿什麼就拿什麼，不會受到懲罰，可以走進別人的屋裡，想跟誰做愛就跟誰做愛，可以想殺誰就殺誰，想從監獄裡放誰出來就放誰出來，可以做一些事情讓自己看來像是人中之神，這樣的話，似乎沒有人能夠廉潔得足以堅守正義之道並遠離別人的財產。這個人的行為跟不公正者的行為並無差異，兩者都走向同一條道路。[1]

葛勞康的假想實驗暗指，人類之所以有品德，全都只是因為害怕被逮到的後果，尤其是害怕名聲受損。葛勞康說，要他心悅誠服的話，蘇格拉底必須證明以下這點：「行事公正、名聲不好的人會比行事不公、卻被公認是好人的人還要快樂。」[2]

這可是一大難題，蘇格拉底用類比法來處理這道難題。蘇格拉底說，人的正義就好比是城市（或城邦）的正義。他接著還主張，所謂公正的城市，就是城市裡所有的社會階級都和睦相處，彼此合作，勞力分配適宜[3]，農夫務農，木匠建造，統治者統治。大家都為了公益而貢獻心力，大家在有人發生不幸時都為之悲痛。

然而，在不公的城市裡，甲群體的獲利就是乙群體的損失，派系之間密謀對抗，掌權者剝削弱者，城市裡起了內訌。為確保城邦不會墮落至無情私利的混亂當中，蘇格拉底認為城邦必須交由哲學家統治，因為唯有哲學家會追求真正的良善，而不是只追求對自己有好處的東西[4]。

蘇格拉底讓聽者認同了這幅公正和睦又快樂的城市畫面，接著又主張，這類的關係也恰巧適用於公正和睦又快樂的人。假使哲學家必定統治快樂的城市，那麼理性必定也統治快樂的人。假使是由理性統治，那麼理性就會在意何為真正的良善，不是只在意表面的品德。

柏拉圖——蘇格拉底的弟子——對於人性抱持著一套合理的信念，而這信念的核心就是堅信理性是完美的。柏拉圖認為理性是人的本性，是神賜予人並安在人的腦子裡。熱情往往會讓理性腐化，但人若學會控制熱情，那麼神所賜予的理性就可照亮前路，引導人去做正確的事，而不是去做博得好感的事。

正如道德學的情況，有關人當為之事的主張係取決於人性和人類心理學的假設，而這類的假設往往缺乏明確的說明[5]。對柏拉圖而言，這種假設的心理學是個徹頭徹尾的錯誤。本章會證明理性不適合統治，理性是用於尋找正當的理由，不是用於尋找真相。我會證明葛勞康的看法是對的——人極為在乎表面和名聲，更甚於真實。其實，本書其餘部分都會讚揚葛勞康，畢竟他的看法沒錯，他知道建構一個道德社會，最重要的原則就是**確保每個人的名聲時時處於岌岌可危的狀態**，這樣一來，不好的行為始終都會帶來不好的後果。

美國心理學的創立者之一威廉·詹姆斯（William James）極力主張，心理學家應站在「功能主義」的角度來看待心智，這就表示我們在檢驗某樣東西時，應當去看該樣東西在較大系統裡的**行為**。心臟的功能是在循環系統裡推動血液，若不時時謹記這點，就無法瞭解心臟。詹姆斯把這樣的邏輯套用到心理學上，也就是說，凡是要瞭解任何一種心理機制或心理歷程，就必須知道其在某個更大系統裡具有何種作用。詹姆斯說，思考是為了行動[6]。

那麼，道德推理的作用是什麼呢？假使你認為道德推理經過（天擇的）塑造、調整、製作，為的是幫助我們尋找真相，使我們得知正當的行為表現，並譴責行為不對的人，那麼你就跟柏拉圖、蘇格拉底、柯伯格一樣，都是屬於理性派[7]。假使你認為道德推理的塑造、調整、製作，為的是幫助我們追尋社交策略目標，例如在發生爭執時，保護自己的名聲，說服他人支持我們或我們這方，那麼你就是站在葛勞康那一邊。

## 我們都是憑直覺行事的政客

若你看見一百隻昆蟲為了共同目標而一起合作，我敢打賭，這些昆蟲絕對是同個父母生的。不過，假使你看見一百個人在工地工作，或者行軍上戰場，而這些人都來自同一個大家族，你肯定會嚇一大跳。若說有什麼生物能在毫無血緣關係的情況下共同合作，那麼人類肯定能拿到世界冠軍。人類之所以能合作無間，絕大部分是因為人類創造了正式與非正式的課責制度。我們擅長要別人替他們的行為負起責任，而在這個別人要我們替自己行為負責的世界裡，我們也是來去自如。

課責領域頂尖研究員菲利普．泰洛克（Philip Tetlock）認為，課責的定義就是「明確預期人應要證明自己的信念、感覺或對他人採取的行動實屬正當」，並且預期他人會根據我們提出的證明理由是否正當，對我們做出獎懲[8]。假使沒有人要對任何人負責，假使取巧者和騙子不用受到處罰，一切都會分崩離析（至於人們對於懲罰取巧者與騙子之事有多熱切，請見後續章節，自由派與保守派在這方面有重大差異）。

在這一張張建構社會的課責網當中，人會有何行為表現呢？泰洛克提出了一個實用的象徵：「我們的舉止如同**憑直覺行事的政客**，在眾多的選民面前，努力維持著有魅力的道德身分。」理性派（如柯伯格、杜瑞爾）把孩童呈現為小科學家，這些小科學家運用邏輯和實驗法，自行釐清真相。若去觀察孩童努力理解物質世界的模樣，這科學家的象徵就很貼切了，孩童真的在構思及檢驗假說，也真的逐漸在趨近真相[9]。然而，據泰洛克所言，在社會世界裡，事情的運作方式是不一樣的。社會世界信奉的是葛勞康主義[10]，表象往往比真實重要多了。

在泰洛克的研究中，受試者要解決問題並做出決定[11]。比方說，受試者會獲得某件法律案例的資訊，然後要推斷出被告是否有罪。有些受試者須將所做決定的背後理由告訴某人，有些受試者知道他人不會要求自己承擔責任。泰洛克發現，如果放任人們自行其是，那麼就會出現常見的錯誤、懶散、仰賴直覺等行為，這種現象已有許多決策研究專文記載[12]。然而，假使人們事先知道自己必須解釋理由，那麼他們在思考時就會更有系統，更自我批判，比較不會輕率做出倉促的結論，更有可能根據證據，修正自己的看法。

在理性派的眼中，這可能是個好消息。如果人們認為某件事很重要，或許就能更審慎思考？可是實情並不盡然如此。泰洛克發現了兩種大不相同的審慎推理法：第一種是**探索型思維**（Exploratory Thought），即「公平考量另一種觀點」；第二種是**驗證型思維**（Confirmatory Thought），即「單方嘗試證明某觀點是正當的」[13]。課責會增進探索型思維，但須符合以下三項條件：（一）決策者在構成看法之前，就已經知道自己必須負責向聽者解釋理由；（二）決策者不曉得聽者的觀點；（三）決策者認為聽者已獲得充分的資訊並在意準確度。

若情況符合以上三項條件，決策者會盡力釐清真相，因為聽者想要聽到的就是真相。然而，其餘時候（亦即幾乎無時無刻），課責的壓力只會增強驗證型思維，人會更努力去呈現出**表面上**的正當，而不是**實質上**的正當。對於這種現象，泰洛克概述如下：

> 思維的主要作用，就是確保行為的**正當性或理由能夠取信於他人**。人會去考量某人所做的選擇是否正當，這過程確實有可能變得普遍起來，致使決策者必須針對自己所做的選擇，向他人解釋背後的理由，因此決策者不僅要尋找令人信服的理由，也要**尋找令自己信**

**服的理由，**好相信自己做出了「正確」的選擇。[14]

泰洛克據此推斷，有意識的推理多半是為了說服，不是為了發現。然而，泰洛克也認為，我們會試圖說服自己。我們想要去相信自己即將對他人說出的話。本章其餘內容將探討五種支持泰洛克和葛勞康的實驗研究法。人類的道德思考有如尋求選票的政客，而不是追求真相的科學家。

## 1. 我們執著於民調

一九八〇年代，作風魯莽的紐約市長郭德華（Ed Koch）往往用以下的問句來問候選民：「我最近做得怎麼樣？」這個問句是對紐約人常講的「你最近怎麼樣？」幽了一默，卻也流露出民選官員非常在意的事情。我們當中少有人會競選公職，可是我們遇到的人多半都屬於我們想要說服的一個或多個選區。根據自尊研究調查顯示，我們每天都會無意識地提出郭德華的問題，幾乎每次一碰面都是如此。

一百年來，眾多心理學家的文章都提及人需要看重自己。然而，自我意識領域的頂尖研究員馬克．利里（Mark Leary）卻認為，深切需要自我重視，這在進化上是說不通的[15]。

數百萬年來，人類祖先的存亡端賴於其是否有能力讓小團體接納自己，信任自己。因此，若說這當中有任何的內在驅力，也應當是努力讓別人看重我們才對。利里在探討這類自尊研究之後表示，自尊比較像是一種內在的測量儀，一種社會尺標，不斷測量你在夥伴關係中的價值。只要社會尺標的指針下降，就會觸動警鈴，行為隨之改變。

一九九〇年代，利里持續發展社會尺標理論，卻也遇到某些人持有不同的看法，那些人認為自己的行為不會受到他人的想法所左右。會不會有些人真的只按照自己的指南針行事呢？

利里決定對這些自稱特立獨行的人進行測試。首先，利里讓一大群學生對自我重視的程度評分，並說明重視的程度當中有多大比重是取決於他人的想法。少數受試者會在每個問題都表示自己完全不受他人意見的影響，利里把這些人給挑出來，邀請他們在數週後來研究室一趟。為求對照，每個問題都表示自己受到他人強烈影響的受試者，利里也請他們過來研究室。測試就此開始。

每位受試者必須獨自坐在房裡，拿著麥克風，花五分鐘談論自己。每過一分鐘，受試者就會看見前方螢幕閃現一個數字，此數字是用來表示另一房間裡的聽眾在下一分鐘有多想跟受試者互動。評分是以一分至七分來表示（七分是最高分），你應該可以想見自己說話時看見分數下降的感覺吧，比方說：四……三……二……三……二。

其實，利里操控了這個實驗，他讓有些人看見評分下降，有些人看見評分上升，比方說：四……五……六……五……六。人們看見分數上升，顯然會比較開心，可是，看見那些（假裝由陌生人所做的）評分，對於自身、自己的長處、自我價值是否也會隨之改變呢？

承認自己在意別人意見的受試者，對螢幕上的數字有很大的反應，自尊隨之低落，這自是意料之事。然而，自稱特立獨行的受試者受到的衝擊也差不多一樣大，這些人或許確實只按自己的指南針行事，卻不明白自己的指南針也是跟隨著輿論，而非指向真北。這種現象正如同葛勞康的看法。

利里由此推斷：「社會尺標是在無意識的前注意層級運作，以掃視社會環境是否有跡象顯示自己的關係價值低落或正在下降。」[16]社會尺標是大象的一部分。我們要是表現出在乎他人意見，就會讓自己顯得軟弱，因此我們（如同政客）往往否認自己在乎民意調查。可是，我們其實都非常在乎別人怎麼看我們，唯一不具備社會尺標的一群人是病態人格者[17]。

## 2. 我們內在的新聞祕書自動合理化一切

如果你想要見識事後推理如何運作，只要觀察總統或首相的新聞祕書是怎麼回答記者的問題，就能明白了。無論政策有多糟，祕書總是有辦法讚揚政策或為政策辯護，接著記者質疑祕書的主張，並引述總統或首相的矛盾說法，甚至直接引述祕書前些日子的說法。有時，你會看見祕書尷尬得暫時說不出話來，努力思考著適當的用語。然而，你絕對不會聽見祕書說出這種話：「你提出的意見很好！或許我們應該要重新思考政策。」

新聞祕書不能這麼說，他們沒有權力制定或修改政策。他們被告知政策是什麼，而他們的工作就是找出證據和論點，向大眾證明政策是正當的。而騎象人負責的其中一件主要工作，就是擔任大象的全職新聞祕書。

一九六〇年，彼德・瓦森（第二章的四張紙牌測試的發明者）發表了「二、四、六問題」的研究報告[18]。瓦森向受試者出示三個一組的數字，並告訴受試者，這三個數字的背後有一定的規則，受試者必須猜測背後的規則是什麼，並依這樣的規則說出另外三個數字，再問實驗者這三個數字是否符合規則。受試者確信自己猜出規則時，就要把猜出的規則告知實驗者。

假設受試者先看到二、四、六這組數字，然後回應：「四、六、八？」

「符合。」實驗者說。

「一二〇、一二二、一二四？」

「符合。」

在多數人的心中，規則顯然就是連續的偶數。然而，實驗者卻說規則不是連續的偶數。

因此，受試者檢驗了其他的規則：「三、五、七？」

「符合。」

「三五、三七、三九？」

「符合。」

「好，那規則可能是數字加二？」

「不符合。」

人們不費多少力氣就能想出新的規則假說，有時還能想出相當難的規則，可是卻很少用**不符自己所提假說**的三個數字，對自己的假說進行檢驗。例如，只要提出二、四、五（符合）和二、四、三（不符合），就可讓注意力集中於真正的規則——越後面的數字越大。

瓦森把這個現象稱為**驗證性偏誤**，亦即人在尋找及詮釋新證據時，採用的方式往往是可以用來驗證自己的想法。人善於質疑**他人**的陳述，可是假使是**自己**的看法，那它就是自己的所有物——幾乎稱得上是自己的孩子了，而會想要保護它，不去質疑它，不想冒著失去它的危險[19]。

即使人要解決的問題是生死存亡的問題（亦即辨識哪些食物會致病），日常推理領域的頂尖研究員狄安娜．昆恩（Deanna Kuhn）還是發現了驗證性偏誤的證據。為了在研究室檢驗這個問題，昆恩製作了好幾套的八張索引卡，每張卡片上都有小孩吃著某樣東西

（例如巧克力蛋糕與紅蘿蔔蛋糕）的漫畫圖案，然後再顯示小孩之後的下場：一種是小孩微笑，另一種是小孩皺眉頭，一副生病的樣子。昆恩每次拿一張卡分別給小孩和大人看，並問他們，「證據」（即八張卡）是否讓人覺得其中一種食物會造成小孩生病。

小孩和大人往往一開始會直覺反應，在此例中，亦即巧克力蛋糕比較像是罪魁禍首。他們往往據此推斷，證據證明了自己是對的。即使這些索引卡顯示紅蘿蔔蛋糕跟生病之間的關聯比較強烈，但人們還是會說，有一兩張索引卡是小孩吃了巧克力蛋糕就生病，因此可以證明自己的理論沒錯，他們才不管其他一大堆卡片是顯示吃紅蘿蔔蛋糕會生病。正如昆恩所言，人們似乎對自己這麼說著：「這裡有證據可以支持我的理論，表示我的理論正確。」[20]

這種糟糕的思考方法正是良好的教育應當矯正的，對吧？那你該思考一下另一位傑出研究員大衛．柏金斯（David Perkins）的研究發現[21]。柏金斯讓一群年齡層和教育程度不一的受試者來到研究室，請他們思考社會議題，例如給學校更多經費是否能改善教學品質。首先，柏金斯請受試者寫下自己最初的看法，然後再請受試者思考該議題，無論是贊成還是反對，只要是有助於做出最後結論的理由，全都要寫下來。受試者寫完理由之後，柏金斯會針對受試者寫出的每項理由，將其評定為「我方」論點或「他方」論點。

受試者想出的「我方」論點自然比「他方」論點還要多上許多。此外，受試者的教育程度越高，自然會想出越多理由。然而，柏金斯把高中、大學或研究所的四年級學生跟一年級學生進行比較，卻發現每間學校幾乎沒有進步的現象，反而是想出一堆論點的高中生比較容易去讀大學，想出一堆論點的大學生比較容易去讀研究所。學校無法**教導**學生詳盡推理，學校是**選擇了**智商較高的申請入學者，而智商較高的人能想出較多的理由。

這項研究結果還有更令人心煩的地方，柏金斯發現，論點站不站得住腳，智商仍是最準確的預測指標，但智商能預測的**只有我方論點的數量**。聰明人可以成為真正優秀的律師和新聞祕書，可是如果要聰明人想出他方的理由，他們不見得會表現得比別人好。柏金斯據此推斷：「人們把智商用於支持自己的立場，而不是用於更充分更公允地探討整個議題。」[22]

道德理性派也沒辦法指望日常推理研究。在我提及的研究當中，自我利益並不會危在旦夕。如果你拿數字、蛋糕、生病，以及學校資金的問題去問人，人們會自動快速做出直覺反應，某一方看起來就是比另一方稍具吸引力。大象傾身，儘管動作些微，但確實傾身了，而騎象人立刻行動，尋找支持的證據，而且總是成功。

在瑣碎的議題上，往往不會有動機去支持甲方或乙方的論點，而新聞祕書就是這樣處理瑣碎議題的。假使在這類枯燥簡單的案例中，人採取的是驗證型思維，而非探索型思維，那麼在自我利益、社會身分、強烈情緒讓人想要或甚至需要達成預定的結論時，人哪有可能以開放心胸、多方探索的方式進行思考呢？

## 3. 我們善於說謊、欺騙、合理化，真以為自己很誠實

英國的國會議員長期獲准可拿稅金支付第二個住處的合理維護費用，前提是議員必須花時間待在倫敦及戶籍地。然而，負責決定費用是否合理的機構，幾乎每項申請案都一律核准，因此議員就視之為空白支票，隨意填上金額。議員的花費是大眾看不到的，他們以為自己戴上了蓋吉氏戒指，直到二〇〇九年，某家報紙刊登了一份外洩的請款單，議員的行為才公諸於世[23]。

正如葛勞康的預測，議員表現出惡劣的行為。許多議員聲稱第二個住處應當進行重要又適度的裝修（工程內容包括了護城河的疏濬）。等裝修完畢之後，就把主要住所劃為第二個住處，再進行裝修，有時還會把剛裝修好的住處給賣出去，從中獲取高額利潤。

倫敦、華盛頓等權力中心總有醜聞源源不絕地流出，令深夜節目的脫口秀諧星銘謝在心。然而，我們其他的人比起領袖，又好到哪裡去了？還是說，我們應該先去尋找自己眼中的梁木？

許多心理學家都研究過「合理的推諉」造成的影響。在其中一項研究中，受試者進行了一項工作，然後受試者會拿到一張紙並獲得口頭告知，知道等一下能拿到多少報酬。可是，受試者拿著那張紙進入另一個房間取款時，出納員誤讀了一個小數點，付給受試者太

多錢。只有百分之二十的受試者開口更正錯誤[24]。

然而，若出納員詢問受試者，金額是否正確，那麼結果就不一樣了。在這種情況下，百分之六十的受試者會說金額不對，並歸還多餘的款項。直接詢問可以免去合理的推諉，畢竟要拿到那筆錢，必須直接說謊才行。結果，受試者誠實以告的可能性是之前的三倍。

預測誰會歸還款項，既不能看人們對自己的誠實度打的分數，也不能看人們對於柯伯格提出的那類道德難題，能給出何種品格高尚的答案[25]。假使騎象人負責掌管倫理行為，那麼人類的道德推理與道德行為之間應該是密切相關的。然而，騎象人並非掌管倫理行為，因此道德推理與道德行為並不密切相關。

丹・艾瑞利（Dan Ariely）在其著作《誰說人是理性的！》（*Predictably Irrational*），即描述了一連串高明的研究，參與者只要聲稱自己解的數學題數多過於實際所解的數學題數，就有機會賺取更多的金錢。艾瑞利從許多各式範例當中有了發現，在此摘述如下：

> 機會來的時候，許多誠實的人就會欺騙。其實，不是一顆老鼠屎壞了一鍋粥，是**大多數人都會騙人**，而且只是稍微騙一點點。[26]

人不會盡量努力逃避懲罰。假使艾瑞利把蓋吉氏戒指的隱身能力給了人們，那麼這些人的騙人程度仍是有限的，要是再也找不到合理的藉口來保住自己對於自身誠實的信念，他們就不會再騙下去了。

重點就是，研究室實驗只要給了人們隱身能力和合理的推諉，**多數人都會騙人**。新聞祕書（亦稱為**內心的辯護律師**27）是如此善於找出正當的理由，致使這些騙人的人多半在結束實驗離開研究室時，仍深信自己的德行就跟剛才踏入研究室時一樣美好。

## 4. 無論你想去哪裡，推理（和Google）都會帶你去

我兒子馬克斯三歲時，我發現他對一定這兩個字很感冒。我跟他說，一定要穿好衣服，這樣我們才可以去學校（他喜歡上學），此時他會皺眉頭發牢騷。一定這兩個字就像是口頭上的小小手銬，觸發了他心中想要逃脫的念頭。

**可以**這兩個字就好多了。「你可以穿好衣服嗎？這樣我們才可以去學校。」為了確認一定和可以這兩個詞彙其實只不過是日與夜之分，我進行了一個小小的實驗。某天晚上，晚餐過後，我說：「馬克斯，你現在一定要吃冰淇淋。」

「可是我不想吃！」

四秒鐘過後，我說：「馬克斯，你想吃冰淇淋的話，就可以吃。」

「我要吃！」

若能瞭解**可以**和**一定**這兩個詞彙之間的差異，就能瞭解自我利益對推理造成的深遠影響，也能瞭解諸多極其怪異的信念，例如相信外星人綁架案、庸醫的診斷、陰謀論等等。

社會心理學家湯瑪斯．季洛維奇（Thomas Gilovich）對怪異信仰的認知機制進行研究。他的看法很簡單，人**想要**相信某件事時，就會自問：「我**可以**相信嗎？」[28]然後，正如昆恩和柏金斯的發現，人會去找支持的證據，即使只發現一項偽證據，仍會停止思考，覺得自己現在可以相信了。萬一有人問起，也端得出正當的理由。

反之，人**不**想要相信某件事時，就會自問：「我**一定**要相信嗎？」然後，就會去找反面的證據。假使找到一項質疑的理由，就會把這個問題拋之腦後。只要一把鑰匙，就能解開這個名為**一定**的手銬。

現在心理學家擁有許多檔案櫃，裝滿一堆「動機型推理」的研究結果[29]，當中記載了人們為了達成自己想要的結論而採用的諸多手法。若告知受試者，他們在智商測驗得到低分，那麼他們就會選擇閱讀那些批評智商測驗不準的文章，而不是支持智商測驗準確的文章[30]。如果人們閱讀一篇（偽造的）科學研究報告，報告中表示咖啡因和乳癌有關，那麼嗜飲咖啡的婦女在該篇報告中找到的瑕疵數，就會高於男人以及咖啡因攝取量不高的婦女[31]。加州大學爾灣分校的彼得．狄托（Pete Ditto）請受試者舔一張紙，以判定其是否患有嚴重的酵素缺乏症。狄托發現，假使變色代表沒有得病，那麼受試者等待紙張變色的時間——實際上永遠不會變色——就會久於「變色表示患病」的情況。此外，如果測試結果是受試者不想要的，受試者就會找更多的理由去解釋測試結果可能不準（例如：「我今天的嘴巴特別乾」）[32]。

自問「我一定要相信嗎？」的人，以及自問「我可以相信嗎？」的人，兩者在想法上可說是天差地別，甚至會影響到視覺感知。假使電腦閃現字母（而非數字），就代表受試者會獲得好處的話，那麼電腦上出現 B 這個模稜兩可的圖案時，受試者就會看成字母 B，不會看成數字 13[33]。

如果在模稜兩可的情況下，人真是看見自己想要看見的，那麼科學研究往往無法說服大眾，也就不奇怪了吧？科學家真的很善於在那些不符自己觀點的研究中找出缺陷來，然而，有時眾多的研究結果累積一堆證據到某個程度，科學家一定會改變想法。我在同僚（和自己）身上看見這種情況發生了許多次[34]，這已經是科學課責制度的一部分了，也就是說，要是緊抓著不可採信的理論不放，就會看起來很蠢。我們始終能夠質疑方法、尋找另一種詮釋資料的觀點。或者，如果這些都行不通的話，我們還能質疑研究員是不是誠實，質疑研究員的意識型態。

既然大家都能在手機上使用搜尋引擎，那麼一天二十四小時都能請一組支援的科學家幫忙做出幾乎任何一種結論。無論你對全球暖化的起因或胚胎有無痛感的議題，抱持著什麼樣的信念，只要使用Google，就能強化你的信念。你會找到同類人架設的網站，摘要說明相關科學研究，有時甚至會扭曲科學研究。科學是一鍋大雜燴，Google會引導你前往適合你的研究。

## 5. 凡是支持我們這方的言論，我們幾乎照單全收

許多的政治學家都習慣假設人們投票是基於私利，選擇的是最符合自己利益的候選人或政策。然而，經過數十年的輿論研究，卻發現自我利益很難當成預測政策偏好的指標。公立學校學童的雙親並沒有比其他市民更支持政府資助學校，要服役的青年並沒有比老得不用服役的男人更反對軍事擴張，無健保者並沒有比有保險者更支持政府提供健保[35]。

其實，人們在意自己所屬的團體，不管是種族、宗教還是政治方面的團體皆是如此。政治學家唐諾・金德（Donald Kinder）把研究結果摘述如下：「在輿論方面，公民似乎並不會自問：『這對我有什麼好處？』公民會自問：『這對我所屬的團體有什麼好處？』[36]」政治觀點的功用就是「社會成員身分的識別證」[37]，猶如人們貼在車子保險桿上的貼紙，用以顯示自己支持的政治目標、大學、體育隊伍等。我們的政治看法偏向於有利團體，而非

有利自己。

如果人在看見13圖案時，可以看見自己想要看見的，那麼政黨的死忠支持者究竟有多少餘裕，能看見社會世界裡的不同事實呢？答案自然可想而知[38]。根據數項研究的記載，如果把一大堆資訊提供給政黨傾向不同的死忠支持者，就會產生「看法兩極化」的作用。自由派和保守派在閱讀死刑是否能嚇阻犯罪的相關研究時，在評定總統候選人辯論的論點品質時，在評估平權措施或槍枝管制的論點時，兩方其實會變得更為意見相左[39]。

二〇〇四年，美國總統選戰打得如火如荼之際，德魯．威斯頓（Drew Westen）使用功能性磁振造影（fMRI）來捕捉政黨死忠支持者的腦部活動[40]。威斯頓找了十五位民主黨的死忠支持者，以及十五位共和黨的死忠支持者，請他們一次一位進入掃描儀，觀看十八組投影片。每組投影片的第一張會顯示布希總統的話或者民主黨對手凱瑞（John Kerry）的話。比方說，受試者會看見布希在二〇〇〇年誇讚安隆公司（Enron）執行長雷伊（Ken Lay）的一段話（之後安隆的重大舞弊案曝光，隨即破產）：

我喜歡這個人……等我當上了總統，就要像執行長管理江山那樣管理政府。雷伊和安隆公司是我的榜樣。

然後，受試者會看見一張投影片，上面描述之後採取的行動，而這項行動似乎與先前的說法相互矛盾：

如今，布希先生避免提及雷伊。每當有人問起安隆，他就指責安隆的不對。

此時，共和黨員坐立不安。可是，就在這個時候，威斯頓放映另一張投影片，上面呈現了更多的背景脈絡，解決了矛盾。該張投影片的內容如下：

一些認識總統的人表示，總統覺得自己遭到雷伊背叛。安隆的領導階層竟然這麼貪污腐敗，也讓總統著實震驚不已。

也有相同組數的投影片呈現了凱瑞的矛盾說法，然後再替凱瑞解套。換句話說，威斯頓設計了幾種情境，政黨的死忠支持者看到己方候選人的明顯偽善行徑，會暫時覺得受到威脅。同時，等到另一黨的候選人似乎被抓到小辮子時，這些人就感受不到威脅，甚至還會開心起來。

威斯頓其實是讓兩種心智模式相互對抗。受試者是否表現出哲斐遜的雙程序模式？雙程序模式就是腦（即腦部的推理部位）公平處理所有對象的矛盾資訊，然後心（即情緒區）產生更強烈的反應，駁回了腦的判斷。還是說，政黨死忠支持者的腦部運作方式如同休姆的看法？亦即情緒程序和直覺程序負責操控整場表演，只有在必須替所需結論構思正當理由時，才會叫推理上場？

結果得出的資料強烈支持休姆的主張。讓人覺得受到威脅的資訊（即己方候選人的偽善行徑）立刻刺激了一連串與情緒有關的腦部區域，那些區域就是因懲罰而起的負面情緒和負面反應相關區域[41]。「我一定要相信嗎？」這個問句製造的手銬會造成傷害。

在這些區域當中，有一部分的區域在推理中扮演了角色，但背外側前額葉皮質區（dorso-lateral prefrontal cortex，簡稱 dlPFC）的活動卻沒有增加。背外側前額葉皮質區是負責處理冷靜推理工作的主要區域[42]，無論政黨死忠支持者進行的是什麼樣的思考，絕對不是背外側前額葉皮質區負責的那種客觀衡量或計算[43]。

威斯頓讓受試者從受到威脅的狀態中解脫之後，大腦腹側紋狀體（Ventral Striatum）——這是大腦其中一個主要的獎勵中樞——就會開始運作。所有的動物在做了生存所需的行為後，腦部就會創造一陣陣的愉悅感。大腦腹側紋狀體（及其他部位）的神經傳導物質多巴胺產生輕微的脈衝，從而發展出這類美好的感覺。海洛因與古柯鹼就是以人為方式觸發多巴胺反應，才會讓人上癮。假使老鼠能按下按鈕，讓自己的獎勵中樞受到電子刺激，那麼老鼠就會一直按，按到牠倒下餓死為止[44]。

威斯頓發現，政黨的死忠支持者會思考最後一張投影片，藉以對己方候選人恢復信念，從手銬的束縛中逃脫，同時也會獲得多巴胺產生的些微愉悅感。如果此種說法為真，那麼就能解釋極端的黨派支持者為何這麼固執又心胸狹隘，還執著於那些往往看似怪異或偏執的信念。正如老鼠無法停止按下按鈕，政黨的死忠支持者或許就是無法停止相信怪異的事情。死忠支持者的腦袋經過多次的強化，已經能扭曲心理，從不想要的信念中逃脫出來。極端的黨派意識或許可以讓人上癮。

## 理性派的妄想

《新韋氏國際英語大辭典》第三版對delusion（妄想）的定義如下：「對實際上不存在之事物，抱持錯誤的想法或一貫的信念，連理性也無法撼動。」[45]身為直覺主義者的我可得要說一句，崇拜理性本身即呈現西方歷史中一種長久存在的妄想——理性派的妄想。理性派認為理性是人類最高貴的特性，可以讓人像神一樣（柏拉圖的看法），或者可以讓人從信神的「妄想」中超脫出來（新無神論者的看法）[46]。理性派的妄想不光是主張理性是人性，還主張理性階級（即哲學家或科學家）應當享有更高的權力，而且往往伴隨著一套專門養育更多理性兒童的烏托邦計畫[47]。

從古希臘的柏拉圖，乃至於近代的康德、柯伯格，許多理性派都抱持著以下的主張：「擁有理性思考倫理議題之能力，即能導致良好的行為」。他們認為，理性思考是邁向道德真理的皇家大道，而善於理性思考者比較可能表現得有道德。

然而，假使這種說法為真，那麼道德哲學家——整天理性思考倫理原則者——應該會具有比別人更高潔的德行。實情真是如此嗎？哲學家艾瑞克．史威茲蓋柏（Eric Schwitzgebel）努力挖掘真相，他採用問卷調查以及較不張揚的方法，來評量道德哲學家有多常捐款給慈善機構、投票、打電話給母親、捐血、捐器官、在哲學會議時收拾自己製造的垃圾、回覆學生寄來的電子郵件等[48]。而在這些方面，道德哲學家並沒有表現得比其他領域的專家或教授更為優異。

史威茲蓋柏甚至調查了數十間圖書館的書籍遺失清單，結果發現，以倫理為主題的學術書——照理來說多半是倫理學者借閱——比其他哲學領域的書籍還更有可能遭竊，或者永不被歸還[49]。換句話說，道德推理的專業能力似乎無法改善道德行為，甚至可能會讓情況更糟（或許是因為騎象人更善於事後合理化）。有沒有一種方法可以證實道德哲學家的行為表現比其他領域的專家更好？史威茲蓋柏還沒找到這種方法。

重視真相的人都應該會停止崇拜理性，大家必須以冷靜嚴苛的目光看待證據，看見理性的真實樣貌。前一陣子，法國認知學家雨果・梅西耶（Hugo Mercier）和丹・斯波伯（Dan Sperber）曾審視大量的研究文獻，內容涵蓋社會心理學的動機型推理，以及認知心理學的推理偏見和推理謬誤。兩位認知學家發現，假使推理能力的演化不是為了幫助我們找出真相，而是為了幫助我們在跟他人討論時能闡述己方的論點，並達到說服和操控的效果，那麼種種怪異又令人沮喪的研究結果就多半說得通了。兩人表示：「精通論述者……不是為了尋求真相，而是為了尋求那些可支持己方觀點的論述」[50]。由此可見，驗證性偏誤的力量有多麼強大、多麼難以磨滅。教懂學生站在他方立場看待事情，尋找那些不利己方觀點的證據，究竟會有多困難呢？其實，真是難上加難，如今還沒有人找得到方法辦到這點[51]。這件事之所以困難，是因為驗證性偏誤是好辯的大腦與生俱來的特性，它並不是一種可以（從柏拉圖式的心智裡）移除的錯誤。

我不是要大家停止理性思考，改為跟隨直覺行事。以消費者的身分做出選擇，以及進行人際判斷時，直覺有時會比理性更能扮演好引導的角色[52]。然而，若把直覺當成公共政策、科學、法律的根基，往往會落到不好的下場[53]。我真正的意思是，大家必須謹慎看待個體的理性能力，應該把每一個體視為有限的，如同神經元。單一的神經元其實只擅長對進入神經元樹突的刺激進行估量，從而「判定」是否要跟軸突一起發射脈衝。單一的神經元並不是很聰明，不過，如果把眾多神經元正確擺放在一起，就會得到大腦；就會得到一個衍生系統，比單一的神經元還要聰明許多，也比較有彈性。

同樣的，個別的推理者也只擅長尋找證據來支持己方已有的立場，而且往往是基於直覺上的理由。我們不該期望個體做出優良、心胸開放又尋求真相的推理，尤其是牽涉到自我利益或名聲時。然而，如果你把眾多個體正確地擺放在一起，讓一些個體可以運用推理能力，駁斥別人的主張，而且所有個體都感受到某種共同的牽繫或共同的命運，從而產生文明互動，這樣就能創造出一個團體，可進行優異的推理，轉化為社會體制中突然出現的資產。由此可見，任何團體或機構的目標若是要追尋真相（例如情報局或科學界），或者制定優良的公共政策（例如立法機關或顧問團），那麼它就必須具備多樣化的智識和意識型態。

如果我們的目標是要製造良好的**行為**，而不只是良好的思維，那麼就務必更要揚棄理性主義，擁抱直覺主義。永遠不會有人發明出一堂倫理課，讓學員在走出教室後全都變得合乎倫理。課堂是給騎象人修的，而騎象人只會把新知識用來更有效地服侍大象。如果你想要讓人們的行為更合乎倫理，那麼有兩種方法可以採用。一是改變大象，這需要花很長的時間，也很難做到。二是借用奇普・希斯（Chip Heath）和丹・希斯（Dan Heath）撰寫的《改變，好容易》（*Switch*）一書中的概念[54]，這樣就能改變大象和騎象人正在行走的路徑。你可以對環境做出微小又不貴的扭轉，進而讓倫理行為獲得大幅進展[55]。你可以雇用葛勞康當顧問，問他要如何設計制度，好讓真正的人類——總是在意自己的名聲——的行為更符合倫理。

## 總結

道德心理學的第一個原理是**直覺先來，策略推理後到**。為了呈現道德推理的策略作用，我探討了五個研究領域，證明道德思考有如政客尋求選票，而非科學家尋求真理。

◎我們過於在意別人對我們的看法，但這份在意多半是無意識的，為我們所不察。

◎有意識的推理如同新聞祕書，無論總統採取何種立場，新聞祕書都會替其自動找出正當的理由。

◎有了新聞祕書的協助，我們就能經常說謊欺騙，然後有效地掩飾過去，連我們自己都信以為真。

◎推理可以引領我們做出我們想要達到的任何結論，因為我們想相信某件事時，就會自問：「我可以相信嗎？」可是不想相信時，就會自問：「我一定要相信嗎？」第一個問題的答案幾乎一律是肯定的，第二個問題的答案幾乎全是否定的。

◎在道德與政治方面的事宜，我們往往傾向於有利群體，而非有利自己。我們運用推理技巧，為的是支持己方團隊，為的是證明自己對團隊盡心盡力。

最後，我要敲響一記警鐘，人對理性的崇拜——有時可在哲學圈和科學圈發現此現象——其實是一種妄想，那只是在相信某種不存在的東西。我鼓勵大家以更直覺的方法來處理道德和道德教育，方能更謙卑地看待個體的能力，更能因應背景脈絡和社會體制，讓人們做出更佳的思考和行為。

我試圖替理性的案例找出有利的論據，以證明直覺派的角度最適合用來形容人的道德能力。我不是在主張自己已從各方角度驗證了問題，也沒有提供確鑿的證據。因為驗證性偏誤的力量強大到無法克服，所以必須交由那些反對我的人來反駁。最後，如果科學界按照預期運作，那麼一堆有瑕疵又有侷限的腦袋經過一番舌戰之後，真相終歸會浮現出來。

本書第一篇講述道德心理學的第一個原理——**直覺先來，策略推理後到**。以上即為結論。為瞭解釋這個原理，我把心智比喻成騎在大象（即直覺）上的騎象人（即推理），還表示騎象人的作用就是服侍大象。推理很重要，特別是因為理由有時會影響他人，但道德心理學中的行動多半是有賴於直覺。本書第二篇會更具體詳盡地說明有哪些直覺，以及這些直覺是源自何處。我會描繪出一張道德空間地圖，證明這張地圖為何往往有利於保守派政客，卻不利於自由派政客。

註釋：

1 *Republic*, 360c, trans. G.M.A. Grube and C.D.C. Reeve. In Plato 1997.

2 葛勞康的兄弟阿第曼圖（Adeimantus）陳述了此項難題，內文在 360e-361d，但阿第曼圖只不過是在詳盡闡述葛勞康的主張。葛勞康和阿第曼圖都希望蘇格拉底獲得成功並反駁兩人的主張。儘管如此，我在本書其餘部分仍把葛勞康當成是「名聲比事實更重要」這個觀點的代言人。

3 *Republic*, 443-45.

4 同上，473ff。

5 柏拉圖起碼還會長篇大論地陳述其對於人性的假設。其他的道德學家（例如康德和羅爾斯）多半就只是聲稱心智如何運作、人們想要什麼東西，或哪些事情看似「合理」等等。這些宣言的根據似乎也只比反思自己那不尋常的人格或價值體系略好一點而已。比方說，羅爾斯（一九七一）的某些假設（例如，若要人們在「無知之幕」的後面構思出某種社會，而且他們並不知道自己在那社會中的地位是什麼，那麼多數人關注的重點會是提升弱勢者，而非提升一般人）受到檢驗時，結果卻發現那些假設是錯的（Frohlich, Oppenheimer, and Eavey 1987）。

6 詹姆斯說的話，全文如下：「我的思考從頭到尾一律是為了行動」（James 1950/1890, p. 333）。蘇珊．費斯克（Susan Fiske, 1993）把詹姆斯的功能主義應用在社會認知方面，把詹姆斯的名言簡化為「思考是為了行動」。如欲進一步瞭解社會科學領域的功能主義，請見 Merton 1968。

7 理性派仍會認為推理很容易就會走樣，或認為多數人並未做出適當的推理。然而，「應然意味著能夠」（Ought implies can，亦即應該從事的行為，就一定是有能力做到的行為），再加上理性派篤信理性能夠這樣運作，或許這（正如柏拉圖的例子）是因為完美的理性就是靈魂真正的本質。

8 Lerner and Tetlock 2003, p. 434.

9 Gopnik, Meltzoff, and Kuhl 2000.

10 本書或許可以不採用葛勞康主義（Glauconian）這個詞彙，改用權謀術（Machiavellian），但是權謀術這個詞彙太陰暗，意味著領袖欺騙人民是為了統治人民。我認為道德生活其實是關於合作與結盟，而不是權力與統治。我們的道德推理所引致的不誠實與偽善，是為了讓大家喜歡我們，跟我們合作，因此我比較喜歡葛勞康主義這個詞彙。

11 請見 Lerner and Tetlock 2003 的評論。Tetlock 2002 提出三種隱喻：直覺政客、直覺檢察官、直覺神學家。在此，我把重心放在直覺政客上，並在下方呈現直覺檢察官，畢竟直覺檢察官是跟直覺政客的需求有關。本書第十一章討論宗教以及用共通神聖信仰凝聚人之需求，藉以涵蓋直覺神學家的主題。

12 評論見 Ariely 2008、Baron 2007。

13 Lerner and Tetlock 2003, P. 438.

14 同上，頁四三三；重點部分為作者自行加上。

15 Leary 2004.

16 Leary 2005，頁八五。人們對於他人看法的執著程度各有不同。然而，根據利里的研究顯示，我們在評估自己的執著程度時，卻沒有特別準確。

17 Millon et al. 1998。病態人格者往往在乎他人想法，卻是把他人想法視為計畫中的一部分，用意是操控或剝削他人。病態人格者沒有羞愧、內疚之類的情緒，因此別人看穿病態人格者的謊言而心生厭惡時，病態人格者並不會感到痛苦。病態人格者不具備自動無意識的社會尺標。

18 Wason 1960.

19 Shaw 1996。驗證性偏誤廣泛見於社會心理學、臨床心理學、認知心理學領域。驗證性偏誤早發於童年時期，終生持續不斷。請見 Kunda 1990、Mercier & Sperber 2010、Nickerson 1998、Pyszczynski and Greenberg 1987 等的評論。

20 Kuhn 1989, p. 681.

21 Perkins, Farady, and Bushey 1991.

22 同上，頁九五。研究人員確實發現高中一年級與四年級生有整體些微改善的狀況，但這種狀況可能只是單純的成熟使然，而不是教育的作用。研究人員在大學生身上沒有發現同樣的狀況。

23 英國《每日電訊報》（*Daily Telegraph*）取得一份外洩的完整費用報表，該份報表是由英國下議院準備，用以因應資訊自由化要求，當時下議院已拒絕這項要求多年。

24 Bersoff 1999. 亦請見丹尼爾・巴特森（Daniel Batson）的「道德偽善」研究，例如 Batson et al. 1999。

25 Perugini and Leone 2009.

26 Ariely 2008, p. 201，重點部分是作者自行加上。

27 Inner lawyer，這是我在《象與騎象人》採用的詞彙。

28 Gilovich 1991, p. 84.

29 Ditto, Pizarro, and Tannenbaum 2009; Kunda 1990.

30 Frey and Stahlberg 1986.

31 Kunda 1987.

32 Ditto and Lopez 1992。亦請見 Ditto et al. 2003，該文發現人想要相信某件事時，往往連一項支持的證據都懶得去找，不加批判就接受那件事。

33 Balcetis and Dunning 2006.

34 見 Brockman 2009。

35 請見 Kinder 1998 的評論。這項規則有個例外，某政策帶來的物質利益若是「重大、迫在眼前、廣為宣傳」，那些從中獲益的人會比受害的人更有可能支持政策。亦請見 D. T. Miller 1999，進一步瞭解「自我利益的基準」。

36 Kinder 1998, p. 808.

37 這個用語來自於 Smith、Bruner、White，如 Kinder 1998 引述。

38 請見哈斯多夫（Hastorf）與康崔爾（Cantril）於一九五四年的經典研究。在該項研究中，達特茅斯學院和普林斯頓大學的學生觀賞了同一段影片，當中呈現幾次有爭議的犯規狀況，而這兩所大學的學生對於足球場上真正發生的事情，下了極為不同的結論。

39 Lord, Ross, and Lepper 1979; Munro et al. 2002; Taber and Lodge 2006。不是所有的研究都會發現兩極化作用，但正如泰伯爾（Taber）和洛奇（Lodge）的主張，找不到兩極化作用的研究，通常都是採用比較冷靜又不情緒化的刺激因素，不太能引發政黨死忠支持者產生動機。

40 Westen et al. 2006.

41 受到刺激的區域有：腦島、中前額葉皮質區（medial PFC）、前扣帶迴皮質的下半部（ventral ACC）、腹內側前額葉皮質區（ventromedial PFC，簡稱 vmPFC）、後扣帶皮質（posterior cingulate cortex）等。在這些區域當中，尤以腦島、外側前額皮質區（lateral orbital frontal cortex）、腹內側前額葉皮質區這三個區域跟負面情緒最是相關。杏仁核——與恐懼和威脅密切相關——確實在早期試驗中呈現出比較活躍的情況，可是在後續的試驗中卻「習慣化」了。請注意，這些研究結果全都是把受試者對己方候選人的偽善行為所做出之反應，減去受試者對中性目標（如湯姆．漢克斯）的偽善行為所做出之反應。

42 葛林在二〇〇八年曾把這個區域稱為腦部的「磨坊」，因為受試者做出冷靜又符合效益論的選擇（而非做出更為情緒化的義務論選擇）時，此區往往會變得更為活躍。

43 要等到提供辯解資訊之後，dlPFC 的活躍度才會增加，而政黨的死忠支持者就能從手銬中逃脫。彷彿要等到受試者擁有清楚明確，且情緒上能接受的解釋後，才會開始進行驗證型推理。

44 Olds and Milner 1954.

45《新韋氏國際英語大辭典》，其中一個相關定義：「錯誤的信念，或者因錯誤信念或精神錯亂而產生的持續感知錯誤」。

46 Dawkins 2006; Dennett 2006; Harris 2006。第十一章將詳盡討論前述三位主張的論點。

47 柏拉圖在《理想國》第三卷提供了育兒建議，而道金斯（R. Dawkins）在《上帝的迷思》（*The God Delusion*）第九章提供育兒建議。

48 Schwitzgebel and Rust 2009, 2011; Schwitzgebel et al. 2011.

49 Schwitzgebel 2009.

50 Mercier and Sperber 2011, p. 57.

51 如欲瞭解替人類思維「去偏誤」的方法有多難發展，請見 Lilienfeld, Ammirati, and Landfield 2009 的研究報告。「批判性思考」文獻幾乎不曾發現（或尋找）課堂以外的技能轉移情況。

52 Wilson 2002; Wilson and Schooler 1991.

53 Baron 1998.

54 Heath and Heath 2010.

55 請至 www.EthicalSystems.org，瞭解我如何嘗試整合這些「路徑變化」的研究，而有許多是很容易做到的。其中一個很好的例子就是丹．艾瑞利的研究結果。艾瑞利發現，請對方一開始就在費用報表上簽名，承諾自己會誠實（而不是最後才簽署費用報表，申明自己是誠實的），那麼浮報費用的狀況就會大幅減少。見 Ariely 2008。

# II 道德不光是傷害和公平而已

中心隱喻

正義之心如同舌頭有六種味覺受體

# 5 在怪異的道德觀之外

我是在麥當勞拿到博士學位的，起碼有一部分是事實啦，畢竟我為了專題論文研究，可是花了大把時間站在西費城的麥當勞餐廳外頭，努力詢問勞工階層的成年人能不能跟我談一下。只要有人同意受訪，我們就一起坐在麥當勞的戶外座位區。我會講一些故事，例如吃掉寵物狗的那家人、把國旗當成抹布用的女人等等，然後請受訪者好好思考一下。我在訪談期間看到部分受訪者露出難以理解的表情，還聽到了很多的笑聲，尤其是我在講男人和雞的故事時，很多人都笑了出來。我本來就預期受訪者會有這樣的反應，畢竟我編撰這些故事，就是為了讓人覺得訝異，甚至嚇嚇他們。

然而，我請勞工階層的受訪者提出正當的理由，他們有時會覺得很困惑，我並未預料到這種情況。每次受訪者說故事人物的行為是不對的，我就會問：「你能不能告訴我，為什麼那樣做是不對的？」一個月以前，我在賓州大學的校園訪談大學生，提出這個問題時，大學生相當順利就提出了道德上的正當理由。可是同樣的問題，卻讓賓州大學往西幾個街區的受訪者沉默了好長一段時間，還用懷疑的眼神盯著我看。這樣的沉默和眼神彷彿在說：「**你是說你不曉得對雞做那種事有什麼不對？我還要解釋給你聽？你到底是哪個星球來的啊？**」

這些受訪者覺得我莫名其妙也是自然的，因為我真的很奇怪。我來自一個怪異又與眾不同的道德世界——賓州大學。在我的研究裡，賓大生是十二組當中最不尋常的一組受訪者。賓大生之所以獨特，就在於他們堅信約翰．彌爾（John Stuart Mill）於一八五九年提出的「傷害原則」：「唯有在避免他人受到傷害的前提下，方能有正當的理由對文明社會的任一成員（在違背其意願下）行使權力。」[1]正如某位賓大生所言：「那是他的雞，他要吃掉它，並沒有人受到傷害。」

賓大生這組和其他十一組受訪者都表示，如果親眼看見那類違反禁忌的行為，肯定會覺得不舒服。然而，**唯有**賓大生這組經常忽略自己的厭惡感，並表示這種行為雖讓人不舒服，卻沒有不道德。也唯有賓大生這組是多數人（高達百分之七十三）都能容忍雞的故事。正如某位賓大生所言：「那很變態，可是如果是私下的行為，那是他的權利。」

我和同校的賓大生在另一方面也很怪。二〇一〇年，喬．韓瑞奇（Joe Henrich）、史帝夫・海因（Steve Heine）、阿拉・洛倫薩揚（Ara Norenzayan）這三位文化心理學家發表了一篇很重要的文章——〈全世界最怪異的一群人？〉（The Weirdest People in the World?）[2]。三位作者指出，心理學領域裡的所有研究幾乎都是針對一小群人所做的，這群人往往是西方人（Western）、受過教育（educated）、工業化（industrialized）、富有（rich）、民主制（democratic），這幾個英文字的首字母加起來正是Weird（怪異）。接著，三位作者檢視了數十項研究，這些研究皆顯示這些怪異的人在統計上都是異常值。如果你想要研究歸納出人類的本性，那麼這些怪人都是最不典型、最不具代表性的一群人。即使是在西方社會，美國人也比歐洲人更偏向極端的異常值，而在美國境內，受過教育的中上階層（正如賓大生的例子）是最不尋常的一群人。

怪異文化有幾項特點可以簡單概括為以下這句話：「你越是怪異，就越會看見世界充滿單獨的個體，而非人際關係。」長久以來，研究報告都顯示西方人的自我概念比東亞人更獨立自主[3]。例如，請受訪者以「我是……」（I am...）為開頭，造出二十個句子，美國人往往會列出自己內在的心理特質（例如快樂的、外向的、對爵士樂感興趣等），東亞人往往會列出自己的角色和關係（例如兒子、丈夫、富士通的員工）。

這樣的差異相當深遠，就連視覺感知也深受影響。以「框內畫線」的題目為例，受試者會看到方形內畫了一條線，翻頁後會看見一個空白方塊，空白方塊比前一頁的方塊還要大或小。受試者要在空白方塊上畫一條線，線條要跟前一頁的線條相同，可以是絕對長度相同（亦即公分數一樣，忽略空白方塊的大小），也可以是相對長度一樣（亦即線條與方塊比例相同）。西方人——尤其是美國人——善於畫出絕對線條，他們一開始就把線條視為獨立的物體，單獨存放在記憶裡。相反的，東亞人比美國人更善於畫出相對線條，他們自主察覺各部分的關係並存在記憶裡[4]。

還有一樣差異跟這種感知差異有關，那就是思考風格的差異。多數人的思考方式是全方位的思考（亦即看見整體的脈絡與各部分的關係），但怪異（WEIRD）者的思考偏向於分析（亦即把重點部分跟整個脈絡分開來，劃分到某一類別底下，然後假定該類別是怎樣的，重點部分就會是怎樣）[5]。由此可見，自康德和彌爾以來的怪異哲學家所創造出的道德體系多半偏向個人主義、以規則為基礎、信奉普世主義，而要治理一個充滿自主個體的社會，就需要這樣的道德觀。

然而，在不怪異的文化中，全方位思考者撰寫道德觀時，就會寫出《論語》這樣的書，列出許多的格言和軼事，無法縮減成單一的規則[6]。孔子討論了人在各種特定人際關係中所擔負的責任，以及應具有之品德（例如孝順、善待下位者等）。

如果怪人和非怪人有不同的想法，看待世界的角度也各異，那麼兩者的道德考量自然也就有別了。如果你認為這個世界是由眾多個體構成，那麼你自然就會支持柯伯格和杜瑞爾的道德觀，亦即保護個體及個人權利，而且你考量的重點會是傷害和公平。

然而，如果你住在不怪異的社會，大家都比較重視關係、脈絡、團體、制度，那麼你就不會這麼重視個體的保護，你的道德觀會偏向**社會中心論**，亦即如第一章的史威德所述，你會把團體和制度的需求放在第一位，個體的需求往往被擺在後頭。如果你這麼做的話，那麼以傷害與公平原則為基礎的道德觀就不敷所需了。你一旦有了額外的考量，自然也需要額外的德行，方能凝聚人心。

本書第二篇的內容講述這類額外的考量和德行，亦即道德心理學的第二個原理——**道德不光是傷害和公平而已**。我要嘗試說服你，這個原理是真正地在**描繪全貌**，呈現出我們在觀看周遭世界時所看見的各種道德觀。至於這些非主流的道德觀當中，有沒有哪一個是**真正**有益、正確或是有道理？這個問題先暫且擱在一旁。就連**提起**這個情緒力量的問題，身為直覺派的我都認為是不對的行為，我們應該要先讓自己的大象冷靜下來，並稍微瞭解一下這類道德觀試圖要達到何種目的。畢竟對於不喜歡的每個道德觀、政治黨派、宗教信仰，騎象人太容易就能找到正當的理由加以反駁[7]。因此，我們要先努力去瞭解多樣化的道德觀，再去評斷其他的道德觀。

## 三種倫理觀比一種倫理觀更能描繪全貌

《花花公子》雜誌把芝加哥大學評定為美國境內「最爛派對學校」，芝加哥大學對此頗引以為傲。芝加哥的冬季漫長嚴寒，書店數量勝過酒吧，學生穿的T恤印著大學校徽，校徽底下寫著「樂趣死亡之處」、「地獄果然會結凍」。一九九二年九月，某個傍晚時分，我抵達芝加哥大學，把租來的貨車上的行李給卸下來，然後出門喝杯啤酒。我隔壁那桌的客人爭論得正兇，一位鬍子男雙手往桌上猛力一拍，大喊：「該死，我是在講馬克斯！」

這就是理察・史威德的作風。我在賓州大學拿到博士學位之後，獲得了獎助金，可以跟史威德一起工作兩年。當時，史威德是文化心理學領域的重要思想家，文化心理學是一門新的學科，結合了人類學者對變異性和背景脈絡的熱愛，以及心理學家對心理歷程的興致[8]。文化心理學有一句名言：「文化和心理相輔相成。」[9]換句話說，不能像心理學家那樣，一邊研究心智又一邊忽略文化，畢竟心智唯有在被某特定文化填滿時才能運作。也不能像人類學家那樣，一邊研究文化又一邊忽略心理學，畢竟社會習俗和制度（如成年禮、巫術、宗教等）在一定程度上，是由深植於人類心智當中的概念和欲望塑造而成，正因為如此，不同的大陸所採用之社會習俗制度往往在形式上很類似。

史威德曾根據其在印度奧里薩邦從事的研究，制定出一套新式的道德理論（第一章已說明），這套新理論特別吸引我。史威德發表研究結果之後，仍繼續跟同事一起分析所收集到的六百份訪談文字稿，結果發現內容可分成三大道德主題，分別是自主倫理觀、社會倫理觀、神聖倫理觀[10]。每一種倫理觀對於「何謂真正的人」各有不同的看法。

**自主倫理觀**主張人首先必須是自主的個體，有其欲望、需求、偏好。人只要覺得合適妥當，就應該要自由滿足這些欲望、需求、偏好，因此社會應發展權利、自由、正義等道德概念，好讓人們和平共存，不過度干擾彼此的計畫。在個人主義型社會中，自主倫理觀是主流的倫理觀。讀者可參考約翰．彌爾、彼得．辛格（Peter Singer）[11]等效益論者的文章，他們唯有在正義和權利能增進人類福祉的情況下，才會重視正義和權利；亦可參考康德、柯伯格等義務論者的文章，他們認為即使伸張正義和權利會減損整體福祉，仍要伸張正義和權利。

然而，一旦跨出西方世俗社會，就會聽見人們用另外兩種道德語言互相交流。**社會倫理觀**主張人首先是大型實體（例如家庭、團隊、軍隊、公司、部落、國家）的成員，這類大型實體不只是成員的總和，大型實體是真實的存在，重要性極高，必須予以保護。人在這類實體中，有義務扮演好自己被指派的角色。因此，有許多的社會發展出了責任、階層、尊重、名聲、愛國等道德概念。在這種社會中，西方主張的「人應主導自己的一生並追求自己的目標」，就顯得自私又危險，肯定會削弱社會組織，並摧毀大家仰賴的制度和集合的實體。

**神聖**倫理觀主張人首先是臨時的器皿，裡頭灌輸了神聖的靈魂[12]。人類不光是一種額外具備意識的動物而已，人類是上帝的子民，因此應舉止合宜。身體是聖殿，不是遊樂場。即使一名男子跟雞的屍體做愛，並未傷害侵犯別人的權利，還是不應該這麼做，因為此舉不僅有損他的品格，使他的造物主蒙羞，還違反宇宙的神聖秩序。因此，很多社會發展出聖潔與罪惡、純淨與污穢、高尚與墮落等道德概念。在這種社會中，世俗西方國家講求的個人自由，未免顯得放蕩，重視享樂，又流於頌揚人的本能[13]。

一九九一年，我首次讀到史威德提出的三種倫理觀，時間點是我在巴西收集資料之後，撰寫專題論文之前。我領悟到自己編撰出的最佳故事——亦即引起受訪者強烈情緒反應卻又找不到受害者的那些故事——可分成兩類：一類是涉及不敬，違反社會倫理觀（例如拿國旗當抹布用）；另一類是涉及厭惡和肉欲，違反神聖倫理觀（例如跟雞的屍體做愛）。

我運用史威德的理論，分析受訪者提出的理由（我當時詢問受訪者：「你能不能把理由告訴我？」），於是一切便迎刃而解。賓大生幾乎都是採用自主倫理觀的語言，其他群體（尤其是勞工階級）比較常採用社會倫理觀的語言，少數人則採用神聖倫理觀的語言[14]。

我抵達芝加哥不久後，便申請傅爾布萊特（Fulbright）獎助金，打算在印度待三個月，以期更詳細研究神聖倫理觀（在我的專題論文資料中，神聖倫理觀是三種倫理觀當中資料最少的）。因為我動用了史威德在布巴內斯瓦爾（Bhubaneswar，奧里薩邦的首府）的朋友同僚關係，所以很容易就能安排一套詳細的研究方案，並獲得資助。於是，在芝加哥花了一年時間閱讀文化心理學、向史威德及其學生學習之後，我在一九九三年九月飛往印度。

## 我如何成為多元論者

我在當地受到款待，他們讓我住在一間不錯的公寓裡，附帶一名全職的廚子和一名僕人[15]。我一天只要花五美元，就能租到車子和司機。當地大學的畢拉奇・普漢（Biranchi Puhan）教授很歡迎我，他是史威德的老友，不僅給了我一間辦公室，還把我介紹給心理系的其他人，我招募了一些熱心的心理系學生，組成研究團隊。不到一週，我就準備好開始工作，打算以道德判斷為主題，進行一系列的實驗，尤其著重在違反神聖倫理觀的行為。我在印度小城那複雜的社會人際網裡跌跌撞撞，之後跟招待我的人和顧問談論我的困惑，學到了一些經驗，相形之下，從實驗中獲得的結果實在不多。

我之所以會感到困惑，其中一個原因就是我的心裡有兩個水火不容的身分認同。一方面，我是二十九歲的自由派無神論者，對於是非對錯有著黑白分明的看法；另一方面，我想要效法我大量閱讀研究的那些人類學者（例如艾倫・費斯克、理察・史威德），擁有開放的心胸。因此，我待在布巴內斯瓦爾的頭幾週，滿是震驚和不協調之感。我跟幾個男人一起用餐，他們的妻子默默地把菜餚端上桌，又默默退回廚房，整個晚上都沒跟我說話。別人要我對僕人嚴格一點，我也不能再對服侍的僕人說謝謝。我看著人們在據聞神聖卻明顯受到污染的河中沐浴，用河裡的水煮食。簡而言之，我潛心研究的是一個性別隔離、階級分明、信仰虔誠的社會，我努力拋棄自己的看法，想要站在印度的角度去理解印度的社會。

在短短數週之後，我的不協調感消失得無影無蹤，這不是因為我是天生的人類學家，而是因為一般人都有的同理心發揮了作用。我喜歡這些招待我、幫助我、教導我的人。無論我去到哪裡，大家都對我很好。而且人要是一感謝起對方，就比較容易站在對方的角度看事情。我的大象傾身靠近印度人，使得騎象人開始尋找道德論點，替印度人辯護。我不再自動把印度男人看成壓迫女性的性別歧視者而排斥他們，不再把婦幼和僕人視為無助的受害者而心生同情。我開始看見的是一個以家庭（而非個體）為社會基本單位的道德世界，每個大家庭的成員（包括僕人在內）都高度相互依存。在這個世界，平等和個人自主並不是神聖的價值。尊重長者、神明、客人，保護地位低下者，履行自己的角色責任，這些才是更為重要的價值。

我從前讀過史威德的社會倫理觀，在理智上也理解了。然而，待在印度時，我這輩子才首度親身感覺到社會倫理觀的真義。印度的道德準則強調責任、敬老、為團體服務、否定自我欲望，而我也看出了當中的美好，但我仍看得見醜陋面——權力有時會導致傲慢和濫用的行徑。我也可以想見地位低下者——尤其是女性——往往會因長者（男女皆有）一時的念頭而遭受阻攔，做不了自己想做的事。然而，我有生以來第一次從自己國家的道德觀——即自主倫理觀——當中走了出來。我有個地方可以立足，而站在社會倫理觀的有利位置上，自主倫理觀似乎變得過於個人主義，過於重視自我。我待在印度的三個月期間，很少遇到美國人。然而，等我搭上了飛回芝加哥的班機，聽見某個人用美國口音大聲說：「聽好了，你跟他說，這個置物箱在**我的**座位上方，我有**權利**使用。」我心裡覺得怪難為情的。

在神聖倫理觀方面也是同樣的情況。雖然我在理智上完全明白「把身體視為聖殿，不可視為遊樂場」的意思，但是我仍把這句話當成是一種分析概念，用來理解那些跟我完全不一樣的人。我本人相當喜歡享樂，也想不出有什麼理由要捨棄享樂。而且，我相當講究效率，也想不出有什麼理由要每天花一兩個小時禱告及進行儀式。然而，我竟然待在布巴內斯瓦爾，訪問印度教的祭司、僧侶、信徒，好瞭解他們對純潔和污穢的看法，並試著去理解印度人為何如此重視沐浴、食物的選擇、觸碰的東西或對象；為什麼印度的神明如此關切信徒的軀體狀況（不只印度的神明如此，古蘭經和希伯來聖經也表達類似的關切，而且有許多基督徒認為「潔淨次於虔敬」）[16]。

我就讀研究所期間，對道德反感做了一些研究，使我得以準備好思考前述問題。我和保羅．羅津（Paul Rozin，頂尖的飲食心理學專家）、克拉克．麥考利（Clark McCauley，鄰近的布林茅爾學院社會心理學家）組成了研究團隊，想要瞭解有些不道德行為（例如背叛或虐待兒童）為何會引發噁心的情緒（這種情緒顯然一開始是要讓人類遠離骯髒污穢的東西），有些不道德行為（例如搶銀行或逃稅）卻不會引發噁心的情緒[17]。

簡而言之，我們推演出的理論，就是人類心智會自動理解垂直層次的社會空間，最頂層是神（或稱至善），往下依序是天使、人類、其他動物、怪物、邪靈，最底層是魔鬼（或稱至惡）[18]。每種文化的超自然生物各有不同，而且不是每種文化都會詳細闡述這種垂直層次的社會空間。然而，許多文化都具有以下的概念：高＝好＝純潔＝神，低＝壞＝骯髒＝動物。由此可見，這在許多地方其實是一種原型（如果你喜歡榮格的用語），或是一種先天備好的概念（如果你偏好演化心理學的語言）。

我們認為，若某些人的行為在這垂直層次圖中是屬於低下層次，那麼只要我們看見或聽見這些人，就會產生道德反感。人一想到低下的行為就會覺得墮落，一聽見美好的德行就會覺得高尚起來[19]。搶劫銀行就是做壞事，我們會想看見搶匪受到懲罰。然而，要是背叛父母、奴役兒童從事性交易，就是冷血怪物，缺乏基本的人類情感。這類行為使我們起了反感，似乎也引發生理上的厭惡，有點像是看見老鼠從垃圾桶竄出時所產生的厭惡感[20]。

以上是我們推演出的理論，而且在印度很容易就能找到證據來支持這個理論。印度教的轉世投胎觀點最為清楚明確，人此生的行為就決定了靈魂來世會投胎為更高階還是更低階的生物。然而，就像前文提及的社會倫理學，我是在數個月之後才隱約**感覺**到神聖倫理觀的真義，這是我最感到訝異的地方。

這些隱約的感覺當中，有一部分是關係到布巴內斯瓦爾的骯髒和乾淨。牛和狗在城裡各處自由漫步，人得要步步為營，免得踩到糞便。有時，甚至能看見人在路邊排便，垃圾往往堆積如山，蒼蠅成群。因此，我自然學起印度人的習慣，進入私人住家前，先脫下鞋子，在骯髒空間與乾淨空間之間劃下明顯的界線。我去廟裡時，也適應了印度人的心靈地景，天井比街道高（更純潔），廟裡的前廳又更高些，神居住的內殿唯有婆羅門祭司能夠進入，婆羅門祭司要遵守所有必要的淨身規矩。私人住處也有類似的地景，我不可踏入廚房以及放有貢品祭神的房間。這純潔的地景甚至適用於人的身體，右手吃飯（而且得先洗手），排便後用左手以水清洗自己，因而培養出「左＝骯髒，右＝乾淨」的本能意識。不用左手拿東西給別人，成了第二天性。

如果這些新的感覺只不過是一種新的能力，為的是偵測物體散發出的不可見的微量骯髒東西，那麼這些感覺應該要能幫助我瞭解強迫症，而不是幫助我瞭解道德才是。可是，這些感覺不光是這樣而已。在神聖倫理觀中，宇宙有其秩序，應該以物（和人）應得的尊敬或厭惡去對待物（和人）。我回到芝加哥時，開始感受到某些物體散發出正面的本質。我覺得應該尊敬某些書，不該擱在地板上，不該帶到浴室。喪禮儀式和葬禮在情感上說得過去了（我先前覺得浪費金錢又浪費空間）。人體在死亡的當下不會突然變成物體，不會像其他動物屍體那樣。即使屍體裡已無意識可體驗到苛刻的對待，然而對待屍體的方式還是有對錯之分。

我也開始明白，為何美國文化戰爭會有這麼多場爭鬥是因褻瀆而起。國旗是否只是一塊布，可以為了抗議就燒掉？還是說，每一面國旗都蘊含了某種精神層面的東西，即使沒人看見抗議者燒國旗，只要燒了國旗就是做了壞事？如果藝術家把十字架浸泡在一罐尿液裡，或者把象糞塗抹在聖母瑪利亞的圖像上，這類作品該放在美術館嗎[21]？藝術家能不能就乾脆跟虔誠的基督徒說：「不想看就不要去美術館」？還是說，光是這類作品的存在，就足以讓世界變得更骯髒、更褻瀆、更墮落？

如果這樣你還看不出有何不對勁的地方，就試著反轉一下，從政治著眼吧。想像一下，保守派藝術家創造這類作品時，不是用基督和聖母的圖像，而是用馬丁．路德．金恩和曼德拉的圖像。試想，藝術家的意圖是為了譏諷那些左派黑人領袖的造神之舉，可是這類作品要是在紐約或巴黎的美術館展出，難道不會引發氣憤的抗議行動嗎？即使撤下畫作，某些左派人士難道就不會覺得美術館已經受到種族歧視的玷污？[22]

我在動身前往印度以前，已經讀過神聖倫理觀的資訊，在理智上也有所瞭解，就像前文提及的社會倫理觀那樣。然而，待在印度的那段時光，還有我從印度回到美國後的那幾年，我才真正感覺到神聖倫理觀的真義。神聖倫理觀的道德準則強調的是自制、抵抗誘惑、培養更聖潔更尊貴的自我、否定自我欲望等等，我看出了當中的美好，同時也看到神聖倫理觀的黑暗面——若你讓內心深處的反感引領你去設想上帝的想法，那麼少數人（如同性戀或胖子）要是引發多數人生出一絲反感，就會遭到排擠和殘忍的對待。有時，慈悲心、平等主義、基本人權這三種價值觀會與神聖倫理觀相互扞格[23]。

然而，同時間，神聖倫理觀也提供了寶貴的觀點，我們可以站在這個觀點去瞭解去評斷世俗社會的一些醜陋部分。比方說，為什麼物質主義的蔓延會讓許多人感到不安？如果某些人想努力工作，好賺取金錢，好購買奢侈品，好讓人另眼相看，那麼我們怎能用自主倫理觀去評斷這些人？

再講一個例子，前陣子，我在維吉尼亞大學的學校餐廳吃午餐，隔壁桌有兩位年輕女性在交談，甲答應幫乙一個忙，乙為了表達感激，便大聲說：「天啊！要是你是男的，我馬上就幫你含了！」我覺得很好笑，卻也起了一陣嫌惡感。可是，在自主倫理觀的脈絡下，我怎能批評她呢？

神聖倫理觀讓我們剛萌芽的聖潔感和墮落感——我們對「提升」與「沉淪」之感——得以發聲。使我們得以譴責粗糙的消費主義，譴責那些隨便或輕浮的性行為。在消費社會裡，大家的任務就是滿足自己的個人欲望，最後落得心靈空虛的下場，而神聖倫理觀使我們得以理解為何會有人長年對這種情景深感惋惜[24]。

## 走出母體

從古至今，世界各地興起眾多極為深刻的見解，其中一個見解就是人經驗的一切都是幻象，有如一場夢境，而開悟即是一種覺醒。這種概念在許多的宗教與哲學觀都可以見到[25]，也是科幻小說的特性，自從威廉·吉布森（William Gibson）於一九八四年推出《神經喚術士》（*Neuromancer*）之後的科幻小說尤其如此。吉布森創造了 cyberspace（譯註：李家沂教授譯為「符控流域」）一詞，並將它描述為「母體」。當十億部的電腦相互連結，人類被困在「交感幻覺」當中，母體便從而誕生。

《駭客任務》這部電影的創作者把吉布森的概念發展成一場迷人又嚇人的視覺饗宴。在其中一個知名場景當中，主角尼歐面臨艱難的抉擇：吞下紅色藥丸，就能脫離母體，讓幻覺消失，他就能控制自己實際的身體（那身體正躺在一大桶黏液裡）；吞下藍色藥丸，就會忘記自己曾經有過這樣的抉擇，他的意識會回到那個相當愉快的幻覺裡，幾乎所有人類的意識都存在於這場幻覺當中。最後，尼歐吞下了紅色藥丸，他周遭的母體消失不見。

雖然我的開悟經驗不像尼歐那樣戲劇化，但是史威德的文章正是我的紅色藥丸。我開始看見各國境內有許多道德母體共同存在，每種母體各有一套完整一致、打動人心的世界觀，那世界觀有顯著的證據可輕鬆合理化，局外人的主張幾乎無法攻破。

我是在紐約郊區長大的猶太人，我的祖父母逃離專制的俄羅斯，在紐約的成衣業找到工作。對他們那一輩的人而言，要因應他們面臨的剝削和可怕的工作環境，社會主義和工會是有效的手段。富蘭克林．羅斯福總統是英雄領袖，保護勞工，擊敗希特勒，此後猶太人變成民主黨最忠貞的選民[26]。

我的道德觀不光是由我的家庭和種族塑造而成，我進入耶魯大學就讀，當時耶魯大學是常春藤盟校自由度排名第二的大學，師生在課堂上討論時，經常針對雷根總統、共和黨，或者那些對爭議時事採取保守派立場者，開開玩笑，提出批評的意見。自由派很酷，自由派很正義。一九八〇年代的耶魯大學生大力支持南非種族隔離政策的受害者、薩爾瓦多的人民、尼加拉瓜的政府、環境、耶魯本身的罷工工會，因此我念大四的那段時間，我們多半沒辦法去學校餐廳用餐。

自由主義顯然看似合乎道德，為了和平、勞工權利、公民權利、政教分離，自由派走上街頭。在我們眼中，共和黨就是支持戰爭、大企業、種族歧視、福音教會的黨派。我不明白為何理性的人會自願擁抱邪惡的黨派，於是我和自由派夥伴尋找保守主義（而非自由主義）究竟有何心理上的原因。**我們**支持自由派的政策，是因為我們看清這個世界，是因為我們想要幫助人們，可是**他們**支持保守派政策，卻是基於純粹的自我利益（降低我的稅金！），或是基於幾乎毫無遮掩的種族歧視（停止資助少數族群的福利計畫！）。我們未曾想過這世上可能存在著其他的道德世界，在那些道德世界裡，以幫助受害者的方式減少傷害，以追求群體式平等的方式來提升公平，這兩者並不是主要的目標[27]。如果我們無法想像其他的道德觀，那我們就無法相信保守派如同我們一樣，都是真心誠意相信自己的道德觀。

我從耶魯大學搬到賓州大學，再從賓州大學搬到芝加哥大學，母體差不多都是一樣的。唯有搬到印度之後，我才不得不孤身一人。如果我是以觀光客的身分去到印度，那就很容易三個月都保有母體成員資格，有時還會碰見其他的西方觀光客，一起交換著我們見到的性別歧視、貧窮、壓迫的故事。不過，正因為我去印度是為了研究文化心理學，所以我盡己所能去融入另一個母體，這個多半由社會倫理觀與神聖倫理觀交織而成的母體。

我回到美國後，覺得社會保守派再也不那麼瘋狂了。我能以超然疏離的態度，聆聽傑瑞·法威爾（Jerry Falwell）、派特·羅伯遜（Pat Robertson）等「宗教右派」領袖的意見。他們希望學校能增加禱告時間和體罰，減少性教育和墮胎管道？我認為這些做法不能減少愛滋病和少女懷孕的問題，但我能理解基督教保守派是想讓學校的道德氣氛變「濃」，不鼓勵兒童盡量自由地依照欲望行動。社會保守派認為，福利計畫和女性主義會造成單親媽媽比例增加，強迫男人養育子女的傳統社會結構也會因此弱化？嗯，讓女人獲得自由，不用依靠男人，可帶來許多好的影響，不過既然我不再採取防禦的守勢，所以也明白那些論點說得通。我跳離了先前預設的政黨死忠立場（先拒絕、再提出反詰句），開始把自由派和保守派的政策視為表現形式，兩者之間雖有深刻的矛盾，卻同樣衷心懷抱著創造良好社會的願景[28]。

從死忠支持者的憤怒當中逃脫出來，感覺真好。我不再生氣了，也就不再努力達到正義怒火要我達到的結論：「我們是對的，他們不對」。我有能力去探討新的道德母體，明白各道德母體是由各自的智識傳統支撐的。對我而言，簡直有如一場覺醒。

一九九一年，史威德闡述文化心理學的力量足以引發這樣的覺醒：

> 然而，別人抱持的觀點是可供我們取用的，只要我們真正理解他人對事物的觀點，我

們終可認知到**自己的理性見解中潛藏著各種可能性……**那些看待事物的想法首度或再度在我們心中變得明顯起來。換句話說，我們所處世界的「背景布幕」不再是同質的，我們從一開始就是複合體。[29]

在道德心理學與政治心理學領域，這段引文十分重要，我並未誇大其詞。我們從一開始就是複合體。我們的心智其實有潛力可以把許多不同的觀照面視為在道德上是正當的，然而當中只有少數的觀照面會在兒童時期受到刺激活化，其餘的潛在觀照面不會發展，也不會連結到一套共通的意義和價值觀——共通的意義和價值觀會在日後化為成年人的道德母體。如果你是在怪異社會裡成長，那就表示你接受的是自主倫理觀的教育，即使明顯的受害者未發現不對勁的地方，你仍能察覺到壓迫和不平等的情況。然而，幾年後，你出外旅行，或者為人父母，或者剛讀了一本講述傳統社會的美好小說，那時你或許會發現內心潛藏著其他的道德直覺。你可能會發現自己對於權威、性欲、人體等難題的回應方式，竟是難以解釋清楚的。

相反的，如果你是在比較傳統的社會裡成長，或者是在美國的福音教派家庭裡成長，就表示你接受的是社會倫理觀和神聖倫理觀的教育，即使明顯的受害者未發現不對勁的地方，你仍能察覺到不敬和墮落的行為。然而，如果日後你親身面臨了歧視的狀況（保守派和基督徒在學術界有時會遭受歧視）[30]，或者只是聽了馬丁．路德．金恩的〈我有一個夢〉（I Have a Dream）的演講，你或許會在壓迫與平等的相關道德論點上，找到新的共鳴。

## 總結

道德心理學的第二個原理就是**道德不光是傷害和公平而已**。為了支持這個主張，我已經說明，就許多的心理測量（包括道德心理學測量）而言，在西方（Western）、受過教育（educated）、工業化（industrialized）、富有（rich）、民主制（democratic）（簡稱為WEIRD，怪異）的社會裡長大的人，經研究證實均屬統計異常值。另外，還闡述了以下幾點：

◎你越怪，就越能看見世界充滿單獨的個體，而非人際關係。

◎道德觀的多樣性是真正的**描繪全貌**。每個文化的道德版圖各有不同，這在人類學上是個單純的事實。

◎怪異文化的道德版圖異常狹窄，而且多半限於自主倫理觀（亦即關注的道德重點是個人的傷害、壓迫、欺騙其他個體等）。在其他的多數社會裡，還有在怪異社會裡的宗教道德母體與保守派道德母體中，道德版圖比較寬闊（涵蓋社會倫理觀與神聖倫理觀）。

◎道德母體可凝聚人心，卻也令人目盲，使人看不見其他母體的邏輯，或者連其他母體的存在都礙難察覺。這樣的話，人們很難去考慮到世上的道德真理其實不只一種，也很難考慮到用於評斷人們或讓社會運轉的正當架構，其實不只一種。

後續三章會說明幾種道德直覺，闡述在傷害和公平之外還有哪些原則。我會說明一小組固有和普遍通用的道德根基如何能用於建構各種道德母體，並提供幾種方法，以利讀者理解所屬母體以外的道德論點。

註釋：

1 Mill 2003/1859, p. 80.

2 Henrich, Heine, and Norenzayan 2010.

3 Markus and Kitayama 1991.

4 如需參考這類文化差異的評論文章，請見 Kitayama et al. 2009。

5 Nisbett et al. 2001.

6 在《論語．衛靈公第二十四》，子貢問曰：「有一言而可以終身行之乎？」子曰：「其恕乎？己所不欲，勿施於人」。然而，沒有一個方法可以將《論語》的道德教義縮減為一條黃金法則。我讀著這段話時，發現《論語》仰賴的是我在第七章與第八章所述的六項道德基本原則。

7 可參考山姆．哈里斯（Sam Harris）的著作，例如《信仰的終結》（*The End of Faith*）、《道德風景》（*The Moral Landscape*）。

8 並非全新的概念。正如 Shweder 1990a 所闡述，這門學科已在心理學領域興起數次。然而，要是有人聲稱自己是文化心理學家，所指的應是史威德和李維（LeVine）於一九八四年發表專文十年後重新興起的文化心理學領域。

9 Shweder 1990a.

10 Shweder 1990b 是第一次有專文提及三種倫理觀。這個理論的主要論述源自 Shweder et al. 1997。

11 彼得．辛格是當代最卓越的效益論哲學家。請見 P. Singer 1979。

12 不一定是基督徒所謂的靈魂。如保羅．布倫（Paul Bloom, 2004）所示，我們都是「天生的二元論者」。儘管世上有各式各樣的宗教，但是多數人（包括許多無神論者在內）都認為心智、心靈或靈魂有別於身體，並居於身體裡面。

13 這是由賽義德．庫特布（Sayyid Qutb）做出的結論，他是埃及人，在一九四〇年代花了兩年時間在美國進行研究。他對美國文化感到厭惡，而這樣的道德反感影響了他日後以伊斯蘭哲學家與理論家的身分所發表的著作，也是賓拉登和蓋達組織的一大思想靈感來源。

14 這些分析文字刊載於 Haidt et al. 1993。亦請見琳恩．詹森（Lene Arnett Jensen）的文章（一九九七、九八），文中將史威德的三種倫理觀應用於印美兩國的先進參與者與傳統參與者之間的差異，獲得類似的研究結果。

15 我永遠感激已故的蘇庫馬爾．森（Sukumar Sen）及其子蘇羅吉特．森（Surojit Sen）在克塔克（Cuttack）和布巴內斯瓦爾兩地慷慨親切地招待我。

16 見古蘭經二：二二二、四：四三、二四：三〇。見希伯來聖經的《利未記》。關於基督教教義，請見 Thomas 1983 第一章。亦請見新約聖經有關基督及其追隨者淨身潔淨的段落，例如《約翰福音》三：二五、一一：五五，《使徒行傳》一五：九、二〇：二六、二一：二六、二四：一八。

17 我們也想要解釋為何有這麼多語言擴充了「反感」的意義，不僅應用於那些起生理反感的東西（如糞便），還應用於一些不道德的行為。然而，不是所有的不道德行為都適用，不道德行為也因文化而異（Haidt et al. 1997）。

18 人們直覺上會把「上」聯想成「好」，「下」聯想成「壞」。即使上與下只是電腦螢幕上的相對位置，也依然如此（Meier and Robinson 2004）。有關此心理面向研究的評論文章，請見 Brandt and Reyna 2011、Rozin, Haidt, and McCauley 2008、《象與騎象人》第九章。

19 《象與騎象人》第九章詳細描述了我對道德提升和道德反感的研究，亦請見 www.ElevationResearch.org。

20 經證明不道德的行為往往可刺激額葉腦島，這個大腦部位是產生反感的重要區域（Rilling et al. 2008、Sanfey et al. 2003）。然而，至今所使用的不道德行為多半涉及欺騙，而不是羅津、麥考利和我所稱的道德反感。請見 Rozin, Haidt, and Fincher 2009。

21 安德理斯．塞拉諾（Andres Serrano）的〈尿中的基督〉（*Piss Christ*）是特別困難的例子，因為成品的影像在視覺上令人驚豔，強烈的光線穿過黃色的尿液，讓畫面呈現出半神聖的光芒。亦請見克里斯．歐菲立（Chris Ofili）的〈聖母瑪利亞〉（*The Holy Virgin Mary*）畫作，以及一九九九年該幅畫作在紐約展出時所引起的爭議。畫作中的瑪利亞是黑人，周圍是色情雜誌剪下的外陰部位圖像，還抹上了真正的象糞。

22 我寫出這個假設例子之後，布魯斯．布坎南（Bruce Buchanan）告訴我，一九八八年的芝加哥也發生了很類似的事情。請至維基百科，查詢 *Mirth & Girth*，這幅畫作諷刺了頗受敬重且當時過世不久的美籍非裔芝加哥市長華盛頓（Harold Washington）。

23 瑪莎．納斯邦（Martha Nussbaum, 2004）提出正當又有利的理由，她與里昂．卡斯（Leon Kass）爭論甚久，這場爭論始於里昂．卡斯於一九九七年發表的文章。

24 教宗本篤十六世與若望保祿二世在這些論點上特別有説服力。亦請見 Bellah et al. 1985。

25 例如，印度教所稱的幻象的面紗，柏拉圖所稱的觀念世界，以及柏拉圖的逃離洞穴寓言。

26 根據美國全國選舉研究（American National Election Survey）的資料顯示，猶太人是支持民主黨的第二大族群，僅次於美籍非裔。在一九九二年至二〇〇八年之間，百分之八十二的猶太人認同或傾向民主黨。

27 如我將於本書第八章所述，直到最近我才明白保守派對公平的關注不亞於自由派，保守派只是在意比例更甚於平等。

28 我並不是在説所有的道德願景和意識型態在營造人性化與道德有序的社會方面都同樣好或同樣有效。我不是個相對主義者，第十二章會説明各種意識型態跟人性協調一致的程度。然而，目前我想要強調一點，長久的意識型態爭論，幾乎都必然涉及那些追尋道德願景的人，他們熱切誠摯地相信心中的道德願景。我們經常會認為反對方有不可告人的目的，比方金錢上的利益。這往往是個錯誤。

29 Shweder 1991, p.5.

30 這項陳述讓我捲入一場爭論中。我已收集該場爭議的相關資料，請見 www.JonathanHaidt.com/postpartisan.html。

# 6 正義之心的味蕾

幾年前，我去了一間名為「真味」的餐廳。內部裝潢全白，每張餐桌上只擺放湯匙，每位客人面前的餐具就只有五支小湯匙。我在餐桌旁坐了下來，看著菜單。菜單分成幾個部分，有「糖」、「蜂蜜」、「樹汁」、「代糖」。我請服務生過來說明菜單。我心想，難道他們沒有食物嗎？

結果，那名服務生其實也是餐廳的老闆兼唯一的員工。他跟我說，這家餐廳可是全球獨創的餐廳，這裡是專門品嘗甜味劑的館子，有來自三十二國的甜味劑可供客人品嘗。他表明自己是個生物學者，專門研究味覺。他描述舌頭上的每個味蕾都有五種味覺受體，分別是甜、酸、鹹、苦、鮮，他經過研究後發現，刺激甜味受體可讓腦部多巴胺激增幅度最大，這就表示人類天生就是愛甜味，更甚於其他四種味覺。因此，他推論出一個道理，從每卡路里產生的愉悅度來看，吃進甜味劑是最有效率的。因此，他才有了這個想法，要開一家只刺激甜味受體的餐廳。我問他生意怎麼樣，他說：「很慘。不過，這條街上有位化學家開了品鹽館子，我的生意起碼比他好。」

好啦，其實這件事不是真的，這個故事是用來比喻我在閱讀道德哲學和道德心理學書籍，有時會產生的感覺。道德是如此豐富又複雜，如此多面又自相矛盾。諸如史威德的多元論者迎向這項難題，提供多種理論，用以解釋單一文化內部以及各種文化之間的道德多樣化。然而，許多作者卻把道德限縮成單一的原則，而且往往是某種版本的福利極大化（基本上就是助人，勿傷人）[1]。有時，則是把道德視為正義，或者跟公平、權利，或尊重個體及其自主性有關的觀念[2]。有「效益論燒烤店」，只供應甜味劑（即福利）；有「義務論餐館」，只供應鹽巴（權利）。客人就只有這兩種選擇。

史威德和我並不是在主張「隨便都可以」，也不是認為所有的社會或所有的菜餚都一樣好。我們只是覺得，道德一元論——即嘗試把全部的道德觀都奠基於單一原則之上——所創造出的社會不能滿足多數人，而且變得不人道的風險相當高，畢竟道德一元論的社會忽略了其他諸多的道德原則[3]。

雖然人類全都具備五種味覺受體，但是並不是大家都喜歡相同的食物。為了瞭解這些差異來自何方，可以先從一則講述含高糖分水果和肥胖動物的演化故事開始，畢竟這兩者都是人類共同祖先的好食物。然而，我們也必須檢視各個文化的歷史，查看每個個體在兒童時期的飲食習慣。光是知道每個人都有甜味受體，並無法得知為何某個人喜歡吃泰國食物，不喜歡墨西哥食物，也無法得知為何幾乎沒有人會在啤酒裡拌入糖。我們要付出額外的心力，才能把大家都有的味覺受體連結到某個人愛吃及愛喝的特定食物。

道德判斷也是同樣道理。為了瞭解大家對道德議題的看法為何如此不同，我們可以先探討人類共有的演化特質作為開始，但也必須檢視各文化的歷史，以及該文化內部每一個體在兒童時期的社會化狀況。光是知道我們全都重視傷害，並無法得知為何某個人喜歡狩獵甚於打羽球，或者為何幾乎沒有人會把清醒的時間多半用來幫助窮人。我們要付出額外的心力，才能把大家都有的道德味覺受體連結到某個人所下的特定道德判斷。

兩千三百年前，中國亞聖孟子把道德類比為食物。孟子寫道：「理義之悅我心，猶芻豢之悅我口」[4]。本章與後續兩章會進一步闡述以下類比：「**正義之心如同舌頭有六種味覺受體**」。在這個類比中，道德有如一道佳餚，是由文化建構而成，並受到環境與歷史事件的影響，然而道德的彈性並沒有高到「隨便都可以」：只用樹幹烹調的菜餚，或者主要味道為苦味的菜餚，是無法入口的。菜餚形形色色，但都必須取悅那些同樣具備五種味覺受體的舌頭[5]；道德母體林林總總，但都必須取悅那些同樣具備六種社會受體的正義之心。

## 道德科學的誕生

當今世人往往把啟蒙運動視為兩個死對頭之間的戰事：一方是科學，主要的武器是理性；一方是宗教，手持古老的迷信盾牌。理性擊敗了迷信，光明取代了黑暗。然而，大衛．休姆在世時，他打的是一場三方戰爭。啟蒙運動的思想家聯合起來，認為神啟不該作為道德知識的來源。然而，道德究竟是**超越**人性（亦即道德興起於理性的本質，因此可用推理演繹）？還是**屬於**人性（如同語言或味覺，必須透過觀察進行研究）？這些思想家各持不同的看法[6]。休姆在意的是推理的侷限，因此他認為哲學家在試圖推理得出道德真理之時，沒有考量人性的話，就幾乎無異於那些自以為能在經文中找出道德真理的神學家。當時的哲學家和神學家都是先驗論者[7]。

休姆以道德為主題的作品，是典型的啟蒙運動投射之作，利用新的自然科學方法和態度，探討了宗教先前擁有的領域。休姆的第一部大作《人性論》（*A Treatise of Human Nature*），副標題是「嘗試將實驗推理法引入道德主體」（*Being an Attempt to Introduce the Experimental Method of Reasoning into Moral Subjects*）。休姆認為，「道德科學」必須一開始就要謹慎探究人類的真實樣貌。休姆在檢驗人性時——歷史中的人性、政事中的人性、哲學家之間的人性——發現「感性」（即直覺）是道德生活的驅動力，而理性卻是帶有偏見又無能，主要只適合擔任熱情的僕人[8]。他也看見了德行的多樣化，反對部分的當代人嘗試把所有的道德限縮為單一的德行（例如仁慈），也反對他們廢除一些德行，以少數幾項道德律取而代之。

休姆認為，道德觀奠基於各種情緒，使我們在遇見德行時心生歡喜，在遇見惡行時心生不悅，因此他往往訴諸於知覺類比，尤其是味覺類比：

從抽象的道理來看，道德微不足道，卻與每個生命的感性味覺或心理味覺完全相關。道德猶如甜與苦、熱與冷的差別，都是來自每種感官或器官的特定感覺。因此，道德感知不應劃分為理解的作用，而應劃分為感性的味覺。[9]

道德判斷是一種感知，道德科學應以謹慎研究道德味覺受體作為開始。只憑純粹的推理，絕對不可能演繹出五種味覺受體清單，而且也不應在聖典裡尋找。味覺受體一點也不抽象，你一定要檢驗舌頭。

休姆的主張沒錯。一七七六年，休姆逝世，當時他和其他的感性論者[10]已經為「道德科學」奠定穩固的根基。在我眼裡，這根基大都已獲得現代研究的證明[11]。由此看來，你會以為休姆逝世數十年之後，道德科學必定快速進展，但你這麼想可就錯了。休姆死後數十年間，理性論者聲稱他們打敗了宗教，拋開了道德科學長達兩百年之久。

## 系統化分析者的攻擊

這數十年來，自閉症讓精神病學領域困惑不已，不知該劃分到哪一個類別，畢竟自閉症並非單一明確的疾病。自閉症往往被描述為「譜系」疾患（spectrum disorder），這是因為人們或多或少有些自閉，而在嚴重心理疾病患者以及不善理解他人者之間，我們也不清楚該在哪裡畫下界線。自閉症患者站在譜系的一端，屬於「心盲」（mind-blind）[12]，缺少社交認知能力。一般人都是利用社交認知能力來猜測別人的意圖和欲望。

頂尖的自閉症研究員賽門．拜倫—柯恩（Simon Baron-Cohen）認為，我們有同理化和系統化這兩種譜系，每個人都可劃分到其中一種維度。同理化是一種「認同別人情緒和思緒，並以適當情緒因應之驅力」[13]。如果你喜歡小說甚於非小說，或者往往喜歡跟陌生人談話，表示你的同理化傾向可能比平均值高。系統化是一種「分析系統裡的變數，以得出控制系統行為背後的基本規則之驅力」[14]。如果你善於看地圖和說明手冊，或者喜歡想出機器的運轉方式，那就表示你的系統化傾向可能高於平均值。

如果把這兩種特徵畫成十字，就會得到二維空間（見圖六．一），每個人都可以在這二維空間裡，找到自己所屬的特定位置。拜倫—柯恩已證明自閉症是基因因素和孕期因素造成腦部的同理化傾向特別低，系統化傾向特別高。最好能把自閉症（含亞斯柏格症，此為高功能自閉症的亞型）視為性格—空間的領域，即右下象限的右下角，不應把自閉症視為一種明確之疾病[15]。西方哲學有兩種主要的倫理學理論，就是由系統化傾向極高、同理化傾向極低的人提出。

## 邊沁和效益論燒烤店

邊沁（Jeremy Bentham）誕生於一七四八年的英國，十二歲進入牛津大學，接受律師訓練，在執業後致力改革英國法律。當時的英國法律經過數百年的演變，有越來越多相互矛盾又往往無意義的規定和懲罰。邊沁最重要的著作當屬《道德與立法原理導論》（*Introduction to the Principles of Morals and Legislation*），書中主張所有的改革、所有的法律，甚至所有的人類行為，都應遵循單一的原則——**效益原則**（principle of utility）。邊沁對效益原則的定義如下：「行動涉及當事人利益時，若行動傾向於提升當事人的幸福，則應贊同行動；若行動減損當事人的幸福，則應反對行動。」[16]每一條法律的目標都應該是讓社群的效益最大化，亦即簡單計算各成員預期效益的總和。接著，邊沁對計算效益時所需的參

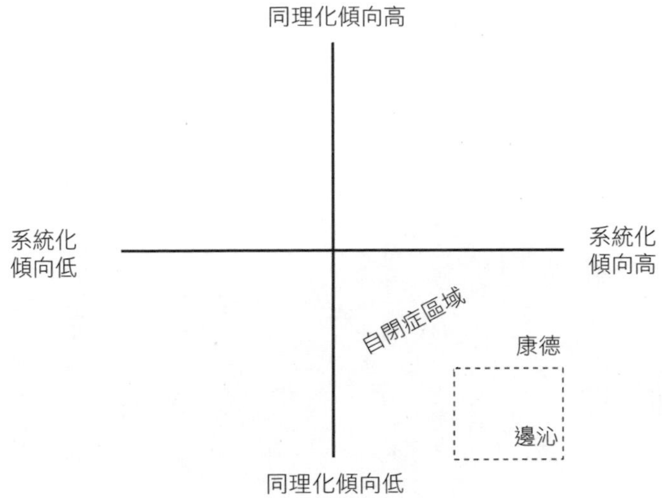


圖六・一：兩種維度的認知風格。自閉症患者的系統化傾向極高、同理化傾向極低，部分道德學家也有同樣情況。（改編自 Baron-Cohen 2009）

數進行系統化分析，這類參數包括了快樂和痛苦的強度、時間、確定性。他提出了幸福算式，計算痛苦度和快樂度，以便對任何國家的任何人的任何行動做出道德判斷。

邊沁的哲學觀呈現出高度的系統化，正如拜倫—柯恩所言，系統化是一優勢。然而，系統化出現、同理化缺席，卻會產生問題。菲利普・盧卡斯（Philip Lucas）以及安・施林（Anne Sheeran）撰寫了〈邊沁的亞斯柏格症、怪癖和天才〉（Asperger's Syndrome and the Eccentricity and Genius of Jeremy Bentham）一文，兩人收集邊沁的個人生活紀錄，並將之與亞斯柏格症的診斷標準做一比較[17]，結果發現極為符合主要的診斷標準，包括同理心低、社交關係差等相關標準。邊沁小時候朋友很少，成年後也有一堆朋友氣得跟他不相往來。他終生未婚，自稱隱士，似乎也不太關心別人。某位同時期的人曾說：「邊沁只把身邊的人看成是夏天的蒼蠅」[18]。

還有一項相關標準就是想像能力受損，尤其是無法想像別人的內在生活。邊沁的哲學觀正如其私人行為，由於無法理解人類動機的多樣和微妙，因而冒犯了許多同時期的人。約翰・彌爾（絕對未患有自閉症的效益論者）後來也輕視邊沁，彌爾寫道，邊沁的人格讓邊沁失去了哲學家的資格，這是他的心智「不完整」所致：

> 對於人性許多最自然強烈的感覺，他沒有同情心；對於人性許多較為重大的經歷，他都切割了；對於瞭解想法有別的他者，並同理他者感覺之能力，他因想像力匱乏而否認這樣的能力。[19]

盧卡斯和施林都斷定，假使邊沁今天還活著，「他可能會被診斷為亞斯柏格症。」[20]

## 康德和義務論餐館

德國哲學家康德誕生於一七二四年的普魯士，他熟讀休姆著作，在職涯早期傾向於贊同感性論的理論，尤其是他撰寫美學和壯美之時。然而，對於人為何實際上會表現出道德行為，康德雖承認感性（如同情）的重要性，但這種句子隱含倫理觀，帶著主觀意味，使康德感到不安。如果甲的道德情感跟乙不同，那甲的道德義務也不同嗎？萬一甲文化的人在情感上有別於乙文化的人呢？

康德跟柏拉圖一樣，都想找出永恆不變的善。康德認為，無論文化或個體的傾向為何，所有理性生物的道德觀都應該是相同的。為了找出永恆的善，只靠觀察法——即環顧周遭世界並看出人們恰好追尋的美德——是行不通的。康德說，唯有藉由先驗（即經驗前）理性思考之過程，方能制定道德律。道德律應是由理性運作裡固有並顯露出來的原則所構成的[21]。康德發現了這樣的法則，即「不矛盾律」。康德提出的並不是一項具體的規範和一些具體的內容（例如「救濟窮人」或「光耀門楣」），而是一種抽象的規範。康德聲稱這項規範能衍生出所有其他論點的合理道德規範，並稱之為「定言令式」（categorical imperative）或「無條件的令式」（unconditional imperative）：「行動時所依循的準則，應是你願意該準則成為普遍法則者」[22]。

邊沁說，要用算術來找出正確的行動方針；然而，康德要我們運用邏輯思考。兩人在系統化分析方面的成就斐然，把所有的道德觀濃縮成一個句子、一個算式。康德也有亞斯柏格症嗎？

康德跟邊沁一樣是獨行俠，終生未婚，內在生活似乎也很冷淡。康德喜歡規律是出了名的，比方說，無論晴雨，他每天下午三點半一定要出門散步。有些專家推測，康德也有亞斯柏格症[23]。然而，我在閱讀了康德私人生活的紀錄之後，認為康德的症狀沒有像邊沁那樣明確。康德的人緣很好，似乎也喜歡別人的陪伴，但他的一些社交行為是帶點算計的，他之所以重視笑聲和陪伴，是因為對健康有好處[24]。最安全的做法就是利用拜倫－柯恩的二維論，並表示康德在人類史上是極善於系統化分析的人，同理化傾向相當低，卻沒有低到要加入圖六．一右下角的邊沁。

## 回到正軌

我不想光是因為邊沁和康德可能有亞斯柏格症，就去暗示效益論和義務論是不正確的道德理論。這樣未免流於對人不對事的論點，犯了邏輯謬誤，而且又很刻薄。此外，邊沁的效益論和康德的義務論在哲學和公共政策方面也衍生出不少論述。

然而，在心理學領域，我們的目標是描繪全貌。我們想要找出道德之心的**實際**運作方式，而非**應然**的運作方式，而光憑推理、數學或邏輯是辦不到的。唯有靠觀察才能辦到，而在同理心的作用下，觀察往往會顯得更為敏銳[25]。然而，十九世紀的哲學界開始從觀察和同理心的領域撤出，變得更加重視推理和系統化的思考。西方社會變得教育水準更高、更工業化、更富有、更民主，知識分子的心智也隨之起了變化，變得更偏向分析，角度更不全面[26]。在倫理學家的眼中，休姆那種混亂、多元又感性的方法，吸引力實在遠不如效益論和義務論。

從這股潮流當中可以得知，我在研究所首次研讀道德心理學時，為何會覺得無聊了。柯伯格擁抱了康德的理性論，還提出了一個理論，認為道德發展只有一個獨一無二的終點，那就是全面瞭解正義。就我看來，這整個研究法就是不對勁，系統化傾向過高，同理化傾向太低，好比真味餐廳，只供應一種受體的道德觀[27]。

## 拓展味覺

那麼，在傷害和公平之外，究竟還有什麼呢？史威德提出的三種倫理觀是個有用的起點，但史威德正如多數的文化人類學者，對於用演化的理由來解釋人類行為一事，持以謹慎看待的態度。長久以來，人類學者的主流觀點認為，演化過程讓人類變成了雙足行走、使用工具、腦容量增加的生物，但人類一旦發展了文化方面的能力，生物演化過程卻停止了，或者起碼是變得無關緊要了。文化的力量強大，能夠左右人類的行為，蓋過了人與其他靈長類動物共通的古老本能。

我確信人類學的主流觀點是不對的，也認為不考量演化就永遠無法瞭解道德。然而，我從史威德那裡學到了一點，對於演化這個理由應謹慎看待，畢竟有時不小心就會淪為化約論（忽略了共享的意義是文化人類學的重心），以及天真的功能論（太快就假設每個行為會演化成可發揮的功能）。我能否系統化闡述道德直覺的演化歷程，又不流於化約，並且同時對演化的心理機制之「目的」或「功能」，謹慎提出主張？我不能只點出那些看似普遍通用的道德特色（例如慈悲心和互惠），然後就只是因為這些道德特色各地皆然，便主張是人類與生俱來。我必須針對每個道德特色，謹慎勾勒出演化由來，還要能說明這些先天的直覺是如何與文化演化進行互動，創造出今日地球上形形色色的道德母體。

我邁出的第一步，就是分析世界各地的美德清單。美德是社會打造出來的產物：戰士文化教給孩子的美德，即有別於農業文化或現代工業文化。這些美德清單當中總是有一些重疊的部分，但就算如此，在意義上仍有些微差異。佛陀、基督、穆罕默德全都談到了慈悲心，只是談法相當不同[28]。儘管如此，等你明白某類型的仁慈、公平、忠實，在多數的文化中都頗受重視，那麼你就會開始猜想，是不是有些低階的全人類社交受體（好比味覺受體）能夠讓人類特別容易察覺某些類型的社交活動？

假使以味覺來比擬，多數的文化起碼都有一種甜味飲料是該文化的人愛喝的，通常是用當地水果製成的飲料，而在工業化的國家，就是糖和幾種香料製成的飲料。如果假定人有多種受體可分辨芒果汁、蘋果汁、可口可樂、芬達，那也未免太傻了。實際上分辨甜味的就只有一個主要受體，那就是甜味受體，而每個文化都發明了各種方式去觸發甜味受體[29]。如果人類學者說愛斯基摩部落沒有這類飲料，並不表示愛斯基摩人缺少甜味受體，這只是證明了愛斯基摩的菜餚少有甜味，原因顯而易見，愛斯基摩人很難取得水果，直到最近才有改善。靈長類動物學者表示，黑猩猩和侏儒黑猩猩喜歡吃水果，在實驗室裡會全力以赴，完成實驗人員設計的工作，好啜上一口可口可樂，由此更能證明甜味受體是與生俱來的。

我的目標是要找到美德與完善的演化理論之間的連結。外行的演化論者會犯下的典型錯誤，我可不想要重蹈。他們往往會挑出某個特性，然後問：「我能不能想出個說法，好解釋這個特性可能是怎麼演化適應來的？」答案往往是肯定的，因為不管你想做出何種結論，都能藉由推理達成。只要有個扶手椅，就能坐下來，編出吉卜齡（Rudyard Kipling）所稱的「原來如此的故事」，虛構出駱駝的駝峰和大象的長鼻子是怎麼來的。相反地，我的目標是要在我極其敬重的兩個領域——人類學和演化心理學——之間，找出幾個最明顯的連結。

## 道德基本原則理論

我跟克雷格．喬瑟夫（Craig Joseph）組成了研究團隊，他是我在芝加哥大學認識的朋友，也曾與史威德共事。克雷格的研究是檢視埃及穆斯林與美國穆斯林的道德觀念。

我們向丹．斯波伯和勞倫斯．賀希費（Lawrence Hirschfeld）這兩位認知人類學家借用了「模組化」的概念[30]。模組就像是所有動物腦袋裡都有的小開關，若有模式在特定生態棲位（niche）是存亡所繫，那麼模組就會開啟，並在偵測到模式時送出訊號，（往往）在適應之下，（最終）造成動物行為的改變。比如說，許多動物第一次看見蛇時，都會有恐懼的反應，這是因為牠們的腦袋裡有一些神經迴路的作用是蛇類偵測器[31]。正如斯波伯和賀希費的說法：

> 祖先環境有各種現象會帶來問題或機會，生物適應後就會演化出認知模組，例如蛇類偵測器、臉孔偵測器……認知模組的作用是處理特定類型的刺激或輸入，例如蛇（或）

人臉。

這段文字完美描述了共通的道德「味覺受器」的模樣，道德味覺受器適應了社交生活裡長年的威脅和機會，還會吸引大家注意某些種類的行為（例如殘酷或無禮），並觸發立即的直覺反應，或許還會觸發特定的情緒（例如同情或憤怒）。

這正是我們在說明文化學習和文化差異時所需要的方法。斯波伯和賀希費區分了模組的**原始**觸發物及**目前**觸發物[32]。原始觸發物就是促使模組成形的一組物體[33]（也就是說，一組「所有的蛇」就是蛇類偵測器模組的原始觸發物）。目前觸發物是這世上恰好能觸發的物體（例如真正的蛇、玩具蛇、彎曲的棍子、粗繩，以及所有你在草叢裡看到會嚇一跳的東西）。模組會犯錯，許多動物演化出一些技巧，利用其他動物犯下的錯誤。例如，食蚜蠅演化出黃色和黑色的條紋，讓自己看起來像是黃蜂，這會觸發一些鳥類的「避開黃蜂」模組，不然那些鳥可是愛吃食蚜蠅。

道德觀的文化差異，有一部分是因為文化可縮小或擴大任何模組的目前觸發物。舉例來說，在過去五十年來，許多西方社會的人們同情的動物受苦類別越來越多，覺得反感的性活動類別越來越少。目前的觸發物可以在一代就有了改變，但仍要花好幾代的基因演化，才能改變模組及其原始觸發物的設計。

此外，在任何一種文化當中，許多道德爭議的產生，其實是因為人們採用不同的方式，把行為連結至道德模組。該不該允許父母師長體罰不聽話的孩子呢？在政治光譜的左側，體罰往往會讓人覺得是殘酷和壓制的行為；在政治光譜的右側，體罰有時會讓人覺得是在教孩子守規矩的適當做法，尤其是要讓孩子懂得尊重父母師長。因此，即使我們全都具備同樣的一小組認知模組，把行為連結至模組的方式卻依舊有這麼多種，因而使我們得以用同樣一小組的基本原則，建立出多種互有扞格的道德母體。

克雷格和我努力找出哪些模組最適合當成通用認知模組，各個文化就是根據通用認知模組來建構道德母體。因此，我們把研究方法稱為「道德基本原則理論」（Moral Foundations Theory）[34]。我們建立理論的方法，就是找出演化心理學家經常撰寫的社交生活適應難題，然後把這些適應難題連結到諸多文化裡以某種形式呈現的美德[35]。

結果發現以下五項適應難題最為顯著：關懷脆弱的兒童、跟毫無血緣者建立夥伴關係以收互惠之利、組成聯盟以便跟其他聯盟競爭、協商地位層級、讓自己和親屬遠離寄生蟲和病原體——人類密集群居，寄生蟲和病原體便會快速擴散（第八章會討論第六項基本原則——「自由／壓迫」）。

我根據最初提出的五項基本原則，繪製了圖六・二[36]。第一列是適應難題，如果人類的祖先數十萬年來都遇到了這些難題，那麼天擇偏好的人類，是那些具有快速又直覺地把

| | 適應難題 | 原始觸發物 | 目前觸發物 | 典型情緒 | 相關美德 |
|---|---|---|---|---|---|
| 關懷／傷害 | 保護及關懷兒童 | 某人的小孩表現出受苦、憂傷或貧窮 | 大象寶寶、可愛的卡通人物 | 慈悲 | 關懷、仁慈 |
| 公平／欺騙 | 收互惠之利 | 欺騙、合作、瞞騙 | 忠誠的婚姻關係、壞掉的販賣機 | 氣憤、感激、愧疚 | 公平、正義、可靠 |
| 忠誠／背叛 | 組成團結的聯盟 | 團體面臨的威脅或難題 | 運動代表隊、國家 | 群體自豪感、對叛徒感到氣憤 | 忠誠、愛國心、自我犧牲 |
| 權威／顛覆 | 在各階層打造有益的關係 | 統治和歸順的跡象 | 老闆、受敬重的專業人士 | 尊重、恐懼 | 服從、聽從 |
| 聖潔／墮落 | 避免污穢物 | 排泄物、死人 | 禁忌的信念（共產主義、種族歧視） | 反感 | 禁酒、禁欲、虔誠、潔淨 |

圖六・二：五個道德基本原則（初稿）。

事情做對的認知模組，而不是那些倚賴一般智力（騎象人）解決一再出現的問題的人。第二列是原始觸發物，亦即這類模組應偵測到的社會模式類型（請注意，基本原則其實就是**幾組**模組共同合作，迎接適應難題）[37]。第三列是列出目前觸發物的範例，亦即就現代西方社會的人而言，實際上觸發相關模組的事物類型（有時是錯誤所致）。第四列是列出各基本原則引發的一些情緒，至少是在基本原則激烈作用時引發的。第五列是列出一些美德詞彙，我們經常使用這些美德詞彙來形容那些觸發我們心智裡特定道德「味覺受器」的人。

下一章會更加詳盡討論每一項基本原則。現在，我只是想要使用「關懷／傷害」基本原則來證明這個理論。試想，假使你有個四歲的兒子，他被送到醫院割闌尾，而你獲准可在玻璃窗外觀看手術。你的兒子全身麻醉，你看見他毫無意識地躺在手術台上。接著，你看見外科醫生的手術刀刺穿兒子的腹部。你會因為兒子終於可以動手術活下來，而頓時覺得鬆了一口氣嗎？還是說，你會感到強烈的痛苦，而轉過頭不去看呢？從效益論的觀點來看，如果你的痛苦超過快樂，就表示你的反應不理性。可是，如果把這種現象歸因於模組的輸出結果，那就說得通了。我們會對暴力或痛苦的跡象回以情緒上的反應，尤其是牽涉到兒童，而那又是自己的孩子時。即使我們明明知道那其實不是暴力，小孩也沒有受苦，我們還是會做出痛苦的反應。這就有如繆氏錯覺，即使我們明明知道兩條線一樣長，卻還是不由自主地看見了一條線比較長。

你觀看手術時，注意到有兩位護士從旁協助手術的進行，一位是老護士，一位是年輕護士。兩位護士都全神貫注於手術上，不過老護士偶爾會撫摸你兒子的頭，彷彿試著要安慰他。年輕護士則是公事公辦。為了便於論證，我們假設有確證可以證明處於深層麻醉狀態的患者聽不見也沒感覺。如果是這樣的話，那麼你對這兩位護士會有什麼樣的反應呢？假使你是效益派，應該不會偏好哪一位護士，老護士的行為不會減輕痛苦，也不會改善手術的結果。假使你是康德派，也不會特別站在老護士那邊，她似乎是心不在焉地做出那樣的行為，或者她是憑感覺行事（這在康德眼裡看來更糟）。她的行為並不是基於一項可普遍化的原則。然而，如果你是休姆派，那麼你喜歡並讚賞老護士的行為，就完全是適宜之舉了。她充分習得了關懷的美德，自動自發毫不費力地就做出那樣的動作，即使該動作沒有效果也還是做了。她是一個關懷行家，而在護士的身上，關懷是一項優秀又美麗的特質，令人感覺超好的。

## 總結

道德心理學的第二項原理是**道德不光是傷害和公平而已**。本章開始確切說明道德還具備哪些含義：

◎在許多方面，道德猶如味覺。這個比喻是由許久以前的休姆和孟子提出的。
◎義務論和效益論都是「單一受體型」的道德觀，很可能會強烈吸引那些系統化傾向高、同理化傾向低的人。
◎休姆用多元論、感性論、自然論的角度來看待倫理，就現代道德心理學而言，這種角度比效益論或義務論更大有可為。為了繼續休姆的計畫，我們邁出的第一步應該是試圖找出正義之心的味覺受體。
◎模組化可有助於我們思考何謂先天的受體，以及這些受體如何產生各種最初的感知能力，而這些感知能力會因文化的不同而有各種發展。
◎最能作為正義之心的味覺受體有以下五種：關懷、公平、忠誠、權威、聖潔。

在心理學領域，理論是廉價的，任誰都能發明理論。當理論經過實證證據的檢驗、支持及修正，就會有所進步，尤其當理論證實有用時。比方說，如果某理論可幫助人們瞭解為何其國內有一半的人似乎生活在另一個道德宇宙裡。這就是接下來的內容。

註釋：

1 哲學的例子有邊沁、理查・海爾（R. M. Hare）、彼得・辛格。在心理學上，道德往往被操作為利他主義或「利社會行為」，讓更多人去幫助更多人，理想上是幫助陌生人。達賴喇嘛也認為倫理行為是「克制自己不去傷害他人對幸福的體驗或期望」（Dalai Lama XIV 1999, p.49）。
2 哲學的例子有康德和約翰・羅爾斯；心理學的例子有柯伯格。杜瑞爾認為，福利和正義只能二擇一。
3 關於一元論的危險性，請見 Berlin 2001。
4 Chan 1963, p. 54.
5 同時還要取悅鼻子，鼻子的嗅覺系統很複雜，我刻意略過這點，好讓這個比喻單純化。
6 我此處想要用的字是 *empiricism*（經驗論），但這個詞有兩個意思，我在第一章已把這個詞當成是先天論的相反詞。因此，我在這裡不使用經驗論，畢竟該詞隱含白紙的意思。不過，我欣然接受該詞的另一個意思，亦即科學家透過實證（即觀察、基於經驗）的方法來取得知識。
7 愛德華・威爾森在《知識大融通》（*Consilience*）第十一章即指出這點。威爾森跟休姆一樣，都支持自然論／經驗論，反對先驗論。我也是抱持同樣的看法。
8 休姆曾說，有的熱情和感性非常冷靜，有時會被誤認為是理性（《人性論》第二冊）。因此，我認為現代所用的直覺二字最能描繪休姆提出的感性。
9 休姆此處的論述源於早期的「道德感」理論家法蘭西斯・赫京牛。此文出自於《人類悟性探討》（*Enquiry Concerning Human Understanding*）的頭兩版。最後一版刪除了這段文字，可是我並未找到有跡象顯示休姆對味覺比喻改變了想法。例如，休姆在最後一版的《人類悟性探討》（sec. xii, pt.3）即寫道：「道德與批評不適合當成悟性的目標，味覺和感性才適合。美——不管是道德之美還是自然之美——源自於感覺，不是源自於理解。」
10 尤其是亞當・斯密（Adam Smith）和艾德蒙・柏克（Edmund Burke）。見 Frazier 2010。
11 第三章說明了我對此項研究的評論。亦可參閱我寫的更學術的評論論文，請見 Haidt and Kesebir 2010。
12 Baron-Cohen 1995.
13 Baron-Cohen 2002, p. 248.
14 同上。
15 Baron-Cohen 2009。有一項孕期因素似乎是睪固酮，它對於正在發育的胎兒大腦會造成許多影響。人類卵子受精後的頭兩個月，一開始都是雌性，如果Y染色體存在，就會在第八週觸發睪固酮開始分泌，大腦與身體轉換為男性模式。男孩的自我中心傾向是女孩的好幾倍。
16 Bentham 1996/1789, chapter I, section 2.
17 Lucas and Sheeran 2006.
18 同上，頁五。引用威廉・哈茲里特（William Hazlitt）的話。
19 同上，引用彌爾的話。
20 Lucas and Sheeran 2006，頁一。事後的精神診斷肯定很困難。無論邊沁是否患有亞斯柏格症，我此處的重點在於他的思考方式不同尋常，他缺之對人性的理解。

21 Denis 2008.

22 Kant 1993/1785, p. 30.

23 Fitzgerald 2005。還有另一個可能性，康德或許在四十七歲時長了腦瘤，當時他開始抱怨頭痛，不久之後，就失去了左眼的視力。他的寫作風格和哲學觀在那之後也有了轉變，有些人推測他長了腫瘤，干擾了前額葉皮質區的情緒處理機能，因此他的系統化分析並未經過一般同理化作用的檢查。見 Gazzaniga 1998, p. 121。

24 Scruton 1982.

25 這段描述文字並非適用於所有的科學探索。化學家不需要同理心。然而，若要觀察人們的內在生活，有同理心會有幫助，偉大的小說家和劇作家就需要有同理心。

26 這篇怪人文章（Henrich et al. 2010，見第五章）的作者群並未評論西方思維何時變得怪異。然而，作者群的論點直接暗指，十九世紀期間，隨著工業革命的進展，以及財富、教育、個人主義的提升，怪異的思維也變得越來越普遍。

27 在我眼裡，道德哲學已在過去二十年間變得越來越好，畢竟道德哲學多少已經回復到其對自然世界的古老興致，包括心理學在內。今日，許多哲學家熟諳神經科學、社會心理學、演化等領域。一九九〇年代以來，人們對於「心理寫實」的興致與日俱增，可參考 Flanagan 1991 和 Gibbard 1990。最佳文輯請見 Appiah 2008，以及華特．辛諾特－阿姆士壯（Walter Sinnott-Armstrong，2008）編輯的一套三冊散文。

28 比如說，唯有佛陀會宣揚慈悲眾生，含動物在內。有關文化與道德理論之評論，請見 Haidt and Joseph 2007。

29 這裡的確也有嗅覺受器在運作，但為了單純起見，我忽略嗅覺受器的存在。許多的果汁飲料也會觸發酸味受器，但這正好適合以下的比喻：「許多的不道德行為會主要觸發一項基本原則，而稍微觸發其餘的一項或多項基本原則」。

30 Sperber and Hirschfeld 2004。模組往往不是大腦裡的特定位置，模組的定義是依照其作為而定。克雷格和我揚棄了弗德（Fodor 1983）提出之苛刻的模組化條件清單。我們支持斯波伯（Sperber 2005）提出之「大量模組」概念，當中包含先天的「學習模組」，學習模組可在兒童發展期間產生許多更具體的模組。請見 Haidt and Joseph 2007, 2011。

31 靈長類動物的情況稍微複雜一點。靈長類動物生來就在先天上沒有那麼恐懼蛇，應該說是先天上就「準備」好要學習恐懼蛇，只要跟蛇有過一次壞經驗，或者看見同類對蛇回以恐懼的反應，就會學會恐懼蛇（Mineka and Cook 2008）。靈長類動物學不會恐懼花朵，也學不會恐懼另一種動物回以恐懼反應的其他物體。該學習模組只針對蛇。

32 斯波伯和賀希費使用的詞彙是正規領域（proper domain）和實際領域（actual domain），但許多人（包括我在內）都覺得這兩個詞彙很難記，因此我改為原始觸發物（original triggers）和目前觸發物（current triggers）。原始觸發物並不是用來暗指很久以前的模組是不會犯錯的。我會使用有意觸發物（intended trigger）一詞，但是演化設計並不具意圖存在。

33 天擇是一種設計的歷程，是生物世界裡大量存在的設計起因。天擇並不是一名聰明的或有意識的設計師。見 Tooby and Cosmides 1992。

34 如需進一步瞭解此理論的源頭與細節，請見 Haidt and Graham 2007，以及 Haidt and Joseph 2004, 2007。此理論深受史威德和費斯克的作品之影響。我們選出的五項基本原則很接近史威德的三種倫理觀。我們為了找出演化認知模組在不同文化上的呈現，所採用的做法大致是受到艾倫．費斯克的關係模式論之啟發。此理論在道德心理學上的應用，請見 Rai and Fiske 2011。

35 如需最近清單，請見 Neuberg, Kenrich, and Schaller 2010。

36 我們原本的文章（Haidt and Joseph 2004）只描述了四項基本原則，分別是痛苦、階級、互惠、純潔。我們提到或許還有更多的基本原則，並在註腳具體提到了「團體忠誠」是第五個原則的最佳選擇。我很感謝珍妮佛．賴特（Jennifer Wright），她在我撰寫該篇文章時，寫了電子郵件給我，爭論了一番。她認為團體忠誠有別於階級，克雷格和我原本是把團體忠誠放在階級那裡。從二〇〇五年開始，我們更改了五項基本原則的名稱，每項基本原則都改用兩個相關的名詞，藉以減少誤解的發生。我們在二〇〇五年至二〇〇九年期間採用以下名稱：「傷害／關懷」、「公平／互惠」、「內團體／忠誠」、「權威／尊敬」與「純潔／聖潔」。二〇一〇年，我們重新構思這個理論，以擴展理論並修正缺點，見第八章之說明。為了避免用多個名稱指稱同樣的基本原則，造成混淆，我在提及此理論的源頭時，採用了二〇一〇年的名稱。至於「權威」這項基本原則，我在此處係著重於下位者的心理，亦即下位者尊敬權威的心理狀態。下一章也會探討上位領袖的心理。

37 例如，可參考崔佛斯（R. Trivers）於一九七一年提出的道德情緒「系列」。崔佛斯認為，道德情緒系列是互惠利他行為背後的機制（亦即感激他人給予的好處、對他人沒有回報感到憤慨、對自己沒有回報感到愧疚）。以「關懷」這項基本原則為例，或許第一個模組負責偵測痛苦，第二個模組負責偵測有無刻意施加傷害的行為，第三個模組偵測親屬關係，第四個模組偵測有否致力於關懷或安慰。重點在於有一組先天的「如果……那麼……」（if-then）程式共同運作，協助人們處理適應難題。這些先天的模組有一部分或許先天上就是「學習模組」，如斯波伯所述，會在兒童發展期間產生一些更具體的模組。關於道德模組化的詳細討論，請見 Haidt and Joseph 2007。

# 7 政治的道德基本原則

基於利他主義、英雄主義、人性尊嚴而發起的每個行動，背後都有自私或愚蠢的因子存在。最起碼那些認同智人其實是經濟人的社會科學家，長久以來多半是抱持著這種看法[1]。「經濟人」是一種做出所有生活抉擇的簡單生物，像是超市裡的購物者，花費大量時間比較一瓶瓶的蘋果醬。如果這就是你對人性所持的看法，那很容易就能設計出人類行為的數學模式，因為這當中其實只有一項基本原則在運作——自我利益。人只要能以最低的成本獲得最高的利益，就什麼事也願意做。

為了能理解此觀點有多麼不對，請回答圖七·一的十個問題。如果是經濟人，就會在「把針刺進自己手臂」這種行為標上價格，並在其他九種行為標上較低的價格——甚至是零元，畢竟這九種行為並未直接傷害經濟人，經濟人也不用付出任何代價。

如果有人要你做出以下的行為，那要付你多少錢，你才願意做？假設你是私下收錢，之後也不會有社會、法律或其他有害的後果。作答時請在行為描述文字的後方，填上0至4的數字。

0 ＝ $0，我願意免費做

1 ＝ $100

2 ＝ $10,000

3 ＝ $1,000,000

4 ＝ 不管多少錢，我都不願意做

**A**

1a. 把消過毒的皮下注射針刺進你的手臂。____

2a. 接受朋友想送你的電漿電視。你知道朋友是一年前拿到電視，當時製造廠商不小心誤送給朋友，是免費的電視。____

3a. 匿名打電話給國內的談話性節目，批評你的國家（你認為言之有理）。____

4a. 參與輕喜劇的演出，在劇中打男性友人一巴掌（經過男性友人的同意）。____

5a. 參加前衛的短劇表演，劇中演員要表現得像傻子三十分鐘，例如無法解決簡單的問題、在舞台上不停跌倒等。____

總分：

**B**

1b. 把消過毒的皮下注射針刺進你不認識的孩子的手臂。____

2b. 接受朋友想送你的電漿電視。你知道電視是朋友一年前向小偷買的，小偷是從有錢人家裡偷來的。____

3b. 匿名打電話給國外的談話性節目，批評你的國家（你認為言之有理）。____

4b. 參與輕喜劇的演出，在劇中打父親一巴掌（經過父親的同意）。____

5b. 參加前衛的短劇表演，劇中演員要表現得像動物三十分鐘，例如裸體爬來爬去、發出黑猩猩的低沉吼聲等。____

總分：

圖七・一　你出多少價？

有一件事比你寫下的金額還要重要，那就是這些資料欄之間的對照。**經濟人會覺得**B欄行為引起的反感並沒有超過A欄行為。如果你覺得B欄有任何一種行為比A欄的相對行為還要糟糕，那麼恭喜你，你是人類，不是經濟學家幻想出來的產物。在狹隘的自我利益之外，你還關切其他面向。你有一套可行的道德基本原則。

我寫了這五組行為，B欄的行為會讓你直覺感受到各基本原則，就像是在你的舌頭上放了一小撮鹽或糖。B欄的五種行為違反了以下的基本原則：「關懷」（傷害兒童）、「公平」（由他人不該承受的損失中獲利）、「忠誠」（向外人批評自己的國家）、「權威」（不尊敬父親）、「聖潔」（行為墮落或令人反感）。

本章其餘部分會說明這五種基本原則，以及這些基本原則如何成為人性的一部分。對支持政治左派或右派的道德母體，這五種基本原則的運用方法不同，運用程度也不同。

## 關於先天

從前，科學家要主張任何有關人類行為的事情是先天的，可是一件很冒險的事。要支持這樣的主張，必須證明該特性是與生俱來、經驗不可改變，並且是所有文化都有的。在這樣的定義之下，就沒有很多特性是先天的了，只有少數的嬰兒反射動作除外，比方說，你把一根指頭放在嬰兒手裡時，嬰兒會做的可愛反應動作。如果你主張某種比那反應動作複雜的行為是先天（尤以性別差異為然）的，那麼就會有人告訴你，地球上某個地方的部落並沒有呈現出該種特性，因此該種特性並非先天。

一九七〇年代以後，我們對於大腦的瞭解程度已有大幅度的進展。現在，我們知道，即使不是與生俱來，不是普世皆然，特性仍可以是先天的。正如神經學家蓋瑞・馬可斯（Gary Marcus）的解釋：「自然賜予新生兒一個極為複雜的大腦，但我們最好把大腦視為**預接的線路**（prewired），有彈性又可能改變，而不是**固線式**的（hardwired），固定又永恆不變。」[2]

馬可斯提出了更佳的比喻來取代前述的線路圖比喻，他說大腦有如一本書，初稿是胎兒發育期間由基因撰寫。嬰兒出生時，沒有一章是完整的，而有些章節只是概略的大綱，要等兒童時期才填寫。然而，沒有一章——不管是性欲、語言、食物偏好或道德觀——是一堆空白頁面，能讓社會刻下任何一組可理解的文字。馬可斯的比喻引出了我所見過的最佳「先天」定義：

> 本性提供了初稿，先經驗，再修訂……「內建」不代表沒有可塑性，而是指「**在經驗前先安排好**」。[3]

提出五個道德基本原則，正是我首次嘗試具體說明正義之心如何「在經驗前先安排好」。然而，道德基本原則理論也嘗試解釋初稿是如何在兒童時期進行修訂，製作出各文化與各政治光譜的多樣化道德觀。

## 1. 關懷／傷害基本原則

爬蟲類因冷血而招致責難，不只是血液冷，心腸也冷酷。有些爬蟲類媽媽會在寶寶孵化後，待在寶寶身邊好一陣子，提供一些保護，然而其中許多種類都不會這麼做。因此，當第一批哺乳類動物開始哺育幼崽時，就等於是提高了母職要付出的代價。雌性哺乳動物再也不會一次就生幾十個寶寶，賭看看會不會有少數的寶寶自己活下來。

哺乳類動物的賭注較少，而花費更多的心力在每個寶寶身上，由此可見，哺乳類動物面臨的難題，就是要花很長時間關懷養育寶寶。靈長類動物的母親的賭注就更少了，花在每個寶寶身上的心力又更多了。至於人類的寶寶，腦袋長得很大，必須在有能力行走的前一年就從產道裡生出來。這個賭注太大了，一個女人甚至無法把自己的籌碼全都放在桌上，她在孕期的最後幾個月需要幫忙，她需要有人幫忙助產，而小孩出生後的幾年期間，在餵食和照顧上也需要幫忙。這是一場豪賭，有大量的適應難題要解決，比方說：照顧脆

圖七．二：勾勾寶寶、馬克斯和勾勾。

弱又花錢的小孩，保護小孩的安全，讓小孩存活下來，避免小孩受到傷害。

若說人性之書的母職一章完全空白，母親得仰賴文化上的指引或靠自己不斷摸索來學習一切，那簡直讓人無法理解。如果母親先天能敏感得知痛苦、憂傷或需求等跡象，其勝算要高過於那些不敏感的姊妹。

需要先天知識的不光是母親而已。由於世上有這麼多人把大量心力投注在孩子身上，因此受到演化過程所偏好的女性與男性（男性受到偏好的程度較低），是那些會自動對群體裡的兒童（在古代有可能是親屬）的需求或痛苦跡象（如哭泣）做出反應的人[4]。自己的孩子受苦，其實是「關懷」基本原則中一種關鍵模組的原始觸發物（我在提及基本原則時，往往只採用兩個名稱的前面名稱，例如「關懷／傷害」即簡稱為「關懷」）。這個模組會跟其他相關模組共同合作[5]，以便對保護關懷兒童此一適應難題做出因應。

這並不是「原來如此的故事」，這是我在重述依附理論的開端。依附理論是廣受支持的理論，描述的是母親和孩子調節彼此行為的方式，孩子會有受到保護的感覺，同時又有獨立探索的機會[6]。

任何模組的目前觸發物往往會比原始觸發物廣泛多了。圖七・二的相片以四種方式呈現出原始觸發物的擴張狀況。第一，你可能會覺得這張相片很可愛，如果你真有這種感覺，就表示你的心智於比例和模式上，自動回應了兒童和成人之間的不同。可愛使我們做好了關懷、養育、保護、互動的準備[7]，還讓大象傾身。第二，雖然相片中的孩子不是你的孩子，但是你可能仍會立即有了情緒反應，這是因為任何一個孩子都能觸發「關懷」基本原則。第三，即使我兒子的同伴（勾勾和勾勾寶寶）並不是真正的孩子，你可能還是會覺得它們很可愛，這是因為玩具公司把它們設計成可以觸發你的「關懷」基本原則的模樣。第四，馬克斯喜歡勾勾，我不小心坐在勾勾身上時，馬克斯會尖叫。馬克斯常常說：「我是勾勾的媽媽。」這是因為馬克斯的依附系統和「關懷」基本原則正在正常發展。

如果小孩跟兩隻猴子玩偶睡覺的相片，就能撥動你的心弦，試想，如果你看見一名兒童或可愛的動物面臨暴力威脅，你心裡會作何感受。請見圖七・三。

你關心我兒子馬克斯發生的事情，關心某個遙遠國家的飢餓兒童，關心大象寶寶，這

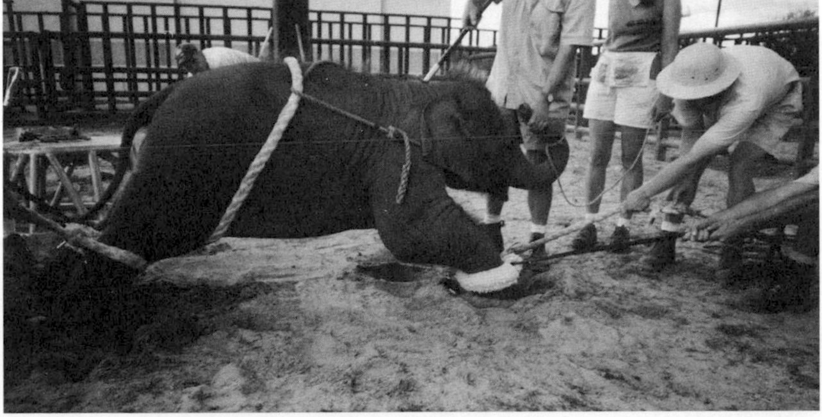

圖七・三：「關懷／傷害」基本原則的目前觸發物。© Heather Norwood/CC BY-SA 3.0

些關心之情在演化上實在說不通。然而，達爾文不用解釋你為何流下任何一滴**特別的**眼淚，他只要解釋你原先為何會有淚腺，並解釋你自己以外的生物受苦，為何有時會讓你的淚腺起了作用[8]。達爾文必須解釋各模組的原始觸發物，而目前觸發物有可能會快速變化。今日的我們關心的暴力受害者種類遠多於昔日的祖輩[9]。

政治黨派和利益團體努力讓其關注的事項成為眾人道德模組的目前觸發物。為了拿到你的選票、金錢、時間，政治黨派和利益團體起碼必須要讓你的其中一個道德基本原則做出反應[10]。舉例來說，圖七．四顯示我在夏洛特維爾拍攝的兩輛車子，你猜猜駕駛者的政治傾向是什麼？

汽車貼紙往往有如部落的標誌，宣揚著我們支持的團隊，例如球隊、大學、搖滾樂團等。貼著「拯救達佛」（Save Darfur）貼紙的車主，正在宣揚自己是站在自由派隊伍那一方。這一點大家直覺上就知道了，但我可以提出更正式的理由：「美國及其他地區自由派的道德母體對『關懷』基本原則的仰賴程度，高過於保守派的道德母體，這位車主選的三張汽車貼紙都是在力勸人們保護無辜的受害者。」[11]這位車主跟達佛的受害者沒有關係，車主試圖讓你把你對達佛和吃肉的想法連結到你的「關懷」基本原則產生之直覺。

要找到跟保守派的慈悲心有關的汽車貼紙，這就比較難了。不過，貼著「受傷的戰士」（wounded warrior）貼紙的汽車恰是其中一例。車主也試圖讓你關心，但保守派的關心有些不同，其對象不是動物或他國的人民，而是為團體犧牲的人[12]。保守派的關心不是普世主義，而是比較在地，並結合了忠誠。

## 2. 公平／欺騙基本原則

假使某位同事願意幫你代班五天，讓你原本為期一週的加勒比海假期可以再多出一週的時間，你會有什麼感覺？經濟人會感到純粹的快樂，彷彿別人免費請他吃一頓午餐。然而，我們其他人都明白，這頓午餐可不是免費的，這是好大的一份人情，光是帶回一瓶蘭姆酒，也還不了同事給的人情。假使你接受了同事的人情，就要充分表達感激之情，稱讚

圖七·四：自由派和保守派關注的事項

對方的好心，還要答應對方，對方度假時，你也會幫忙代班。

演化理論學者往往把基因說成是「自私的」，意思是基因左右動物所做的事情都是有益於基因的散布。然而，關於道德的起源，有一個極為重要的深刻看法——「自私」基因能夠造就慷慨的生物，只要那些生物是選擇性地慷慨即可。對親族採取利他行為，根本不是什麼難以理解之事；然而，對於非屬親族者採取利他行為，就是演化思想史上極其久遠的一大謎團[13]。一九七一年，有人朝謎團的答案邁出了一大步，羅伯特·崔佛斯（Robert Trivers）發表了互惠利他論[14]。

崔佛斯表示，演化可以在物種中創造利他者，個體會記得先前跟其他個體的互動狀況，個體目前的友善態度之後就會僅表現給那些可能回報的個體看。我們人類顯然就是這樣的物種。崔佛斯主張，人類演化出一套道德情緒，依循「一報還一報」的潛規則。我們在初次見面時，往往會以禮相待。然而，在那之後，我們會有選擇性，我們會跟那些對我們好的人合作，避開那些利用我們的人。

人生是一連串的互利合作機會。如果我們好好依循規則，就可以跟別人合作，把大家最終會共享的餅給做大。獵人會通力合作，撂倒一隻個人所無法獵捕的大型獵物。鄰居會守望相助，幫忙注意附近房子有沒有小偷，互相借用工具。同事會互相代班。數百萬年來，人類的祖先面臨著「獲利又不受騙」的適應難題。如果有些人在道德情緒的驅使下，不得不採取「一報還一報」的做法，那麼這些人獲得的利益會高過於採用其他策略的人。其他策略有：「凡是有需要的人都幫」（可能會遭人利用），「只拿不給」（只能對一個人用一次，不久之後就沒人願意跟你分享成果）[15]。「公平」模組的原始觸發物，是他人對我們展現的合作行為或自私行為。若他人表現出足以信任互惠的跡象，我們就會產生愉快、喜歡、友誼的感覺；若他人試圖欺騙或利用我們，我們就會產生憤怒和丟臉的感覺，有時甚至會引發反感[16]。

「公平」模組的目前觸發物包含了一堆東西，在文化上和政治上可以連結到互惠和欺騙的消長變化。在左派這方，關注平等和社會正義係部分基於「公平」基本原則——有錢有勢的團體被控剝削底層人民，獲取利益，卻沒有「公平負擔」該付的稅金。這是佔領華

圖七．五：左派與右派的公平。左：佔領華爾街的告示，攝於紐約市祖科蒂公園（Zuccotti Park）。右：茶黨運動的告示，攝於華盛頓特區。大家都認為稅金負擔應該要「公平」才對。（攝影及圖片鳴謝：Emily Ekins）

爾街運動的一大主題，我在二〇一一年十月親臨現場（見圖七．五）[17]。在右派這方，茶黨運動也是非常在意公平，他們認為民主黨是「社會主義者」，向辛苦工作的美國人拿錢，把錢給了懶惰鬼（包括領取救濟金或失業津貼的人）以及非法移民（形式是免費的健康保險和教育）。[18]

每個人都在意公平，卻分成兩大派。在左派的眼裡，公平往往意味著平等，但是在右派的眼裡，公平是指比例——獲得的報酬應根據貢獻的比例，即使按比例肯定會造成收入不平等，也還是應該按照比例。

## 3. 忠誠／背叛基本原則

一九五四年夏季，穆札法．謝里夫（Muzafar Sherif）說服二十二對勞工階級的父母，請他們把十二歲的男孩交給他帶個三週。謝里夫在奧克拉荷馬州的強盜洞國家公園租了一塊營地，把那些男孩帶到營地。謝里夫在該地進行了一場知名的社會心理學研究，獲得十分豐富的成果，有利於瞭解道德的基本原則。謝里夫把男孩分成兩組，一組十一人，用兩天分別帶領各組抵達營地，讓這兩組男孩住在公園裡的不同區塊。頭五天，各組都以為這裡只有自己這組人。儘管如此，雙方都不約而同地開始標示領域，並營造團體的認同感。

一組人自稱「響尾蛇」，另一組人自稱「老鷹」。響尾蛇隊在主要營地的上游地區，發現了一處很不錯的水塘可以游泳。第一次在水塘裡游泳之後，就在水塘附近做了一些改善工作，比方說，在通往水塘的路上鋪了一條石頭路。接著，他們說那水塘是他們的，是他們的祕密基地，每天他們都會去游泳。有一天，響尾蛇隊覺得心煩，因為水塘那裡竟然有好幾個紙杯（其實是他們自己留下的），他們很生氣，覺得「外人」用了他們的水塘。

兩組都分別進行內部協商，共同推舉出領袖。那些男孩在決定做法時，都會提出自己的看法。不過，等到要在這些看法當中選出一個時，往往是由領袖做決定。兩組都分別開始有了規定、歌曲、儀式、獨特的身分認同（響尾蛇隊很堅強，永遠不哭；老鷹隊永遠不講粗話）。即使他們去那裡的目的是要玩樂，即使他們以為森林裡只有自己這一群人，可是各組最後所做的事情都是一樣的，如果即將面臨敵對團體爭奪同一塊領域，這些事情都會相當有用。後來，兩組人確實碰頭了。

第六天，謝里夫讓響尾蛇隊走近棒球場，近到可以聽見其他男孩——老鷹隊——在棒球場上玩的聲音，但響尾蛇隊已主張那是他們隊的棒球場。響尾蛇隊請求營隊輔導員，讓他們跟老鷹隊比一場。謝里夫一開始早就計畫這麼做了，於是安排了為期一週的體育和露營技能競賽。謝里夫說，從那個時候開始，「他們在所有具備競爭性質的活動上（搭帳棚、打棒球等），都表現得更熱心投入，也更有效率」[19]，部落行為大幅增加。雙方都做了旗幟，把旗幟掛在爭奪的地域上。他們毀掉對方的旗幟，襲擊破壞彼此的雙層床鋪，相互辱罵，製作武器（襪子塞滿石頭），要是輔導員沒介入的話，往往一言不合就打了起來。

我們全都看得出來，這是一種男孩成長期的寫照。男人的心智似乎先天就有部落傾向，在經驗前即已先建構好。因此，那些有利於雙方衝突（包括戰爭在內）時凝聚團隊向心力和獲得成功之事，都是男孩和男人喜歡做的事情[20]。對兩性而言，忠誠的美德至關重要，不過男孩忠誠的對象往往是團隊與聯盟，女孩忠誠的對象往往是兩人之間的關係[21]。

儘管一九七〇年代的人類學家另有主張，然而人類並不是唯一會參與戰爭或自相殘殺的物種。如今看來，黑猩猩會保衛自己的領土，襲擊敵手的領土，而且如果辦得到的話，也會殺掉鄰近群體的雄性黑猩猩，把對手的領土與雌性黑猩猩佔為己有[22]。如今看來，早在農業與私有財產出現以前，戰爭就已經成為人類生活中經常出現的一項特色[23]。由此可見，數百萬年來，人類的祖先一直面臨的適應難題就是組織聯盟、維持聯盟，藉以抵禦敵對群體的挑戰及攻擊。我們的祖先是那些忠於部落（而非個人）的成功人類。

在群體之間的競爭當中，有許多的心理系統促成了有效的部落意識和成功。「忠誠／背叛」基本原則只是人類先天準備能力的一部分，可用於因應「組成團結聯盟」的適應難題。凡是能用來辨別隊員和叛徒的事物（尤其是所屬團隊跟其他團隊作戰時），都屬於「忠誠」基本原則的原始觸發物。然而，因為人類是如此喜愛部落意識，所以我們會尋求方法來組成團體和團隊，單純為了競爭的樂趣而相互競爭。運動心理學多半講的是拓展「忠誠」基本原則的目前觸發物，讓人們喜歡團結合作，追求無害的獎品（獎品是勝利的證據，而在戰爭期間，大家都有動力要爭取獎品〔包括被殺害的敵人的身體部位〕，這種現象十分普遍，即使到了現代，仍是如此）[24]。

我不確定圖七．六的車主是不是男性，但車主只運用「忠誠」基本原則來裝飾車子，就表示車主肯定是共和派。V字底下兩把交叉的刀是維吉尼亞大學體育隊（騎士隊）的標誌，而且車主願意每年額外支付二十美元，好擁有客製化的車牌，以彰顯美國國旗（Old Glory〔古老的榮耀〕）和美國的團結（United We Stand〔團結必勝〕）。

人們對忠誠隊友的喜愛，程度不亞於其對叛徒的憎恨。大家通常都會認為，叛徒比敵人還要可惡多了。比如說，《古蘭經》對外團體的成員（尤以猶太人為然）之欺騙行徑就多所警告，但《古蘭經》並未命令穆斯林屠殺猶太人。叛徒比猶太人還要糟糕多了，此

圖七・六 ：汽車上標有代表忠誠的標誌；交通標誌遭塗鴉，以示反對單一的忠誠價值。

處的叛徒指的是背叛信仰或單純拋棄信仰的穆斯林。《古蘭經》命令穆斯林殺死叛徒，而真主安拉（或稱阿拉）也做出承諾，祂會「使他們入火獄，每當他們的皮膚燒焦時，我另換一套皮膚給他們，以便他們嘗試刑罰。真主確是萬能的，確是至睿的」[25]。但丁的《地獄》（*The Inferno*）把地獄最裡面的一圈——最可怕的痛苦——留給背叛罪行。比性欲、貪吃、暴力、異端還要更糟糕的罪行，就是背叛自己的家族、團隊或國家。

人們多麼喜愛忠誠，多麼憎恨背叛，怪不得「忠誠」基本原則在政治領域扮演了至關重要的角色。左派傾向於普世主義，不認同民族主義[26]，因此往往很難吸引那些信守「忠誠」基本原則的選民。美國的自由派極其仰賴「關懷」基本原則，往往敵視美國的外交政策。比方說，在小布希總統任期的最後一年，有人任意破壞了我家附近的「停車再開」標誌（圖七・六）。雖然我不確定破壞者是否反對所有種類的團隊及團體，但是在政治光譜上，破壞者肯定是站在離「OGLORY」車主很遠的左側位置。這兩張相片呈現了美國跟伊拉克和阿富汗打仗時，左右兩派對於美國人是否必須團結向外一事，抱持著相互對立的看法。自由派的活躍人士往往會讓保守派輕易就把自由主義連結到「忠誠」基本原則，但並非好的一面。二〇〇三年，安・寇特（Ann Coulter）推出的書籍名稱就道盡了一切：《叛國：自由派從冷戰到反恐的變節》（*Treason: Liberal Treachery from the Cold War to the War on Terrorism*）[27]。

## 4. 權威／顛覆基本原則

我離開印度，回到美國不久，某日與一計程車司機閒聊，他說自己剛當上爸爸。我問他，他打算要留在美國，還是回到祖國約旦？我永遠忘不了他的回答：「我們會回去約旦，我可不希望聽見兒子對我罵『幹』」。如今，大多數的美國孩子永遠不會對父母親說出這麼可怕的話，但還是有些會，很多孩子都是拐彎抹角地罵。在兒童應尊敬父母、老師、權威人士這方面，各國文化有不同程度的要求。

有些社會極力主張必須尊重階級關係，這種現象也呈現在語言上。法語就跟其他的浪漫語言一樣，開口稱呼對方時，就必須在敬語（vous，您）和平語（tu，你）之間擇一選用。即使是動詞詞性不隱含地位高低的英語，也會在其他地方表露出來。在不久前，美國人在稱呼陌生人和上位者時，用的是頭銜加上姓氏（例如史密斯女士、瓊斯博士），在稱呼熟人和下位者時，則直呼對方的名字。要是業務沒先問過你就直呼你的名字，你會有一股厭惡感，要是你長久以來尊敬的長者請你直呼他的名字，你會不由得一陣尷尬，這就表示你體驗到「權威／顛覆」基本原則下的部分模組在作用。

要開始思考「權威」基本原則的演化，最明顯的方式就是仔細思量雞、狗、黑猩猩及其他眾多群居物種之地位順序和統治階級。即使物種不同，但是地位低的個體表現出的行為往往很類似，因為背後的作用都是一樣的，就是要表現出服從的態度，顯示自己卑微又沒有威脅感。如果無法辨識支配者透露出的跡象並回以服從的態度，那麼往往會招來一頓好打。

到現在為止的描述文字，實在不像是「道德」基本原則的正面起源故事，反倒像是有權者壓迫弱者的起源。然而，權威不應與權力混淆在一起[28]。即使是在黑猩猩的族群，統治階級確實代表著不受限的權力以及施加暴力的能力，但是地位最高的雄性黑猩猩仍要背負著一些有益社會的責任，例如扮演「管控的角色」[29]。管控的角色要負責解決一些爭端，而且許多的暴力衝突會在沒有確定首領時爆發出來，必須予以壓制。正如靈長類動物學家法蘭斯・德瓦爾所言：「若在地位階層和尊敬權威方面無法取得一致的意見，對於社會規範就不會有很高的敏感度。只要你曾經嘗試教貓學些簡單的家規，肯定會同意前述的看法」[30]。

在人類部落和早期文明中，這種管控的角色相當顯而易見。有很多最早期的法律文本的開端都是把國王的統治奠基於神授的選擇，然後再表明國王的權威是為了維持秩序和正義。公元前十八世紀《漢摩拉比法典》的開頭即有以下文字：「然後，阿努與貝爾（兩位神）喚我的名字，漢摩拉比，崇高的王子，敬畏神祇，在國土內施行正義的統治，摧毀為惡之人，使強者不得傷害弱者」[31]。

由此可見，人類的權威不光是暴力威脅手段所支撐的不受限之權力，權威者還要負責維持秩序和正義。當然了，權威者往往基於自己的利益去剝削下位者，同時還認為自己很正當。然而，如果想要瞭解人類文明如何突然興起，並在短短的數千年內遍布於地球之上，那麼就必須細看權威在營造道德秩序時所扮演的角色。

我剛進入研究所時，認同一般的自由派信念，亦即階級＝權力＝剝削＝邪惡。可是，等我開始跟艾倫．費斯克一起工作之後，卻發現自己錯了。費斯克認為，基本的社會關係有四種，其中一種是「權威順序」。費斯克運用其在非洲進行的田野工作，證明了以這種方式相互連結的人們對彼此都抱有期望，而這樣的關係比較像是父母與孩子，而非獨裁者與害怕的下屬：

在權威順序中，人們在線性階層上是站在不對等的位置，下位者應表現出聽從、尊敬、（或許）服從的態度，而上位者有優先權，並擔負看牧下位者的責任。範例有軍事階層……祭拜祖先（〔包括〕孝敬貢品、期待庇佑、落實規範），（以及）一神教的宗教道德觀……權威順序關係乃基於合法不對等的看法，而非高壓的權力，不是先天就剝削別人。[32]

正如筆者所述，「權威」基本原則係直接借用自費斯克的理論。「權威」基本原則比其他的基本原則還要更為複雜，這是因為其模組必須站在兩個角度來看，一是要往上看上位者，二是要往下看下位者。這些模組會共同運作，協助個體因應此項適應難題——打造位階制度內的有益關係。我們的祖先是那些最有能力的玩家，在往上爬的同時，要加強上位者的保護和下位者的效忠[33]。

在這些模組當中，部分模組的原始觸發物包括了那些可顯露出高低階級的外表和行為模式。人類就像黑猩猩那樣，都會謹記誰的地位在誰之上[34]。如果某位階秩序裡的人的行為否定了或顛覆了秩序，即使我們本身並未直接受害，仍會立即有所察覺。如果權威的存在有一部分是為了保護秩序並抵擋混亂，那麼每個人都應支持現存的秩序，還要讓人們負責扛起自己的地位應擔負的義務[35]。

由此可見，「權威／顛覆」基本原則的目前觸發物，包括了所有對合法權威者表現出服從、不從、尊敬、不敬、臣服或反叛之行為。目前觸發物也包括了顛覆傳統、體制或價值觀之行為，而前述三者均被視為促成穩定的重要基石。政治右派要藉由「權威／顛覆」基本原則壯大起來，實在容易多了，情況就像「忠誠」基本原則那樣。左派之所以為左派，往往有一部分是因為其反對階級、不平等、權力。要猜到圖七．七基督教衛理公會之政治傾向，其實並非難事。雖然基督教衛理公會不一定是保守派，但是他們教堂正面的告示（圖七．七）正表明他們不是一神論。

## 5. 聖潔／墮落基本原則

二〇〇一年初，德國電腦技師阿敏．麥維斯（Armin Meiwes）在網路上張貼了一則不尋常的廣告：「尋找一名二十一歲至三十歲的男性，體格結實，願遭宰殺食用」。數百名男子以電子郵件回覆這則廣告，麥維斯挑出當中幾位，在自家農舍面談。四十三歲的電腦工程師貝倫．布蘭德斯（Bernd Brandes）在明白了麥維斯是玩真的之後，是第一位沒有改變心意的人（警告：易受驚嚇者請略過下面一整段文字）。

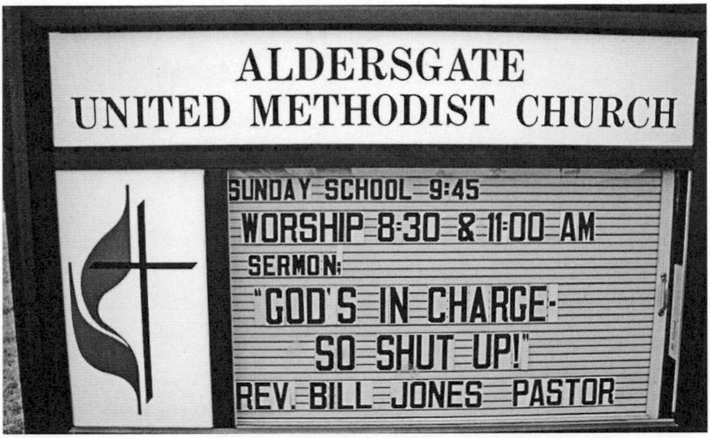

圖七・七：維吉尼亞州夏洛特維爾的教堂告示表現了他們的「權威／顛覆」基本原則（攝影：Sarah Estes Graham）。

三月九日入夜後，麥維斯和布蘭德斯錄製了一段影片，證明布蘭德斯完全同意接下來要發生的事情。然後，布蘭德斯吞了一些安眠藥和烈酒，要求麥維斯咬下他的陰莖，麥維斯沒有成功。於是，麥維斯只好割下布蘭德斯的陰莖，此時布蘭德斯的神智仍是清醒的。接著，麥維斯用平底鍋煎了陰莖，用葡萄酒和蒜頭調味。布蘭德斯吃了一口，然後走到浴缸，準備流血至死。數小時後，布蘭德斯還沒死，麥維斯吻了他，刺穿他的喉嚨，然後把屍體掛在肉鉤上，把肉剁下來，放在冷凍庫裡，在接下來的十個月期間慢慢吃。麥維斯最終還是遭到逮捕，接受審判。然而，因為布蘭德斯是完全自願被殺的，所以這個案子第一次送審時，麥維斯被判的罪行是過失致死罪，而非謀殺罪[36]。

如果你的道德母體只限於自主倫理觀，那

麼這個案例極有可能讓你感到錯愕不已。你肯定會覺得十分不安，當中的暴力或許還會讓你的「關懷／傷害」基本原則開始作用起來。然而，如果試圖去譴責麥維斯或布蘭德斯，卻正好與約翰・彌爾的傷害原則相悖，我在第五章即已介紹了彌爾的傷害原則：「唯有在避免他人受到傷害的前提下，方能有正當的理由對文明社會的任一成員（在違背其意願下）行使權力。」彌爾原文的下一句如下：「說是為了此成員好，無論是生理上或道德上，皆不足以作為正當理由。」站在自主倫理觀的角度來看，人們有權力按照自己高興的方式過活，只要沒傷害別人就好，而且人也有權力依照他們高興的方式，在想要的時間去終結自己的生命，只要他們沒有家屬要倚靠他們撫養就好。布蘭德斯選擇的赴死方式既異常又噁心，但正如我的專題論文裡的賓大學生常言，光是因為某件事令人噁心反感，並不代表那件事是不對的。可是，多數人覺得這個案例**確實**有什麼地方錯得離譜，而且成年人雙方同意從事這樣的活動，應該是違反法律才對。這是為什麼呢？

試想，麥維斯服完刑期，出獄返回家中（假設一群精神病醫師證實麥維斯對於那些沒有明說要被吃掉的人，並不會造成威脅）。試想，他的家離你家只有一個街區的距離，那你會不會覺得他出獄回家令人不安？如果麥維斯在社會壓力下，被迫搬離你居住的城鎮，那你會不會覺得稍微鬆了一口氣？那麼，發生該件暴行的房子呢？別人要付你多少錢，你才會願意住進那房子一個禮拜呢？你會不會覺得，唯有那房子燒成了灰，才能燒盡裡頭的骯髒呢？

站在效益主義的角度來看，這些骯髒、污穢、淨化的感覺都是不理性的。然而，從史威德的神聖倫理觀來看，卻是十足合理的。麥維斯和布蘭德斯共謀，把布蘭德斯的身體視為一塊肉，還額外添上了一筆令人髮指的割性器官行為。兩人的行徑荒唐駭人，簡直是人類所能做出的最卑劣罪行，在第五章提及的神聖倫理觀肯定是位居最底層。唯有蟲與惡魔會吃人肉。可是，為什麼我們會如此在意別人是怎麼對待他們的身體？

大多數的動物生來就知道該吃什麼。無尾熊的感覺系統「在經驗前即已先建構好」，能引導無尾熊去吃尤加利樹的樹葉。然而，人類必須學習哪些東西可以吃，人類跟老鼠、蟑螂都是雜食性的。

雜食者的最大優點就是彈性，走進一片新大陸，就相信自己總能找到東西吃。然而，缺點就是新的食物可能有毒、受到微生物感染，或者布滿寄生蟲。「雜食者的兩難」（保羅．羅津創造的詞彙）[37]就在於雜食者必須尋找及探索哪些新食物能吃，並在證實食物安全可吃之前，保持謹慎的態度。

因此，雜食者一生都擁有兩種相互扞格的動機——「喜新」（受到新東西的吸引）和「恐新」（恐懼新東西）。喜新和恐新的程度高低，人人各有不同，而在後續幾章，這樣的差異會回過頭來幫助我們。自由派在喜新程度（亦稱為「經驗的開放度」）的得分比較高，不只喜歡嘗試新的食物，也喜歡新的人、新的音樂、新的概念；保守派在恐新程度的得分較高，偏好固守那些經考驗證明是好的東西，他們非常在意保衛疆界、界線、傳統。[38]

反感情緒的演化最初是為了最有效地因應雜食者的兩難[39]。個體若有適當調整過的反感，吃進的卡路里就會多於反感過度的親戚，吃進的危險微生物就會少於反感不足的親戚。然而，造成威脅的不光是食物而已。當早期的原始人從樹上下來，開始以較大的群體規模，居住在地面時，相互感染的風險以及彼此排泄物感染的風險，也就隨之大幅增加。心理學家馬克・沙勒（Mark Schaller）即證實，反感是其所謂的「行為免疫系統」的一環。行為免疫系統是一組認知模組，是由他人的感染或疾病跡象觸發，讓你想要遠離那些人[40]。如果要預防感染，與其讓微生物進入身體，然後希望生物免疫系統殺光每個微生物，倒不如清洗食物、驅逐痲瘋病患者或單純避開骯髒的人，要來得實在有效多了。

由此可見，促進「聖潔」基本原則演化背後的原始適應難題，其實就是需要避開病原體、寄生蟲，以及其他因生理接觸或靠近而擴散的威脅。構成此基本原則的關鍵模組的原始觸發物，包括了那些可預測物體或人體帶有危險病原體的味覺、視覺或其他的知覺模式（範例：人類屍體、排泄物、食腐動物（如禿鷹），以及身上有明顯傷口或潰瘍的人）。

然而，「聖潔」基本原則的目前觸發物則是各文化、各時代都非常不同，範圍又會擴展。人們對團體外成員所採取的態度，就是其中一種常見又直接的擴展現象。每個文化對待移民的態度各有差異，有些證據證明了自由開明與歡迎的態度常見於疾病風險較低的時代和地方[41]。瘟疫、傳染病、新疾病往往是由外國人帶進來的（而許多新的觀念、商品和技術也是如此），因此社會面臨的情況很類似雜食者的兩難，要在恐新和喜新之間取得平衡。

「聖潔」基本原則跟「權威」基本原則一樣，似乎在作為道德的基本原則方面，邁出的第一步都不太順利。它不就只是人對病原體的原始反應嗎？而這樣的反應不就造成了偏見和歧視嗎？既然我們有了抗生素，那麼就應該徹底拒絕這個基本原則，對吧？

可別這麼快就下定論。「聖潔」基本原則讓我們很容易就能把一些東西視為「不可碰觸」，這樣有好也有壞。好的是我們會覺得有的東西這麼神聖莊嚴，想要保護它，免得受到褻瀆；壞的是我們會以為有的東西太過骯髒污穢，而想要避開它。如果人類缺乏反感，我認為人類也不會有神聖感。如果你跟我有同樣的想法，認為最大的未解謎團之一，就是人們到底如何團結起來，組成大型的合作社會，那麼你對於神聖心理學或許會特別感興趣。人們對於物體（旗幟、十字架）、地方（麥加、跟祖國誕生有關的戰場）、人（聖人、英雄），為什麼會這麼樂意地視為價值無限？無論神聖心理學的源頭是什麼，都可有助於凝聚個體，組成道德社群[42]。如果道德社群裡有某個人褻瀆了其中一根支撐社群的神聖支柱，那麼大家肯定會回以快速、情緒化、集體又苛刻的反應。

最後，再將話題回到麥維斯和布蘭德斯，兩人並沒有以直接、實質或效益論的方式傷害任何一個人[43]。可是，他們褻瀆了西方社會的數項基本道德原則，比方說，我們都認為人類的生命至為珍貴，人類的身體不光是會走路的一大塊肉。他們倆踐踏這些原則，不是出於必需，不是為了追求更高的目標，而是為了滿足肉體的欲望。如果彌爾的傷害原則會讓我們不得禁止他們行動，那麼彌爾的傷害原則，似乎就不適合作為道德社群的根基。無論上帝存在與否，人們都會覺得有些人事物高貴、純潔又神聖，有些人事物低下、污穢又墮落。

我們能不能從麥維斯的案例中進一步瞭解政治呢？這案子太令人噁心了，沒辦法在研究中運用，我認為自由派和保守派肯定都會同聲譴責麥維斯（至於自由意志派我就不確定了）[44]。可是，如果我們把反感調降幾個刻度，就會看見左右兩派對於神聖、純潔等概念的運用有極大的差異。美國保守派比較可能談及「生活的神聖」和「婚姻的神聖」。保守派——尤以宗教保守派為然——比較可能把身體視為廟堂，裡頭裝著靈魂。保守派才不會把身體視為一副要發揮最大效率的機器，或者用來找樂子的遊樂場。

圖七．八的兩幅圖像，顯示了史威德在神聖倫理觀中提及的對比。上方的圖像是《貞潔的寓言》（*The Allegory of Chastity*）[45]，這幅十五世紀的畫作描繪聖母瑪利亞由紫晶岩抬起並受到保護的畫面，聖母的下方是一條溪流（代表她的純潔），由兩隻獅子守衛。這幅畫

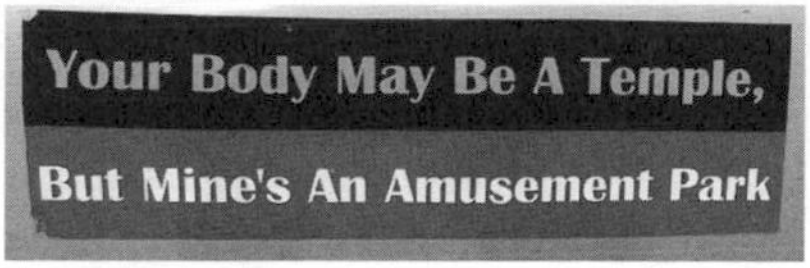
Your Body May Be A Temple,
But Mine's An Amusement Park

圖七・八：對於「聖潔／墮落」基本原則的兩種不同觀點。右：漢斯・梅林（Hans Memling）的《貞潔的寓言》（一四七五年）。上：維吉尼亞州夏洛特維爾的汽車貼紙，車上的另一張貼紙是支持民主黨參議員吉姆・韋伯（Jim Webb），證實車主傾向左派。

把貞潔描繪為一種美德，一種需要守衛的珍寶。

這個概念並不只是古老的歷史而已，還啟發了近至一九九〇年代美國境內的守貞誓約運動。「銀戒時尚」（Silver Ring Thing）團體要求成員發誓在婚前保持獨身貞潔。發誓守貞者可獲得一枚銀戒指，如婚戒般戴在手上，戒指刻上了聖經的經文編號，例如「帖撒羅尼迦前書四：三—四」。經文如下：「神的旨意就是要你們成為聖潔，遠避淫行；要你們各人曉得怎樣用聖潔、尊貴守著自己的身體」[46]。

然而，左派往往認為，貞潔的美德過時又存在性別歧視，應予以揚棄。邊沁極力主張我們要盡量增加快樂、減少痛苦。如果你的道德觀著重於個體及其有意識的經驗，那你肯定會覺得這世上怎麼會有人不把身體當成遊樂場？世俗的自由派往往諷刺虔誠的基督教徒是古板又怕享樂的假正經。

最常運用「聖潔」基本原則的是宗教右派，但宗教左派也會運用。你去新世紀（New Age）的雜貨店，就可以看見該基本原則的原始的「避開不純」概念。店裡販賣各種保證淨化「毒素」的產品。而在環保運動的一部分道德熱情底下，也可以發現「聖潔」基本原則。許多環保人士痛斥工業主義、資本主義、汽車，不只是因為其製造了實質的污染，也是出於更象徵性的污穢理由，那是自然的墮落，是人類原始本性的墮落，最後工業資本主義會毀掉自然和人性[47]。

若要瞭解美國文化戰爭，尤其是生醫議題，務必要先瞭解「聖潔」基本原則。如果徹底揚棄「聖潔」基本原則，就很難瞭解今日大多數的生醫爭議所造成的爭吵情況。墮胎的倫理問題就會變得只剩下這個問題：「胎兒究竟何時會有痛感？」由醫生協助的自殺變成了一件再明顯不過的好事：「受苦的人都應該獲准終結自己的生命，應該獲得醫療協助，以利無痛死亡」。至於幹細胞研究也會落得只剩下這種說法：「何不從婦產科診所裡那些休眠狀態的胎兒身上取出組織？反正它們又感覺不到痛苦，它們的組織能夠幫助研究人員開發療法，幫助有知覺的人免去痛苦。」

哲學家里昂．卡斯是史威德的神聖倫理觀及其根基的「聖潔」基本原則之重要代言人。

一九九七年，也就是桃莉羊成為首隻複製成功的哺乳動物一年後，卡斯發表文章，哀嘆科技往往抹去道德界線，讓人們益加深信自己可以為所欲為，而這樣的信念是很危險的。卡斯在〈反感的智慧〉（The Wisdom of Repugnance）這篇散文中，主張人類的反感有時能夠發出珍貴的警告。即使我們感到道德錯愕時，找不到受害者以證明這些感覺是正當的，但是反感的發生正是提醒我們做得太過頭了。卡斯的主張如下：

> 此處的厭惡感就跟他處一樣，其實是對人類過度任性的行徑產生嫌惡感，警告我們不要違背那些難以形容的深刻事物。在當今的時代，隨意做的事都可被容許，再也不用尊重天賦的人性，人體僅被視為自主理性意願的工具，然而厭惡感或許是唯一留存下來的聲音，大聲為人性的重要核心辯護。要是忘了怎麼嫌惡，擁有的不過是膚淺的靈魂。48

## 總結

本章一開頭即嘗試觸發讀者對第六章介紹的五個道德基本原則產生直覺。接著，把先天定義為「在經驗前先安排好」，有如書籍的初稿，會隨著不同文化裡的個體之成長而加以修訂。這個定義可讓我主張道德基本原則是先天的，具體的規範和美德則依文化而有所不同，因此若要在完稿的書籍中尋找普世性，肯定會上了當，裡頭沒有一段文字是各種人類文化都一模一樣的。然而，若要找出演化理論和人類學觀察結果之間的連結，倒是多少可以猜出普世的人性初稿有哪些內容。我試著猜出了當中的五種樣貌並提出合理的證明：

◎「關懷／傷害」基本原則的形成，是為了因應「關懷脆弱兒童」此項適應難題，使我們敏感得知哪些跡象代表著受苦和需求，使我們鄙視殘酷行徑，想要關懷受苦之人。

◎「公平／欺騙」基本原則的形成，是為了因應「獲得合作的報償並且不被利用」此項適應難題，使我們敏感得知哪些跡象代表著另一人可能是合作及互惠利他的好夥伴或壞夥伴，使我們想要躲開或懲罰叛徒。

◎「忠誠／背叛」基本原則的形成，是為了因應「組成及維持聯盟」此項適應難題，使我們敏感得知哪些跡象代表著另一人有沒有團隊精神，使我們信任及回報那些忠於團體的人，使我們想要傷害、放逐或殺死那些背叛我們團體的人。

◎「權威／顛覆」基本原則的形成，是為了因應「在社會階級制度裡建構有益於我們的關係」此項適應難題，使我們敏感得知哪些跡象代表著位階或地位，哪些跡象代表著他人的行為就其地位而言適不適當。

◎「聖潔／墮落」基本原則的形成，是為了因應「雜食者的兩難」此項適應難題，以及「在病原體與寄生蟲的世界裡生存」此項較為概括的難題。這項基本原則包含了行為免疫系統，可讓我們對於各種象徵物和威脅，持以謹慎的態度，使我們對物體予以不合理的極端（正面及負面）價值，這對於凝聚團體的向心力至關重要。

本章描繪了政治光譜的兩端是如何以不同方式或程度，仰賴著各項基本原則。左派主要仰賴的是「關懷」和「公平」這兩項基本原則，而右派運用了全部五項基本原則。如果此種說法為真，那麼左派的道德觀是否就像真味餐廳供應的食物？左翼的道德觀只能刺激一兩個味覺受體，而右翼道德觀能夠刺激更多的味覺，例如忠誠、權威、聖潔等，是這樣嗎？若是如此，是否代表保守派的政治人物有更多方法能抓住選民的心？

註釋：

1 例如 Luce and Raiffa 1957。

2 Marcus 2004, p.12.

3 Marcus 2004。此定義取自某兩頁的文字。前半的句子取自第三十四頁，後半的句子取自第四十頁，但全都屬於第三章的同一個討論。

4 根據最近的發現，狩獵採集型群體裡的基因親屬關係，沒有像人類學者長久假設的那樣密切（Hill et al. 2011）。然而，我認為親緣比例的下降是發生在數十萬年前，也就是文化複雜度增加的時候。我認為「關懷」基本原則在那之前的數百萬年前，業已經過修正及強化，當時人類大腦的尺寸增加，兒童時期延長。

5 例如，為了追蹤親緣程度，或者為了區分有意的傷害與無意的傷害，使你知道何時該對某個造成你兒子哭的人發脾氣，在此我重述了上一章的註腳，亦即這些模組並不是弗德在一九八三年原本定義的模組。弗德提出的標準十分嚴苛，較高的認知層次上幾乎沒有一樣能夠符合資格。至於較高認知層次如何進行部分的模組化，請見 Haidt and Joseph 2007 的討論。至於作為機能系統（而非大腦構造）的模組，請見 Barrett and Kurzban 2006。

6 Bowlby 1969.

7 評論請見 Sherman and Haidt 2011。

8 關於同理心的演化與神經學的最近研究報告，請見 Decety 2011。

9 人們對於暴力的反感程度，有長期穩定上升的情況，請見 Pinker 2011。例如，一九六〇年代，美國電影和電視節目很常把打老婆當成笑話，當時大家也可以接受。

10 有時，有政治意味的汽車貼紙會訴諸於恐懼或獲取金錢自利（例如，二〇〇八年共和黨的口號「在這鑽，立刻鑽，花費少」），但這種例子相較少見，多半都是流於說教的訴求。

11 對於那些不是美國人的讀者，我再度說明，我所說的自由派指的是政治左派。下一章的資料將顯示，在我們檢驗過的每個國家中，左派在「關懷／傷害」基本原則的得分高過於政治右派。

12 保守派的基督徒確實把一堆錢送往國外，也確實提供大量援助和救濟物品給窮人，但一般都是透過傳教團體進行，而傳教團體的宗旨是為了讓更多人信教。這仍算是一種狹隘的關懷，不是普遍的關懷。

13 這是達爾文的關注重點，《物種起源》和《人類的由來》（*Descent of Man*）二書皆有論述。我會在第九章回過頭來討論達爾文的謎團，以及達爾文提出的解決辦法。

14 Trivers 1971.

15 這一點在羅伯特．艾瑟羅德（Robert Axelrod）著名的一九八四賽局中即有細緻的呈現。在該賽局中，多種策略在電腦上透過演化模擬的方式相互競爭。沒有一種策略能以一報還一報的方式獲勝（然而，有關「贏就守，輸就變」的策略，請見 Nowak 2010 的討論。若考量到錯誤和誤解，「贏就守，輸就變」的策略是最優異的）。

16 Rozin et al. 1999; Sanfey et al. 2003.

17 我在本書即將印刷時親臨現場，並發表了一篇圖片報導，把道德基本原則理論應用在佔領華爾街的舉牌上。見 http://reason.com/archives/2011/10/20/the-moral-foundations-of-occup。

18 我認為茶黨的道德動機主要是合乎比例和因果的「公平」，而非自由。部分的自由意志派認為，茶黨的道德動機主要是自由。請見 Haidt 2010。

19 Sherif et al. 1961/1954, p. 94.

20 例如，男孩會自發組織起來以利團隊競賽，這種情況的發生頻率往往比女孩高多了（Maccoby 1998）。如果某項任務的框架是團體間的競賽，那麼男大生會變得更合作，而女大生並不會受到操控影響（Van Vugt, De Cremer, and Janssen 2007）。

21 Baumeister and Sommer 1997; Maccoby 1998.

22 Boehm 2012; Goodall 1986.

23 Keeley 1996.

24 Glover 2000.

25 這段經文來自《古蘭經》四：五六，英文的經文是由阿柏力（Arthur John Arberry）於一九五五年翻譯。如需進一步瞭解殺死叛教者之事，請見《古蘭經》四：八九，以及《聖訓》（Hadith，又稱《穆罕默德言行錄》）的諸多句子，例如《布哈里聖訓》五二：二六〇、

《布哈里聖訓》八四：五八。
26 自由派學者往往會指出這點（如 Gray 1995）。以下網站有許多研究結果：www.YourMorals.org。請見 Iyer et al. 2011。
27 Coulter 2003.
28 社會學家羅伯特・尼斯貝（Robert Nisbet 1993/1966）在著作的第一章及第四章強力主張的論點。
29 Boehm 1999; de Waal 1996.
30 De Waal 1996, p. 92.
31 原本的英文譯文取自 L. W. King 的譯文，見 www.holyebooks.org/babylonia/the_code_of_hammurabi/hamo4.html。
32 這段內容取自於費斯克的網站上的理論評論：www.sscnet.ucla.edu/anthro/faculty/fiske/relmodov.html。如需完整的理論介紹，請見 Fiske 1991。
33 演化故事其實更為複雜，下一章會闡述人類歷經長時間的平等主義之重要事實。目前，我希望讀者只要思量人類有一些認知模組的可能性，而這些模組會使多數人善於察覺及關注階級與敬意。
34 De Waal 1996; Fiske 1991.
35 此處解釋階級低的人為何往往會支持階級制度。更多細節，請見 Haidt and Graham, 2009。亦可參考「體制合理化理論」（system justification theory），如 Jost and Hunyady 2002。
36 大眾對過失致死罪的判決結果感到氣憤不已，檢察署提出上訴，原判決撤回再審，最後麥維斯被判謀殺罪，處以無期徒刑。關於此案例的完整紀錄，請見 Stampf 2008。
37 羅津於一九七六年採用此詞彙，後來麥可・波倫（Michael Pollan）借用此詞彙當成書名，該書十分暢銷。
38 McCrae 1996.
39 Rozin and Fallon 1987。我們不知反感何時產生，但我們知道反感的情緒在其他動物身上都找不到。在判斷食物能不能吃時，唯有人類是依據食物碰過了什麼，或者處理食物的對象是誰，其他的哺乳類動物都是依據食物嘗起來或聞起來的味道。
40 Schaller and Park 2011.
41 Thornhill, Fincher, and Aran 2009。沙勒的團隊甚至證明他們能讓加拿大學生對不熟悉的移民提高恐懼，只要把疾病和感染的圖片拿給學生看就行了。如果拿別種可怕圖片（例如遭電擊死亡的圖片）給學生看，恐懼感反而沒有那麼強烈（Faulkner et al. 2004）。
42 第九章和第十一章會闡述神聖和宗教的演化來源。
43 或許會有人提出反對，認為他們的行為肯定會讓人在知道此事件後感到噁心和不適。不過，按照這種論點邏輯，只要社群對同性戀性交或不同種族性交，或食用雞腳魚眼等食物而感到噁心，就會禁止這類行為，即使是在自己家中私下做也不行。
44 平均而言，自由意志派體驗到的同理心和反感程度較少（Iyer et al. 2011），而且更願意讓人違反禁忌（Tetlock et al. 2000）。
45 德國出生的畫家漢斯・梅林於一四七五年繪製的作品。收藏於巴黎的雅克馬爾安德烈美術館（Musée Jacquemart-André）。如需此幅畫作的資訊，請見 http://www.ghc.edu/faculty/sandgren/sample2.pdf。
46 原文使用新標準修訂譯本（NRSV），中文譯本引用現代標點和合本聖經。
47 請見 D. Jensen 2008 作為範例參考。
48 Kass 1997.

# 8 保守派的優勢

二〇〇五年一月，我應邀演講，在夏洛特維爾的民主黨面前說明道德心理學。我欣然接受這個機會，畢竟二〇〇四年我花了不少時間擔任約翰．凱瑞的總統競選活動講稿撰寫人，不是有錢領的那種撰稿人，只是每天晚上遛狗時，暗自在心裡針對凱瑞發表的一些無效訴求加以重新撰寫。比方說，凱瑞在民主黨全國大會上，發表了正式接受提名的演講，逐一說出布希政府犯下的各種錯誤，而且每說完一種錯誤，隨即表明：「美國可以做得更好」、「幫手來了」。第一個口號跟任何一種道德基本原則都扯不上關係，第二個口號只稍微跟「關懷／傷害」基本原則扯上一點關係，但唯一的前提是，你認為美國是由一群無助的公民組成的國家，需要民主黨總統的關懷。

在我重新撰寫的演說稿裡，凱瑞會逐一說出布希在競選活動時許下的承諾，並在每說完一個承諾後，拋出問句：「喬治，你會付錢嗎？」這句簡單的口號會讓布希提出的許多新計畫——再加上減稅以及兩場戰爭的大量花費——看起來像是順手牽羊，而不是慷慨大方。凱瑞原本可以刺激到「公平／欺騙」基本原則的叛徒偵測模組。

我在夏洛特維爾的民主黨面前發表演說，想傳達的訊息很簡單：**共和黨瞭解道德心理學，民主黨不瞭解**。長久以來，共和黨都心知肚明，掌控政治行為的是大象，不是騎象人，而且共和黨懂得大象的運作方式[1]。共和黨的口號、政治廣告、演講都直接針對直覺而來，舉共和黨在一九八八年推出的惡劣廣告為例，該廣告呈現出黑人威利．霍頓（Willie Horton）的嫌犯檔案照，霍頓在某次的週末假釋出獄時，冷血犯下一件謀殺案，而實施週末假釋政策的人，正是主張「輕打犯罪」的民主黨候選人麥可．杜凱吉斯（Michael Dukakis）州長。民主黨的訴求往往直接針對騎象人，強調民主黨為選民制定的具體政策，會為選民帶來的利益。

老布希和小布希這兩位總統都有能力令觀眾流淚，也都坐擁鉅額財富，可以對抗那些頭腦理智、情緒冷靜的民主黨候選人（麥可．杜凱吉斯、高爾、凱瑞）。在富蘭克林．羅斯福之後，只有一位民主黨人贏得兩次總統選舉，那就是柯林頓，他具備了合群、善於演說的特質，聲音還能感染聽者的情緒，這絕非巧合，他懂得迷住大象的訣竅。

某些民主黨人批評共和黨之目的，是為了引起恐懼。然而他們的目的不僅止於此，共和黨觸發了道德基本原則理論提及的所有直覺。共和黨也可以跟民主黨一樣，大談無辜的受害者，說有害的民主黨策略造成無辜者受害，也可以談公平，尤其能說民主黨不公平，把努力工作又節儉的人的稅金，拿去支持騙子、懶鬼和不負責任的蠢蛋。然而，尼克森之後的共和黨對於忠誠（尤其是愛國主義和軍人美德）和權威（例如尊敬父母、老師、長者、警察、傳統）的訴求，抱持近乎獨裁的態度。一九八〇年，雷根競選活動期間，共和黨納入了基督教保守派，成為重視「家庭價值」的黨派，共和黨承繼了基督教對於聖潔和性行為的強烈主張，使共和黨得以把民主黨描繪成所多瑪與蛾摩拉之黨派。這種由五項基本原則組成的道德觀反對犯罪率增加、局勢混亂的一九六〇年代和一九七〇年代，迎合了多數人的想法，甚至連許多的民主黨員（所謂的雷根民主黨員）都深受吸引。相反的，民主黨自一九六〇年代後提出的道德願景就顯得狹隘了，太過於重視幫助受害者以及捍衛受壓迫者的權利。民主黨只提供糖（關懷）和鹽（公平與平等），可是共和黨的道德觀吸引了全部五種味覺受體。

以上就是我在夏洛特維爾的民主黨面前所說的故事。我不怪共和黨狡詐，要怪也要怪民主黨對心理學的認識未免太過天真無知。我以為這些民主黨聽了會很生氣，可是在連續輸給小布希兩次之後，民主黨求知若飢，亟欲知道敗選原因，因此似乎願意對我提出的理由好好思考一番。然而，當時我提出的理由尚且只是猜測，還沒收集資料來支持我的主張，無法證明保守派回應的道德味覺種類比自由派還要多[2]。

## 測量道德

幸好，該年一名研究生來到維吉尼亞大學，我們倆可說是天生絕配，要是Match.com提供方法，替指導教授和研究生配對，那麼傑西．葛拉罕（Jesse Graham）肯定是最棒的夥伴了。傑西畢業於芝加哥大學（有學術背景），獲得哈佛神學院大學學位（完全理解宗教），然後在日本教了一年英文（有跨文化經驗）。傑西在第一年的研究專案期間，設計了一份問卷，測量受試者在五種道德基本原則上得到的分數。

我們兩人跟我同事布萊恩．諾塞克通力合作，設計了初版的道德基本原則問卷（Moral Foundations Questionnaire，簡稱MFQ）。問卷開頭的指示如下：「你在決定某件事的是非對錯時，下列考量因素會對你的思考造成多大程度的影響？」然後，我們說明答案的數字是代表程度，0是「毫無影響——這項因素完全不會影響我對是非對錯的判斷」，5是「重大影響——我判斷是非對錯時，這是極重要的因素」。然後，我們列出了十五個陳述句（每項基本原則會有三個陳述句），例如：「對方是否殘酷」（「關懷」基本原則），「對方是否不尊敬權威」（「權威」基本原則）。

布萊恩是 ProjectImplicit.org 的負責人，這個網站是網路上最大的研究網站之一，使我們得以在一週內徵求到一千六百位受試者填寫道德基本原則問卷。傑西把資料繪成圖表，結果發現當中的差異正如我們預期。我把傑西的圖表重新印製在圖八・一，圖中最左側是自稱「非常自由派」的人的回應，而沿著這政治光譜移動，中間是中立派，最右側是自認「非常保守派」的人[3]。

如你所見，在這整張圖表當中，「關懷」和「公平」的線條（最上方的兩條線）都是相當高的。每個人——不管是左派、右派還是中立派——都表示，慈悲、殘忍、公平、不公等因素都會影響到自己的是非對錯判斷。然而，這兩條線都漸漸往下。跟保守派相較之下，自由派認為這些因素跟道德觀比較有關係。

然而，審視「忠誠」、「權威」、「聖潔」這三項基本原則時，情況就相當不同了。自由派大都揚棄這些考量因素，使得這三種基本原則跟「關懷」和「公平」兩種基本原則之間形成極大的鴻溝。我們或可簡略地這麼說：「自由派的道德觀是由兩種基本原則構成。」[4]可是，「忠誠」、「權威」、「聖潔」的線條是越往右越往上爬，到了「非常保守派」的等級，所有的五條線都匯聚在一起。我們可以簡略地這麼說：「保守派的道德觀是由五種基本原則構成。」不過，保守派關注的道德價值和議題範圍真的比自由派還要廣泛嗎？還是說，我們恰好問了特定的問題，才會導致這個模式出現？

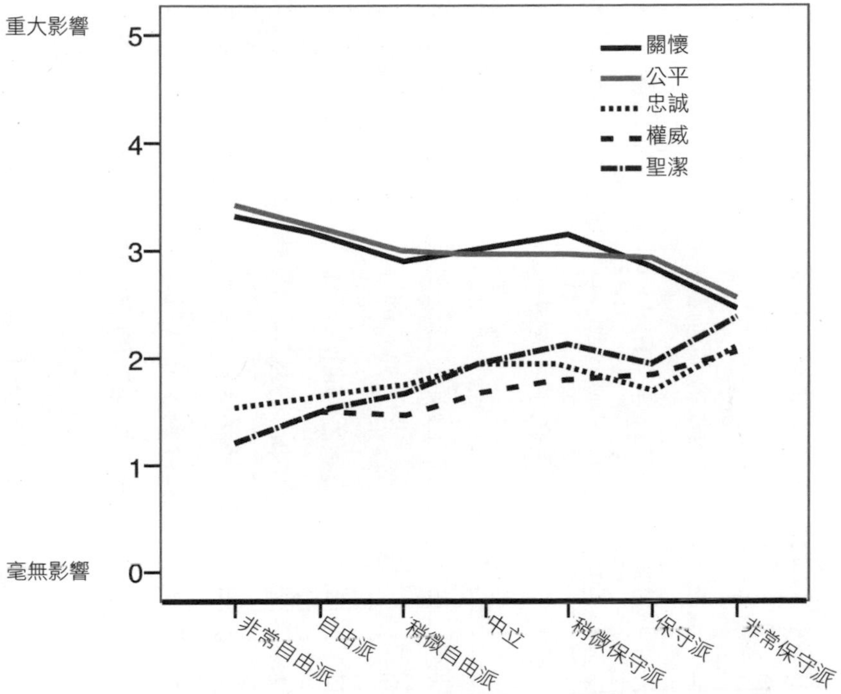


圖八．一：道德基本原則理論的第一個證據（獲准改編。來源：Graham, Haidt, and Nosek 2009，第一〇三三頁；美國心理學會出版）。

接下來的一年，傑西、布萊恩和我對道德基本原則問卷做了一些改進。我們增加了一些問題，請受試者評定自己對陳述句的同意程度，而這些陳述句是為了觸發各基本原則的相關直覺。舉例來說，你是否同意以下的「關懷」型問題：「傷害一隻無法自衛的動物，是人所能做的極惡劣行徑嗎？」那麼以下的「忠誠」型問題：「有團隊精神比表達自己更為重要。」你又有何看法？傑西的原始研究結果再度漂亮現身，我們發現背後的模式跟圖八・一一樣，而且美國以外國家的受試者也有同樣的結果[5]。

於是，我在發表道德心理學的演說時，都會出示這些圖表。二〇〇六年秋季，南加大研究生拉維・伊耶（Ravi Iyer）聽了我的演講之後，寄了一封電子郵件過來。拉維正在研究人們對移民的態度，不知道我是否願意讓他使用道德基本原則問卷進行研究。拉維是一名網路程式設計師，具有精湛的技術，願意幫忙傑西和我建立網站，把我們的研究放到網路上。大約與此同時，加州大學爾灣分校研究生賽娜・柯勒維（Sena Koleva）也問我願不願意讓她使用道德基本原則問卷。當時，賽娜與指導老師彼得・狄托（第四章已提及狄托的「動機型推理」研究）正在研究政治心理學。拉維和賽娜提出的請求我都答應了。

每年一月，全球各地的社會心理學家都會齊聚一堂，參加一場會議，瞭解彼此的研究，還有八卦、交朋友、吃吃喝喝。二〇〇七年，該場會議是在田納西州的曼菲斯舉辦。某天深夜，拉維、賽娜、彼得、傑西、我，大夥兒聚在旅館的酒吧裡，相互分享研究結果，進一步認識彼此。

我們五個人在政治上都是自由派，卻也都關切自由派人士對政治心理學採取的態度。這麼多項研究的目標都是為瞭解釋保守派的問題（為什麼保守派不像一般人那樣，擁抱平等、多元化和改變？）。當天，在一場政治心理學的會議當中，好幾位講者對保守派開了一些玩笑，或者說布希總統的認知能力有限之類的。我們五個人全都覺得這樣不對，在道德上不對（觀眾裡可能有少數的保守派，而這樣的玩笑會營造出有敵意的氣氛），在科學上也不對（開這種玩笑話就表示背後有動機想要達到某種結論，而我們全都很清楚，人要做出自己想要的結論有多容易）[6]。我們五個人全都深切關注美國政治生活的兩極化和無禮現象，我們想要運用道德心理學，幫助政黨的死忠支持者相互瞭解，彼此尊重。

我們針對未來的研究討論了幾個想法，而拉維對於每個想法都會說：「你知道嗎，我們可以在線上做」。拉維提議建立網站，大家可以在首次瀏覽網站時註冊，以便參與數十個道德與政治心理學研究。然後，我們就可以把大家全部的答案連結起來，替每一位（匿名）訪客製作一份全面的個人道德檔案。我們為了謝謝訪客的付出，也會把詳細的意見反應提供給訪客，讓他們知道自己跟別人比較起來如何。如果我們把意見反應弄得夠有趣，那麼他們就會把這個網站告訴朋友。

接下來幾個月，拉維設計了 www.YourMorals.org 網站，而我們五個人通力合作，改善網站。五月九日。我們獲得維吉尼亞大學倫理委員會的許可，終於可以進行研究，而網站在隔天就上線了。在短短的幾週內，每天都會有十名以上的訪客瀏覽網站。後來，八月的時候，科學作家尼可拉斯．魏德（Nicholas Wade）訪問我，於是一篇講述道德根源的文章登上了《紐約時報》[7]，魏德在文中提到了我們的網站。那篇文章是在九月十八日見報，等到那一週結束時，已經有兩萬六千名新訪客填完了一份或多份的調查問卷。

圖八．二顯示的資料是二〇一一年的道德基本原則問卷資料，受訪者超過十三萬人。自從傑西設計出第一份簡單的調查問卷之後，我們已經做了許多改善，但我們總是能看到傑西在二〇〇六年發現的同一種基本模式。「關懷」和「公平」這兩條線往下傾斜，「忠誠」、「權威」、「聖潔」這三條線往上傾斜。自由派重視「關懷」和「公平」的程度遠勝於另外三種原則；保守派對於所有五種基本原則的認同程度則是大略相同[8]。

無論我們怎麼提問，這個基本差異依舊存在。比如說，在某個研究中，我們問受訪者，他們在選擇特定犬種當寵物時，多少會重視哪些特性。你認為以下的特性最吸引政治光譜上的哪一方呢？

- 個性非常溫和的犬種。
- 心智獨立並且把主人視為平起平坐之朋友的犬種。

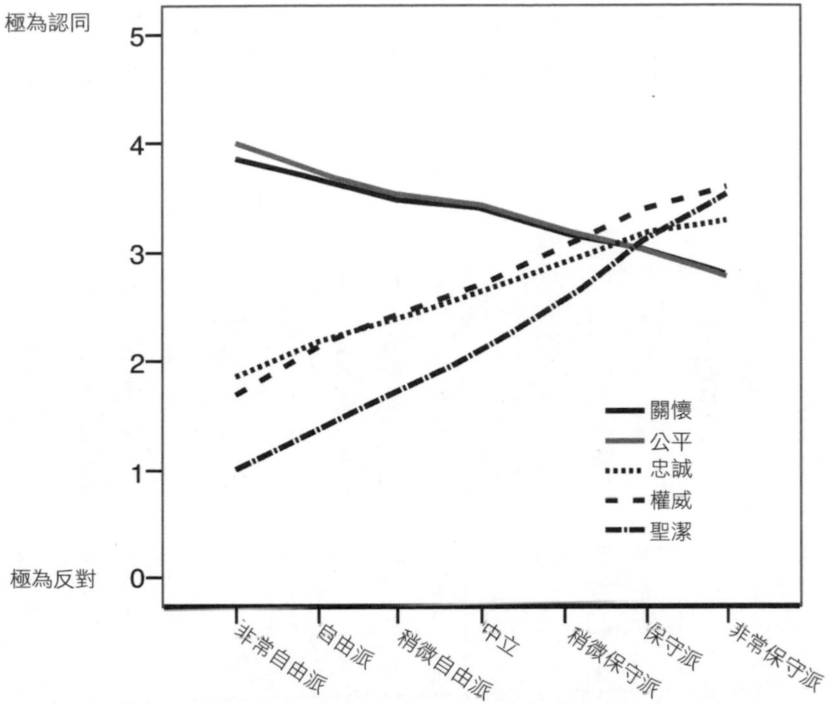


圖八．二：二〇一一年十三萬兩千位受訪者的道德基本原則問卷分數，資料取自 YourMorals.org。

● 對住家和家人極為忠誠並且不會很快跟陌生人混熟的犬種。
● 非常服從並且容易訓練成聽從命令的犬種。
● 非常乾淨並且像貓那樣注重自身衛生的犬種。

我們發現人們想要的狗正好符合他們的道德母體。自由派想要的狗是個性溫和（符合「關懷」基本原則的價值觀），並且把主人視為平起平坐的朋友（符合「公平」基本原則）。相反的，保守派想要的狗是忠誠（符合「忠誠」基本原則）又服從（符合「權威」基本原則）（「聖潔」這一項並沒有特定傾向哪一派，而且兩派都喜歡乾淨的狗）。

圖八・二顯示的匯聚模式不只是我們在網路問卷調查發現的現象，我們在教堂也發現了同樣的情況。傑西弄到了一神論（自由派）教堂發表的數十篇布道講詞，以及南方浸信會（保守派）教堂發表的數十篇布道講詞。在閱讀布道講詞之前，傑西找出數百個跟各基本原則有關的用詞（例如，**和平**、**關懷**、**慈悲**是「關懷」基本原則的正面用詞，**痛苦**、**殘酷**、**殘忍**是負面用詞；**服從**、**義務**、**榮耀**是「權威」基本原則的正面用詞，**蔑視**、**不敬**、**反叛**是負面用詞）。然後，傑西使用一個名為LIWC的電腦程式，來計算這兩種布道講詞中每個用詞出現的次數[9]。這種簡單率直的方法證實了我們從道德基本原則問卷獲得的研究結果。一神論的牧師比較常使用「關懷」和「公平」這兩種基本原則的用詞，浸信會比

較常使用「忠誠」、「權威」、「聖潔」這三種基本原則的用詞[10]。

我們在腦波也發現了同樣的模式。我們跟維吉尼亞大學的社會神經學者傑米・莫里斯共同合作，請自由派和保守派的學生閱讀六十個句子。這六十個句子有兩種版本，一種版本贊同的概念是符合某一特定基本原則，另一種版本則是反對該概念。舉例來說，有一半的受試者會讀到「工作場所徹底平等是必要的」，而另外一半的受試者會讀到「工作場所徹底平等是不切實際的」。受試者戴上特殊的腦波帽，這樣每個句子逐一在螢幕上閃現時，就可測量受試者的腦波。之後，我們會查看腦電圖，判斷誰的腦袋在關鍵字（例如：**必要**相對於**不切實際**）出現時顯示出驚訝或詫異的證據[11]。

如果螢幕上顯示的句子否定「關懷」和「公平」這兩種基本原則，自由派的腦袋呈現出的驚訝反應多過於保守派的腦袋；如果句子認同「忠誠」、「權威」、「聖潔」這三種基本原則，自由派的驚訝反應也多過於保守派（例如，「青少年應遵從父母的意見」相對於「青少年應質疑父母的意見」）。換句話說，人在選擇「自由」或「保守」的標籤時，不只是認同調查問卷上的不同價值觀。政黨死忠支持者的腦袋聽見某一陳述句之後的前半秒鐘，反應就已經有了差異。這些最初閃現的中立活動**就是**人象，大象稍微傾斜，然後導致騎象人的推理有了差異，騎象人會尋找不同種類的證據，然後做出不同的結論。直覺先來，策略推理後到。

## 人們為何投票支持共和黨？

當年歐巴馬最終贏得民主黨提名競選總統，我非常高興。民主黨終於選出了道德味覺較廣的候選人，涵蓋全部五種基本原則。歐巴馬在《歐巴馬勇往直前》（*The Audacity of Hope*）一書中，表明自己雖然是個自由派，卻也理解保守派重視秩序需求與傳統價值的主張。父親節當日，歐巴馬在一間黑人教堂發表演說，讚揚婚姻和一父一母的傳統家庭，還呼籲黑人男性為自己的孩子擔負起更多責任[12]。他在發表愛國主義的演說時，批評一九六〇年代自由派的反文化行為，比方說，燒美國國旗、不尊重越戰退伍軍人等[13]。

然而，二〇〇八年夏季，隨著時間的推移，我開始擔心起來。歐巴馬在某個重要的公民權利組織發表演說，內容全都圍繞著社會正義和企業貪婪[14]。這場演說只運用「關懷」和「公平」這兩種基本原則，而公平往往是指平等的結果。歐巴馬在柏林發表的演講，把自己稱為「世界公民」，還提及「全球公民」[15]。那年夏天稍早，他不願像一般美國政治人物那樣，在西裝外套的翻領上配戴美國國旗胸章，引起了一場爭議。在自由派的眼裡，這場爭議似是荒唐可笑，可是柏林的演說卻加深了保守派新提出的看法，也就是歐巴馬是個自由派的普世主義者，不能信任他，他不會把自己國家的利益放在其他國家前面。歐巴馬未能奠基於「忠誠」基本原則，對手約翰．麥肯（John McCain）利用這點，在競選活動打出以下口號：「國家第一」。

我擔心歐巴馬的下場會跟高爾和凱瑞一樣，於是寫了一篇文章，把道德基本原則理論應用在總統競選上。我想要向民主黨表明，他們在談論政策議題時，要採取哪些方式才能運用兩種以上的基本原則。約翰・布羅克曼（John Brockman）在 Edge.org 負責經營一個線上科學沙龍，他邀請我在 Edge 發表該篇文章[16]，只要我把多數的建議給拿掉，專注說明道德心理學方面即可。

我把該篇文章取名為〈人們為何投票支持共和黨？〉（What Makes People Vote Republican?），文章開頭概述了數十年來的心理學家提出的一些標準理由。比方說，保守派之所以是保守派，是因為他們是由過度嚴格的父母撫養長大，或者是因為他們非常害怕改變、新奇和複雜的事物，或者是因為他們受苦於存在的恐懼，從而緊抓著簡單又沒灰色地帶的世界觀[17]。這些說法全都有一個共通點，亦即採用心理學把保守主義給解釋打發過去。這些說法使得自由派不用認真看待保守派的想法，因為保守派的想法都是源自於不開心的童年或醜陋的人格特徵。我建議採取極為不同的態度，一開始要假設保守派就跟自由派一樣真誠，然後再使用道德基本原則理論來理解兩派的道德母體。

該文的中心思想認為，要建立一個社會，讓彼此毫無關係的人可以和平共存，不啻是一大難題，而因應這個難題有兩種極為不同的方法，方法一請見約翰・彌爾的看法，方法二請見偉大的法國社會學家艾彌爾．涂爾幹的看法。我對彌爾的版本作出以下描述：

首先，假設社會是一份專為眾人共同利益所擬定的社會合約，所有個體都是平等的，全都可以隨意自由遷徙、培養才能、建立關係。契約型社會的守護神是約翰．彌爾，彌爾在《自由論》（*On Liberty*）寫道：「唯有在避免他人受到傷害的前提下，方能有正當的理由對文明社會的任一成員（在違背其意願下）行使權力。」彌爾的願景吸引了許多自由派和自由意志派人士。彌爾的社會若達到最佳狀態，會是一個和平、開放又有創意的地方，不同的個體尊重彼此的權利，並自願團結起來（如歐巴馬一再呼籲的「團結」），幫助那些需要幫助的人，或者基於共同利益而去更改法律。

我說明此一社會願景是如何只倚賴「關懷」和「公平」這兩種基本原則。如果你假設每個人都會倚賴這兩種基本原則，就等於假設民眾看見殘忍不公的行為會感到困擾，從而有了動機去尊重彼此的權利。接著，我提出涂爾幹的願景，與彌爾的願景做一對照。

現在，假設社會不只是個體之間的協約，也是人們為了想辦法共同居住、建立彼此的關係、壓抑彼此的自私、懲罰那些不斷威脅要破壞合作團體的異常者和自由個體，而在一段時間之後萌芽的有機物。社會的基本單位不是個人，而是階層分明的家庭，家庭又是其他制度的原型。這類社會中的個體一出生就是處於強大又壓抑的關係中，使得個體的自主精神大幅受限。這個更有約束力之道德體制的守護神是社會學家艾彌爾．涂爾幹。一八九七年，涂爾幹對脱序（無規範）帶來的危險提出警告，他寫道：「人要是在自己所屬的上方看不見任何東西，就無法依附更高的目標，也無法遵守規定。人要是不受任何社會壓力的約束，就無異於放棄自己，步上道德敗壞之路」。涂爾幹的社會若達到最佳狀態，會是一個穩定的人際網，由層級套疊的眾多團體構成，可讓個體社會化，改造及照顧個體。如果個體無依無靠，就會追求膚淺、肉欲、自私的樂事。涂爾幹的社會重視自我控制甚於自我表達，重視義務甚於權利，重視忠於所屬團體甚於關切外團體。

我說明涂爾幹型社會無法光靠「關懷」和「公平」這兩種基本原則支撐[18]，還必須建立在「忠誠」、「權威」、「聖潔」這三種基本原則之上。接著，我說明美國左派之所以無法瞭解社會保守派和宗教右派，是因為左派把涂爾幹型的世界看成在道德上是可憎的[19]。涂爾幹型的世界往往重視階級、懲罰、宗教，侷限個人的自主，認同傳統，而這通常包括認同傳統性別角色。自由派肯定要反抗這樣的社會願景，更遑論尊敬了。

如果你的道德母體全然倚賴「關懷」和「公平」這兩種基本原則，那麼「合眾為一」

（E pluribus unum）這句非正式的美國格言蘊含的神聖意義，就很難聽進你的耳裡了。所謂的「神聖」是指上一章講述「聖潔」基本原則時介紹的概念。神聖就是有能力認同那些價值無限的概念、物件、活動，尤其是那些能把一群人凝聚成一實體之概念、物件、活動。「眾」（即不同的人）轉變為「一」（即國家），是地球上每個成功的國家都會發生的奇蹟[20]。國家若停止落實這項奇蹟，就是衰退或分裂之時。

一九六〇年代，民主黨成為「眾」之黨。民主黨一般都是頌揚多元化，支持移民而不去同化移民，反對英文成為美國的國語，不喜歡配戴美國國旗胸章，把自己稱為世界公民。怪不得自從一九六八年之後，民主黨在總統選舉的表現向來很差[21]。總統可是社會學家羅伯特・貝拉（Robert Bellah）所稱的「美國公民教」[22]之主教，總統必須提及上帝的名字（不是耶穌），必須讚揚美國的英雄和歷史，必須引述神聖的條文（《獨立宣言》和《憲法》），必須實施「合眾為一」的聖餐變體。試問，天主教難不成會選出一名拒說拉丁語的主教？或者虔誠信仰多神的主教？

我在該文的其餘部分，建議民主黨停止把保守主義視為一種應去除的病狀，要開始思考「關懷」和「公平」以外的道德觀。我敦促民主黨，在訊息的傳達上，在公共政策與國家最大利益的看法上，都要更常運用「忠誠」、「權威」、「聖潔」這三種基本原則，以利跨越民主黨與共和黨之間那條神聖的鴻溝[23]。

## 我忽略了什麼

該篇文章引起讀者強烈的回響，他們有時會寄電子郵件，跟我分享他們的想法。左派有許多讀者仍舊把自己鎖在「關懷」型道德母體裡，不願相信保守主義是另一種道德願景。比如說，有一名讀者就表示，他同意我的診斷，卻認為自戀是我未提及的另一個因素。他寫道：「他們（共和黨）就是缺乏慈悲心，自戀狂也同樣缺乏這個重要的人類特性。」他認為共和黨是「生病」了，但他們自戀，無法理解他的看法，真叫人「傷心」。

右派的反應通常比較正面，許多有軍事或宗教背景的讀者發現我呈現的右派道德觀很精確又有用。以下為其中一封電子郵件：

前陣子，我從服役二十二年的美國海岸防衛隊退休……退休之後，我接受了一份（政府科學機構的）工作，（新辦公室的）文化比較偏向自由獨立模式……我發現這個機構充滿了個人主義和內鬥的氣氛，為此犧牲了較大的目標。在軍中時，只要一小群努力的人，運用有限的資源，就能完成偉大的行動，這一點總是在我心中留下深刻的印象。在新的團隊裡，要是我們真的能完成一件事，那才叫我印象深刻呢。[24]

我也收到不少憤怒的回應，尤其是經濟保守派，他們認為我誤解了他們的道德觀。某位讀者寄來的電子郵件主旨寫著「你的腦袋塞進屁股裡了吧」，他是這麼解釋的：

我選共和黨，是因為我反對別人（權威人士）拿走我（辛苦賺來）的錢，送給沒生產力、專拿福利金的單親媽媽，生出的小孩將來就變成民主黨。很簡單……你是個讀太多書的「哲學家」，拿人手軟，拿了錢就問些笨問題，想出「合理的」答案……去吃些迷幻藥，讀點榮格吧。

另一名生氣的讀者在部落格的討論區張貼了他自己的「選民主黨的十五大理由」。第一名的理由是「智商低」，其他的理由卻透露了他的道德母體及其核心價值。部分理由列舉如下：

- 懶惰。
- 你想要不勞而獲。
- 你需要把自己的問題怪在別人身上。
- 你害怕個人要擔負義務，不然就是單純不願意接受任何義務。

● 你鄙視那些辛苦賺錢、過自己生活、生老病死都不靠政府的人。
● 你有五個孩子，孩子的爸有三個人，你需要福利金。

這些電子郵件的內容都跟道德有關，我卻很難用道德基本原則理論替這些內容分類。多半的內容都跟公平有關，但這種公平跟平等毫無關係。這種公平屬於新教徒的工作倫理和印度的業力因果律，亦即「要怎麼收穫先怎麼栽」的道理。努力工作的人應該要能夠保有勞力的成果，不負責任的懶惰鬼應該要吃苦頭。

這封電子郵件以及經濟保守派的其他回應，使我明白自己和 YourMorals.org 的幾位同事在理解保守派的公平觀點方面做得並不好。其實，保守派關注的是比例，不是平等，人們做了多少，就該得到多少。當初我們假設平等和比例都是「公平」基本原則的一部分，可是我們用來衡量「公平」基本原則的那些問題，多半是跟平等和平等權利有關，造成我們以為自由派比較在乎公平，而這一點讓經濟保守派對我氣憤不已，他們認為自由派根本不在乎公平（也就是保守派眼中的比例）。

比例和平等是否正如我們原先的假設，其實指的都是同一個基本認知模組，只是措辭不同而已？比例和平等是否如同羅伯特．崔佛斯所述，其實都跟互惠利他有關？要解釋人們為何在意比例並熱切抓出叛徒，可說是輕而易舉之事，畢竟我們跟可靠的夥伴交換利益時，自己也能從中得利，崔佛斯對此有一番分析。可是，那平等呢？自由派對政經平等的關切，真的跟互惠利他有關嗎？人們對霸凌者和壓迫者的暴躁怒意，跟人們對叛徒的怒意是一樣的嗎？

我探討了狩獵採集者的平等主義，發現了一個強而有力的論點，可以把這兩種公平給區分開來。人對平等的渴望似乎跟自由與壓迫心理學比較有關係，跟互惠與交換心理學的關係反而沒那麼密切。我跟 YourMoral.org 的同事討論過這些議題，並對各種的公平與自由進行一些新的研究，然後決定暫時加上第六項基本原則——「自由／壓迫」[25]。我們也決定修訂我們對公平的想法，更著重於比例。容我在此解釋。

## 自由／壓迫基本原則

我在上一章建議，人類如同靈長類祖先，先天就準備好在統治階層下生存，而這統治階層有可能是相當殘忍的。然而，假設此種說法為真，為什麼游牧的狩獵採集者總是講平等主義？沒有階級（至少成年雄性沒有），沒有首領，而群體的規範往往積極鼓勵大家分享資源，尤其是肉[26]。人類學的證據支持這種看法，這表示我們的祖先數十萬年都是活在游牧的狩獵採集者的平等主義價值觀之下[27]。大約在群體開始從事農業或馴養家畜，並且傾向定居時，階級制才變得廣泛起來。這些改變造成了更多的私有財產和更大的群體，還讓平等畫上了句點。首領、領袖或精英階級往往能獲得最好的土地，人們生產的每樣東西，他們也都能取得一份，而他們也會帶著部分的財富進入墳墓，這讓之後的人類學家解釋起來可輕鬆多了。那麼，人類的心智「在經驗前即已先建構好」接受階級？還是接受平等？

人類學家克里斯多福・伯姆（Christopher Boehm）認為答案是階級。伯姆在職涯初期專門研究部落文化，也曾跟珍・古德（Jane Goodall）一起研究黑猩猩。他發現人類和黑猩猩在表現統治與服從的方式，可說是極為類似。他在《森林裡的階級》（*Hierarchy in the Forest*）一書中，判定人類先天便有階級傾向，但在最近這一百萬年期間的某個時間點，人類的祖先經歷了「政治轉型」，奉行平等主義的生活，方法是團結起來，控制、懲罰及殺害那些試圖統治群體、並且可能奪取最高地位的雄性。

地位最高的雄性黑猩猩其實並不是群體的首領，牠們要做一些公共服務，例如調解衝突[28]。然而，大多數的時候，**霸凌者**這三個字還比較適合牠們，牠們想拿什麼就拿什麼。可是，就算是黑猩猩，下位者有時也會聯合起來，擊敗地位最高的雄猩猩，偶爾甚至會殺掉地位最高的雄猩猩[29]。因此，地位最高的雄猩猩必須認清自己的侷限，具備足夠的政治技巧，建立幾個聯盟，並擊敗反叛者。

試想，早期原始人的生活就是要在地位最高的雄性（和一兩個聯盟）以及沒有權力的大群雄性之間，取得緊張的平衡狀態。接著，每個人都有了矛。一旦每場打鬥的結果不再是看體力，權力的平衡就有可能轉移。伯姆認為，這就是大約五十萬年前發生的狀況，當時的人類祖先發展出更厲害的武器供狩獵屠宰使用，考古紀錄開始顯示有各種工具和武器出現[30]。一旦早期的人類懂得製作矛，地位最高的雄性要是恃強欺弱，任誰都能殺掉。如果再加上語言溝通能力，各人類社會都用語言閒聊不道德的行為[31]，那就很容易看出人類是多早培養出結盟的能力，誰的行為要是威脅到群體其餘的人或單純使人不快，就會遭到羞辱、放逐或殺害。

伯姆認為，在過去五十萬年期間的某個時間點，也就是在語言出現之後，人類的祖先建立了第一個真正的道德社群[32]。在這類的道德社群裡，人類利用閒言閒語，表明其不喜歡的行為，尤其是想成為地位最高的男人所具備的攻擊性、統治性的行為。偶爾，閒話還不足以讓這些男人循規蹈矩，其餘的男人就有能力使用武器擊敗他們。伯姆引述了一段戲劇化的描述文字，描繪了喀拉哈里沙漠昆族（!Kung）的道德社群採取的行動：

> 一名叫作阿推的男人殺掉了三個人，此時整個社群以罕見的一致行動，在光天化日之下襲擊該男人，致其重傷。男人躺著等死時，所有的男人都用毒箭射他，直到一名當地的受訪者說：「他看起來像豪豬。」於是，他們才停止射箭。男人死了之後，所有男女全都

走近他的屍體，用矛刺他，象徵他的死大家都有一份。[33]

人性不是突然有了轉變，頓時信奉起平等主義。人類在不受懲罰的情況下，還是會嘗試統治他人。確切來說，人用武器和閒話來武裝自己，建立了伯姆所稱的「反向統治階級」（reverse dominance hierarchies），亦即一般平民團結起來，統治及抑制那些可能要奪取最高位的男性（說也奇怪，這種情況竟然很像馬克斯的「無產階級專政」夢想）[34]。結果，先天偏向於階級次序的人類之間相互合作，創造出一種狀態岌岌可危的政治平等主義。此例充分展現了「先天」為何指的是心智的初稿。由於心智的完稿有可能看起來相當不同，因此你要是看到今日的狩獵採集者，便脫口而出：「看吧，人性**真正的**面貌就是這樣！」那麼你可就想錯了。

至於政治轉型為奉行平等主義的群體，其道德母體有了突飛的進展。人們如今已然居住在更緊密的人際網當中，眾多的規範、非正式的約束力，再加上偶爾為之的暴力懲罰，織成了緊密的人際網。若能在這個新世界裡悠遊自得並維持好名聲，就能獲得他人的信任、合作、政治支持；若無法尊重群體規範，或表現得像個霸凌者，就會遭到迴避、驅逐或殺害，就此從基因庫中移除。基因和文化實踐（例如集體殺害不正常者）共同演化。

伯姆說，最終的結果就是一種有時稱為「自我馴化」的過程。正如動物育種者選擇個性溫馴的動物育種，藉以培育出更溫馴的動物，而人類的祖先也在無形當中開始進行選擇性的繁殖，生出有能力建構共通道德母體的後代，然後在這樣的道德母體裡合作共存。

我認為「自由／壓迫」基本原則的形成，是為了因應以下的適應難題：「生活在小團體裡，而小團體裡的個體一有機會就會統治、霸凌及限制他人」。由此可見，原始觸發物包括了嘗試統治的跡象。若有跡象顯示某個男人或女人表現出最高位者的攻擊性及控制他人的行為，就會觸發這種義憤，有時稱為**抗拒**（有權者跟你說不可以做某件事，你一聽就覺得更要去做[35]）。然而，人不會私下承受壓迫，倘若出現想要奪取上位者的人，就會觸發人們的動機，以平等的身分跟其他受壓迫者團結起來，藉以反抗、抑制該名壓迫者。在極端的情況下，甚至會殺死壓迫者。如果個體無法察覺有人想要奪取統治權的跡象，無法基於義憤而團結起來，那麼食物、伴侶以及在達爾文眼中所有其他能讓個體（及其基因）獲得成功的事物，就有可能會因此減少[36]。

「自由」基本原則的運作，跟「權威」基本原則顯然相互扞格。我們全都知道，在某些背景脈絡下，某些種類的權威是合法的。然而，我們也都提防著那些聲稱是領袖的人，要等到那些人贏得我們的信任，我們才會放下心來。我們會留神注意著有沒有跡象顯示那些人已經越線，邁入自我擴張和專制暴政[37]。

「自由」基本原則支撐著各地的革命分子和「自由鬥士」之道德母體。美國《獨立宣

圖八．三：維吉尼亞州的州旗，呈現「自由／壓迫」基本原則。

言》即長篇列舉「屢屢的傷害和掠奪，其直接目標就是要在各州之上建立一個獨裁暴政」。美國《獨立宣言》的開頭聲稱「人人生而平等」，結尾則是以激勵人心的話語誓言團結：「以我們的生命、財產和神聖的名譽彼此宣誓來支持這一宣言」。同樣的，法國的革命分子要說服平民加入弒君以求自由的行列，也必須呼籲博愛與平等。

我的所在州——維吉尼亞州——的旗幟頌揚暗殺（見圖八．三），這面旗幟很怪異，但若瞭解「自由／壓迫」基本原則，就不會這麼想了。在這面旗幟上，美德（以女人為形體）站在已死國王的胸膛上，底下的拉丁文諺語是Sic semper tyrannis，意思是「暴君下場如斯」。據說，凱撒表現出欲奪上位之行為，馬可斯．布魯托（Marcus Brutus）與人同謀，打算刺殺凱撒。凱撒受死前，布魯托就是喊出「暴君下場如斯」這句話，號召眾人動手。約翰．布斯（John W. Booth）射殺林肯總統不久後，也是站在福特劇院舞台中央，大喊「暴君下場如斯」（林肯阻擋南方人宣布獨立，南方人因而認為林肯是暴君）。

在革命分子的眼中，謀殺往往是道德之舉。不知怎的，就是覺得這樣做是對的，而這種感覺似乎跟崔佛斯的互惠利他論和「一報還一報」大相逕庭。這不是公平，這是伯姆提出的政治轉型和反向統治。

如果「自由／壓迫」基本原則的觸發物，包含了霸凌和暴政，那麼目前觸發物就涵蓋了幾乎所有被視為非法箝制個人自由之事物，包括政府在內（這是站在美國右派的角度）。一九九三年，提摩西．麥克維（Timothy McVeigh）引爆奧克拉荷馬州的一棟聯邦辦公大樓，造成一百六十八人死亡，數小時後，麥克維遭到逮捕，身上穿的T恤正是寫著Sic semper tyrannis（暴君下場如斯）。接下來的例子沒那麼不祥，茶黨的民粹式憤怒係基於「自由／壓迫」基本原則，如茶黨非正式的旗幟所示：「Don't tread on me.」（別踩在我的身上，見圖七．四）。

儘管右派表現出這些行為，但是人們依舊亟欲團結起來，反對壓迫並實施政治平等，這種情況似乎就跟左派那邊一樣普遍。例如，某位自由派讀者在讀了我的「共和黨」文章之後，就精確描述了伯姆的論點：

圖八．四：自由派的自由：某間咖啡館的內部裝潢，攝於紐約州紐柏茲。左側的海報寫著：「他者受壓迫，無人獲自由」。右側的旗幟是以企業標誌替代美國國旗上的星星。中間的海報寫著：「如何終結婦孺遭受暴力對待」。

在自由派的眼裡，凡濫用權力（權威）卻仍要求——在某些情況下則是強迫——別人「尊敬」他們，皆是社會之敵……自由派的當權者藉由**團結社會並壓制敵人之**方法，贏得社會尊敬。（作者自行畫上重點）[38]

之所以引起「自由／壓迫」基本原則之怒，背後因素不光是政治權力的累積和濫用而已，目前觸發物可以擴張到涵蓋財富的累積，而這也有助於解釋極左派為何普遍討厭資本主義。舉例來說，某名自由派讀者向我解釋：「資本主義終歸還是掠奪——道德社會將會由社會主義者組成，亦即人們會互相幫助。」

只要人們談及社會正義，就能聽見一些極為仰賴「自由／壓迫」基本原則的言論。在紐約州的紐柏茲，某間先進咖啡館的老闆與文化人就運用「自由」與「關懷」基本原則，作為咖啡館裝潢的重要參考，如圖八．四所示。

自由派和保守派雖處於政治光譜的兩端，卻都憎恨壓迫，只是兩方對壓迫的憎恨仍有所差異。自由派比較偏向普世主義，比較仰賴「關懷／傷害」基本原則，在自由派的眼裡，「自由／壓迫」基本原則用於服務各地的弱者、受害者、沒有權力的團體，而這使得自由派（而非別派）把平等給神聖化了，接著是爭取公民權利與人權。有時，自由派會從原本追求**權利**的平等，進而追求**結果**的平等，而這在資本主義制度中是無法達成的。或許正因如此，左派往往主張要對富人徵收較高的稅金，對窮人提供水準更高的服務，有時還會主張要保證人人都有最低所得。

反之，保守派比較狹隘，他們關注自己的群體，而非所有的人類。在保守派的眼裡，「自由／壓迫」基本原則以及對暴政的憎恨，支持了許多的經濟保守主義教義——別（用你那自由派的保母心態和高昂的稅金）踩在我的身上，別（用你那壓迫的法規）踩在我的經濟上，別（用你那聯合國和你那有損主權的國際條約）踩在我的國家上。

由此可見，美國保守派把**自由**（而非**平等**）給神聖化了，因而使得保守派跟自由意志主義者在政治上結盟。一九七一年，浸信會牧師傑瑞．法威爾創辦一所極端保守的學校，以「自由大學」作為校名。圖八．五是自由大學的學生開的車子。該所大學的學生通常是

圖八·五：保守派的自由：出現在林奇堡市維吉尼亞州自由大學宿舍內的一台車。貼在下面的貼紙寫著「自由派：更多自由，更少政府」。

支持權威、支持傳統的家長制家庭，可是他們反對世俗政府的統治和控制，尤其反對自由派政府，他們怕自由派政府會運用權力，重新分配財富（他們把歐巴馬稱為「歐巴馬同志」，認為這位左派分子很可能會重新分配財富）。

## 視公平為比例

歐巴馬上任後的幾個月，茶黨突然不知從哪裡冒了出來，重新塑造美國政壇版圖，改變美國的文化戰爭。茶黨運動實際的興起始於二〇〇九年二月十九日，當時某個商業新聞網的特派員瑞克·桑塔利（Rick Santelli）長篇大論地猛烈攻擊七百五十億美元的新法案，該法案的用意是協助那些無法償還借貸金額的屋主。桑塔利在芝加哥商業交易所的交易廳現場轉播表示：「政府在鼓勵不好的行為。」接著，桑塔利督促歐巴馬總統建立網站，舉辦全國公投。

這樣就知道我們是真的想要補貼輸家的抵押借款，還是說，我們起碼會想要買下那些抵押人無法贖回的車子房子，然後把車子房子送給那些日後或有機會真正成功的人，獲得報償的是那些不喝掉水、一直扛著水的人（此時，他背後響起如雷的歡呼聲）……這裡是美國，鄰居貸款買的房子有額外的一間浴室，卻付不起貸款，你們當中有多少人想要幫鄰居付貸款？歐巴馬總統，你聽到了沒？（作者自行畫上重點）

接著，桑塔利宣布，他正在考慮七月要組織「芝加哥茶黨」[39]。桑塔利主張「輸家」（當中有很多人是被無恥的貸款人欺騙）應該要自生自滅，許多人都認為那是醜陋的弱肉強食道德觀，一些左派的評論員也揶揄桑塔利。其實，桑塔利的論點是基於業力因果律。

我花了很長一段時間才瞭解公平的意義，畢竟我就跟許多研究道德學的人一樣，都認為公平是一種開明的自利，此觀念係奠基於崔佛斯的互惠利他論。崔佛斯說，公平基因之所以演化，是因為具有公平基因者在競爭上贏過了不具公平基因者。我們無需揚棄經濟人這個概念，我們只要賦予他情緒反應，使他不得不「一報還一報」即可。

然而，過去十年來，演化理論學家發覺，在人類以外的生物身上，不太容易找到互惠利他的行為[40]。曾有一種主張受到廣泛的報導，說吸血蝙蝠會把血液大餐分享給其他曾大方分享的蝙蝠，結果卻發現這是親擇（有血緣關係的親族相互分享血液），並不是互惠利他的行為[41]。黑猩猩和捲尾猴的互惠行為還比較證據充分，卻也依舊模稜兩可[42]。要出現互惠利他的行為，不是光靠高度的社會智慧就行了，還必須要有一個懂得閒言閒語、訴諸懲罰、重視道德的社群，而這類社群興起的前提條件就是語言和武器，這樣早期人類才能藉由共有的道德母體，擊敗霸凌者並予以壓制[43]。

互惠利他論也無法解釋為何人們會在團體活動中團結合作。互惠機制極適合在兩人一組的情況下運作，這樣人們就能「一報還一報」；在多人團體中，成為執法者──即懲罰那些逃避義務的人──往往不符個體的自我利益。然而，我們還是會實施懲罰，我們生性傾向於懲罰他人，這成了大規模合作的一個關鍵[44]。經濟學家恩斯特．費爾（Ernst Fehr）和賽門．蓋切特（Simon Gächter）進行一場典型的實驗，請一些瑞士學生玩十二回合的「公共財」遊戲[45]。遊戲規則如下：在每一回合的遊戲中，你和三位夥伴每人各拿二十枚代幣（一枚代幣相當於十美分），你可以保留自己的代幣，也可以「投資」部分或全部的代幣，當成團體的公基金。每一回合的結尾，實驗者會把公基金的金額乘以一點六，然後把金額平均分給四名玩家。因此，假如每個人把自己手上的二十枚代幣全都放進公基金，那麼公基金的代幣就會從八十枚變成一百二十八枚，最後每人可分得三十二枚代幣（實驗結束後可換成現金）。然而，個體不拿出代幣才能獲得最大利益。假使你一枚代幣都不投資，其餘三位夥伴分別放入二十枚代幣，這樣你不但可保有手上的二十枚代幣，還可拿到那三位輕信你的夥伴所投資金額的四分之一（九十六枚代幣除以四分之一），也就是說，這個回合結束後，你會拿到四十四枚代幣。

每個人都是獨自坐在隔間裡的電腦前面，不管是哪個回合，大家都不會知道夥伴是誰。不過，每回合過後，電腦螢幕會顯示結果，公布四位玩家分別付出多少枚代幣。此外，每回合過後，費爾和蓋切特會把團體打散，這樣每位玩家都是跟新的三位夥伴玩遊戲，也就沒有機會培養信任，更沒有機會一報還一報（如果有人在目前回合「騙人」，下一回合就會有所保留，還以顏色）。

在這種情況下，**經濟人**要做出的正確選擇就很清楚了——永遠不要付出代幣。然而，實際上，學生都付出代幣，放到公基金裡，第一回合大約放了十枚代幣。不過，隨著遊戲的進行，人們覺得有些夥伴付出太少，感到不開心，於是付出的代幣數量便逐漸減少，到了第六回合就降低至六枚代幣左右。

以前就有報告提過這種局部又漸減的合作模式。然而，這個研究之所以高明，有其背後原因。第六回合後，實驗者向受試者告知了新的規則：「你在得知夥伴每回合付出的代幣數量之後，可以付出代幣，**懲罰**特定的玩家。你付出一枚代幣懲罰某位玩家，該位玩家就會失去三枚代幣。」

對**經濟人**而言，正確的行動方針也同樣非常明顯——永遠不要付錢懲罰別人，畢竟下一回合又不是跟同樣的三名玩家一起玩，這樣便沒有機會從互惠的行為中獲利，也沒機會獲得不好的名聲。可是，說也奇怪，**百分之八十四的受試者付錢懲罰別人**，而且是至少懲罰一次。還有一件事更奇怪，在允許懲罰的第一回合，**合作程度大增**，而且還持續增加。到了第十二回合，平均付出的代幣數量有十五枚[46]。懲罰壞行為可發揚美德，並讓團體獲利。正如葛勞康在隱身戒指的例子中提出的主張，要是把懲罰的威脅給拿掉，人的行為就會變得自私。

為什麼多數玩家願意付錢懲罰別人呢？其中一個原因是懲罰他人讓自己感覺良好[47]。我們不喜歡看到別人只收穫不付出。我們想要看見騙子和懶鬼「獲得應有的下場」。我們希望業力因果律如常運作，我們願意出一份力，落實業力因果律。

人們互相幫忙時，兩方終究多少是平等的，因此很容易就會（像我一樣）認為互惠利他是平等道德直覺的源頭。然而，人們之所以奉行平等主義，與其說是本身喜愛平等，倒不如說是憎恨統治[48]。遭受霸凌者的統治或壓迫，在交換商品或互相幫助時遭到欺騙，這兩種對待引起的感覺非常不同。

我的 YourMorals.org 團隊一確定「自由／壓迫」是（暫訂的）第六項基本原則，就開始發現我們的資料當中，人們在乎政治平等是因為不喜歡壓迫以及關心受害者，並不是因為渴望互惠[49]。如果人們對於政治平等的喜愛，不是立基於「公平／欺騙」基本原則，而是立基於「自由／壓迫」和「關懷／傷害」這兩項基本原則，那麼「公平」基本原則就不再有分裂人格，不再是平等**和**比例並存了，現在主要是比例了。

人們共同從事一件工作時，通常會想看見最努力的勞工得到最大的收穫[50]。人們往往想要有平等的結果，但這是因為人們的付出經常是平等的。人們在分錢或分派任何獎賞時，平等只是更廣泛的比例原則下的一個特殊案例。如果在團體裡，有幾位成員的付出比其他成員多了許多（或者舉更強烈的例子，有幾位成員什麼也不付出），那麼多數的成人**不會**希望利益平等分配[51]。

由此可見，上一章提及之「公平」基本原則的描述可以稍微改進。「公平」基本原則這套模組依舊是為了因應這項適應難題：「獲得合作的報償並且不被揩油者利用」[52]。然而，既然我們已經開始討論那種藉由閒言閒語和懲罰來維持合作的道德社群，那就不只是要看那些嘗試選擇夥伴的**個體**（上一章曾討論過），還要注意到人們其實亟欲保護**社群**免於受到騙子、懶鬼、揩油者的危害，如果任由這些人橫行霸道，就會造成其他人停止合作，

圖八・六：視公平為比例。右派通常會比左派更強調要揪出揩油者並加以懲罰（二〇一〇年英國議會大選保守黨競選活動海報）。

進而導致社會崩解。如果有人直接騙你（例如車商故意賣給你一輛爛車），「公平」基本原則是支持義憤的，卻也同時關切更廣泛的問題，例如騙子、詐取金錢者、「喝水」卻不替團體扛水的人。

「公平」基本原則的觸發物會依團體大小以及許多歷史和經濟情況而有所不同。在具有社會安全網的大型工業社會，目前觸發物可能會包括那些經常倚賴安全網救命的人。濫用安全網的情況受到關切，怪不得經濟保守派會寄給我那些憤怒的電子郵件，例如有個男人就不希望自己的稅金送給「沒生產力、專拿福利金的單親媽媽，生出的小孩將來就變成民主黨」。怪不得保守派會說人們是基於以下理由才投票選民主黨：「懶惰」，「鄙視那些辛苦賺錢、過自己生活、生老病死都不靠政府的人」；怪不得桑塔利會斥責政府幫屋主解套，許多屋主在申請貸款時說謊，這樣才能拿到他們不該拿到的大筆貸款；怪不得英國保守黨大衛・卡麥隆（David Cameron）會推出圖八・六的競選活動海報。

## 三比六

綜論前文：道德基本原則理論認為，世上許多道德母體的共有基本原則是由（至少）六個心理系統構成[53]。政治左派的各種道德觀最倚賴「關懷／傷害」和「自由／壓迫」基本原則，這兩項基本原則支持社會正義的概念，社會正義即強調對窮人慈悲，並努力讓那些構成社會的子群體之間達到政治平等。社會正義運動強調團結，呼籲人們共同合作，抵抗那些霸凌統治他者的精英所施加之壓迫（因此沒有分裂的平等基本原則了，人們渴望平等，並不是為了獲得平等。人們之所以為了平等而反抗，是因為他們發現自己遭受霸凌或統治，如同美國和法國的革命以及一九六〇年代的文化革命）[54]。

人人──左派、右派、中立──都重視「關懷／傷害」，只是自由派在乎的程度比較高。在許多的測量、調查、政治爭議上，若出現暴力和痛苦的跡象，自由派的不安程度高過於保守派，尤其更高過於自由意志派[55]。

人人──左派、右派、中立──都重視「自由／壓迫」，只是每個政治黨派在乎的方式不一樣。在當代的美國，自由派最在乎某些弱勢團體（例如少數種族、兒童、動物）的權利，並期望政府保護弱者免於強者的壓迫。相反的，保守派對於自由的看法較為傳統，他們認為自由就是不受干涉的權利，他們往往很氣自由派的法案利用政府來侵犯他們的自由，好保護自由派最在乎的團體[56]。舉例來說，美國的小型企業老闆壓倒性地支持共和黨[57]，部分是因為他們不喜歡政府告訴他們應該怎麼做生意，政府老是高掛著保護勞工、少數族群、消費者、環境的旗幟。由此可知，自由意志派為何在最近數十年都選擇跟共和黨站在同一陣線。自由意志派很重視自由，這樣高度的重視幾乎排除了所有其他的議題[58]。自由意志派的自由觀跟共和黨相同，認為自由就是不受干涉的權利，政府不該插手。

「公平／欺騙」基本原則講的是比例和業力因果律，是要確保人們取得應得的，不取得不應得的。人人——左派、右派、中立——都重視比例，要是知道有人拿到的東西超過應得的，任誰知道了都會生氣。然而，保守派的重視程度更高，而且更為倚賴「公平」基本原則（若公平的含義限縮為比例）。例如，「人人盡自己的本分」這件事跟你的道德觀有多少關係呢？你是否同意「工作最努力的員工應獲得最高的薪水」？自由派不排斥這些事情，只是帶有矛盾的情緒。相反的，保守派熱心贊同這類事情[59]。

自由派基於新世紀概念的關係，可能會認為自己擁有業力因果的觀念，可是道德觀若是基於慈悲心以及對壓迫的關切，那在許多方面就不得不違背業力因果（即比例）。舉例來說，保守派認為因應犯罪應基於比例，這是不言而喻的道理，從「犯罪就要坐牢」、「三好球，請出局」等口號即可看出。然而，自由派對於業力因果的負面——報應——往往感到不自在，見圖八．七的汽車貼紙。畢竟，報應造成傷害，傷害又刺激了「關懷／傷害」基本原則。最近有一項研究甚至發現，自由派的教授所給的分數範圍比保守派教授還要狹窄，保守派教授比較願意獎賞那些表現極佳的學生，懲罰那些表現極差的學生[60]。

其餘的三項基本原則——「忠誠／背叛」、「權威／顛覆」、「聖潔／墮落」——呈現出最大且最一致的黨派差異。充其量而言，自由派對於這三項基本原則有著矛盾的情緒，社會保守派則是奉行這三項基本原則（自由意志派很少使用這三項基本原則，因此他們傾向於支持自由派在同性婚姻、毒品使用、「保護」美國國籍的法律等社會議題所持的立場）。

本章開頭向讀者揭露了我們原本的發現：自由派的道德觀是基於「關懷」和「公平」這兩項基本原則，保守派的道德觀是基於五項基本原則。然而。根據我們在最近幾年的發現，我必須修正這個說法。其實，自由派的道德觀是基於三項基本原則，保守派則是全部六項基本原則都用上了。自由派的道德母體基於「關懷／傷害」、「自由／壓迫」、「公平／欺騙」這三項基本原則，但若「公平」基本原則與慈悲心或反抗壓迫之欲望相互衝突，那麼自由派往往願意犧牲「公平」（即「比例」）。保守派的道德觀基於全部六項基本原

圖八．七：維吉尼亞州夏洛特維爾的一輛車子，車主寧可選擇慈悲，揚棄比例。

則，但保守派會比自由派更願意犧牲「關懷」，讓一些人受到傷害，以利達成他們眼中其他眾多的道德目標。

## 總結

道德心理學可有助於解釋民主黨自一九八〇年起為何這麼難抓住選民的心。共和黨比民主黨更瞭解社群直覺模式，比民主黨更能直接跟大象對談，也更能理解道德基本原則理論，觸發每個味覺受體。

我描繪涂爾幹的社會願景，這是社會保守派所偏愛的願景。在涂爾幹的社會願景中，社會的基本單位是家庭，不是個體，而秩序、階級、傳統受到高度的重視。我把涂爾幹的社會願景與自由派彌爾的社會願景做一對照，彌爾的社會願景比較開放，比較重視個體。我發現彌爾的社會很難合眾為一。民主黨追求的政策往往是以犧牲一的代價來提倡眾，這樣的政策會使他們遭受叛國、顛覆、不敬的指控。

接著，我描述同事和我是如何修改道德基本原則理論，使其更能解釋自由與公平的直覺：

◎我們增加了「自由／壓迫」基本原則，人們會注意到有人試圖統治的跡象，並因而憤慨起來。這會觸發人們亟欲團結合作，以抵抗或推翻霸凌者與暴君。此項基本原則支持左派的平等主義與反權威主義，以及自由意志派和部分保守派的「別踩在我的身上」和「給我自由」的反政府怒意。

◎我們修改了「公平」基本原則，使其更強烈聚焦於比例。「公平」基本原則始於互惠利他論的心理學，但在人類創造了講閒言閒語和施予懲罰的道德社群之後，「公平」基本原則的義務範圍因而向外擴張。多數人直覺上會深入關切業力因果，也就是說，依據人的行為舉止施予獎懲，騙子應受到懲罰，好市民應獲得獎賞。

道德基本原則理論經過前述修改後，現在已經能夠解釋近年來一直盤據在民主黨心頭的一大謎團：「想要更平均地重新分配金錢的政黨明明是民主黨，為什麼美國的農民和勞工階級通常是投給共和黨？」

民主黨往往會說，共和黨誘騙選民投票給共和黨，讓選民自身的經濟利益受損（這是二〇〇四年暢銷書《堪薩斯怎麼了？》（*What's the Matter with Kansas?*）的主題）[61]。然而，站在道德基本原則理論的角度，農民和勞工階級選民其實是投票選擇自己的**道德**利益，他們不想在真味餐廳用餐，不希望自己的國家主要致力於關懷受害者及追求社會正義。民主黨唯有明白了涂爾幹的社會願景，明白了六項基本原則組成的道德觀以及三項基本原則組成的道德觀之間有何差異，方能真正明白選民為何投票給共和黨。

本書第一篇講述道德心理學的第一個原理——**直覺先來，策略推理後到**。第二部分詳細說明多種直覺，同時講述第二個原理——**道德不光是傷害和公平而已**。現在我們已經做好準備，可以檢討道德的多樣化為何這麼容易就讓一群好人分裂成幾群互有敵意、又不想相互瞭解的群體。我們已準備好進入第三個原理——**道德凝聚人心卻也令人目盲**。

註釋：

1 類似論點請見 Lakoff 2008 和 Westen 2007。

2 我把民主黨等同於自由派與左派，共和黨等同於保守派與右派。這樣的等式在一九七〇年以前是不成立的，當時的民主黨和共和黨是臨時結成的聯盟。然而，一九八〇年代，原本支持民主黨的美國南方轉而投靠共和黨，此後兩黨就幾乎完美地落在左右兩端。美國全國選舉研究的資料即清楚呈現這種重新排列的現象，自一九七二年以後，自由派－保守派的自我認同，以及民主黨－共和黨的認同，兩者的關聯程度呈現穩定增加（Abramowitz and Saunders 2008）。當然了，不是每個人都能恰好落在這種單面向的政治光譜裡，至於能歸在這政治光譜裡的人，多半是落在中間，而非極左或極右。不過，政治和政策多半是由那些具強烈黨派認同感的人所推動的，而本章與第十二章的重點是要瞭解這類的正義之心。

3 此研究中的受試者要在「極為自由」至「極為保守」之間的等級，選擇最符合自己情況的等級。不過，我把「極為」（strongly）改成「非常」（very），以符合圖八．二的用字。

4 比較長也比較精確的說法如下：「在部分情況下，每個人都能運用這五項基本原則的其中一項，只是自由派最喜歡的是『關懷』和『公平』基本原則，而且其道德母體多半基於這兩項基本原則」。

5 請參考 Graham et al. 2011 表十一的報告，內含美國、英國、加拿大、澳洲的資料，亦含其他國家資料，只是其餘國家彙整成以下區域：西歐、東歐、拉丁美洲、非洲、中東、南亞、東亞、東南亞。此處我記述的基本模式適用於前述提及的所有國家和區域。

6 四年後，二〇一一年一月，我在該會議發表演說，鼓勵此領域的人士認清共有意識型態的約束力及使人目盲的作用。這場演說及其獲得的反應，請見 www.JonathanHaidt.com/postpartisan.html。

7 Wade 2007.

8 至於說自己「非常保守派」的人，線條是相互交會的，這表示他們對於「忠誠」、「權威」、「聖潔」的重視程度，略勝於「關懷」和「公平」——至少依照道德基本原則問卷的問題時會是這種情況。此版本的道德基本原則問卷裡的問題多半跟原版（見圖八．一）問題不一樣，因此很難去比較這兩種版本的確切平均數。重要的是，儘管問卷版本不同，線條的傾斜卻很類似。在此版本中，受試者的數量大多了，線條變得相當直，這表示五項基本原則受到政治意識型態的簡單線性作用影響。

9 LIWC 的全名是 Linguistic Inquiry Word Count；Pennebaker, Francis, and Booth 2003。

10 Graham, Haidt, and Nosek 2009。我發現第一次進行簡單的字數計算時，「忠誠」以外的基本原則全都產生了預期結果。第二次進行時，我們請研究助理閱讀上下文當中的用詞，然後編碼表示其是支持還是反對某道德基本原則，結果兩方之間的差異變大了，全部五項基本原則（包括「忠誠」在內）都出現了預期的差異。

11 我們檢視了N400和LPP成分，見 Graham 2010。

12 二〇〇八年六月十五日的演講，地點為伊利諾州芝加哥的上帝使徒教堂。

13 二〇〇八年六月三十日的演講，地點為密蘇里州獨立市。

14 二〇〇八年七月十四日，向全國有色人種協進會（NAACP）發表的演講，地點為俄亥俄州辛辛那提。

15 二〇〇八年七月二十四日。歐巴馬稱自己是「自豪的美國公民，也是世界公民」。然而，美國的保守刊物抓住「世界公民」的說詞不放，並未提及「自豪的美國公民」。

16 文章請見：www.edge.org/3rd_culture/haidt08/ haidt08_index.html。前陣子，布羅克曼成為我的出版經紀人。

17 可見 Adorno et al. 1950 和 Jost et al. 2003。Lakoff 1996 提供了適合的分析，但雷可夫（Lakoff）並未把保守的「嚴父」道德觀呈現為病狀。

18 我之所以領會涂爾幹的願景，是因為閱讀了涂爾幹的文章，又因為與史威德共事，還因為在印度住過一段時間（見第五章的描述）。之後，我發現涂爾幹的願景多半可歸功於愛爾蘭哲學家艾德蒙．柏克。

19 我想要強調這樣的分析僅適用於社會保守派，不適用於自由意志派或「自由放任」（laissez-faire）保守派，亦稱古典自由派。見第十二章。

20 當然了，若是歷史悠久又只有一種語言的單一民族國家（如北歐國家），合眾為一就容易多了。這些國家之所以比美國自由世俗許多，或許這正是原因之一。深入的討論請見第十二章。

21 民主黨在美國國會的表現好多了，這點很有意思。參議員和眾議員不是牧師。立法是骯髒又腐敗的一門生意，比起尊重神聖的象徵，能把金錢和工作帶回自己的選區，還比較有價值。

22 Bellah 1967.

23 Westen 2007，第十五章提出了類似的看法，也運用了涂爾幹對神聖和褻瀆所做的區分。威斯頓的分析使我獲益良多。

24 此封電子郵件和後續幾封均為逐字引用，唯有要調整長度及讓作者匿名時才加以修改。

25 我們很早以前就收到自由意志派的抱怨，他們認為原本的五項基本原則並不符合自由意志派的道德觀。我們完成重大研究，對自由意志派、自由派、保守派進行比較，發現自由意志派說的沒錯（Iyer et al. 2011）。我們決定修改道德基本原則清單，而我們在 www.MoralFoundations.org 網站上張貼的「戰帖」，也促使我們做出這個決定。該封戰帖是邀請大家批評道德基本原則理論，並提出其他的基本原則。大家強烈砲轟「自由」基本原則。我們還在研究的其他基本原則有：「誠實」、「所有物／所有權」、「浪費／無效率」。第六項基本原則——「自由／壓迫」——是暫定的，我們正在研發多種方式來測量人們對於自由的關切程度，至於當初研究五項基本原則及道德基本原則問卷時所做的精密測試，目前仍尚未執行。我之所以在此處說明「自由／壓迫」基本原則，是因為我認為背後的論據十分有力，也是因為我們已經發現自由意志派的主要關切重心確實是自由（Iyer et al. 2011），而自由意志派這個重要的群體，多半受到政治心理學家的忽視。然而，既定經驗事實或可提供證明。最新研究消息，請見 www.MoralFoundations.org。

26 Boehm 1999.

27 同上。但亦請見考古學家布萊恩．海登（Brian Hayden）二〇〇一年的作品，他發現階級和不平等的證據往往比轉型至農業的時期還要早數千年，而其他的技術改革使得「擴權者」得以支配生產，並讓群體開始從事農業。

28 De Waal, 1996.

29 正如 de Waal 1982 所述。Boehm 2012 試圖重新描繪人類、黑猩猩、倭黑猩猩三者最晚近的共同祖先，結果發現，最晚近的共同祖先與其說是較為和平的倭黑猩猩，倒不如說是攻擊性高、且重視領域的黑猩猩。Wrangham 2001（以及 Wrangham and Pilbeam 2001）也同意這樣的看法，並認為倭黑猩猩和人類具有許多相同的特性，這可能是因為倭黑猩猩和人類都經歷了類似的「自我馴化」過程，使得兩者較像孩子的特性保留至成年時期，因而兩者的個性更和平，更愛玩耍。然而，沒人確切知道實情，而 de Waal and Lanting 1997 認為，最晚近的共同祖先與其說是類似黑猩猩，倒不如說是類似倭黑猩猩，可是德瓦爾和藍汀（Lanting）所寫的論文亦提及倭黑猩猩比黑猩猩更像孩子。

30 第九章會解釋海德堡人（homo heidelbergensis）為何是最有可能進行此次轉移的人屬物種。海德堡人最先出現於七十萬或八十萬年前左右，之後開始擅長運用一些重要的新技術，例如生火、製矛等。

31 Dunbar 1996.
32 De Waal 1996 主張黑猩猩具備了學習行為規範，並隨後對違反規範者做出反應的初步能力。人類與黑猩猩有這麼多類似的地方，有一些跡象顯示黑猩猩具備許多先進的人類能力，可似乎就是無法在彼此身上擴張及建立規範，也無法約束每一個個體。德瓦爾已清楚表明，他認為黑猩猩沒有道德。我認為，在海德堡人之後，才出現真正的「道德社群」，下一章會解釋這點。
33 Lee 1979，轉引自 Boehm 1999，頁一八〇。
34 首次使用該詞彙的可能是一八五二年《紐約時報》某篇談及馬克斯的文章，馬克斯和馬克斯主義者不久就採用該詞彙，而馬克斯在一八七五年出版的《哥達綱領批判》（*Critique of the Gotha Programme*）即採用該詞彙。
35 Brehm and Brehm 1981.
36 揩油者的問題會自然發生，見 Dawkins 1976。退縮不前，讓別人冒生命危險去對抗危險的霸凌者，難道不是最佳策略嗎？對於缺乏語言、規範、道德懲罰的生物而言，揩油者是一個相當迫切的問題。然而，正如下一章所示，這個問題的重要性在人類身上是誇大其詞了。道德多半是一種為了因應揩油者問題而演化出來的解決方法。狩獵採集者的群體以及大型部落，只要能懲罰揩油者，就能強迫成員為群體工作及犧牲，見 Mathew and Boyd 2011。
37 領袖往往興起於對抗暴政的過程中，最後反而成為暴君。正如搖滾樂團 The Who 的知名歌詞所言：「Meet the new boss. Same as the old boss.」（看看新老大，跟舊老大一個樣。）
38 感謝美樂蒂．狄克森（Melody Dickson）允許我複印她的電子郵件。本章引用的其他電子郵件與部落格文章，凡是超過一句者，皆取得作者同意，而這些作者都選擇匿名。
39 此名參考一七七三年的波士頓茶黨事件，該事件是美國殖民地對抗大不列顛的第一批重大反抗行動。
40 Hammerstein 2003.
41 我在《象與騎象人》一書散播了這個迷思，這是我的錯。我當時是參考 Wilkinson 1984 的研究。然而，結果發現威金森研究的蝙蝠有可能是近親。見 Hammerstein 2003。
42 請見 S. F. Brosnan 2006 的評論。在記錄捲尾猴公平現象的主要實驗研究中（S. F. Brosnan and de Waal 2003），捲尾猴並未通過主要控制條件——牠們看見一顆葡萄而自己沒拿到葡萄時，無論那顆葡萄有沒有給另一隻捲尾猴，心裡就是會覺得不舒服。我認為布洛斯南和德瓦爾或許是對的，黑猩猩和捲尾猴確實會把對方的小善小惡記在心裡，也確實有簡單的公平感。然而，牠們並不是活在道德母體裡。由於牠們缺乏明確的規範和閒話，因此在實驗室情況下，牠們一律沒有表現出這種公平感。
43 崔佛斯確實討論過「道德互惠」，但道德互惠和互惠利他是兩種極為不同的程序。見 Richerson and Boyd 2005 第六章。
44 Mathew and Boyd 2011.
45 Fehr and Gächter 2002.
46 費爾和蓋切特另外進行了一次這種形式的研究，內容相同，只是前六個回合提供懲罰的選項，第七回合開始就不能懲罰別人。結果還是一樣：前六個回合的合作度高，而且逐漸增高，而第七回合的合作度開始驟降，並逐回下降。
47 由 de Quervain et al. 2004 進行的 PET 研究發現，人若有機會施予利他的懲罰，大腦的獎賞區會變得更活躍。另外，Carlsmith, Wilson, and Gilbert 2008 也發現，復仇帶來的愉快感有時是一種「情感預測」錯誤，復仇的滋味往往不如我們預期的甜蜜。然而，無論人們之後會不會感覺好一點，重點就在於人在受騙時就是想要懲罰對方。
48 這是伯姆的論文，我也在以下事實當中看到了證明：「即使自一九八〇年起，美國的不平等狀況遽增，但是左派依舊沒有能力讓其餘的國民為此感到憂心」。終於，二〇一一年，佔領華爾街的抗議行動不只是侷限在不平等的問題，還基於以下兩種基本原則做出控訴：一是「公平／欺騙」基本原則，「百分之一的人」以欺騙的手段爬到頂端，我們給了他們緊急財政援助，他們「欠」我們；二是「自由／壓迫」基本原則，百分之一的人控制了政府，濫用權力，傷害或奴役百分之九十九的人。不過，光把矛頭指向不平等，卻沒有呈現欺騙或壓迫的情況，似乎觸發不了多少憤怒。

49 我們對 YourMorals.org 收集的資料進行因素分析與集群分析，反覆發現平等問題伴隨著關懷、傷害、慈悲等問題（「關懷」基本原則），而不是伴隨著比例問題。

50 請見「公平理論」（equity theory）社會心理學的龐大研究體系，公平理論的中心原理，就是所有參與者的淨收益（結果減去投入）與投入的比率必須是相等的（Walster, Walster, and Berscheid 1978）。那是比例的定義。

51 兒童通常喜歡平等，等到進入青春期後，就會有不同的想法。然而，隨著他們的社會智慧日益成熟，就不會信奉僵硬的平等主義，開始變得重視比例。見 Almas et al. 2010。

52 Cosmides and Tooby 2005.

53 我們對於道德基本原則理論和 YourMorals.org 所抱持的目標，就是找出人類學與演化心理學之間的幾條最佳橋梁，而不是一整組的橋梁。我們認為，我們找出的六項基本原則是最重要的基本原則，我們發現大多數的道德議題和政治議題，都可使用這六項基本原則解釋。然而，肯定有額外的先天模組促成額外的道德直覺。我們正在研究的其他直覺有：誠實、所有權、自制、濫用等。如需瞭解我們對於額外道德基本原則的研究，請見 MoralFoundations.org。

54 如果你看見小孩很痛苦，你會生出慈悲心，有如一滴檸檬汁滴在舌頭上。我認為目睹不平等的情況並不是這樣。唯有我們理解對方正在受苦（關懷／傷害）、正在被霸凌者壓迫（自由／壓迫），或者正在遭受欺騙（公平／欺騙），我們的心裡才會耿耿於懷。有一論點反對我的主張並認同平等是基本原則，請見 Rai and Fiske 2011。

55 Iyer et al. 2011 的多項調查皆出現這個研究結果。

56 Berlin 1997/1958 把「不受干涉的權利」稱為「負面自由」，並指出左派在二十世紀已發展出一種名為「正面自由」的新觀念，此概念講的是人們為了享受自由所需的權利和資源。

57 皮尤研究中心（Pew Research Center）在二〇〇四年十月二十六日發表的民調中即發現，小型企業主喜歡布希（五六％）甚於凱瑞（三七％）。二〇〇八年出現的稍微左傾現象結束於二〇一〇年。請參考 HuffingtonPost.com 網站上的摘要，請搜尋 “Small business polls: Dems get pummeled”（小型企業民調：民主黨遭受徹底擊敗）。

58 這是我們在 Iyer et al. 2011 的經驗研究結果，如欲印出，請至 www.MoralFoundations.org。

59 YourMorals.org 網站上未發表的資料。你可以接受此項研究調查，請至 YourMorals.org，然後選擇B版本的MFQ（http://www.yourmorals.org/all_morality_values_quizzes.php）。此外，我們還針對「公平」基本原則資料進行了討論，請至 YourMorals 部落格閱讀。

60 Bar and Zussman 2011.

61 Frank 2004.

# III

# 道德凝聚人心卻也令人目盲

**中心隱喻**

人類是百分之九十的黑猩猩加上百分之十的蜜蜂。

# 9 爲何我們的團體感這麼強？

二〇〇一年九月十一日發生恐怖攻擊，在那之後的糟糕日子裡，我心裡有了一股衝動，原始得讓我羞於向朋友承認，因為我竟然想要在自己的車上張貼美國國旗貼紙。這股衝動不知來自何方，跟我做過的事也毫無關聯。彷彿我的後腦本來就有一個古老的警報器，上頭有個告示寫著：「若外國發動攻擊，請打破玻璃，按下按鈕」。我從來不知道那裡有個警報器，可是當那四架飛機打破玻璃並按下按鈕後，強烈的感覺席捲了我的心，我是道地的美國人啊。我想要做某件事，只要能支持我這隊，什麼事都好。我跟很多美國人一樣，捐血捐錢給紅十字會，對陌生人抱持更開放的態度，更願意提供幫助。我想要用某種方式展示美國國旗，好表示我是同隊的。

可是，我是教授，教授才不會做這種事。揮舞國旗和民族主義是保守派的作風。教授是自由開明又遊歷世界的普世主義者，對於自己國家勝過他國的說詞，本能上總是抱以謹慎的態度[1]。假使維吉尼亞大學的校職員停車場，有一輛汽車上面有美國國旗，肯定是某位祕書或藍領勞工的車子。

我經歷了三天未曾體會過的混亂感覺，想到了一個法子可以解決這個兩難問題。我在汽車後面的擋風玻璃一角貼上美國國旗，另一角貼上聯合國旗幟。這樣的話，就可以宣稱我愛美國，不過，各位別擔心，我沒把美國的地位放在其他國家之上，畢竟九一一可是對全世界的攻擊，多少算是，對吧？

到現在為止，本書描繪的人性多少帶點挖苦意味。我認為葛勞康是對的，也認為人們在乎**表面**的好，更甚於**真實**的好[2]。直覺先來，**策略**推理後到。我們覺得可以僥倖逃脫，不受追究，就會經常說謊騙人，在道德上便宜行事，然後用我們的道德思考來管控自己的名聲，在別人面前證明自己是正當的。我們相信自己的事後推理完美無瑕，結果卻落得自以為是，對自己的品德深信不疑。

我確實認為人能夠瞭解道德心理學的大部分內容，只要把道德心理學視為一種開明的自利即可。若道德心理學是一種自利，那麼用「達爾文的天擇在個體層次運作」即可輕鬆說明完畢。基因是自私的[3]，自私的基因會創造出具有各種心理模組的人，而有一部分的心理模組會使人變得策略性的利他，而非可靠的或普遍的利他。人類的正義之心是由親擇與互惠利他塑造而成，閒言閒語和名聲控管則有強化作用。幾乎每一本講述道德觀演化來源的書籍都會傳達這樣的訊息，而我說的話目前尚未跟這樣的訊息相互抵觸。

然而，本書第三部分會證明這樣的描繪並不完整。沒錯，人往往是自私的，而我們在道德、政治、宗教上表現出來的行為，絕大部分可理解成一種追求自利，又幾乎毫無遮掩的手段（只要看看許多政客和宗教領袖的極度偽善言行就能明白了）。可是，人也確實擁有**團體感**。我們喜歡加入團隊、俱樂部、聯盟、兄弟會。我們接受了自己在團體裡的身分，跟陌生人並肩合作，朝共同的目標努力，心中的熱情強烈，彷彿我們的心智構造就是為了團隊合作而打造的。我認為，尚未清楚瞭解人類的團體感及其源頭之前，就無法瞭解道德、政治或宗教，無法瞭解保守派的道德觀和涂爾幹的社會（上一章所述），也無法瞭解社會主義、共產主義、左派的共產主義。

讓我解釋得更精確點吧。當我說人性是**自私**的，我的意思是人類心智當中的各種心理機制，可讓人善於在同儕競爭時提升自己的利益。當我說人性也有**團體感**，意思是人類心智當中的各種心理機制，可讓人善於在團體競爭時提升自己所屬**團體**的利益[4]。我們雖非聖人，有時卻很有團隊精神。

這麼說來，團體感機制的源頭就是個謎了。今日的人類心智之所以有團體感，是否由於有團體感的個體在很久以前就勝過了**同一團體裡**較沒團體感的個體呢？若是如此，就表示這只是賴以生存的標準天擇機制在個體層次運作。若是如此，那就是葛勞康的團體感了──我們應該會發現人們在乎**外表**誠實，不在乎真相[5]。還是說，我們之所以有團體感的機制（例如齊聚國旗前的本能愛國反應），是因為有向心力又共同合作的團體，勝過於無法團結的團體嗎？若是如此，那我就要援用一種稱為「群擇」（group selection）的過程，群擇被一九七〇年代的科學界視為異端邪說，慘遭驅逐出境[6]。

我要在本章主張群擇的罪是被冤枉的，驅逐出境的判決也不公平。我會呈上四項新的證據，這些證據在某種程度上可洗刷群擇的罪名。根據新證據，把團體視為相互競爭的真正實體，這樣的想法有其價值。新證據可引領我們直接進入道德心理學的第三個也是最後一個原理──**道德凝聚人心卻也令人目盲**。我認為人性多半是自私的，但表層鍍上了團體感，團體感是天擇在多個層次上同時運作而成。個體會與個體競爭，而個體之間的競爭會鼓勵自私行為，當中包括了某些種類的策略合作（就連罪犯也能合作以促進自己的利益）[7]。然而，與此同時，團體會與團體競爭，而團體之間的競爭有利於真正有團結精神的團體，也就是說，即使成員懶惰、欺騙或離開團體會比較有利於自己，他們仍願意相互合作，努力促進團體的利益[8]。這兩種過程把人性往兩個方向推，使大家今日所知的人性兼具自私與無私這樣怪異又矛盾的組合。

## 勝利的部落?

以下是其中一種群擇的例子。達爾文的《人類的由來》有幾頁知名的內容，證明了群擇的論點，還提出主要的反對理由，然後又建議一個方法來繞過這個反對理由。其內文如下：

> 有兩個住在同一國的原始人部落開始競爭起來，在其他條件皆相同的情況下，若其中一個部落有一堆勇敢、忠誠，又有同情心的成員，在碰到危險時，總是會互相警告提醒，幫助及保護彼此，那麼**這個部落就會比較成功，並征服另一個部落**……紀律嚴謹的士兵能夠擊敗漫無紀律的一群人，其優勢主要來自於每位士兵對同僚的信賴……**自私又愛引起爭端的人沒有向心力，沒有向心力，就無法產生任何影響。部落若富有前述特質，即可拓展出去，擊敗其他部落。**[9]

有向心力的部落開始運作，如同個別有機體跟其他有機體競爭。向心力較高的部落通常都會打贏。由此可見，天擇對原始部落的影響正有如其對有機體的影響。

然而，達爾文在下一段卻提出了揩油者問題，這個問題仍是群擇理論的主要反對理由。其內文如下：

然而，你或許要問，在同部落的限制條件下，這一堆成員最先是如何具備這類社會與道德方面的特質？卓越的標準從何而來？**較有同情心和仁慈心的父母，或者最信賴同僚的士兵，他們撫養的後代人數真的超過了同部落那些自私又不忠的父母？**這不由得令人心生懷疑。隨時準備犧牲生命、不背叛同僚的原始人，往往不會有後代承繼他的高貴天性。[10]

達爾文領會到的是**多層次選擇**（multilevel selection）[11]的基本邏輯。生命有如俄羅斯娃娃，是一層又一層的階級組織——基因的外面是染色體，再外面是細胞，再外面是個別的有機體，再外面是人群、社會、其他群體。在這個階級組織中，任何一層都會發生競爭。然而，基於研究道德觀起見，最重要的兩個層次是個別有機體和群體。當群體之間在競爭時，有向心力又合作的群體通常會贏。不過，在每個群體內，自私的個體（即指油者）卻脫穎而出，他們在群體的獲益中分了一杯羹，付出的心力卻很少。最勇敢的軍隊會獲勝，但在最勇敢的軍隊中，少數畏縮不前的懦夫卻最有可能在戰爭中倖存下來，活著回家，成為父親。

多層次選擇是一種量化方法，用於量化各層次承受的選擇壓力程度，同時也代表生命競爭對具體特徵的偏好程度[12]。群體層次的選擇機制會偏好自毀性的自我犧牲基因（有助於群體獲勝），但個體層次卻會強烈反對這種基因，因此這種特徵唯有在蜜蜂之類的生物身上才會演化形成，蜂巢內部的競爭已幾近消弭，幾乎所有的選擇都是群擇[13]。蜜蜂（螞蟻、白蟻）是極有團結精神的生物，時時發揮「我為人人，人人為我」的精神，為了保護蜂巢，擊退入侵者，犧牲生命也在所不惜[14]（人類也可變成自殺炸彈客，但必須要有大量的訓練、壓力、心理操控才行，畢竟那並非人類天生的本性）[15]。

一旦人類群體有某種微小的能力可以團結合作，跟其他群體相互競爭，那麼群體層次的選擇機制就開始起作用，團體感最高的群體握有的優勢就會勝於那些由自私個體組成的群體。不過，早期的人類最先是如何取得這些團體感能力？達爾文提出了一系列的「可能步驟」，而人類就是經由這些步驟，首先演化成具有團體精神的群體。

第一步就是「社會直覺」。在古代，較為合群的成員強烈覺得自己必須待在群體附近，獨行俠比較有可能被掠食者挑中。第二步是「互利」，幫助了別人，自己也比較容易在最需要時獲得幫助。

然而，最重要的「社會道德發展之刺激因素」，就是人極為在意「同胞的讚賞與指責」[16]。英國維多利亞時代的達爾文與古雅典的葛勞康都持有同樣的看法，認為人執迷於自己的名聲。達爾文認為，推動這種執迷背後的情緒，係由個體層次運作的天擇機制所吸納，也就是說，缺乏羞恥心或榮譽感的人比較不可能吸引到朋友和伴侶。達爾文還加上了最後一個步驟，也就是有能力把職責與原則視為神聖，達爾文認為這就是宗教本質的一部分。

把前述的步驟加起來，如同踏上了演化之路，目睹初期靈長類動物演化到人類的過程，而在這當中，揩油者變得不再那麼具有吸引力了。真正的軍隊把榮耀、忠誠、國家視為神聖，懦夫並不是最有可能平安回家、生養子女的人。懦夫最有可能因不敬的行為而被毒打一頓，拋在後頭，甚至背後中一槍。就算他真的活著回到家，他的名聲也會讓女人和潛在的雇主心生反感[17]。真正的軍隊如同多數有戰鬥力的群體，有許多方法可以壓抑自私行為。當群體找到方法壓抑自私行為時，力量的平衡就會在多層次分析下隨之改變，亦即個體層次的選擇會變得比較不重要，群體層次的選擇會變得更有力。比如說，假使忠誠和聖潔的感覺（即「忠誠」和「聖潔」基本原則）跟基因有關，那麼群體內的激烈競爭會使得這類基因在下一代變得更為普遍，原因就在於普遍具有這類特徵的群體會取代那些少有這類特徵的群體，即使帶有這些基因者（相對於各群體內缺乏這些基因的人）要多付上一點代價也無妨。

達爾文簡要敘述了道德的演化來源，在道德心理學史上，這或許是最簡潔有力、最能預知未來的一段聲明：

最終，我們的道德感或良知變成一種高度複雜的情感——其源於社群直覺，泰半以同胞的讚許進行引領，再用理性、自利及之後的深切宗教感受加以控制，最後用教導和習性加強之。[18]

達爾文針對揩油者問題做出的回應，滿足了讀者將近一百年之久，而群擇變成了演化思考的標準環節。達爾文說明了人類如何解決揩油者問題，可惜的是，多數作者並未費心去研究各特定生物如何解決揩油者問題。主張動物的行為是「為群體好」，這樣的說法逐漸擴散出去，例如，有人主張動物個體會抑制吃草或繁殖，以免讓群體過度剝削食物的供給。還有更傲慢的主張，竟說動物的行為是為了物種好，或甚至是為了生態系統好[19]。這類主張未免天真，因為個體若遵循無私策略，存活的後代就會比較少，不久，揩油者的後代數量就會取而代之。

一九六六年，這種鬆散的想法就此告終，所有關於群擇的想法也幾近消失。

## 跑得快的一群鹿？

一九五五年，年輕的生物學家喬治・威廉斯（George Williams）抵達芝加哥大學，出席某位白蟻專家的演講。講者聲稱，許多動物就像白蟻一樣，很合作又樂於幫助。講者說，大自然藉由老化和死亡的方式，讓位給各物種裡年輕又合適的成員。不過，威廉斯精通基因學和演化，對講者那過於樂觀又流於情感的說詞起了反感。威廉斯心知肚明，動物才不會為了有益於他者而去赴死，除非是極為特殊的情況，例如白蟻巢穴裡佔優勢的雌蟻（全都是姊妹）。於是，威廉斯開始寫書，打算一次就徹底淨化生物學者的鬆散想法。[20]

一九六六年，威廉斯出版《適應與天擇》（*Adaptation and Natural Selection*）一書，告訴生物學者要如何清楚思考適應現象。威廉斯認為，天擇是一種設計歷程，背後並沒有一個有意識的或有智慧的設計者，但威廉斯還是發現設計語言很有用[21]。比方說，只可以把翅膀理解為一種設計來產生飛行的生物機制。威廉斯還表示，某一層次發生適應現象，就意味著該層次有一種選擇（設計）歷程在運作。威廉斯也提醒讀者，如果低層次（如個體）的選擇作用就能完全解釋特徵的存在，那麼就不該往高層次（如群體）去找答案。

威廉斯仔細研究了鹿群奔跑速度的例子。鹿成群奔跑時，我們觀察到的是跑得快的一群鹿，牠們以一個群體的形式移動，有時也會以一個群體的形式改變路線。我們在解釋鹿群行為時，或許會很想訴諸於群擇，亦即數百萬年來，跑得快的鹿群，比跑得慢的鹿群更善於逃離掠食者，於是一段時間過後，跑得快的鹿群取代了跑得慢的鹿群。然而，威廉斯指出，鹿向來都是設計精美的**個體**，善於逃離掠食者。選擇歷程其實是在個體層次運作，也就是說，跑得慢的鹿會被吃掉，同一鹿群裡跑得快的親族會逃掉。由此可見，根本不用訴諸於鹿群層次的選擇歷程。跑得快的鹿群只不過就是一群跑得快的鹿[22]。

威廉斯認為，必須符合以下條件才能進行群體層次的分析：「行為機制的目標或作用顯然是為了保護群體，不是為了保護個體」。威廉斯舉了一個例子，如果感官特別敏銳的鹿負責警戒守衛，鹿群裡跑得最快的鹿負責吸引掠食者遠離鹿群，這樣就可以證明適應現象跟群體有關。而且，正如威廉斯所言：「唯有群體間選擇（between-group selection）的理論，才能在科學上解釋適應現象確實跟群體有關」[23]。

威廉斯說，群擇在理論上是可能發生的。不過，該書在這句話之後的內容多半都是在證明以下的命題：「跟群體有關的適應現象其實並不存在」[24]。他舉了好幾個動物王國的例子，證明了那些在天真生物學家（如那位白蟻專家）眼裡看來是利他或自我犧牲的案例，其實都是個體的自私行為或者親擇機制（這樣代價高的行為就說得通了，因為這些行為有利於近親個體的相同基因流傳下來，如同白蟻的情況）。道金斯在一九七六年出版的暢銷書《自私的基因》（*The Selfish Gene*）也抱持同樣的看法，他認為群擇是有可能發生的，接著又拆穿了那些顯然跟群體有關的適應案例。到了一九七〇年代晚期，大家都有了強烈的共識，誰要是說行為的發生是「為了群體好」，誰就是傻瓜，大家置之不理也沒關係。

有時，回首一九七〇年代，我們會認為那是「唯我的十年」（"me decade"）。這個名詞首先是用在美國社會日益增長的個人主義，卻也描述了社會科學的各種變遷。經濟人的概念遠近馳名。比方說，社會心理學用來解釋公平的主流說法（亦稱「公平理論」）係基於四項原理。第一項原理是「個體會試圖讓自己獲得的結果最大化」。當時的作者接著會說：「就連最愛爭論的科學家也會覺得很難去質疑我們的第一個論點」。各種學科的理論仰賴於「人類是自私的」此一假設[25]。明顯的利他行為、合作行為，甚至於簡單的公平行為，最後都不得不解釋為遮掩自利之用[26]。

當然了，真實的生活中有一堆例子違反這個原理。人們在永遠不會再光顧的餐廳裡留下小費，匿名捐款給慈善單位，有時還跳進河裡救別人的小孩，自己卻溺死。好嘲諷的人會說，沒問題啊，不過就是大自然替更新世的小群體生命所設計的古老體制出現了錯誤，畢竟當時的人多半都是近親[27]。既然我們都住在匿名的大型社會裡，我們古老的自私線路會誤讓我們幫助那些不回報的陌生人。達爾文以為我們的「道德特質」是來自適應，但實情並非如此。道德特質是副產品，是錯誤。威廉斯說，道德是「生物過程不小心產生的能力，其愚蠢沒有極限，而這樣的生物過程通常會反抗道德能力的表達」[28]。道金斯也嘲諷道：「我們就試試看，教人學會慷慨和利他吧，畢竟我們天生就自私。」[29]

我不同意。人類是信奉利他的長頸鹿，我們是自然界難得一見的反常生物，偶爾——

即使少見——可以像蜜蜂那般無私又有團隊精神[30]。如果你心中的道德典範就是那位終生致力幫助陌生人的人，那樣也好，這種人十分罕見，我們得派出攝影團隊去拍攝，錄成晚間新聞。然而，如果你跟達爾文一樣，聚焦於團體裡相互認識而且目標和價值觀相同之成員的行為，那麼共同工作、分工、相互幫忙、以團隊為單位運作的能力，就會變得普遍到我們甚至不會注意的程度。你永遠都不會看見這樣的頭條：「四十五名毫無關係的大學生不支薪共同合作，準備《羅密歐與茱麗葉》的首演。」

威廉斯提出了鹿分工並合作保護鹿群這種不合理的例子，但人類群體就是這麼做，這難道還不明顯嗎？根據威廉斯設定的條件，假使每個社會的人們都準備好組成合作團體，明確分工，那麼這樣的能力正是群體相關的適應現象可能需要的絕佳能力。正如威廉斯所說：「唯有群體間選擇的理論，才能在科學上解釋適應現象確實跟群體有關。」

九一一攻擊事件刺激了我心智當中數個跟群體有關的適應機制。那些攻擊事件把我變成了有團隊精神的人，讓我的心裡意外湧起一股強烈的衝動，想要展示我這隊的旗幟，想要做些事情支持我這隊，比方說捐血、捐錢，沒錯，還要支持領袖[31]。我的反應其實很不熱情，畢竟那天下午有數百名美國人衝進自家的車裡，長途跋涉開車前往紐約，只盼能幫忙把倖存者從廢墟當中給挖出來，而接下來的數週，數千名年輕人自願加入軍旅。這些人的行為動機，是基於自私還是團體感呢？

齊聚國旗前的本能愛國反應，只不過是團體感機制的其中一例[32]。如果事實如同達爾文的描述，人類深受群擇的影響，那麼團體感機制正是我們預期會發現的心理機制。可是，要說這種本能反應的演化**確實**是來自群體層次的選擇，我可不敢篤定。在演化論的領域，群擇仍是爭論不休的議題。多數的理論家還是贊同威廉斯的看法，主張人類其實未曾發生過群擇。那些理論家認為，貌似跟群體有關的適應現象，要是經過足夠仔細的探討，就會發現該種適應現象是為了幫助個體贏過同群體裡的鄰近個體，並不是為了幫助群體贏過其他群體。

在繼續探討道德、政治、宗教之前，必須先處理這個問題。如果連專家都看法分歧，那麼我們何必選邊站，認為道德（在某種程度上）是跟群體有關的適應現象[33]？

接下來的內容要提出四大理由。我會呈上四項「證物」，為多層次選擇（含群擇）進行辯護。然而，我的目標不光是在讀者或許不在乎的學術戰當中，提出證據成案。我的目標是要向讀者證明道德是瞭解人性的關鍵。我要帶領讀者踏上旅程，簡短介紹人性的起源，並說明團體感如何幫助人類超越自私。儘管團體感讓人類部落做出一些醜事，但我要證明團體感是一項神奇因素，它讓人類文明經過短短數千年的時間，就在地球各處興起，並讓人類益趨和平共存[34]。

## 證物A：演化的大轉變

假設你參加划船賽，一百名划船選手，各坐在一百艘船上，主辦單位在水流緩慢的廣闊河流上設置十英里賽道，第一位通過終點線的選手可獲得一萬美元的獎金。你划到一半，發現自己領先。可是，不曉得從哪裡來的一艘船超過你了，上面有兩名選手，一人划一根槳。不公平！一艘船竟然有兩名選手一起划。然後，更奇怪的事情發生了，那艘船被三艘綁在一起的船給趕了過去，船上的選手是七胞胎，六個人負責划船，動作整齊畫一，一個人負責掌舵，對划手大喊拍子。然而，這些騙子沒贏，就在他們即將抵達終點線之前，一群活力十足的二十四個姊妹租了一艘汽艇，通過了終點線。原來這場比賽並未規定船隻類型。

以上故事是用來比喻地球的生命史。生命出現後，大約第一個十億年期間，首批的有機體是原核細胞（例如細菌）。每個有機體都是獨立運作，單獨跟其他的有機體競爭，單獨繁殖自己。

接著，大約二十億年前，兩個細菌不知怎的就在單膜內結合，因此粒線體才會有自己的DNA，跟細胞核的DNA毫無關聯[35]。這兩個細菌就是我在前文舉例的兩位選手。細胞具有內部胞器，可享有合作和分工帶來的好處（見亞當．斯密的理論）。這些胞器之間不再有任何競爭，因為胞器唯有在整個細胞繁殖時才能進行繁殖，而這正是「我為人人，人人為我」的表現。地球上的生命經歷了生物學家所稱的「大轉變」[36]，天擇像以往那樣如常繼續進行，只不過有了全新種類的生物可以選擇，有全新種類的**載體**可以讓自私基因自我繁殖。單細胞的真核生物大獲成功，遍布於海洋之中。

數億年之後，部分的真核生物發展出一項新的適應能力，它們在細胞分裂後仍成群組成多細胞有機體，而在多細胞有機體裡，每個細胞的基因都一模一樣。這些就是前文那二艘綁在一起、坐著七胞胎選手的船。競爭再次受到抑制（因為唯有在有機體透過其精子或卵子進行繁殖時，各細胞才能進行繁殖）。一群細胞變成單一個體，有能力在細胞之間分工（化為四肢和器官）。強大的新類型載體出現了，在短短的時間內，世界充滿了各種動植物和真菌[37]。這是另一次的大轉變。

大轉變的發生十分罕見。生物學家約翰・梅納德・史密斯（John Maynard Smith）和厄洛斯・薩思麥利（Eörs Szathmáry）發現，過去四十億年之間只有八個明顯的例子（最後一個例子就是人類社會）[38]。然而，這些大轉變是生物史上極為重要的事件，也是多層次選擇運作的例子。重複的故事一再發生，只要一找到方法抑制揩油者，好讓個體單位可以團隊合作、分工，此時低層次的選擇會變得比較不重要，高層次的選擇會變得更為強大，而高層次的選擇往往偏好向心力最高的超有機體[39]（超有機體是由一些較小的有機體組成的有機體）。當這些超有機體增殖時，就會開始彼此競爭，進行演化，好在競爭中更為成功。超有機體之間的競爭就是一種群擇[40]。這些群體各有不同，而最適合的群體就會把特徵遺傳給未來世代的群體。

大轉變的發生或許罕見，但大轉變一旦發生，地球往往也會隨之產生變化[41]。看看一億多年前發生的事情吧，當時部分的黃蜂發展出一種訣竅，以區分蜂后和數種工蜂的勞務，蜂后負責產下所有的蜂卵，工蜂負責維護蜂巢，帶回食物共享。這個訣竅源於早期的膜翅目昆蟲（包含黃蜂在內，促成蜜蜂和螞蟻的出現），而且有數十種生物（白蟻的祖先、裸隱鼠的祖先，以及某些品種的蝦子、蚜蟲、甲蟲、蜘蛛等的祖先）也分別發現了這個訣竅[42]。各個案例都解決了揩油者問題，自私基因開始對群體裡比較無私的成員進行塑造，而這些成員共同組成一個極為自私的群體。

這些自私的群體是一種全新的載體，亦即由基因相近的親族組成的蜂巢或聚落，並以一個單位的形式運作（例如在覓食或打鬥時），以一個單位的形式繁殖。這些就是前文提及的汽艇姊妹，利用前所未有的技術創新和機械工程。這是另一次的大轉變，另一種群體開始如同單一有機體那般運作，聚落裡的支配基因擊敗了那些無法組織起來，並在較自私孤僻的昆蟲身體裡的基因。當時的群居昆蟲僅佔所有昆蟲物種的百分之二，但在短時間過後，群居昆蟲佔據最佳的進食繁殖地點，把競爭對手逼到邊緣地帶，改變了地球上大部分的陸地生態系統（例如，促進開花植物演化，使其需要昆蟲授粉）[43]。如今，按重量計算的話，在地球上的所有昆蟲當中，群居昆蟲佔了大多數。

那人類呢？自古以來，人們就把人類社會比為蜂巢。不過，這只是含糊的類比嗎？如果把蜂巢的蜂后對應至城邦的皇后或國王，那麼沒錯，這確實是個含糊的類比，畢竟蜂巢或聚落沒有統治者，沒有老大，蜂后只是個卵巢罷了。可是，換個角度來看，蜜蜂發生了大轉變，找到方法抑制揩油者，從自私的個體主義變成有團體感又繁盛的蜂巢，人類經歷的演化過程是否跟蜜蜂一樣呢？這麼一想，剛才的類比又變得貼切多了。

許多動物都屬於群居動物，不過只有少數的動物跨越了門檻，變成**超級社會性**（ultrasocial），也就是住在極大型的群體裡，而群體具有某種內部結構，可以讓這些動物獲得分工帶來的益處[44]。蜂巢和蟻巢的階級分明，有士兵、偵察兵、育兒室的侍從等，兩者是超級社會的例子，而人類社會也是如此。

有幾項關鍵因素可幫助所有非人類的超級社會制度生物跨越門檻，第一項因素就是**必須防禦共有的巢穴**。生物學家伯特．霍德伯勒（Bert Hölldobler）和愛德華．威爾森概述最近的研究結果，說黃蜂、蜜蜂、螞蟻、白蟻，以及某些品種的蝦子、蚜蟲、薊馬、甲蟲，都可發現超級社會制度（亦稱「真社會制度」）[45]的現象。

所有呈現初期真社會制度階段的已知（物種），其行為都是為了保護一個**持續又易防禦的資源**，避免掠食者、寄生蟲或競爭對手的侵襲。此處所指的資源，一律是**巢穴加上可靠的食物來源**，亦即食物是在巢穴棲息者的搜尋範圍內。[46]

霍德伯勒和威爾森認為，第二項因素是必須長時間餵養後代（物種若能請手足或雄性幫忙媽媽，就能取得優勢），第三項因素是群體之間發生衝突，而這兩項因素都是扮演著支持的角色。早期的第一批黃蜂共同露宿在容易防禦且自然形成的巢穴裡（如樹洞），正符合前述三項因素。從此以後，大部分的合作群體都必須保住最佳的巢穴地點，接著利用日益複雜的方式，讓自己變得更有生產力，更受到保護。這些群體的後代包括了我們今日所知的蜜蜂，我們往往形容蜂巢是「堡壘裡的工廠」[47]。

人類也同樣符合這三項因素。人類的祖先跟蜜蜂一樣，都符合以下條件：（一）地域型生物，喜歡具防禦性的巢穴（例如洞穴）；（二）產下需求高的後代，後代需要大量的照顧；（三）群體受到鄰近群體的威脅。由此可見，經過數十萬年的時間，演化至超級社會的條件皆已具足，結果人類成為唯一超級社會制度的靈長類動物。人類譜系可能一開始的行為非常類似黑猩猩[48]，可是等到人類祖先離開非洲時，在行為上起碼就變得有一點像是蜜蜂了。

多年後，部分群體開始種植作物與果樹，然後建造糧倉、倉庫、設有籬笆的牧場、永久的住家，因而有了較為穩定的食物供應，不得不更加強力防禦。短短的數千年後，新型態的載體——城邦——出現在地球上，人類有能力修築城牆並組織軍隊[49]。城邦以及日後興起的帝國，迅速拓展至歐亞大陸、北非、中美洲，改變了地球上的許多生態系統，而人類也從全新世初期（約一萬兩千年前）微不足道的總噸數，變成今日的世界主宰[50]。群居昆蟲迫使其他昆蟲邁向邊緣化，人類也迫使其他哺乳動物全都邁向邊緣化、滅絕，或奴役之路。蜜蜂的比喻並不膚淺含糊。儘管人類文明和蜂巢有許多差異，但是兩者都是演化史大轉變的產品，都是汽艇。

在這場群擇再審中，大轉變的發現即是證物A。群擇不一定常見於其他動物，但只要群體之間在競爭時，個體能夠找到方法抑制自私行為並團隊合作，就會出現群擇[51]。群擇創造了一種跟群體有關的適應現象。群擇理論主張人類藉由群擇來取得團體感，而團體感正是人類正義之心的重要環節。群擇理論不是牽強附會，也不該是異端邪說。

## 證物B：共同的意向

公元前四九年，蓋烏斯・朱利斯（Gaius Julius）下了一個重大決定，他要跨越盧比孔河——義大利北部的一條淺河。他違反了羅馬法律（法律禁止將軍帶領軍隊接近羅馬），發起內戰，成為凱撒大帝，專制統治羅馬。他還留下了一句隱喻，用以形容微小的行動引發了一連串無法停止的事件，造成重大的結果。

回首歷史，找出「跨越盧比孔河」的重大事件，堪稱一大樂事。我曾認為，道德的演化有太多的小步驟，找不到哪一個才是「跨越盧比孔河」的重大事件。可是，後來我改變想法了，當時我聽見黑猩猩認知領域的世界級專家麥可．托瑪塞羅（Michael Tomasello）所說的一句話：「如果能看見兩隻黑猩猩一起扛木頭，那可就真稀奇了。」[52]

我聽了大吃一驚。黑猩猩可說是地球上第二聰明的物種，懂得製作工具，學習手語，預測其他黑猩猩的意圖，還能相互欺騙，以取得自己想要的東西。就個體的表現而言，黑猩猩實在太出色了。那麼，為什麼黑猩猩不能相互合作呢？黑猩猩究竟缺少了什麼？

托瑪塞羅有一項偉大的創舉，他擬定一套簡單的任務，以幾乎相同的形式，讓黑猩猩和學步期的人類兒童去做[53]，只要完成任務，就能獲得獎賞（通常黑猩猩會拿到一塊食物，兒童會拿到一個小玩具）。部分的任務需要思考實體空間裡的實際物體，例如，用一根棍子把拿不到的獎賞給鉤過來，或者選擇一個放了大量獎賞的盤子（而不是獎賞較少的盤子）。黑猩猩和兩歲小孩在全部十項任務中都表現得一樣好，百分之六十八的時間都正確解決問題。

然而，其他的任務必須跟實驗者合作，或至少要察覺實驗者想要分享資訊。例如，在某項任務中，實驗者首先進行示範，她在透明管子末端的紙上戳一個洞，從透明管子裡拿出獎賞，然後再把一模一樣的管子拿給黑猩猩或小孩。受試者能否理解實驗者是在嘗試教導做法呢？在另一項任務中，實驗者會把獎賞藏在兩個杯子當中的一個杯子底下，然後嘗試在黑猩猩或小孩面前暗示正確的杯子（眼睛望向杯子或用手去指杯子）。小孩在這些社交難題中獲得高分，百分之七十四的時間都正確解決問題。黑猩猩徹底失敗，只有百分之三十五的時間解決問題（在許多任務上，幾乎算是僥倖矇對的）。

根據托瑪塞羅的看法，人類的祖先發展出**共同的意向**[54]後，在認知上就跟其他的靈長類動物越離越遠。過去一百萬年期間的某個時刻，一小群人類祖先發展出共同工作的心智表徵能力，兩三個人類祖先會一起從事同一件工作。例如，在外尋找食物時，一人會拉下一根樹枝，另一人摘水果，兩人共享果實，但黑猩猩從未表現出這種行為。或者，在外打獵時，兩個人類祖先分別從兩邊包圍一隻動物，而黑猩猩雖有時看似會出現這種行為（許多研究案例皆指出，黑猩猩獵捕疣猴時會表現出包抄的手段）[55]，但托瑪塞羅認為黑猩猩並不是真的一起合作，而是每隻黑猩猩都在觀察情況，之後採取的行動也是個體在當下自以為最適合的行動[56]。托瑪塞羅表示，這些獵捕疣猴的行動是黑猩猩看似合作的唯一時刻，可是就連在這種少見的情況下，黑猩猩仍未呈現出真正合作的跡象。比方說，黑猩猩並沒有努力相互溝通，負責獵捕的黑猩猩在分享戰利品方面也表現得很糟糕，最後每隻黑猩猩都必須訴諸暴力，才能分得一塊肉。黑猩猩全都是同時間追捕疣猴，但在追捕方面卻似乎毫無共識可言。

相反的，早期的人類開始共享意向，狩獵、採集、養育兒童、洗劫鄰居等能力突飛猛進。團隊裡的每個人都有工作的心智表徵，也知道自己的夥伴共有相同的表徵，在夥伴的行為表現會妨礙成功或霸佔戰利品時，也都心知肚明，並且會對這類違反意向的行為報以負面的反應。團體裡的每個人開始有了共識，都知道事情應該如何處理，並且在任何個體違反大家的預期時，感受到一股負面的情緒，於是第一個道德母體就這樣誕生了[57]（記住，母體就是一種**共識**幻覺）。我認為，在人類演化史上，這就是「跨越盧比孔河」的重大事件。

托瑪塞羅認為，人類的超級社會性之興起有兩個步驟。第一步就是有能力在兩三人組成的狩獵或採集團體裡共享直覺（這就是「盧比孔河」）。接著，經過數十萬年的演化，游牧的狩獵採集者在共享和合作方面的能力更加精進，或許是為了因應其他團體的威脅，因此更多的合作團體開始變得規模越來越大。勝利會屬於最有向心力的團體，此處的向心力指的就是有能力從三個人之間有共同的意向，擴增到三百人甚至三千人有共同的意向。第二步如下：天擇會讓托瑪塞羅所稱的「團體心態」程度日益增長，也就是說，有能力學習及遵從社會規範，能感受並共享那些跟團體有關的情緒，最終還要能建立及服從社會體制（包括宗教在內）。一套全新的選擇壓力在團體**內部**運作（例如，不守規範者會受到懲罰，或者起碼比較不可能被選為共同合作的夥伴）[58]，也在團體**之間**運作（向心力高的團體會佔據向心力低的團體的領土和其他資源）。

在這場群擇再審中，共同的意向即是證物B。一旦你理解托瑪塞羅的深刻洞察力，就能開始看清廣闊的共同意向網，而人類群體即建立在這共同意向網之上。許多人都以為語言是人類的盧比孔河，但唯有在人類祖先有了共同意向**之後**，語言才有可能出現。托瑪塞羅認為，字不是聲音和物體之間的關係，字是**人與人之間**的一致意見，用以表示他們對於所在世界裡的事物共享一個共同的表徵，而且共有一套溝通慣例，用以把這些事物傳達給對方知道。如果群擇的關鍵是一個共同且具防禦性的巢穴，那麼共同的意向可讓人類建造出廣闊華麗，卻又輕盈便攜的巢穴。蜜蜂用蜂蠟和木頭纖維，建造蜂巢，為了防禦蜂巢，不惜戰鬥、殺戮、死去。人類用共同的規範、體制、神祇，打造道德社群，即使到了二十一世紀，人類還是為了防禦道德社群，不惜戰鬥、殺戮、死去。

## 證物C：基因和文化共同演化

人類祖先何時跨越盧比孔河呢？我們永遠不會知道第一對覓食者是在何時組成團隊共

同合作，從樹上摘取無花果。不過，我們在文化創新的化石紀錄裡，開始看見了種種跡象，而那些文化創新又是由先前的文化創新累積發展而成。於是，我們就能猜到那些創新已經跨越盧比孔河。文化累積之時，就意味著人正在相互學習，加上自己的創新，然後把自己的概念傳遞給後代[59]。

五百萬至七百萬年前，人類的祖先首度開始從人類、黑猩猩、倭黑猩猩三者的共同祖先分離出來。接下來的數百萬年，非洲大陸有許多的原始人種用兩條腿四處行走。然而，根據腦部大小和有限的工具使用來判斷，這些生物（包括「露西」在內的南方古猿）與其說是早期人類，不如說是雙足人猿[60]。

接著，約兩百四十萬年前開始，腦部較大的原始人開始出現在化石紀錄上。這些是**人屬**的第一批成員，包括**巧人**（Homo habilis）在內。之所以稱為巧人，是因為這些生物「手巧」（相對於其祖先而言）。巧人留下了大量的簡單石製工具，稱為奧杜威（Oldowan）工具組。這些工具多半只是巧人從大石頭上面敲下來的尖銳碎片，**巧人**用這些工具，把其他動物殺死的屍體上的肉給切下及刮下。**巧人**不太擅長狩獵。

接著，約一百八十萬年前，東非有一部分的原始人開始製作更精緻的新工具，稱為阿舍利工具組[61]。最主要的工具是淚滴形的手斧，其對稱的樣式和精巧的工藝令人詫異，彷彿太陽底下出現了新鮮事，這東西就像是出自我們人類的心智（見圖九・二），我們似乎

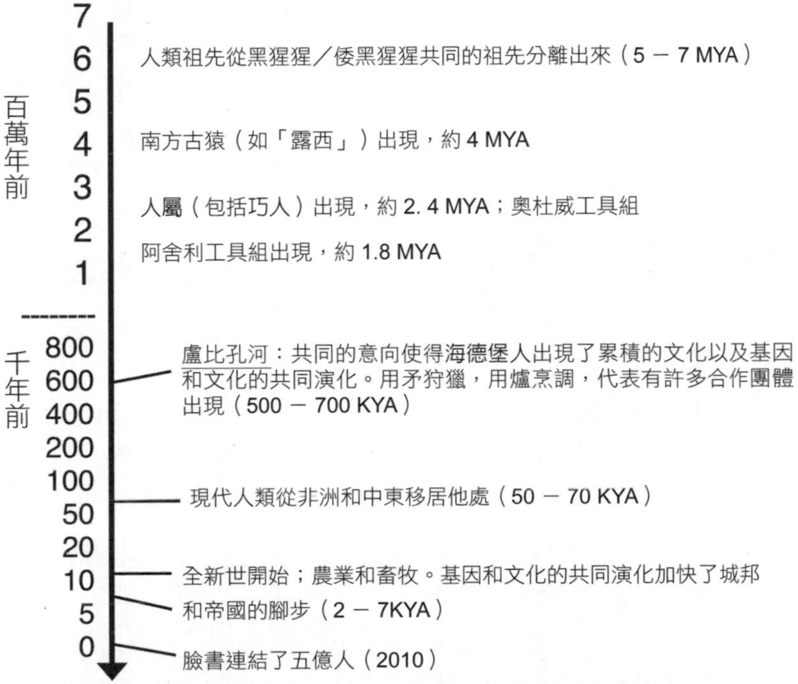


圖九．一 ：重大人類演化事件時間線。MYA ＝百萬年前，KYA ＝千年前。日期取自 Potts and Sloan 2010、Richerson and Boyd 2005、Tattersall 2009。

應當從這個工具開始討論積累的文化。不過，說也奇怪，在一百萬餘年期間，世界各地的阿舍利工具幾乎都一模一樣，從非洲、歐洲，一直到亞洲，**幾乎沒有差異**，這就表示工具製作法的知識或許不是經由文化傳承，而是先天的知識，正如同水獺先天就有建造水壩的「知識」[62]。

可稱之為跨越的生物，或許只在六十萬或七十萬年前左右出現。腦袋跟人類同樣大的首批原始人開始現身於非洲，接著是歐洲，這些原始人通稱為**海德堡人**，他們是尼安德塔人的祖先，也是人類的祖先。海德堡人的營地首次出現了爐和矛的明確證據。已知最原始的矛只是削尖的棍子，後來演變成尖端是尖銳的石頭，綁在木柄上，而且很平衡，可準確丟中目標。海德堡人製作複雜的武器，共同狩獵及殺死大型動物，然後帶回中心營地屠宰烹調，並與大家分享[63]。

由此可見，**海德堡人**是跨越盧比孔河的最佳人選[64]。海德堡人有累積的文化，懂得團隊合作和分工，肯定也有共同的意向，至少有某種初步的道德母體，有助於他們共同合作，共享勞力的成果。海德堡人跨越盧比孔河後，不僅改變了人類演化的路線，也改變了演化過程的性質。從此以後，人居住的環境益趨是由自己打造出來的。

人類學家彼特．理查森（Pete Richerson）和羅伯．波伊（Rob Boyd）皆主張，文化創新（例如矛、烹調技巧、宗教）演化的方式跟生物創新演化的方式差不多，而這兩種演化糾纏在

圖九．二：阿舍利手斧。
©Didier Descouens/CC BY-SA 4.0

一起，不能只研究其一，必須兩者兼顧[65]。比如說，基因和文化的共同演化有一個極為易懂的案例，就發生在第一批馴養牛群的人身上。人類跟其他哺乳類動物一樣，消化乳糖的能力在兒童時期就會消失。製造乳糖酵素——此酵素可分解乳糖——的基因在運作幾年後就會關閉，因為哺乳類動物在斷奶後就不喝奶了。不過，第一批在北歐和非洲部分地區養牛的人，有了新鮮的牛奶可供應兒童飲用，不是給大人。個體若發生基因突變，使得乳糖酵素生產的關閉時間延後，那就佔有優勢。一段時間過後，這些人生下的喝牛奶後代會多過於乳糖不耐症者（這個基因已被找出）[66]。基因的變化也會造成文化創新，擁有新乳糖酵素基因的群體會養更多的牛，找到更多方法來使用及處理牛奶，比方說製成起司。接著，這些文化創新又會進一步促成基因改變，就這麼相互影響下去。

如果文化創新（如養牛）能夠造成基因反應（如成人乳糖耐受度），那麼那些跟道德有關的文化創新或許也會造成基因反應？沒錯，理查森和波伊認為，基因和文化的共同演化有助於人類從其他靈長類的小團體社交能力，提升至部落的超級社會制度，亦即今日所有人類社會的情景[67]。

根據兩人的「部落本能假說」，人類群體在某種程度上總是跟鄰近群體相互競爭。群體若能想出（或誤打誤撞出）文化創新，即有助於那些規模大於家庭的群體進行合作及凝聚向心力，進而在競爭中獲勝（正如達爾文所說）。

這類極為重要的文化創新有許多種，其中一種就是人類喜歡使用象徵記號，用以顯示自己是群體的一員。亞馬遜部落會刺上刺青並在臉上穿洞，猶太男人必須割包皮，英國龐克族會刺上刺青並在臉上穿洞，人類採取了特別、昂貴、有時痛苦的步驟，在身體上標明自己是團體的一員。這個習俗剛開始一定是小程度的，或許只是用彩色的粉末塗抹在身體上[68]。然而，無論是怎麼開始的，建立在這之上的群體發明了更多的永久記號，找到了方法去打造「我們」的感覺，凝聚力拓展至親屬關係之外。那些樣貌及聲音類似我們的人，比較能獲得我們的信任並與之合作[69]，畢竟我們會預期他們的價值觀和規範跟我們一樣。

一旦部分的群體發展出原始部落制的**文化**創新，即改變了**基因**演化發生的所在環境。

理查森和波伊的說明如下：

這類環境偏好的是這類群體裡的生命適用的一套新社會直覺的演化，例如：在心理上「預期」生命是由道德規範建構的，生命是用來學習及內化道德規範；羞愧、罪惡感等新的情緒，可增加人們遵守規範的機會；在心理上「預期」社會世界分成好幾個用符號標記的群體。[70]

在這類原始部落社會中，個體若難以合群，難以抑制自己的反社會衝動，難以遵從最重要的集體規範，那麼等到要選擇打獵、採集或交配的夥伴時，這些個體就不會是別人心目中的上上之選。尤其是那些暴力分子，會落到遭人迴避、受到懲罰的下場，在極端的案例中，還會遭到殺害。

這個過程稱為「自我馴化」[71]。以狗、貓、豬的祖先為例，人類馴化牠們，把牠們塑造成人類的夥伴，使得牠們的攻擊性隨之降低。最先的時候，只有最友善者會接近人類的聚落，自願成為今日的寵物和農場動物的祖先。

與此類似，早期的人類會根據對方能否在部落的道德母體裡生活，來選擇朋友和夥伴，這時就是在馴化自己了。其實，我們的大腦、身體、行為有許多馴化的跡象都跟馴化的動物一樣，例如：牙齒變小、身體變小、攻擊性降低、玩心較重，甚至到了成年時期也一樣[72]。原因就在於馴化通常會把兒童時期結束時消失的特徵予以保留，讓這些特徵終生都存在。馴化的動物（包括人類在內）會比野性的祖先更像孩子、更社會化、更溫和。

這些部落本能有如一層覆蓋物，一套團體感情緒和心理機制覆蓋在我們較古老、較自私的原始本性之上[73]。一想到我們的正義之心基本上是部落之心，或許令人沮喪，不過換個角度想吧，雖然部落之心使我們輕易就劃分你我，但是沒有長時間過著部落生活的話，一開始就不會有什麼你我可以劃分，只有由覓食者構成的小家庭，不像今日的狩獵採集者那樣社會化，每次一有長時間的旱災，就只能勉強維持生命，多數的成員都落到餓死的下場。部落之心和部落文化的共同演化，不僅使我們做好了戰鬥的準備，也使我們能在所屬的群體裡更為和平共存，而在現代，也能從事大規模的合作。

在這場群擇再審中，基因和文化的共同演化即是證物C。人類的祖先一跨越了盧比孔河，變成累積文化的生物，基因就開始跟文化創新共同演化。最起碼，部分的創新是為了標示道德社群的成員、提升群體向心力、抑制群體裡的侵略和揩油行為、防禦道德社群共有之領土，而這類的改變促成了大轉變的發生[74]。即使在其他哺乳類動物的演化中，群擇並沒有扮演任何角色[75]，但是自從發生了共有意向以及基因和文化的共同演化之後，人類的演化就一直如此迥異，說不定人類就是特例。一九六〇年代和一九七〇年代，人們多半只根據其他生物的論點和範例，就一股腦兒駁斥群擇理論，實在是太草率了。

## 證物D：演化可以很快速

人類究竟是在何時變得超級社會性？各地的人類都擁有強烈的團體感，由此可知，在五萬年前人類祖先從非洲和中東擴展出去之前，多數的基因變化肯定已經就位[76]（我猜想是合作團體感的發展促使人類祖先征服世界，並快速接管尼安德塔人的領土）。然而，基因和文化的共同演化是否在那一刻就停止了呢？我們的基因是否就此打住，交由文化創新來處理所有後續的適應？數十年來，許多人類學家和演化理論家都說，答案是肯定的。史蒂芬．傑．古爾德（Stephen Jay Gould）在二〇〇〇年發表的一篇評論文章中即寫道，由於文化變化的運作速度比基因變化還要快「數個次方」，因此「在人類演化中，天擇幾乎成為毫無關係的因素」。接著，古爾德表示，「人類在四萬或五萬年間**沒有生物上的變化**，我們稱之為文化和文明的一切，都是**用同樣的身體和大腦**建立的。」[77]

如果你贊同古爾德的主張，亦即人類在過去五萬年間都沒有生物上的演化，那麼你肯定會對更新世（農業興起前兩百萬年左右）很感興趣，還會以為全新世（過去一萬兩千年）無益於瞭解人類演化。可是，在演化的洪流中，這一萬兩千年當真只是眨眼般的一瞬嗎？

達爾文並不這麼認為，他經常寫出動植物育種者在短短幾代就達到的作用。

基因演化發生的速度之快，蘇聯科學家狄米崔．貝列耶夫（Dmitri Belyaev）從事的特別研究最能作為證明。貝列耶夫深信孟德爾的基因學，在一九四八年因此而遭到降職（蘇維埃的道德觀堅信，人在一生中養成的特徵會遺傳給後代）[78]。貝列耶夫轉往西伯利亞的研究機構，決定進行簡單的狐狸育種實驗，檢驗自己的想法。育種者挑選狐狸時，往往是以毛皮品質為準，貝列耶夫則是挑選溫馴的狐狸，他選出最不怕人類的狐狸寶寶，培育下一代。經過短短幾個世代，狐狸就變得比較溫馴了。不過，還有更重要的一點，在九代之後，新的特徵開始出現在幾隻狐狸寶寶身上，而這些特徵大都可用於區分狗和狼的差異。比方說，小片的白毛出現在頭部和胸部，下巴和牙齒變小，原本直挺挺的尾巴開始蜷曲。經過三十個世代之後，狐狸變得十分溫馴，可當成寵物來養。基因學家柳米拉．楚特（Lyudmila Trut）與貝列耶夫共同進行這項實驗計畫，並在貝列耶夫逝世後接續這個實驗，她說這些狐狸「個性溫順、亟欲討好、確已馴化」[79]。

速度快的不光是個體層次的選擇。第二項的雞實驗，亦可證明群擇能造成同樣戲劇化的結果。如果想要增加雞蛋產量，一般常識會要你去培育那些生最多蛋的母雞。然而，在雞蛋產業，實際的狀況是母雞都會擠在籠子裡，而產蛋量最高的母雞往往也是攻擊力最高、最霸道的母雞。因此，若運用個體層次的選擇（亦即只挑產量最高的母雞育種），總

圖九．三：柳米拉．楚特和帕力。帕力是貝列耶夫狐狸實驗的第四十二代狐狸。

產量其實會下降，這是因為攻擊行為——包括殺戮和同類相食在內——上升所致。

一九八〇年代，基因學家威廉．慕爾（William Muir）運用群擇來解決這個問題[80]。他把裝有十二隻母雞的一個籠子當成一個單位，只挑選各世代產量最高的籠子。然後，產量最高的籠子裡的所有母雞全都育種，培育出下一代。短短三個世代，攻擊程度大幅下滑。到了第六個世代，死亡率從百分之六十七這可怕的底線下降至僅僅百分之八。每隻母雞的總產量從九十一顆蛋躍升至兩百三十七顆蛋，主因在於母雞開始變得更長命，也是因為每天生下的雞蛋更多。經群擇後的母雞之產量勝於基於個體層次選擇的母雞。群擇母雞的實際模樣很像童書上的雞圖片，胖嘟嘟，羽毛漂亮；基於個體層次選擇的母雞則是傷痕累累，部分的毛被啄光了。

狐狸和母雞受到這麼強烈持續的選擇壓力所支配，約六個或十個世代以上就能產生新的特徵，人類或許永遠也不會像那樣，可是，究竟需要多少個世代呢？比方說，經過三十個世代（六百年）之後，人類的基因體就會回應新的選擇壓力嗎？還是說，需要五百個世代（一萬年）以上，新的選擇壓力才能促成基因適應？

實際的基因演化速度只要有資料就能算出，多虧了人類基因體計畫（Human Genome Project），我們現在有了資料。數個團隊針對來自各大陸的數千人進行基因體排序，族群的基因會有突變及漂移的情況，但確實有可能將這類隨機的漂移以及天擇「挑出」的基因案例做一區分[81]，研究結果令人大吃一驚，跟古爾德的主張恰恰相反，原來過去這五萬年來，基因演化的**速度大幅加快**。為因應選擇壓力而改變的基因，其改變速率在四萬年前左右開始加快，而在兩萬年前之後，改變的弧線越來越陡。在全新世期間，基因變化達到最高峰，非洲和歐亞大陸皆是如此。

這結果非常合理。過去十年間，基因學家已經發現基因很活躍。為了因應壓力、飢餓、疾病等情況，基因經常開開關關。現在，試想一下，這些動態的基因建立載體（即人），堅決暴露在新的氣候、掠食者、寄生蟲、食物選擇、社會結構、各型態的戰事之下。試著想像一下全新世期間飆升的人口密度，致使更多人讓基因的突變發揮作用。如果基因和文化適應有如踩著「旋轉的華爾滋」舞步（理查森和波伊的說法）那般共同演化，一旦這位文化夥伴突然開始跳起快節奏的吉魯巴舞，那麼基因也會隨之跟上速度[82]。這就是基因演化在全新世加快速度的原因，同時還帶動一些突變基因，例如乳糖耐受基因，或者可改變西藏人血液的基因，使西藏人能住在高海拔的地方[83]。研究學者已經指認出這些最近出現的特徵以及數十種其他特徵之基因[84]。如果只要數千年，基因演化就能隨著人類在飲食上的變化以及氣候變遷，些微調整人類的骨頭、牙齒、皮膚、新陳代謝，那麼在人類社會環境經歷了原始人歷史上最重大的轉變時，基因演化怎麼可能不去擺弄人類的大腦和行為？

我認為演化無法在一萬兩千年內就從頭建立全新的心理模組，但如果情況有了變化，而且在之後的一千年都維持穩定，那麼既有的特性——例如第七章及第八章提及的六大基本原則，或者羞愧感的傾向——難保不會被扭曲。舉例來說，若社會變得更階級化或企業化，若群體開始種稻、畜牧或貿易，那麼這些變化就會以許多方式改變人類的關係，其所獎勵的德行也會各有不同[85]。文化的變化有可能發生得極快，在六大基本原則之上建構的道德母體，有可能在經過短短幾個世代後就快速改變。不過，如果新的道德母體在這之後就稍微保持穩定達數十個世代之久，那麼新的選擇壓力就會起作用，有可能另外出現基因和文化共同演化的一些現象[86]。

在這場群擇再審中，快速演化即是證物D。如果基因演化的速度有可能很快速，而且人類基因體會跟文化創新共同演化，那麼在非洲的某個地方，在格外嚴酷的時期發生的群擇作用之下，人性相當有可能在經過數千年後產生了變化。

舉例來說，在七萬至十四萬年前之間，非洲的氣候變化劇烈[87]。每次從溫暖轉換成涼爽，從濕季轉換成乾季，食物來源也會隨之改變，大範圍的飢荒可能很常見。七萬四千年前，印尼的多峇火山爆發，引發大災難，可能在短短一年內就大幅改變了地球的氣候[88]。無論原因是什麼，據我們所知，幾乎所有人類在這段期間的某一刻都死了。今天活著的每個人都是當初度過一或多個人口瓶頸的數千人所留下來的後代[89]。

這些人的訣竅是什麼呢？或許我們永遠無法得知，但試想一下，今天晚上，地球上百分之九十五的食物都莫名其妙地消失了，幾乎所有的人類肯定都會在兩個月內餓死，法律和秩序崩潰，混亂和暴行接踵而來。那麼從今晚算起的一年後，我們當中有誰能活下來呢？會是每座城鎮裡最高大、最強壯、最暴力的個體嗎？還是群體裡設法共同合作，佔有及藏匿剩餘食物並與群體分享的人？

現在試想一下，這樣的飢荒每隔幾世紀就會發生一次，想想這類事件會對人類基因庫造成何種影響。即使把群擇限縮在數千年，或者更長的時間（七萬至十四萬年前），人類仍會發生群體相關的適應現象，使我們在瓶頸發生不久後，即從非洲擴展出去，征服及居住於地球[90]。

## 不全是因為戰爭

到目前為止，我呈現的群擇是最簡單的形式，亦即群體相互競爭，彷彿是個別的有機體，而部落之間發生戰爭時，向心力高的群體會消滅向心力低的群體並取而代之。這就是達爾文最初想像的情況。不過，演化心理學家萊絲麗．紐森（Lesley Newson）讀了本章的草稿之後，把意見寄給了我。內容如下：

我認為千萬不能讓讀者覺得群體競爭一定是指群體之間發生戰爭或打鬥。群體的競爭是為了最有效地把資源用於生養後代。別忘了，女人和小孩也是群體裡非常重要的成員。

她說的沒錯，群擇不一定涉及戰爭或暴力。只要某類特徵能讓群體更有效地取得食物用於生養小孩，那麼該群體就會比鄰近群體更適合生存下來。群擇會挑選合作的特徵，會挑選有能力抑制反社會行為，並激勵個體採取有利群體的行為。為群體服務的行為有時會讓局外人付出慘痛的代價（如戰爭），不過一般而言，團體感的重點是改善群體內的福祉，而不是傷害外團體。

## 總結

達爾文認為，道德是天擇在個體層次與群體層次運作而演化出的適應能力。道德成員較多的部落會取代自私成員較多的部落。可是，威廉斯和道金斯主張揩油者問題會造成群擇失敗，達爾文的看法遭到學術界排擠在外。這門科學領域在接下來的三十年都低估了群體之間的競爭，大家把重點放在群體之內的個體競爭。看似利他的行為不得不解釋成掩蓋自私的舉止。

然而，近年來，新的學問出現，提升了群體在演化思維中的角色。天擇同時在多個層次運作，有時還包括由有機體組成的群體。我不敢肯定說人性是由群擇塑造而成，畢竟這個爭論的正反兩方科學家的看法，我都很尊重。不過，我身為研究道德的心理學家，還是要說一句，多層次選擇很適合用來解釋人們為何這麼自私又這麼有團體感[91]。

一九七〇年代以來，一堆新學問出現，我們不得不重新思考群擇（作為多層次選擇的一部分）。我把這些學問整理成四項「證物」，替群擇辯護[92]。

**證物A：大轉變促成超級有機體的出現**。地球的生命史一再呈現出「大轉變」的例子。若指油者問題在生物階級的某個層次益趨緩和，那麼更大更有力的載體（即超級有機體）

就會出現在生物階級裡高一個層次的地方，並具有新的特性，例如群體內的分工、合作、利他等。

**證物B：共同的意向促成道德母體的誕生**。「跨越盧比孔河」的重大事件，使得人類祖先在所屬群體內運作良好，同時也意味著人類開始有共同意向和其他心理表徵，這是人類獨有的能力，促使早期人類合作、分工、制定共同規範以評判彼此的行為。這些共同的規範正是道德母體的開端，今日人類的社會生活即是受到道德母體的左右。

**證物C：基因和文化共同演化**。人類祖先經歷了「跨越盧比孔河」的重大事件，開始擁有共同的意向後，演化就變成了兩股交纏的繩子。人類創造新的習俗、規範、體制，致使許多團體感特徵的適應程度隨之改變。尤其是基因和文化的共同演化賦予人類一組部落本能：我們喜歡標明自己是團體的一員，也會優先與所屬團體的成員共同合作。

**證物D：演化可以很快速**。人類的演化並未在五萬年前停止或減緩，反倒是加速進行。在過去的一萬兩千年期間，基因和文化的共同演化達到高峰。我們不能光檢驗當代的狩獵採集者，就逕自假設他們代表的是五萬年前即固定下來的普遍人性。我們在試圖瞭解自己是誰，以及正義之心的起源時，應該更著重於大規模的環境變遷時期（如七萬至十四萬年前之間發生的情況）以及文化的改變（如全新世發生的情況）。

天擇在個體層次運作，塑造了大部分的人性。大部分，而不是全部。我們也有一些跟群體相關的適應現象，例如九一一事件之後許多美國人的表現。我們人類具有雙面的性質，我們是自私的原始人，卻又渴望加入某個比自己更大更高尚的事物。我們是百分之九十的黑猩猩加上百分之十的蜜蜂[93]。如果站在比喻的角度來看這樣的主張，那麼人們基於團體感和蜜蜂感所做的事情，就顯得合理多了。幾乎就好像我們的腦袋裡有一個開關，碰到適當的情況，就會啟動我們的蜜蜂潛力。

註釋：

1 在二戰後數十年間，社會科學與人文學科的保守派都低於適當比例，而到了一九九〇年代更是幾近絕種，只有經濟領域除外。這項變化的一大主因就是一九八〇年代起，更為政治兩極化的「嬰兒潮世代」教授逐漸取代了「最偉大的世代」教授——亦即參與二戰且沒有那麼極化的教授（Rothman, Lichter, and Nevitte 2005）。

2 此處是指涉柏拉圖《理想國》當中的葛勞康。葛勞康問道，如果擁有蓋吉氏戒指，配戴者可隱身，不用擔憂自己的名聲，那麼人是否還會表現出良好的行為？見第四章。

3 如 Dawkins 1976 提出的難忘說法。唯有特徵能複製更多基因時，基因才會為這類特徵編碼。道金斯的意思並不是說自私基因會創造出完全自私的人。

4 我們當然擁有團體感，最起碼我們喜歡團體，也受到團體的吸引。據此，在群體裡生活的每個動物都擁有團體感。我要說的不只是這些而已。我們在乎自己所屬的團體，想要提升所屬團體的利益，甚至不惜付出一些代價，可是過著群體生活的動物往往不會這麼做（Williams 1966）。

5 人們展現自己的愛國心以及其他忠於團體的做法，當中有一些葛勞康主義的成分在作用，這點自是無庸置疑。我只是主張團隊精神並不是純粹的葛勞康論。我們有時確實會把自己所屬的團體視為神聖，即使別人給我們一大筆優渥的獎賞，而我們的背叛也會絕對保密，但我們還是不會背叛所屬團體。

6 見 Dawkins 1999/1982，亦見道金斯在 Dicks 2000 對「異端邪說」（heresy）這個詞的使用。

7 此稱為互利共生（mutualism），亦即兩隻以上的動物共同合作，並且都在互動中獲得某種利益。這不是利他論的一種形式，也不是演化論的一個謎團。在人類超級社會制度的早期演化階段，互利共生或許極為重要。請見 Baumard, André, and Sperber，尚未出版；Tomasello et al.，即將出版。

8 本章的重點是合作，不是利他論。不過，我對於這類案例的合作狀況最感興趣。在這類案例中，真正自利的葛勞康派不會合作。因此，我們或可稱呼這些重點案例是「利他合作」。利他合作有別於策略合作，策略合作是天擇在個體層次運作。

9 第一部分第四章，頁一三四，重點為作者自行加上。Dawkins 2006 並不認為這是真正的群擇案例，因為達爾文並未設想部落會成長而後分裂成「子部落」，像蜂巢分裂成幾個子蜂巢那樣。然而，如果我們增加了那個細節（這種情況在狩獵採集者社會很典型，社會往往在成長到超過約一百五十名成人之後分裂），那麼大家就會一致認為這是群擇的案例。Okasha 2005 稱此為 MLS-2，這是相對於要求較低的 MLS-1，歐卡夏（Okasha）認為 MLS-1 在大轉變過程的初期比較常見。

10 《人類的由來》第五章，頁一三五，重點為作者自行加上。有關《上帝的迷思》第五章的群擇，道金斯提出的唯一反對理由是揩油者問題。

11 Price 1972.

12 有人認為某些特徵的基因是存在的，但這種過時的觀念在基因體時代的進展不佳。沒有單一的基因或甚至幾群的數十個基因能夠解釋任一種生理特徵的許多變異。然而，不知為何，幾乎每一種心理特徵都是會遺傳的。其實，我的意思就是基因體是作為整體，針對某些特徵進行編碼，而天擇會改變基因體，讓基因體針對不同特徵進行編碼。

13 我要強調，我在此描述的群擇或聚落層次的選擇，完全可以跟概括繁衍論（inclusive fitness theory，Hamilton 1964）與道金斯的「自私基因」觀點並立。然而，蜜蜂、螞蟻及其他高度社會化生物的研究者有時會說，他們站在基因的角度時，有些現象比較不明顯，而多層次選擇有助於他們看見那些現象。見 Seeley 1997。

14 此處我是過度簡化了，蜜蜂、螞蟻、黃蜂、白蟻等物種，牠們達到超有機體狀態的程度各有不同。自利的程度很少會降低到絕對零，尤以蜜蜂和黃蜂為然，兩者都保留了其在部分情況下可生育的能力。見 Hölldobler and Wilson 2009。

15 感謝史迪芬．平克，他評論本章的較早版本，向我指出了這點。平克表示，前國家階段的社會所發起的戰爭，根本不是我們現代人的想像，以為戰爭就是男人基於某個理由上戰場赴死。那時的戰爭，戰士會擺出一堆裝模作樣的姿態，做出一堆葛勞康派的行為，好努力磨亮自己的名聲。在人類的歷史上，自殺式的恐怖主義是極少發生的，見 Pape 2005。佩普（Pape）認為，幾乎只有在群體捍衛神聖祖國、抵抗外來的文化入侵者時，才會發生這類的自殺攻擊事件。關於在自殺式恐怖主義中神聖價值的角色，亦請參閱 Atran 2010。

16 《人類的由來》第五章，頁一三五。

17 關於性擇對道德的演化有何貢獻，尤其可參考 Miller 2007。人們在潛在的伴侶面前，會不遺餘力宣揚自己的美德。

18 《人類的由來》第一部分第五章，頁一三七。見 Richerson and Boyd 2004，兩人證明達爾文基本上說對了。

19 Wynne-Edward 1962.

20 Williams 1966, p.4.

21 威廉斯（同上，頁八—九）把「適應」定義為可產生至少一種作用的生物機制，而這作用可稱為生物機制的目標。

22 威廉斯寫的是「疾飛的一群鹿」（fleet herd of deer），但我用「跑得快」（fast）來取代比較少用的「疾飛」。

23 Williams 1966, pp. 92-93.

24 同上，頁九三。

25 Walster, Walster, and Berscheid 1978, p. 6.

26 我同意基因總是「自私」，而涉及這些爭議的各方也都同意自私基因可以創造出基於策略考量而表現慷慨的人。爭論的焦點在於人性是否包含任何心理機制可讓人把群體的利益放在自己的利益之前，而且若是如此的話，還要討論這類機制是否算是群體層次的適應。

27 結果發現這不是真的。在一項針對三十二個狩獵採集型社會進行的調查當中，Hill et al. 2011 發現了一個現象，就任何一個目標個體而言，其所屬群體裡的同伴只有百分之十是近親，大多數人並沒有血緣關係。漢彌頓（Hamilton）算出阿契人（Ache）的基因關係係數只有〇．〇五四。若試圖站在血緣選擇角度來解釋人類的合作，藉以建構出一套理論，那麼這就會是有待解決的問題。

28 Williams 1988, p. 438.

29 Dawkins 1976，頁三。道金斯在三十週年紀念版的簡介寫道，對於之前的用字很後悔，因為自私基因能夠也確實會彼此合作，能夠也確實會創造出彼此合作的載體（例如人類）。然而，他目前的觀點似乎仍與本章和下章描述之團體感和團隊精神相互矛盾。

30 長久以來，靈長類動物學家即記述，在觀察數種靈長類動物自願互動時，發現了看似利他的行為，可是沒有人能在受控制的實驗室環境中，證明黑猩猩有利他行為。直到前一陣子，才有一項研究（Horner et al. 2011）證明黑猩猩會在自己無需付出代價的情況下，讓夥伴獲得較大的利益。黑猩猩很清楚自己可以製造利益，並選擇這麼做。然而，因為選擇者做出這選擇時不用付出代價，所以不符合利他論的許多條件。我認為黑猩猩的利他行為是一則奇聞，卻也堅信人類是行為利他的「長頸鹿」。即使黑猩猩和其他靈長類動物能表現出少許的利他行為，不過人類的利他行為更多。

31 小布希擔任美國總統期間，無論是哪一個時間點，我從來都不喜歡他。然而，他因應攻擊事件而採取的強力作為（包括美國入侵阿富汗在內），我認為是正確的決定。當然了，領袖能輕易利用民眾的本能愛國反應，以遂行自己的目的，許多人都認為後續的入侵伊拉克行動就是如此。見 Clarke 2004。

32 該本能反應不需要國旗，指的是眾人為因應外部威脅而齊聚以示團結的本能反應。如欲閱讀該本能反應的文獻評論，請見 Dion 1979，以及 Kesebir 的作品（即將出版）。

33 此觀點的主要代言人有大衛．史隆．威爾森（David Sloan Wilson）、艾略特．蘇柏（Elliot Sober）、愛德華．威爾森、麥可．魏德（Michael Wade）。如欲閱讀專業評論，請見 Sober and D. S. Wilson 1998、D. S. Wilson and E. O. Wilson 2007。如需易懂的簡介，請見 D. S. Wilson and E. O. Wilson 2008。

34 種族歧視、種族滅絕和自殺炸彈全都是團體感的表現，人們採取這類行動不是為了贏過同團體的成員，而是為了協助所屬團體贏過其他團體。文明社會的暴力比率遠低於狩獵採集者，證據請見 Pinker 2011。平克解釋了日益強硬的國家加上資本主義的擴展是如何造成暴力程度日益降低——即使計入二十世紀的戰爭和種族滅絕，暴力程度仍是日趨下降（這個趨勢並非呈現完美的直線，個別國家可能會經歷一些迴歸狀況，但整體的暴力趨勢仍是穩定下降）。

35 Margulis 1970。植物細胞的葉綠體也有自己的DNA。

36 Maynard Smith and Szathmáry 1997; Bourke 2011.

37 我的「船賽」比喻有一項重大缺陷，新的載體其實並未在比賽中「獲勝」。原核生物仍是相當成功，無論是從重量還是數量來看，仍代表著地球上絕大部分的生命型態。可是，新的載體似乎不知從何而來，就佔用了地球大部分可用的生質能源。

38 梅納德．史密斯和薩思麥利把人類的轉變歸因於語言，認為該轉變發生於四萬年前左右。Bourke 2011 提供了最新的討論內容，並辨識出六項主要種類的轉變，並表示當中的數項轉變（例如真社會制度的轉變）獨自發生了數十次之多。

39 Hölldobler and Wilson 2009。許多理論家不喜歡使用「超有機體」（superorganism）這個詞彙，例如 Bourke 2011 即簡單稱之為「個體」。

40 Okasha 2006 稱此為 MLS-2，我稱之為穩定群體之間的選擇。至於 MLS-1，我稱之為變動群體之間的選擇。專家針對群擇是否真的發生進行討論時，這種微妙的區分非常重要。而這區分微妙到無法在正文裡解釋，但大致的概念如下：有關穩定群體之間的選擇，我們的重點在於群體即實體，而某群體在跟其他群體競爭時，我們也會追蹤該群體的適應度。要讓這種選擇變得重要，各群體內部必須多個世代都保持高程度的基因關係，藉以維持穩固的邊界。正如我們今日所知，狩獵採集者群體並不會這麼做，個體藉由婚姻或其他理由來來去去（不過，正如下文所指出，目前狩獵採集者的生活方式，不太可能是十萬年前甚至三萬年前的人類祖先生活方式）。相反的，若要讓變動群體之間的選擇可影響基因頻率，只要社會環境是由多種相互競爭的群體組成即可，競爭時間可能是短短的幾天或幾個月。無論個體有沒有群體相關的適應，重點都不在於群體的適應度，而是個體的適應度。個體的心智若包含有效的群體相關適應，往往會比較常在獲勝的團隊裡，最起碼人口結構有些不穩定時，有團體感的個體比較可能落在同一隊裡。有些評論家會說，這不是「真正」的群擇，或者說結果還是跟個體層次選擇沒兩樣。然而，歐卡夏有不同的意見，他認為變動群體之間的選擇是發生在大轉變過程的早期，這會導致適應的發生，提升向心力並抑制揩油者，從而替穩定群體之間的選擇鋪路，促成其在大轉變的晚期階段發生。有些人會主張人類在大轉變過程的半路上陷入了泥淖（Stearns 2007），我認為他們的意思就是「人類是百分之九十的黑猩猩加上百分之十的蜜蜂」，只是換種方式說而已。如需 MLS-1 和 MLS-2 的完整說明，請見 Okasha 2006 第二章和第六章。

41 我無意暗指生命會全部或必然邁向更高的複雜度以及更密切的合作。多層次選擇的意思是總會有多種對抗的選擇力在不同層次運作。有時候，物種會從超有機體回復至更單獨的形式。然而，一個充滿著蜜蜂、螞蟻、黃蜂、人類的世界，其所擁有的合作個體遠多於兩億年前的世界。

42 Bourke 2011; Hölldobler and Wilson 2009.

43 Hölldobler and Wilson 2009; E. O. Wilson 1990。我注意到新的有機體並不會在揩油者問題解決後就立刻處於主導地位。超有機體會經歷一段改善期，然後才開始充分利用新的合作方式，而在這超有機體跟其他超有機體相互競爭時，合作方式也會在群體層次的選擇作用之下獲得改善。真社會制度的膜翅目（譯註：即蜂和蟻）最先是出現在一億年前以前，卻要等到接近五千萬年前，才達到了主導世界的狀態。同樣的情況或許也出現在人類身上，人類可能在更新世晚期就已經發展出完整的團體感心智，卻要等到了全新世，才主導了世界。

44 Richerson and Boyd 1998.

45 **真社會制度**（eusociality）這個詞彙出自於昆蟲研究，其定義不能適用於人類，畢竟真社會制度的成員必須分配繁殖能力，使得群體裡幾乎所有成員都無法有效繁殖。因此，我使用**超級社會性**這個比較普遍的詞彙，同時涵蓋了真社會制度昆蟲的行為以及人類的行為。

46 Hölldobler and Wilson 2009，頁二十，重點為作者自行加上。括弧內原本的用字是「分支的現存物種」。

47 Wilson and Hölldobler 2005, p. 13370.

48 人類與和平的倭黑猩猩之近似度，正如其與暴力的黑猩猩之近似度。然而，我認同伯姆（Boehm 2012）和藍翰（Wrangham 2001; Wrangham and Pilbeam, 2001）的看法，前述三個物種的最後一個共同祖先比較類似黑猩猩，而且人類與倭黑猩猩共有的特性，例如比較愛好和平、成年者還是愛玩等，都是趨同演化的結果——人類與倭黑猩猩從共同祖先分支出來很久之後，仍朝類似的方向改變。成年的人類與倭黑猩猩都變得更像孩子。見 Wobber, Wrangham, and Hare 2010。

49 我不是在說人類的大腦或基因會在此時徹底改變，我認同 Richerson and Boyd 2005 以及 Tooby and Cosmides 1992 的看法，亦即讓城邦生活成真的基因多半是在數十萬年的狩獵採集者生活期間塑造而成。然而，正如我在下文所述，我認為全新世期間可能發生了一些其他的基因演化。

50 世上哺乳動物的重量來看，人類其實並不是多數，但那只是因為人類養了太多了牛豬羊狗。如果把人類加上其馴養的動物，那麼從重量來看，如今人類文明竟已佔所有哺乳類動物的百分之九十八，資料來源是二〇〇九年四月唐諾．喬漢森（Donald Johanson）於亞利桑那州立大學「起源」會議上所做的聲明。

51 評論群擇的人士增加了一項標準，也就是群體必須能夠自我繁殖，其中包括了必須能夠「分離出來」以形成多個近似原本群體的新群體。這項標準適用於 MLS-2（穩定群體之間的選擇），卻不一定適用於 MLS-1（變動群體之間的選擇）。請見 Okasha 2006，以及前一頁的註 **40**。

52 二〇一〇年十月，托瑪塞羅在維吉尼亞大學發表了三場重要演說，他的基本論點（包括類似此引文的文字在內）請見 Tomasello et al. 2005。若需兩隻黑猩猩才能取得食物，黑猩猩會找一名合作者幫忙取得食物（Melis, Hare, and Tomasello 2006）。然而，黑猩猩和合作者之間似乎沒有共同的意向，也似乎沒有跟那位合作者真正合作。

53 Herrmann et al. 2007。這些任務的完整說明（包括影片在內）可至以下網站下載：http://sciencemag.org/content/317/5843/1360/suppl/DC1。不過，請注意，影片雖然總是呈現出黑猩猩解決任務的畫面，但在社交任務中卻很少這麼做。亦請注意，該實驗還納入了第三組——紅毛猩猩，牠們在兩種任務當中都表現得比黑猩猩還要差。

54 Tomasello et al. 2005。托瑪塞羅引用的是自閉症研究者賽門．拜倫—柯恩（Baron-Cohen 1995）的早期作品，作品中提及一般兒童會發展出「共同的注意力機制」，但自閉症兒童卻沒有這個機制，因而「心盲」（mind-blind）。

55 Boesch 1994.

56 Tomasello et al.，即將出版。黑猩猩顯然會組成政治聯盟，亦即兩隻雄性黑猩猩會合作，反對目前地位最高的雄性黑猩猩，如 de Waal 1982 所記錄。不過，此處的合作就算存在也很薄弱。

57 De Waal 1996 主張黑猩猩社群會發展出規範，並對違反規範者施予懲罰。然而，在黑猩猩當中，這類規範的例子實在罕見，而且黑猩猩必定不會在一段時間過後就建立起一個日益複雜的規範網。黑猩猩具備許多特性（例如文化能力），似乎擁有人類道德的許多「基石」，可是牠們似乎不會把這些基石組合起來，打造道德體制。

58 演化界的一大爭論主題就是為何會有個體寧願付出代價也要懲罰另一個體，而受懲罰的個體回以暴力的反應，就是其中一種代價。不過，如果懲罰的成本低廉，例如閒言閒語或者不選擇違反規範者作為合作對象（Baumard, André, and Sperber，尚未出版），那麼代價就會變得很低，而且電腦模式也呈現出懲罰傾向可能會以哪些方式出現，請見 Panchanathan and Boyd 2004。揩油成本的增加，會導致揩油行為變得益趨罕見，而針對其他許多特徵所做的群體層次選擇作用也會隨之變得更為有力——這是相對於個體層次的選擇而言。

59 如需進一步瞭解累積文化以及基因和文化的共同演化，請見理查森和波伊的大作——《不光是基因使然》（*Not by Genes Alone*）。本章有許多概念皆是受惠於理查森和波伊。

60 這些生物很有可能製作了一些工具，即使是黑猩猩也會製作一些工具。然而，化石紀錄並沒有太多證據可以證明工具的使用狀況。一直到此時期結束，接近人屬出現之時，才有了進一步的證據。

61 Lepre et al. 2011.

62 論點來自於 Richerson and Boyd 2005。無論是哪個時間哪個地點的文化藝品，幾乎都未曾顯示這樣的穩定性。舉例來說，想想刀劍和茶壺吧，之所以能讓博物館收藏，是因為文化在創造一些滿足同樣基本功能的物件時，發揮了無限的創意。

63 我對海德堡人的描述出自於 Potts and Sloan 2010 以及 RIcherson and Boyd 2005 第四章。

64 我的描述只是出於推測，去猜測特定事件發生的時間或特定能力出現的時間，向來是一件冒險的事情。托瑪塞羅比我還要謹慎，他從不表明共同意向是首度出現於何時、何物種。不過，我問他，海德堡人是否為最佳人選，他說是。

65 兩者有兩項主要的差異：（一）文化創新是水平擴展，人們看見某項創新後再加以模仿；基因創新只能垂直擴展，從雙親擴展至子女。（二）文化創新可由聰明的設計者——即嘗試解決問題者——推動；基因創新唯有經由隨機的突變才會發生。請見 Richerson and Boyd 2005。Dawkins 1976 提出「瀰因」（meme）的觀點，主張文化演化就像基因演化，率先使得此觀點變得普及化。然而，理查森和波伊把共同演化的蘊涵發展得更為完整。

66 Tishkoff et al. 2007。說來有意思，非洲人口的基因不同於歐洲人口。基因體的彈性和適應性皆高，往往會找到多種方法來因應單一的適應壓力。

67 有人可能會主張現代工業社會的性質是世界，不是部落。然而，我們傾向於在這類社會裡組成群體，這種傾向是跟部落制度的基本社會性質有關。請見 Dunbar 1996。在另一端，許多人都以為狩獵採集者只是由近親組成的小團體，但實情並不僅止於此。狩獵採集者基於婚姻及其他理由，在多個共同存在的群體之間移入及移出。小團體會跟其他並沒有直接親屬關係的小團體維持緊密的貿易和往來關係，但這樣的交流或許是某一個小團體的子女經常與團體外的人結婚，加入鄰近的小團體，同時又跟雙親和手足維持關係。跟群體外的個體結婚，可讓兩個群體的關係變得更為緊密，不光是婚姻牽涉到的個別家族變得緊密而已。見 Hill et al. 2011。

68 在最遠可追溯至十六萬年前的人類營地裡，發現了彩色的粉末和顏料，被認為是用於象徵及儀式目的。見 Marean et al. 2007。

69 Kinzler, Dupoux, and Spelke 2007；評論可見 Kesebir 的作品，即將出版。

70 Richerson and Boyd 2005，頁二一四。亦請見 Fessler 2007，瞭解羞愧是如何從順從權威的情緒，演化成遵循規範的情緒。

71 Hare, Wobber, and Wrangham，尚未出版；Wrangham 2001。自我馴化（有時稱為自動馴化）是一種更普遍的社會選擇程序，社會選擇是出自於所屬物種的成員做出的選擇。

72 Hare, Wobber, and Wrangham，尚未出版。

73 我說人類較為古老的靈長類動物本性更自私，並不是要否定德瓦爾的研究，德瓦爾的研究證明了黑猩猩和倭黑猩猩確實存在著人類道德感的同理心和其他基本要素。我只是想要表示，這些基本要素全都能輕鬆解釋為幫助個體在群體內成功發展的機制。我認為不用群擇就能解釋黑猩猩的本性，但解釋人性就還是需要群擇。德瓦爾在二〇〇六年批評「飾板理論家」，這些理論家以為道德是一層薄薄的表面飾板鋪在人類真正的本性——即自私——之上。從這個角度來看，我不是飾板理論家。但從另一個角度來看，我卻是飾板理論家，畢竟我主張人類擁有一些最近才由群體層次選擇所塑造的適應，這樣的演化是出自於人類較為古老的靈長類動物本性，卻讓我們變得跟其他靈長類動物非常不一樣。

74 見 Bourke 2011 第三至四頁。

75 除了兩種非洲裸隱鼠之外，這兩者是唯一符合真社會制度的哺乳類動物。裸隱鼠達到真社會制度的方法跟蜜蜂螞蟻一樣，都是抑制全部成員的生殖能力，只讓一對配偶繁殖，聚落裡的所有成員都是近親。此外，裸隱鼠會在地底下挖掘大量龐雜的隧道，擁有易防禦的共同巢穴。

76 部分的現代人是在七萬年前離開非洲，住在以色列一帶。在這段期間，現代人似乎與尼安德塔人雜交（Green et al. 2010）。部分人類可能在七萬至六萬年前離開非洲，行經葉門和南亞，成為紐幾內亞和澳洲的人類祖先。然而，五萬年前離開非洲和以色列的群體據信是居住於歐亞大陸和美洲大陸的群體。因此，雖說有些人早在七萬年前就已經離開了，我仍把五萬年前當成是大擴散的日期。請見 Potts and Sloan 2010。

77 古爾德在《領導人對領導人》（*Leader to Leader Journal*）期刊第十五期發表的評論（Winter 2000），如欲閱讀，請至 http://www.pfdf.org/knowledgecenter/jounral.aspx?ArticleID=64。重點為作者自行加上。

78 此稱為拉馬克學說（Lamarckism），達爾文也認同，但他錯了。拉馬克學說有益於決心製造新人種——蘇維埃人——的專制獨裁政府，當時受到喜愛的生物學家是特羅菲姆．李森科（Trofim Lysenko），而不是孟德爾。

79 Trut 1999.

80 Muir 1996.

81 見 Hawks et al. 2007、Williamson et al. 2007。若簡短說明，就是檢視各基因經歷減數分裂的染色體重組時，拉引鄰近ＤＮＡ的傾向程度。如果只是隨機的漂變，那麼鄰近的核苷酸就不會被拖走。

82 理查森和波伊（二〇〇五）認為，環境變遷快速之時，例如每幾千年變遷一次，基因不會有反應，所有的適應都是由文化創新進行。然而，當大家都認為基因演化需要數萬年或數十萬年的時間，兩人卻又構思出另一套理論。既然我們現在都知道基因有能力在一千年內做出反應，那麼我認為自己在此處的說明精確無誤。

83 Yi et al. 2010.

84 Pickrell et al. 2009.

85 例如，可參考 Clark 2007。

86 如果基因演化在過去五萬年期間仍持續進行，那麼人種之間或許在基因上有所差異，而這種說法可能會讓有些讀者心生疑慮，古爾德說不定也有同感。我認為這樣的疑慮有其根據，卻也流於誇大。所有歐洲人或所有非洲人或所有亞洲人曾承受的選擇壓力，可說是少之又少。遍布整塊大陸的人種並不是分析道德演化時採用的重要單位，面臨眾多選擇壓力的反倒是各個移入新生態棲位的群體，或者採取新的謀生方式的群體，或者制定婚姻管控方式的群體。此外，若基因和文化的共同演化偏好某些特徵，那麼這類特徵往往是為了因應某種難題而適應獲得的，因此群體之間的差異並不意味著缺陷的存在。最後，即使結果發現道德行為在人種上的差異是跟基因差異有關，基因對這類行為差異的貢獻可能是很小的——相對於文化的影響。在一九四五年，任誰都可以捏造出一套故事，解釋德國人如何演化成適合征服的軍國主義，歐系猶太人又是如何演化成適合溫順的和平主義。然而，五十年後，把以色列和德國做一比較，卻得要解釋完全相反的行為模式（感謝史迪芬．平克提供這個例子）。

87 Potts and Sloan 2010。亦請見 Richerson and Boyd 2005，當中的理論可說明五十萬年前左右，氣候不穩定的初期可能會如何促使人類首次快速轉型為文化人。

88 Ambrose 1998。無論該次的火山爆發是否改變了人類的演化路線，我的重點是在於演化並不是一種順暢又逐步的過程，不是多數電腦模擬呈現的那樣。或許有許多「黑天鵝」事件，也就是發生了塔雷伯（Taleb, 2007）描述的極不可能發生的事件，只要基於「正常」情況加上幾個變數和一些假設，就能瓦解我們對模式過程付出的努力。

89 Potts and Sloan 2010.

90 此時期的下半段就是考古學紀錄開始更普遍出現裝飾物品、珠子、擬似宗教的象徵活動、部落行為等明確跡象。關於南非布隆伯斯洞（Blombos Cave，約七萬五千年前）的發現，請見 Henshilwood et al. 2004。亦請參考 Kelly 1995、Tomasello et al.（即將出版）、Wade 2009。七萬年前至八萬年前之間，非洲發生了很有意思的事情。

91 在不訴諸群擇的情況下試圖解釋人類的團體感，請見 Tooby and Cosmides 2010。亦請見 Henrich and Henrich 2007，兩位作者考慮到文化群擇，但沒有基因作用。我認為這些方法都算是很能解釋人類的團體感，卻無法解釋蜂巢開關之類的事情，我會在下章描述。

92 這些議題全都十分錯綜複雜，我是社會心理學家，在我探討的四個領域中都不是專家。因此，更精確而言，我的描述與其說是向法庭審判提出的抗辯，不如說是呈給科學高等法院的上訴狀，當中解釋了我為何認為應該依照新證據重啟案件並交由專家再審。

93 百分之九十和百分之十這兩個數字不應從字面意義去看。我只是要表示，塑造黑猩猩本性的個體層次程序，也塑造了大部分的人性，而群體層次的選擇則是塑造了其餘少部分的人性。群體層次的選擇程序比較常見於蜜蜂、螞蟻和其他的真社會制度生物。當然了，蜜蜂心理學和人類心理學毫無共通之處，蜜蜂在沒有道德或道德情緒的情況下，就達到了非凡的合作狀態。我是用蜜蜂來呈現群體層次的選擇機制如何創造合作的夥伴。

# 10 蜂巢開關

一九四一年九月，威廉·麥克尼爾（William McNeill）被美國軍隊徵召入伍。麥克尼爾接受了幾個月的基本訓練，訓練內容多半是在訓練場上跟數十人一起排成密集隊形行軍。起初，麥克尼爾認為行軍只不過是打發時間的方法，畢竟基地又沒有武器可以操演。不過，數週後，他的單位開始能夠同步動作時，他才體驗到自己的意識狀態有了改變。

冗長又一致的訓練動作所引發的情緒是言語也無法適切形容的。回想起來，那是一種籠罩全身的美好感覺，更具體而言，那是一種個人被放大的怪異感，一種膨脹的、大於生命的感覺，這都要多虧參與了集體儀式。[1]

圖十・一：馬其頓方陣。©Alessandro Gelsumini (Own work) /CC0 1.0

麥克尼爾打過二戰，之後成為著名的歷史學者。麥克尼爾從研究中發現，希臘軍隊、羅馬軍隊、之後的歐洲軍隊，三者共同的關鍵創新就是採用同步化的軍隊訓練和行軍方法，這正是多年前麥克尼爾待在軍隊時被迫接受的訓練。根據麥克尼爾的假設，「強健型連結」（muscular bonding）的過程——亦即有節奏地共同移動——是一種機制，早在歷史紀錄顯示放棄自我並創造臨時超有機體之前，就已經演化成機制了。強健型連結可讓人忘記自己，信任彼此，以一個單位運作，然後擊敗那些向心力較低的團體。圖十・一顯示亞歷山大大帝用來擊敗大軍的超有機體。

麥克尼爾研究了戰場士兵的紀錄，發現士兵之所以冒險犯難，最主要不是為了國家，也不是士兵理想中的為了同袍。麥克尼爾引用了某位退伍軍人的一段話，對方舉例說明「我」變成「我們」會有什麼情況。

我認為，如果退伍軍人對自己誠實，那麼會有很多人承認戰場上共同付出的體驗……是人生當中的最高峰……不知不覺之間，「我」變成「我們」，「我的」變成「我們的」，個人的命運失去了核心的重要性……我認為這類似於永生的自信，使得那些關鍵時刻的自我犧牲變得相當容易……我或許會倒下，卻永遠不死，畢竟我雖為同袍犧牲自己的性命，但我心中的真正精神不朽，繼續活在同袍的身上。[2]

## 蜂巢假說

我在上一章主張人性是百分之九十的黑猩猩加上百分之十的蜜蜂。人類之所以像黑猩猩，是因為靈長類動物的心智狀態是由個體持續與同群體內部的個體競爭而來。我們的祖先是那些在社會生活競賽中一代代獲勝的贏家，由此可見，我們是葛勞康派，往往在乎表面的美德勝過於實情（正如葛勞康說的隱身戒指故事）[3]。

然而，人類也有一個晚近才出現的團體感特質。人類之所以像蜜蜂，是因為超社會化生物的心智狀態是由團體之間的持續競爭而來。我們的祖先是具備團體感心智的早期人類，有利於團結合作，贏過其他團體。這並不意味著人類祖先是沒頭沒腦或無條件支持團體的一員，這其實是在表示人類有選擇能力。在適當的情況下，人類能夠進入「我為人人，人人為我」的思維模式，真正為了團體好而努力，而不是只為了自己能在團體裡往上爬。

本章提出的假說為**人類是有條件的蜂巢生物**。人類（在特殊情況下）有能力為了比自己還宏大的事物，（暫時樂於）放下自利和自己。這個能力就是我所稱的**蜂巢開關**。我認為蜂巢開關是一種群體相關的適應現象，而且正如威廉斯所言，僅可用「群體之間的選擇理論」來解釋[4]，無法用個體層次的選擇來解釋（這項怪異的能力如何幫助人勝過同群體內的成員？）。蜂巢開關是一種讓群體更有向心力的適應現象，好讓群體在跟其他群體競爭時更為成功[5]。

如果蜂巢假說為真，那麼我們對於應該如何規劃組織機構、研究宗教、尋找生命中的意義和快樂，也就有個底了[6]。蜂巢假說是真的嗎？真的有蜂巢開關嗎？

## 集體情緒

十五世紀晚期，歐洲人開始探索世界，帶回了各式各樣的動植物。每塊大陸各有奇妙之處，自然世界的多元化遠超乎我們的想像。然而，根據報告顯示，這些遙遠陸地上的住民在某些方面反而比較一致化。那些遊歷各洲的歐洲旅人目睹當地住民聚集在火堆旁盡情跳舞，跟隨擊鼓的節奏做出一致的動作，往往要跳到精疲力竭為止。芭芭拉·艾倫瑞克（Barbara Ehrenreich）在其著作《嘉年華的誕生：慶典、舞會、演唱會、運動會如何翻轉全世界》（*Dancing in the Streets: A History of Collective Joy*），描述歐洲探險者對這些舞蹈的反應——心生反感。面具、身體上的彩繪、喉嚨發出的尖叫聲，使得這些跳舞的人有如動物。他們的軀體跟隨節奏起伏，偶爾演出性交的動作，這些在多數歐洲人的眼裡，實在是墮落怪誕又極其「野蠻」。

歐洲人毫無心理準備，無法理解眼前的人事物。正如艾倫瑞克的主張，集體的狂喜舞蹈是一種幾近普世的「生物技術」，用以凝聚群體的向心力[7]。艾倫瑞克的看法與麥克尼爾相同，都認為這是一種強健型連結，可以培養愛、信任、平等，而且在古希臘（想想酒神戴歐尼修斯及其狂歡儀式）以及早期的基督教（艾倫瑞克說基督教一直是「跳舞」的宗教，到了中世紀，在教堂裡跳舞的習俗才受到抑制），跳舞都是相當常見的行為。

可是，如果狂喜的舞蹈這麼有益又普遍，那歐洲人為什麼放棄了呢？艾倫瑞克的歷史說明微妙得無法在此摘述，但故事的最後一部分是十六世紀歐洲境內開始興起個人主義和更精確的自我觀點。在啟蒙時期和工業革命期間，這些文化上的改變益趨快速。這樣的歷史過程也促使十九世紀怪異（WEIRD）文化的興起（WEIRD是以下名詞的縮寫：西方人〔Western〕、受過教育〔educated〕、工業化〔industrialized〕、富有〔rich〕、民主制〔democratic〕）[8]。正如我在第五章所述，你越是怪異，就越會看見世界充滿單獨的個體，而非人際關係。你越是怪異，就越難瞭解這些「野蠻人」的行為。

艾倫瑞克在努力瞭解集體喜悅時，發現心理學所能給予的幫助微乎其微，心裡很是訝異。心理學有豐富的語言可描述一對對人們的關係，例如轉瞬即逝的吸引力、放下自尊的愛、病態的迷戀等。然而，數十人之間存在的愛呢？艾倫瑞克表示，「如果同性戀的吸引力是一種『不敢把名字說出口』的愛，那麼讓人們凝聚成集體的那種愛，就連可以說出口的名字都沒有」[9]。

她在研究時僅發現少數幾位派得上用場的學者，其中一位是艾彌爾·涂爾幹。涂爾幹堅稱，有一些「社會事實」是無法化約為個體的事實。社會事實——例如自殺率或愛國精神的基準——會在人們互動時出現。社會事實值得好好研究一番（由社會學研究），就跟人們及其心理狀態一樣值得研究（由心理學研究）。雖然涂爾幹不曉得多層次選擇和主要轉變理論，但是他提出的社會學卻離奇貼近這兩個概念。

涂爾幹經常批評當代的人，佛洛依德就是其中一位飽受批評者。佛洛依德試圖只運用個體及成對關係的心理學來解釋道德和宗教，佛洛依德曾說，上帝只不過是父親的形象。相反的，涂爾幹認為**智人**其實是**雙重人**，是存在於以下兩個層次的生物：一是身為個體，二是身為大社會的一員。涂爾幹在研究宗教之後，認為人有兩套截然不同的「社群情感」，一個層次有一套情感。第一套社群情感會「把每一位個體和同胞給連結起來，出現於社群裡的日常生活關係中，當中包括了我們可能對彼此所感覺到的榮耀、尊敬、鍾愛、恐懼等情感」[10]。這些情感很容易解釋，其實就是天擇在個體層次運作。正如達爾文所言，缺乏這類情感的夥伴，人們都會避開[11]。

不過，涂爾幹還表示，人也有能力體驗另一套情緒：

第二套社群情感能夠把我連結至整體的社會實體，主要出現於某社群和其他社群（可稱為「社群間」）的關係當中。第一套（情緒）幾乎不會觸及我的自主和人格，雖是把我跟他者連結，我的獨立卻不會被奪走太多。相反的，我的行為若受到第二套情感的影響，**我就只是整體的一小部分，必須遵從整體的行動，臣服於整體的影響。**[12]

涂爾幹訴諸於多層次選擇的邏輯思考，提議有新的一套社群情感存在，藉以運用「社群間」關係來協助群體（其為真實的事物），而我覺得這個觀點極好。第二個層次的情感打開了蜂巢開關，關閉了自我，啟動了團體感特質，讓人變成「只是整體的一小部分」。

涂爾幹提出的這些高層次情感當中，最重要的當屬「集體亢奮」。「集體亢奮」的現象說明了群體儀式能夠產生的熱情和狂喜。涂爾幹的說明如下：

聚集的行為是一種格外有力的刺激因素。多名個體一聚集起來，就會從親近當中生出某種激情，很快促使這些個體達到獨特的欣喜顛峰。[13]

在這樣的狀態下，「重要的能量變得高度激昂，熱情變得更為強烈，知覺變得更為有力」[14]。涂爾幹認為，這些集體情緒會暫時把人類拉進兩種領域當中較高的領域，亦即**神聖**領域，自我會消失，集體利益佔主導地位。相反的，**世俗**領域是普通的日常世界，我們在世俗世界裡度過大多數的生活，關心財富、健康、名聲，同時卻也感覺到某處有某個更高遠、更尊貴的事物在向我們叨念不休。

涂爾幹認為，人類在這兩個領域之間的來回移動，促成了我們對於神祇、靈魂、天堂的看法，以及我們對於客觀道德秩序的觀點。若心理學家在研究時，只把個體（或成對者）看成是檢驗孤蜂（或成對的蜂）的昆蟲學者可演繹之蜂巢結構，那麼這樣的心理學家就無法理解前述的社會事實。

## 有這麼多方法可以打開開關

集體亢奮聽起來很棒，對吧？只可惜，得要有二十三個朋友和一個火堆才能達到集體亢奮，真的是這樣嗎？蜂巢開關有一個極有意思的事實——有許多方法可以開啟開關。即使你不覺得蜂巢開關是群體層次的適應作用，但是我仍希望你跟我一樣，都認為蜂巢開關是存在的，而且它往往會讓人變得更不自私，更有愛。以下列舉打開開關的三個例子，或許你也曾親身經歷過。

## 1. 敬畏自然

一八三〇年代，拉爾夫．沃多．愛默生（Ralph Waldo Emerson）發表一系列以自然為主題的演講。自然是美國超驗主義的根基，而超驗主義是一種拒絕美國頂尖大學分析型超唯智主義的運動。愛默生認為，最深層的真相必定是經由直覺獲知，不是經由理性，而且敬畏自然的經驗是觸發這類直覺的極佳方式。愛默生描述了望向夜空繁星、連綿起伏的農田風光、林中散步所帶來的活力和喜悅。

> 佇立於空曠的土地上，腦袋沉浸於無憂的空氣裡，飛升至無垠的空間，**不善的自我皆消失不見**。我成為一顆透明的眼球；我微不足道；我看盡一切；普遍的存有在我的全身上下流動不已；我是上帝的一部分、一顆粒子。[15]

達爾文在自傳裡也記下了類似的體驗。

> 我在日記上寫著，站在壯觀的巴西森林當中，「心裡充滿了奇妙、欽佩、鍾愛等崇高的感覺，並為此振奮不已，筆墨難以形容。」我回想起自己的信念，人不光是軀體的氣息而已。[16]

愛默生和達爾文都在自然裡找到了世俗領域和神聖領域之間的那道大門。即使蜂巢開關原本是一種跟群體相關的適應，但是在你因敬畏自然而感到孤身一人時，蜂巢開關是打得開的，千年來的神祕主義者和苦行者都知道這點。

敬畏之情的觸發，往往是因為面臨了具有以下兩種特色的情況：廣闊無邊（某個東西使我們激動難言，使我們感覺渺小），需要適應（亦即我們的經驗無法被我們既有的心理結構輕鬆地吸收消化，我們必須改變心理結構來「適應」那樣的經驗）[17]。敬畏感的作用如同一種重新設定的按鈕，讓人忘了自己，忘了瑣碎的疑慮。敬畏感使人們的心胸開放，得以接納生命裡新的機會、價值、方向。敬畏感是一種跟蜂巢開關極為密切相關的情緒，此外還加上了集體的愛和集體的喜悅。人使用精神層面的詞彙來描述自然，愛默生和達爾文皆是如此，這正是因為自然能夠觸發蜂巢開關，關閉自我，使你覺得自己**只是整體的一小部分**。

## 2. 涂爾幹藥

一五一九年，科爾特斯（Cortés）佔領墨西哥，發現阿茲特克人在舉行宗教儀式時，會食用一種含有裸蓋菇鹼的迷幻蘑菇，名稱叫作「美洲傘菇」（teonanacatl），當地語言的字面意思就是「神之肉」。早期的基督教傳教士也記錄了食用蘑菇和基督聖餐很類似，只是阿茲特克人的儀式不只是象徵儀式，迷幻蘑菇會把人從世俗領域直接帶到神聖領域，時間只需要三十分鐘左右[18]。圖十・二是一幅十六世紀阿茲特克卷軸，描繪食用蘑菇者即將被神明抓住的景象。阿茲特克北部宗教儀式的重心是食用配有特（Peyote），配有特是從含有麥斯卡靈（mescaline）的仙人掌取得；阿茲特克南部宗教儀式的重心是飲用死藤水（克丘亞〔Quechua〕語是ayahuasca，意思是「靈之藤」），死藤水是由含有DMT（dimethyltriptamine，二甲基色胺）的藤蔓和葉子釀製而成的飲品。

這三種藥品之所以歸類為迷幻劑（LSD和其他人工化合物也同屬一類），是因為這些藥物都含有類似化學成分的生物鹼，會導致一連串視覺和聽覺上的幻覺。然而，我認為這些藥物也可以稱為涂爾幹藥，畢竟它們都有一種獨特（卻不可靠）的功能，可以讓人關閉自我，獲得了「宗教」或「轉化」的體驗[19]。

傳統社會多半有某種成年儀式，讓男孩變成男人，女孩變成女人，而且往往比猶太成

圖十・二：食用迷幻蘑菇的阿茲特克人，即將遁入神聖領域。此局部圖片取自十六世紀的馬格里亞貝奇亞諾手抄本（Codex Magliabechiano, CL.XIII.3）。

人禮還要累人，通常會牽涉到恐懼、痛苦、死亡與重生的象徵、神明或耆老的知識傳承等[20]。許多社會運用迷幻藥催化這類的轉變。迷幻藥打開了蜂巢開關，讓自私的小孩消失。接著，從另一個世界回來的人就會被視為有道德責任的成人。有一篇人類學的評論文章對這類成年儀式做出以下結論：「這些狀態在誘導出來後，可加強學習，並讓同一群體內的成員有向心力，致使個體的心靈需求納入社會群體的需求當中。」[21]

西方人在沒有習俗儀式的情況下服用這些藥物時，往往不會把自己託付給群體，卻也經常體驗到一種跟「高峰經驗」難以區分的感覺——高峰經驗是人本心理學家馬斯洛（Abe Maslow）提出的概念[22]。在大多數的西方社會把迷幻藥歸於非法用藥之前，有研究者進行了一些受控制的實驗，其中一項實驗是把二十名神學學生帶到波士頓某間教堂的地下室禮拜堂[23]。這些學生全都服用一顆藥，但在起初的二十分鐘，沒有人知道誰服用的是裸蓋菇鹼，誰服用的是菸鹼酸（一種維他命B，會給人溫暖興奮的感覺）。然而，實驗開始四十分鐘後，情況就明朗了。服用菸鹼酸（也是第一批感覺到有事情發生）的十位學生還被困在這人世間，只能希望另外的十位學生順利邁向奇幻旅程。

實驗者在研究前後向所有的參與者蒐集了詳細的報告資料，六個月後又再度蒐集一次資料。實驗者發現裸蓋菇鹼在以下九種經驗中，產生了統計上堪稱顯著的作用：（一）整體感，包括失去自我感以及基本的合一感；（二）超越時間和空間的感覺；（三）深切感受到正面的情緒；（四）神聖感；（五）覺得獲得直覺知識，並確信直覺知識為真；（六）似是而非的弔詭感；（七）難以描述發生的事情；（八）虛幻無常感，在幾小時內就全都恢復正常；（九）態度和行為都持續產生正面的改變。

二十五年之後，杜勃林（Rick Doblin）追蹤了二十位受試者當中的十九位，並進行訪談[24]。他發現，「所有參與後續追蹤調查而且當初是服用裸蓋菇鹼的受試者，仍然認為原本的體驗確實有其神祕之處，同時也對精神生活造成了獨特又珍貴的影響。然而，控制組卻沒有一人是如此」。其中一位服用裸蓋菇鹼的受試者回想當初的經驗：

> 突然之間，我覺得自己好像被帶到了無窮無盡之中。突然之間，我脫離了理智。我覺得自己陷入了宇宙的廣闊當中……有時，你抬起頭來，看見祭壇上的光，而那光芒刺眼得

叫人目盲……我們服用的裸蓋菇鹼很微量，卻能帶我邁向無窮無盡之處。

## 3. 銳舞

搖滾樂向來都跟放縱和性欲脫不了關係。一九五〇年代的美國父母往往就跟十七世紀歐洲人看見「野蠻人」狂舞一樣，都心生恐懼。不過，一九八〇年代，英國的年輕人混合了幾項新技術，創造了一種新的跳舞形式，以更共通的感覺取代了搖滾樂的個人主義和性欲。電子技術的進展帶來了一些有催眠感的全新音樂類型，例如科技（techno）、出神（trance）、浩室（house）、鼓打貝斯（drum and bass）；雷射技術的進展把精彩的視覺效果帶到了派對上；藥理學的進展開發出許多新毒品能供應給舞客，尤其是搖頭丸（MDMA），搖頭丸是安非他命的衍生物，可讓人長時間活力充沛，擁有愛和開放的強烈感覺（MDMA俗稱「快樂丸」）。而在結合了前述部分或所有的成分之後，便產生了強烈的吸引力，年輕人開始成千聚集，參加整晚的跳舞派對，這個潮流始於英國，然後在一九九〇年代，席捲了已開發國家。

謝家華在《想好了就豁出去》這本自傳中描述了他體驗過的一段銳舞經驗。謝家華是Zappos.com線上零售商的執行長，二十四歲就把新創的科技公司賣給微軟，賺進了一大筆錢。

接下來的幾年，他思考著該拿自己的生活怎麼辦。他有一小群朋友，常在舊金山一起玩樂。謝家華和這夥人第一次參加銳舞派對，銳舞打開了謝家華的開關。謝家華的描述如下：

> 我接下來的體驗永遠改變了我的看法……對，裝飾和雷射很酷。對，我從來沒見過這麼大的空間裡擠滿了一堆人在跳舞。不過，這兩件事沒辦法解釋我體驗到的敬畏感……我往往是一群人當中最講邏輯理性的，那時卻有一股靈性的感覺襲上我整個人，叫我不由得感到訝異。而這靈性的感覺不是宗教方面的，而是覺得**自己跟那裡的每個人和宇宙的其餘部分有了深遠的連結**。有一種不帶評判的感覺……**沒有自我意識**，也不會覺得那些人跳舞是為了被看見……大家都面向舞台上的ＤＪ……整個空間好像是**由數千人組成的一個團結的大部落**，而ＤＪ是部落的首領……穩定又無言的電子節拍就是群眾一致發出的心跳聲，**彷彿個體意識的存在已經消失，取而代之的是單一又統合的群體意識**。[25]

謝家華無意間碰到了艾倫瑞克和麥克尼爾描述之強健型連結的現代版。那樣的景象和體驗使他生出敬畏感，關閉了他心中的「我」，讓他融入於巨大的「我們」當中。那天晚上是他人生的轉捩點，他開始踏上新的旅途，運用他在銳舞派對裡感受到的社群主義和抑制自我意識的感覺，創立一種新型態的生意。

還有其他許多方法可以打開蜂巢開關。我在維吉尼亞大學任教時，跟我的學生討論這些概念達十年之久，曾聽到有人在合唱團裡合唱時、在軍樂隊表演時、在聆聽布道時、在參與政治集會時、在冥想時，「開關打開了」。我大部分的學生至少感受過一次開關打開的經驗，不過只有少數幾人有過改變一生的經驗。還有一個更為普遍的現象，開關打開的效用會在數小時內或數天內逐漸消失不見。

既然我知道在適當時機用適當方法打開開關會發生什麼事，我看待學生的眼光就有所不同了。我仍然把學生當成相互競爭的個體，他們為了成績、榮譽、另一半而努力競爭。不過，我對於學生熱心投入課外活動，卻懂得站在新的角度去欣賞了。這些課外活動多半會讓學生變得團結合作，他們表演戲劇、運動競賽、參與政治集會、自願參加數十個專案計畫以幫助夏洛特維爾和遙遠國家的窮病者。我看見他們在尋找內心的呼喚，而唯有成為大團體的一員才能找到。現在，我看見他們同時在兩個層次努力尋找，畢竟我們都是**雙重人**。

## 蜂巢開關的生物學

如果真有蜂巢開關，如果蜂巢開關是群體層次選擇機制為了群體向心力而設計的群體層次適應現象，那麼肯定是由神經元、神經傳導物質、荷爾蒙三者所組成，並不是腦部裡的某個位置，不是人類擁有而黑猩猩缺乏的一堆神經元。蜂巢開關是一**功能**系統，由事先存在的迴路和物質鋪蓋而成，而這些迴路和物質係以稍微新穎的方式重複使用，製作出全新的能力。在過去十年，突然間有一堆人研究這功能系統裡最有可能採用的兩種[26]建材[27]。

如果演化碰巧遇到了一個方法能把人們凝聚成大群體，那麼最明顯的黏合劑就是催產素了。催產素是下視丘製造的一種荷爾蒙和神經傳導物質，常見於脊椎動物，讓雌性做好當母親的準備。在哺乳動物的身上，催產素會導致子宮收縮及溢乳，也會強烈刺激動物去觸摸及照顧後代。演化機制經常重複使用催產素，藉以打造其他種類的向心力，雄性動物之所以能堅守在伴侶身邊或保護自己的後代，是因為雄性腦袋經稍微修改，變得對催產素更有反應[28]。

在人類身上，催產素作用的範圍遠超乎家庭生活範圍。若有一遊戲是要甲暫時把錢移轉給另一個匿名夥伴乙，而你把催產素噴劑噴進甲的鼻子裡，那麼甲就會變得比較信任乙[29]。反之，若你表現得信任夥伴，夥伴的催產素濃度也會隨之上升。人們在觀賞別人受苦的影片時，催產素濃度也會上升，最起碼那些有同理心和想要出手幫助的人是這樣[30]。如果你跟另一人有親密的接觸，你的大腦會分泌更多的催產素，即使那接觸是陌生人幫你按摩背部，也仍會產生同樣的情況[31]。

真是可愛的荷爾蒙啊！怪不得近幾年的新聞輿論趨之若鶩，給催產素取了「愛之藥」和「擁抱荷爾蒙」的綽號。如果能把催產素放入全世界的飲用水裡，或可終結戰爭和殘酷的行為？

可惜，行不通啊。如果蜂巢開關是群擇機制創造的產品，那麼應該會顯示群擇機制的獨有特徵——狹隘的利他論[32]。催產素應該會把我們跟夥伴、群體給連結在一起，這樣我們就能更有效地跟其他群體競爭。一般而言，催產素不該是把我們跟人性連結在一起。

近來有數項研究已驗證了前述的預測。在其中一組研究中，一些荷蘭男人單獨坐在小隔間裡，透過電腦組成幾個小隊伍，玩了各種經濟遊戲[33]。其中一半的人拿到催產素的鼻用噴劑，剩餘一半的人拿到安慰劑的噴劑。拿到催產素的人會做出比較不自私的決定，他們比較關注於幫助自己所屬的團體，至於其他團體的人獲致的成果能否獲得改善，則顯得漠不關心。在其中一項的囚犯困境遊戲研究中，催產素讓男人更願意去傷害其他團隊，因為這麼做是保護所屬團體安全的最佳方法。在一組後續追蹤研究中，那些作者發現催產素造成荷蘭男人比較喜歡荷蘭名字，對於拯救荷蘭人的性命也比較重視（此為電車類型的難題）。研究人員一而再、再而三地尋找跡象，想要證明內團體的愛增加時，外團體的恨也會隨之增加（針對穆斯林而言），卻找不到跡象可以證明[34]。催產素只會讓人更愛內團體，變成狹隘的利他論者。那些作者據此推斷，這些研究結果「大致證明神經生物學的機制，並促進團體內的協調與合作」。

維持團體內協調的第二個可能要素，是鏡像神經元系統。鏡像神經元是在一九八〇年代無意間發現的，當時有一隊義大利科學家開始把微小的電極插入獼猴大腦裡的個別神經元，研究人員試圖在大腦皮質裡負責控制精細動作的區域，找出部分的個別細胞有何作用。結果發現部分的神經元唯有在獼猴做出特定的動作時才會快速反應，例如用拇指和食指夾住堅果（相對於整隻手抓住堅果）。然而，研究人員一植入電極並將電極連接到擴音機後（這樣才能聽見反應的速率），卻開始在奇怪的時間點聽見反應的聲響，例如獼猴動也不動，用拇指和食指撿起食物的是**研究人員**。這說不通啊，照理來說，感知與行動是發生在腦部的不同區域。然而，這些神經元卻不管獼猴是在做某件事，還是看著別人在做某件事。獼猴**鏡射**他人行動以及親自採取行動時，似乎都是運用同一個大腦部位[35]。

之後的研究工作更證明了獼猴看見特定的身體動作時，鏡射神經元多半不會反應，但看見的動作若代表更普遍的目標或意圖時，鏡射神經元多半會有反應。舉例來說，觀看影片時，若看到一隻手從乾淨的桌子上撿起一個杯子，彷彿要把杯子湊近某個人的嘴巴旁，這樣就會觸發進餐的鏡像神經元。可是，同樣的一隻手，同樣撿起杯子的動作，只是桌子**很亂**（看起來像是剛用完餐），觸發的鏡像神經元就跟前者不一樣了，就會是一般撿起東西的鏡像神經元。獼猴有幾個神經系統可推論他者的**意圖**（這顯然是托瑪塞羅提出之共同意向的前提[36]），但獼猴卻還沒做好共享的準備。獼猴的鏡像神經元似乎是專為獼猴自己的**私人**使用，不是為了協助自己向他者學習，就是為了協助自己預測另一隻獼猴接下來的動作。

人類的鏡像神經元系統所在腦部區域，可直接對應至獼猴的大腦部位。不過，人類的鏡像神經元跟大腦裡的情感相關區域之間的連結強烈多了，首先連至腦島皮質，再從腦島皮質連至杏仁核和其他的邊緣區域[37]。人類感受到彼此的痛苦和喜悅，在程度上比其他靈長類動物大多了。你光是看見別人微笑，就能刺激到你微笑時的部分神經元，別人的微笑深刻地留在你的大腦裡，使你覺得快樂，也想要微笑，而這又把微笑傳遞至別人的腦裡。

鏡像神經元極其適合涂爾幹提出的集體情感，尤其是集體亢奮的情緒「電力」。然而，神經學家譚妮雅．辛格（Tania Singer）主導的一項研究，更加凸顯了鏡像神經元的涂爾幹本質[38]。首先，受試者跟兩位陌生人玩經濟遊戲，其中一位陌生人的玩法很友善，另一位的玩法很自私。在接下來的研究中，微小的電擊會隨機傳送至受試者的手、友善玩家的手或自私玩家的手，並同時掃描受試者的腦袋（受試者可看到另外兩位玩家的手，受試者在掃描儀裡時，另外兩位玩家的手就在受試者的手附近）。結果顯示，「友善」玩家受到電擊時，受試者腦袋的反應就跟自己受到電擊一樣。受試者運用了自己的鏡像神經元，發揮同理心，並感受到別人的痛苦。不過，自私玩家受到電擊時，受試者的同理心比較低，有些受試者甚至呈現出愉快的神經證據[39]。換句話說，人不會盲目同情別人，不會跟自己看見的每個人同步。人類是**有條件的**蜂巢生物，如果對方符合我們的道德母體，那我們比較可能發生鏡像反應，然後產生移情作用[40]。

## 蜂巢的作用

人從出生到死亡都被公司與公司製造的產品圍繞著。公司究竟是什麼？公司是如何遍布於全球各地？Corporation（公司）這個英文字源自於拉丁文的corpus，意思是「身體」，而從字面上來看，公司就是個超有機體。一七九四年，史都華．吉德（Stewart Kyd）出版《論公司法》（*Treatise on the Law of Corporations*），對公司做出以下定義：

〔公司是〕許多個體的集合，依據特殊的名稱，統合成一個組織，以人工形式永久存續，而且在許多方面，法律政策都賦予其以個體身分行事的能力。41

這個法律擬制把「許多個體的集合」視為一種新的個體，也證明是一種贏家準則。人們藉此把自己安置於一艘新的船隻裡，而在這艘船上，可以分工、抑制揩油現象、處理龐大的工作，而龐大的工作有可能帶來龐大的報償。

公司和公司法曾幫助英國在工業革命初期脫穎而出，把其他國家拋在後頭。這個新的超有機體正如蜂巢和城邦經歷的轉變，需要一段時間才能解決問題，讓做法臻至完美，並發展有效的防禦方式，以因應外部的攻擊和內部的顛覆。然而，一旦前述問題獲得解決，公司即呈現爆炸性的成長。二十世紀期間，公司在營利最高的市場握有壓倒性優勢，小型商行被逼到邊緣地帶或滅絕之境。如今，公司擁有強大的力量，只有全國性的政府有能力抑制超大型的公司。儘管如此，也只有部分的政府在部分的時間才能做到這點。

建立一個全由**經濟人**組成的公司，確實是有可能辦到的。分工合作可創造鉅額獲利，因此大公司有能力支付比小公司更高的薪俸，然後採用一系列制度化的「紅蘿蔔與棍棒」措施（即賞罰兼施，例如昂貴的監控機制和執行機制），藉以鼓勵自利的員工依循公司想要的方式做事。然而，這種方法（有時稱為「交易型領導」）[42]有其侷限，自利的員工屬於葛勞康派，在他們的眼裡，與其幫助公司成長，倒不如裝成好員工的樣子又獲得晉升[43]。

相反的，機構組織若能利用人類的蜜蜂本質，就能激發員工的自尊、忠誠、熱情，對員工的監控程度也會隨之下降。這種領導方式（有時稱為「轉換型領導」[44]）可產出更多的社會資本，亦即信任關係。相較於其他公司的員工，轉換型領導公司的員工能以較低的成本，完成更多的工作。蜜蜂型員工會更努力工作，獲得更多樂趣，辭職或控告公司的機率也比較低。蜜蜂型員工跟**經濟人**不一樣，蜜蜂型員工懂得團隊合作。

領導者要怎麼做才能創造更多的蜂巢型組織呢？第一步就是不要再花那麼多心力思考領導力。有一群學者運用多層次選擇機制，思考領導力的真義。羅伯特．霍根（Robert Hogan）、羅伯特．凱瑟（Robert Kaiser）、馬克．凡瓦特（Mark van Vugt）認為，領導力僅可理解為追隨力的互補[45]。只注重領導力，有如只研究左手就想理解拍手的動作。這三位學者指出，領導力甚至不是最有意思的那隻手，人想要領導的原因稱不上是個難解的謎團，人願意追隨的原因才算得上是真正的謎團。

這些學者還表示，人類演化成可生活在一個最多一百五十人的團體裡，而且這樣的團體相當講究平等，對於地位最高的雄性也報以謹慎的態度（如克里斯多福．伯姆所述）[46]。不過，人類也演化出了在所屬團體受到威脅或與其他團體競爭時，就有了聽從領袖、團結一心的能力。還記得嗎？老鷹隊和響尾蛇隊一發現了對方的存在，就變得更部落化，更階級化[47]。研究結果亦顯示，發生自然災害時，陌生人會自動自發組織起來，各自擔任領導者和追隨者的角色[48]。如果所屬團體需要完成某件事，而且擔任領袖的人不會刺激到大家那超級敏銳的壓迫偵測器，那麼人們就會很樂意追隨。領導者建構的道德母體在一定程度上，必須奠基於以下基本原則：「權威」基本原則，用於合法化領袖的權威；「自由」基本原則，用於確保下位者不會覺得受到壓迫，也不會想要團結起來，以反抗地位最高又恃強欺弱的雄性；「忠誠」基本原則，最重要的基本原則，第七章已有說明，用於因應「組成有向心力的聯盟」此項適應難題。

若想要讓團隊、公司、學校或其他組織變得更蜂巢化、快樂又有生產力，可直接從這樣的演化架構當中吸取教訓。不用偷偷摸摸在飲水機放入搖頭丸，在學校的自助餐廳裡舉辦銳舞派對。蜂巢開關與其說是一種非開即關的開關，不如說是一種調控型的開關，只要做一些制度化的改變，創造出的環境就能把大家的調控型開關稍微往蜂巢位置輕推一下。以下列舉若干制度化的改變：

●**增加相似點，而非多樣化。**若要打造人類蜂巢，就要讓每個人都有一家人的感覺。因此，別讓大家關注種族和族群上的不同，並且藉由增加相似處，頌揚團體共同的價值和認同感，讓種族和族群的差異變得沒那麼重要[49]。大量的社會心理學研究顯示，若對方的外表、衣著、說話方式跟自己很像，或者甚至名字或生日跟自己一樣，那自己的態度就會比較友善，也更信任對方[50]。種族這件事並沒有特殊之處，只要讓種族差異的現象淹沒在一片由相似點、共同目標、相互依存構成的海洋之中，人們就比較不會關注種族上的差異[51]。

●**運用同步現象。**那些做出一致動作的人會說：「我們是一體，我們是一隊；在托瑪塞羅的共同意向行為上，看看我們做得多好。」日本公司（例如豐田汽車）會以全員做體操作為一天的開始。群體會呼喊口號，做出儀式化的動作，（針對戰爭及體育運動）做好戰鬥準備（請在 Google 搜尋 "All Blacks Haka"，欣賞紐西蘭的「黑衫軍」橄欖球隊在賽前表演的毛利戰舞）。如果你請大家一起唱一首歌，或踩著統一的步伐行進，或在桌子上輕拍出一些節奏，就可以讓大家更信任彼此，更願意幫助彼此，部分是因為這樣會讓大家覺得彼此變得更為類似[52]。如果請員工或同團體的成員做體操，未免太噁心，那麼不妨舉辦舞會或卡拉ＯＫ派對。同步的動作可建立信任。

●**建立健康的團隊競賽，而非個人競賽**。正如麥克尼爾所言。士兵冒著生命的危險，不是為了國家，也不是為了軍隊，而是為了同一班或同一排的兄弟。根據研究顯示，團體之間的競爭會提升內團體的愛戴，而提升的程度遠超乎其對外團體的厭惡[53]。同公司不同部門之間的友善競爭、同校的運動競賽，這類的團體間競爭應當會對蜜蜂本質和社會資本產生淨正向的作用。然而，若讓多個個體為了稀少的資源（如獎金）而彼此競爭，那麼蜜蜂本質、信任和士氣就會遭到破壞。

關於領導蜂巢型組織，還有許多可說的[54]。凱瑟與霍根提供了研究文獻的摘要：

> 交易型領導訴諸於追隨者的自我利益，轉換型領導卻改變了追隨者看待自我的角度，亦即**從孤單的個體變成大團體裡的成員**。轉換型領導之所以能做到這點，是因為其建立了集體投入的模式（例如透過自我犧牲，並運用「我們」，而不是「我」），強調同一團體裡的成員的相似點，並加強集體的目標、共同的價值觀、共有的利益。[55]

換句話說，轉換型的領導者（至少確實）瞭解人類具有雙重的本質。人設立的機構組織在某種程度上是從事該本質的較高層次。優秀的領袖創造優秀的追隨者，不過，最好把蜂巢型組織裡的追隨力描述為成員力。

## 政治蜂巢

偉大的領袖即使從未讀過涂爾幹的作品，卻仍熟諳涂爾幹的理論。你只要對一九五〇年以前出生的美國人說出「Ask not」（不要問）兩個英文字，他們就會流露出涂爾幹所說的高層次本性，他們的腦海裡會浮現一九六一年約翰・甘迺迪總統在就職演說時說出的完整句子。當時，甘迺迪呼籲全體美國人「肩負起勝負未明的長久對抗」（亦即付出代價並肩負冷戰期間對抗蘇聯的風險），隨後說出了美國史上極其著名的一段話：「所以，同胞們，不要問國家能為你做什麼，先問自己能為國家做什麼。」

人渴望為那些大於自身的事物貢獻一份心力，這樣的渴望是現代許多政治運動的根基。以下是另一個涂爾幹式的訴求：

〔我們的運動不贊同把人類〕視為個體的觀點。這種觀點認為個體忠於自己、自我中心、依循自然律，認為個體會基於本能，邁向自私又短暫的愉悅生活。我們的運動不僅看見了個體，也看見了民族與國家。個體與世代藉由道德律而連結在一起，擁有共同的傳統和使命，對於自鎖於短暫愉悅圈生活的直覺予以抑制，打造更高層次的生活，奠基於責任之上，生活不受時間和空間的限制，個體藉由自我犧牲、揚棄自利……就能落實純粹靈性的存有，發現個體身為人類的價值。

這段話發人深省，不過卻是引用自墨索里尼（Benito Mussolini）的《法西斯教條》（*The Doctrine of Fascism*）[56]。法西斯主義是一種擴大到怪誕程度的蜂巢心理學，是作為超有機體的國家採用的教條。在這樣的國家裡，個體徹底失去了重要性。所以，蜂巢心理學是件壞事，對吧？領導者若試圖讓人們忘掉自我，融入團隊，追求共同的目標，就等於是企圖落實法西斯主義，不是嗎？要求員工一起運動，不就是希特勒在紐倫堡集會上做的事情嗎？

艾倫瑞克在其著作《嘉年華的誕生》用了一章的篇幅駁斥這類的疑慮。艾倫瑞克表示，狂喜的舞蹈是一種演化的生物技術，用以**消除**階級，凝聚人心，**相互組成社群**。狂喜的舞蹈、節慶、嘉年華總是能消除或顛覆日常生活中的階級，男人扮成女人，農夫裝成貴族，還能揶揄領袖，不用考慮自己的安全會受到威脅。等結束之後，大家又回歸到自己平日的社會地位，但原本的社會地位已變得稍微沒那麼固著了，不同地位的人們之間，其關係也變得稍微溫暖了一點[57]。

艾倫瑞克表示，法西斯的集會就完全不同了。法西斯的集會不是節慶，而是一種**公開的展示**，利用眾人的敬畏心來**強化**階級制度，讓大家尊崇那個**形象如神的領袖**。參與法西斯集會的人不跳舞，肯定也不會嘲諷領袖。出席者順從又無所事事地站立數小時之久，在一群群士兵行進通過時鼓掌喝采，或者在敬愛的領袖抵達、發表談話時，瘋狂地歡呼[58]。

法西斯獨裁者顯然運用了人類團體感心理學的許多層面，可是難道我們就因為這樣而認為迴避或恐懼蜂巢開關是合理的？蜜蜂特性是自然、輕鬆又有趣地出現在我們的本性當中，其一般作用是讓數十人或最多數百人組成一個充滿信任、合作甚至至愛的社群。相較於沒有向心力的團體，具有向心力的團體比較不在意局外人，畢竟群擇機制的性質就是抑制團體內的自私行為，這樣跟其他團體競爭時就能變得更有成效。可是，如果我們一開始對陌生人的關心程度如此淺薄，蜂巢開關整體上真是這麼壞的一件事嗎？如果人們在所屬的既有團體和國家裡獲得的關心大幅增加，人們從其他團體和國家那裡獲得的關心也同時稍微減少，那麼這世界會變成比較美好的地方嗎？

試想，若有兩個國家，一個有一堆小規模的蜂巢，另一個缺乏小規模的蜂巢。在蜂巢型國家裡，假設多數人參與數個蜂巢，或許是工作有一個蜂巢，教堂有一個蜂巢，週末的運動聯盟有一個蜂巢。在大學校園，學生多半會加入兄弟會或姊妹會。在工作場合，領導者多半會把組織結構安排成可利用人們的團體感特質。公民終其一生經常跟同團體的成員一起享有強健型連結、團隊的建立、自我超越的時刻，這些成員或許種族不同，可是跟他們在一起時，卻深切感到彼此相似又相互依存。這樣的關係往往伴隨著團體之間的競爭（如運動和商業）帶來的興奮感，而有時卻付之闕如（如上教堂）。

第二個國家不具蜂巢特質。人人重視自己的自主權，也尊重同胞的自主權。團體之所以形成，至多是為了促進成員的利益。企業是由交易型領導者帶領，這些領導者盡可能讓員工的實質利益貼近公司的利益，這樣要是每個人都追求自利，公司就能茁壯成長。在這個不具蜂巢特質的國家裡，有家庭和大量友誼，有利他行為（親屬型利他行為和互惠型利他行為），也具備了不認同群擇論的演化心理學家所描述的特性。不過，就是沒有證據可以證明群體相關的適應現象（例如蜂巢開關）。另外，也沒有文化上認可或確立的方式能放下自己，融入大群體當中。

在社會資本、心理健康、快樂的程度上，哪個國家會獲得較高的分數？哪個國家會創造出更多成功的公司和較高的生活水準[59]？

若單一的蜂巢擴張到國家規模，由獨裁者領導，而獨裁者又擁有聽命的軍隊，那麼一律會落到悲慘的下場。可是，沒有論點可支持低層次蜂巢的移除或抑制。其實，國家若有一堆蜂巢，就表示國民快樂又滿足。煽動民心的政客往往會編出意義，想買下人民的靈魂，但光靠這樣就要接管蜂巢型國家，還很不容易呢。其實，美國的開國元老認為，如欲避免暴政，就要建立一個具有多個競爭團體和派系的國家[60]。較為近期的社會資本研究也證明，如欲促成個體的健康和國家的健全，保齡球聯盟、教堂，以及其他種類的團體、團隊、俱樂部，都是至關重要的因素。正如政治學家羅伯特・普南（Robert Putnam）所言，由這類地方團體產生的社會資本「使我們變得更聰明、更健康、更安全、更富裕，更能管理一個公正又穩定的民主社會」[61]。

相反的，國家若是純由個體組成，公民把所有的時間都花費在涂爾幹提出的低層次，那就可能會渴求意義。如果人無法以其他方式滿足其對於密切關係的需求，那麼就會更容易接受能言善道的領導者，這種領導者會督促人民放棄「自私短暫的愉悅」生活，跟隨領導者邁向「純粹靈性的存有」，發現個體身為人類的價值。

## 總結

我剛開始撰寫《象與騎象人》時，認為快樂來自於內心。正如數千年前的佛陀和斯多葛學派學者所言，你永遠都不能讓世界符合你的希望，所以要專注在改變自己和自己的欲望上。可是，等我一寫完書，想法卻改變了。我認為快樂來自於關係，來自於取得你自己與他人合適的關係、你本人與工作的關係、你本人與大於你自身的事物的關係。

一旦瞭解人類的雙重性（包括團體感特質），就能明白快樂為何來自於關係。人類演化成群居生活。我們的心智構造不只是為了能在所屬團體內贏得競爭，也是為了能在所屬團體內跟成員團結合作，讓所屬團體贏得團體間的競爭。

本章提出蜂巢假說，說明人類是一種有條件的蜂巢生物。我們為了比自身更宏大的事物，有能力（在特殊情況下暫時樂於）超越自利並放下自己。我把這種能力稱為蜂巢開關。蜂巢開關也等於是認同涂爾幹提出之「人類是雙重人」的看法，我們過的生活多半屬於普通（世俗）世界，卻會在過渡到神聖世界的短暫時刻，變成「只是整體的一小部分」時，獲得最大的喜悅。

我說明了人們打開蜂巢開關的三種常見方法：本性中的敬畏感、涂爾幹藥、銳舞。我說明了近來關於催產素和鏡像神經元的一些研究結果，皆暗示兩者是蜂巢開關的組成成分。催產素讓人對所屬團體產生向心力，不是對全體人類產生向心力。鏡像神經元有助於人對他人產生同理心，尤其是屬於同一個道德母體的人。

如果以為我們人類的構造就是無條件去愛每一個人，這麼想還真美好。美好歸美好，但從演化的觀點來看，不太可能發生。運用相似點、命運共同體的感覺、抑制搭油者等方式，可以把狹隘的愛——即團體內的愛——給放大，這或許就是人類所能達到的最高境界了。

註釋：

1 McNeill 1995, p 2.
2 J. G. Gray 1970/1959，頁四四—四七。這些話是葛雷（Gray）說的，他以退伍軍人的身分花了幾頁說明。這些話的排列組合方式來自 McNeill 1995，頁十。
3 見第四章。再說一次，葛勞康本人不是葛勞康派，他是柏拉圖的哥哥，在《理想國》一書中，他希望蘇格拉底能贏。不過，葛勞康把以下的論點闡述得很清楚：「人要是名聲不會受損，往往表現出可惡的行為」。因此，我把葛勞康當成此觀點的代言人，我認為這個觀點是正確的。
4 G. C. Williams 1966，頁九二—九三。請見前一章對威廉斯的討論。
5 我最先是在 Haidt, Seder, and Kesebir 2008 發展出這個論點，我在該文中探討了蜂巢心理學對正向心理學與公共政策的含義。
6 我在這句話使用的 should（應該）是純粹出於務實心態，不是把這句話當成基準。我的意思是，如果想要達到 X，那麼在為了達成 X 而擬定計畫時，就應該知道這類的蜂巢知識。我並不是要告訴大家 X 是什麼。
7 這個概念早期是從 Freeman 1995 和 McNeil 1995 發展出來的。
8 這個縮寫和概念源於 Henrich, Heine, and Norenzayan 2010。
9 Ehrenreich 2006, p 14.
10 Durkheim 1992/1887, p. 220.
11 如第九章所述。有關「社會選擇」，請見 Boehm 2012。
12 Durkheim 1992/1887，頁二二九—二三〇，重點為作者自行加上。
13 Durkheim 1995/1915, p217.
14 Durkheim 1995/1915, p. 424.
15 Emerson 1960/1838, p. 24.
16 來源為達爾文的自傳，轉引自 Wright 1994，頁三六四。
17 Keltner and Haidt 2003.
18 有時會有人對蘑菇和人類歷史提出古怪的主張，如需閱讀一篇謹慎又往往嚴苛的評論，請見 Lechter 2007。萊希特（Lechter）表示，有十足的證據顯示阿茲特克人確實食用迷幻蘑菇。
19 以下網站收集了大量的用藥經驗資料：www.Erowid.org。針對每一種迷幻劑，記錄了許多神祕體驗和許多糟糕或可怕的旅程。
20 如需最初儀式的範例和分析，請見 Herdt 1981.
21 Grob and de Rios 1994.
22 請特別參閱 Maslow 1964 的附錄B。馬斯洛列舉二十五個特徵，例如：「整個宇宙被視為一個綜合又統一的整體」；「世界……僅被看作是美麗的」；「高峰經驗變得更充滿愛、更能接納」。
23 Pahnke 1966.
24 Doblin 1991。只有一位控制組的受試者說，那次實驗結果帶來有益的成長，而且諷刺的是，那是因為該次實驗說服了該位受試者盡快嘗試迷幻藥。杜勃林的研究還加上了潘克（Pahnke）的原始研究未呈報的一個重要事項：雖然裸蓋菇鹼受試者全都說該次經驗大致上十分正面，但是多數的裸蓋菇鹼受試者在實驗期間一直體驗到某種恐懼和負面情緒。

25 Hsieh 2010，頁七九，重點為作者自行加上。

26 另外兩名候選者我並未涵蓋，因為對這兩者的研究實在少太多了。拉瑪錢德朗（V. S. Ramachandran）在左顳葉找到一個地方，若受到電擊刺激，有時會讓人擁有宗教體驗，請見 Ramachandran and Blakeslee 1998。Newberg, D'Aquili, and Rause 2001 針對那些透過冥想改變意識狀態的人的大腦進行研究，而這三位研究人員在頂葉皮質的兩個區域發現活動減少的情況。這兩個區域是大腦用於保有身體在空間裡的心理地圖，這兩個區域的活動減少，人就會體驗到失去自我的愉悅感。

27 我的目標不是要呈現蜂巢開關神經生理學的完整紀錄，只是要簡單指出我對蜂巢開關的功能描述，以及社會神經科學領域裡最熱門的兩大塊（即催產素和鏡像神經元）之間，有大量重疊之處。我希望神經學專家會更仔細探查大腦和身體對我描述之團體感和同步活動會有什麼樣的反應。如需進一步瞭解儀式和同步的神經生物學，請見 Thomson 2011。

28 Carter 1998.

29 Kosfeld et al. 2005.

30 Zak 2011 稍微詳細說明了此系統的生物學，還特別說明催產素之所以能導致團體產生連結和利他行為，部分是因為透過以下兩種額外的神經傳導物質：一種是多巴胺，刺激動作並使其有益；另一種是血清素，可降低焦慮，讓人變得更善於社交——可提升血清素濃度的百憂解等藥物都有這種常見的效用。

31 Morhenn et al. 2008。雖然在這個研究中，背部按摩要再加上信任感，催產素濃度才會增加，但是身體接觸具有各種增進關係的效用，見 Keltner 2009。

32 狹隘（Parochial）的意思是局部或有限，有如教堂教區的邊界範圍內。狹隘利他論的概念出自於山姆．鮑渥斯（Sam Bowles）等人，例如 Choi and Bowles 2007。

33 De Dreu et al. 2010.

34 De Dreu et al. 2011：引文來自頁一二六四。

35 這項工作的最初報告是 Iacoboni et al. 1999。如需近期評論，請見 Iacoboni 2008。

36 Tomasello et al. 2005，見第九章。

37 Iacoboni 2008, p. 119.

38 T. Singer et al. 2006. 該遊戲就是屢次出現的囚犯難題。

39 研究結果發現男人的同理心程度大幅下降，而且與獎賞有關的神經迴路平均而言都活化了。男人喜歡看見自私玩家被電擊。女人的同理心反應只有些微下降，而且下降幅度在統計數據上未達顯著程度，但我認為在某些情況下女人很有可能會切斷自己的同理心。若樣本規模變大，或有更嚴重的冒犯情況，我敢說女人肯定在同理心的下降幅度方面，也會達到統計數據的顯著程度。

40 在此例中，「壞」玩家當然是直接欺騙受試者了，所以有些受試者生氣了。主要的測試尚未進行，目的是為了瞭解受試者只看到「壞」玩家欺騙另一人時，受試者對「壞」玩家的同理反應是否會下降。

41 Kyd 1794，頁一三，重點部分為作者自行加上。

42 Burns 1978.

43 Kaiser, Hogan, and Craig 2008.

44 Burns 1978.

45 Kaiser, Hogan, and Craig 2008; Van Vugt, Hogan, and Kaiser 2008.
46 一百五十這個數字有時稱為「鄧巴數字」。羅賓・鄧巴（Robin Dunbar）發現一百五十人似乎是團體規模的上限，在這樣的團體中，每個人都能認識彼此，知道別人之間的關係，見 Dunbar 1996。
47 Sherif et al. 1961/1954，如第七章所述。
48 Baumeister, Chesner, Senders, and Tice 1989; Hamblin 1958.
49 請參閱有關內團體共通認同感的著作（Gaertner and Dovidio 2000; Motyl et al. 2011），這類著作可證明相似處感知的提升，會造成內隱和外顯的偏見下降。
50 如需瞭解相似處如何造成利他行為增加，請見 Batson 1998。
51 見 Kurzban, Tooby, and Cosmides 2001，內有實驗可證明你可以「消除種族」，也就是說，若成為「聯盟成員」的必要條件不含種族，那麼就能讓人不注意、不記得別人的種族。
52 Wiltermuth and Heath 2008; Valdesolo, Ouyang, and DeSteno 2010。亦請見 Cohen et al. 2009，該文證明同步划船的動作可導致耐痛度提升（相較於同樣用力的獨自划船動作），這是因為同步運動可釋放腦內啡。
53 Brewer and Campbell 1976.
54 詳情請見 www.RighteousMind.com 和 www.EthicalSystems.org。
55 Kaiser, Hogan, and Craig 2008，頁一〇四，重點為作者自行加上。
56 Mussolini 1932。倒數第二行的「死亡本身」（by death itself）被移除了。墨索里尼可能沒有寫下這段話，這本隨筆大部分的內容或全文皆由哲學家向蒂利（Giovanni Gentile）撰寫，出版時卻使用墨索里尼的名字當成作者。
57 請特別參閱 V. Turner 1969。
58 比較法西斯集會的作用以及麥克尼爾所述的一小群男子列隊行進的作用。在法西斯集會裡，參與者會對同步化的軍事動作展演感到敬畏，並專注於領袖身上。而基本的軍事訓練是用來加深士兵彼此之間的關係，不是加深士兵與訓練官的關係。
59 如果你覺得這段話接近價值判斷，那你想得沒錯。這個範例是用來呈現涂爾幹的效益論，也就是下一章會闡述的規範理論。我確實認為蜂巢特質有助於現代民主社會的福祉和尊嚴，不會有太過於束縛個體的危險，請見 Haidt, Seder, and Kesebir 2008。如需最近的實證，請見 Putnam and Campbell 2010。
60 請見詹姆斯・麥迪遜（James Madison）在《邦聯會議記要》（*The Records of the Federal Convention of 1787*）的六月六日記事：「〔若要處理多數人的壓迫，〕唯一的藥方就是擴大範圍，讓單一社群分裂成大量的利益和派系，這樣一來，多數者無法擁有一個跟全體或少數者有別的共同利益，再來，多數者的共同利益若真有別於全體或少數者，也往往無法聯合大家追求那樣的利益」。美國的開國元老討論的是政治派系，政治派系極少引起蜂巢的團結力。儘管如此，開國元老心中的願景，是國家的力量來自於人民投入地方上的團體機構，這也符合普南（二〇〇〇）對社會資本的分析。
61 Putnam 2000, p. 209.

# 11 宗教是團隊運動

秋季每逢週六，美國各地大專院校有數百萬人擠入球場，參與一種僅可形容為「部落化」的儀式。維吉尼亞大學的儀式始於早晨，大學生紛紛穿上特殊的服裝。男人穿著正式襯衫，打著維大的領帶，天氣暖和就穿短褲；女人通常會穿著裙子或洋裝，有時還戴上珍珠項鍊。有些學生會在臉上或其他身體部位彩繪本校運動代表隊騎士隊的標誌——V字加上兩把交叉的劍。

學生參加賽前派對，大啖早午餐和酒精飲料。隨後，他們魚貫進入球場，有時會停下腳步，跟親友或者不認識的校友交談。那些校友開了好幾個小時的車子，才及時抵達夏洛特維爾。球場周圍半英里內的每一處停車場都擺設了野餐會，那裡有更多食物、更多的酒精飲料、更多的臉部彩繪。

等到比賽開始後，五萬名球迷當中有許多人都已經醉醺醺了，這樣一來就能更輕鬆地壓倒自我意識，跟大家一起高喊口號、歡呼、嘲笑、唱歌長達三小時之久。騎士隊每次得分時，學生就會高唱這一百年來的維大生在這種場合都會唱的歌。第一段歌詞直接取自涂爾幹和艾倫瑞克。學生一起手挽著手，身體搖擺，唱頌維大社群（曲調是〈驪歌〉〔Auld Lang Syne〕，又名〈友誼萬歲〉）：

好聽的萬歲老歌荷—嗨—呦，我們不斷歌唱。
聽他們呼喊，激勵我心，溫暖我身。
我們來自維吉—尼—亞，開朗又歡欣，
為了敬愛的U—V—A，我們攜手呼喊。

學生接下來表現的動作有如麥克尼爾提出的論點，「強健型連結」的確讓人暖了身，做出了動作協調的軍事動作[1]。學生放開了彼此的手，做出了帶有挑釁意味的握拳振臂動作，同時喊出無意義的戰鬥口號：

荷嗨呦，荷嗨呦，維吉—尼—亞—大學。

萬啊歲，萬啊歲，萬歲萬歲，U—V—A。

這一整天大家展現出蜜蜂型的集體情緒。集體亢奮是肯定會有的，比如說：裁判的判決令人質疑，就集體氣憤；騎士隊贏了，就集體勝利；騎士隊輸了，就集體悲傷；在這之後，就是賽後派對的集體飲酒了。

為什麼學生在比賽期間這麼熱情地唱歌、呼口號、跳舞、搖擺、手刀、跺腳？為自家的橄欖球隊表示支持，或許能激勵球員，可是這真的是這些行為背後的**作用**嗎？他們做出這些動作，**目的**是為了獲勝嗎？不是的，從涂爾幹的觀點來看，這些行為的作用根本不是如此，其實就跟涂爾幹心目中的多數宗教儀式之作用一樣，都是為了**營造社群感**。

大學橄欖球賽跟宗教極其類似[2]。站在天真的角度來看，如果只關注最明顯者（亦即場上的球賽），那麼大學橄欖球賽不過是個奢侈、高價又浪費的習俗，不但損害人們理性思考的能力，還會造成一堆受害者（包括球員本身以及許多因酒精而受傷的球迷）。可是，站在社會學的角度來看，大學橄欖球賽卻是個宗教儀式，發揮了應當發揮的作用，亦即把人從涂爾幹所稱的低層次（世俗層次）提升到高層次（神聖層次）。球賽打開了蜂巢開關，讓大家在那幾小時都覺得自己「只是整體的一小部分」。球賽強化了維吉尼亞大學著名的學校精神，從而吸引了更優秀的學生、更多的校友捐款，全體維大人（包括教授在內）的體驗也進而獲得提升，像我這種對運動沒興趣的教授也感染了那種氣氛。

宗教是一種社會事實。在單獨的個體身上無法研究宗教，正如在孤蜂身上無法研究蜂巢特質。涂爾幹對宗教下的定義，讓宗教的向心力作用更顯清晰：

宗教這種體制統合了所有跟神聖事物相關的信仰和習俗（亦即優越的事項及禁忌的事項），而這些信仰和習俗統合了單一的道德社群——教會，以及所有的依附者。[3]

本章會繼續探討道德心理學第三項原理——**道德凝聚人心卻也令人目盲**。許多科學家之所以誤會宗教，是因為忽略了這項原理，只檢視最明顯的事物。他們關注的重心是個體及其超自然的信仰，而非團體及其凝聚人心的習俗。他們斷定宗教不過是個奢侈、高價又浪費的習俗，不但損害人們理性思考的能力，還造成一堆受害者。我並不否認宗教有時確實符合前述的描述，可是如果要對宗教做出公平的評斷，並瞭解宗教與道德、宗教與政治之間的關係，那麼就必須先準確描述宗教才行。

## 孤單的信徒

當初十九位穆斯林劫走四架飛機，摧毀世貿中心和五角大廈的一部分，致使西方世界有許多人自一九八〇年代藏起的信念——伊斯蘭和恐怖主義有特殊的關聯——就此被迫浮上台面。右派評論員立刻譴責伊斯蘭，左派評論員立刻表示伊斯蘭是和平的宗教，應該要譴責基本教義派[4]。

不過，左派的意見倒是起了分歧，這發展很有意思。有些科學家的政治立場偏向自由派，他們開始攻擊的對象卻不僅限於伊斯蘭，而是攻擊所有的宗教（佛教除外）[5]。美國經歷了數十年的文化戰爭，爭論公立學校是否應教導演化學，此後部分科學家開始覺得伊斯蘭教和基督教之間的差異很小，他們認為所有的宗教都是一種幻象，妨礙人追求科學、政教分離、現代化。恐怖的九一一事件使得這類科學家中有好幾位開始撰寫書籍，二〇〇四年至二〇〇七年之間，這類書籍相繼出版，造成「新無神論」運動（New Atheism）的誕生。

這些書名顯得好鬥挑釁。第一本是山姆・哈里斯（Sam Harris）的《信仰的終結：宗教、恐怖、理性的未來》，接著依序是理查・道金斯的《上帝的迷思》、丹尼爾・丹尼特（Daniel Dennett）的《打破魔咒》（*Breaking the Spell: Religion as a Natural Phenomenon*）、克里斯多福・希鈞斯（Christopher Hitchens）的《上帝沒什麼了不起》（*God Is Not Great: How Religion Poisons Everything*，書名最直白者）。這四位作者被稱為新無神論的四大騎手，可是我要跳過希鈞斯，因為他是新聞工作者，書中的批評口氣容易引發爭議。其餘三位作者就是科學界的人了，哈里斯當時是神經科學領域的研究生，道金斯是生物學家，丹尼特是哲學家，針對演化寫了不少文章。這三位作者聲稱要發言支持科學，並舉例說明科學的價值，尤其強調科學的開放性，以及科學界堅持主張應奠基於理性和實證，不應奠基於信念和情緒。

我之所以把這三位作者歸類在一起，也是因為他們提出的宗教定義很類似，全都著重於人們對超自然代理者的信仰。哈里斯的說法如下：「我這整本書都在批評信仰，我批評的是一般以聖經為本的觀點，批評的是人們對於某些歷史陳述和超自然陳述所抱持的信仰和生活取向」[6]。哈里斯的研究檢視了人們在相信或不信各種陳述時，腦部所產生的活動，而他藉由以下的心理學主張，合理化了自己對於宗教信仰的關注：「信念是一種槓桿，一經拉動，就會牽動人一生裡的幾乎所有一切」[7]。對哈里斯而言，若要瞭解宗教的心理學，信念正是關鍵所在，因為在他的觀念裡，相信謬誤的主張（例如殉道的烈士上天堂會擁有七十二個處女），就會造成宗教人士做出傷害的行為（例如自殺炸彈）。圖十一・一顯示哈里斯的心理學模式。

道金斯的看法也很類似。他認為「上帝假說」的定義如下：「世上存在著超人、超自然

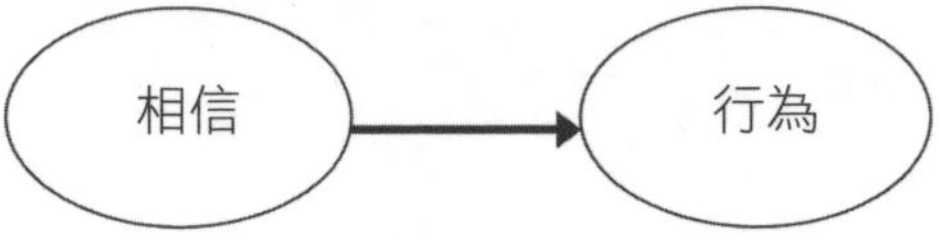


圖十一・一：宗教心理學的新無神論模式。

智慧，其有意設計及創造了宇宙和宇宙裡的一切，包括我們在內。」[8]他書中其餘部分都是在論證「上帝在這種定義下就是一種幻象，而其後幾章也會證明上帝是一種有害的幻象」[9]。宗教再度被視為一套對超自然代理者的信仰，而這些信仰據說是各種有害行動的起因。丹尼特的看法也是一樣[10]。

超自然代理者確實在宗教上扮演核心的角色，正如現實上的橄欖球是維大球賽日一連串活動的核心。然而，試圖藉由研究上帝信仰來瞭解宗教的堅持和熱情，正如同試圖藉由研究橄欖球的移動來瞭解大學橄欖球賽的堅持和熱情。你必須提出更大的問題，必須研究宗教信念與宗教習俗是如何共同創造宗教社群[11]。

根據許多學者所言，若要研究人類篤信宗教的現象，就要去研究相信、行為、歸屬這三個互補又獨立的層面[12]。若你同時研究這三個層面，你看見的宗教心理學樣貌就會跟新無神論的看法大為迥異。我把這種涵蓋三個層面的模式稱為涂爾幹模式，畢竟信仰與習俗的作用最終是為了創造社群。

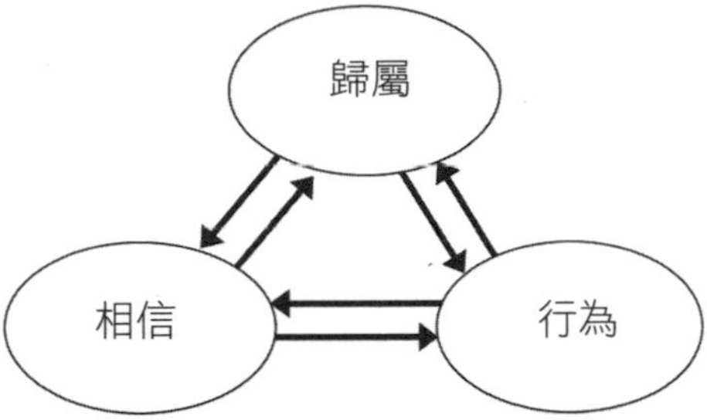


圖十一．二：宗教心理學的涂爾幹模式。

我們的信仰往往是事後建構出來，為的是合理化我們剛剛做的事情，或者支持我們所屬的團體。

新無神論模式奠基於柏拉圖對心智的理性看法（第二章已有介紹），亦即理性是（或至少可以是）駕馭二輪戰車者在引導熱情（馬匹）。因此，只要理性有根據事實的適當信仰（加上能夠控制難以駕馭的熱情），那麼戰車就能往正確的方向奔馳而去。然而，第二、三、四章已提出大量證據反對柏拉圖的觀點，我支持的是休姆的觀點，亦即理性（騎象人）是直覺（大象）的僕人。

就讓我們在探討宗教的同時，繼續瞭解理性論和社群直覺論之間的爭論吧。要瞭解宗教心理學，應專注在個體信徒的錯誤信念和錯誤推理嗎？還是說，應專注在那些努力創造共同道德社群的社會群體，當中人們採取的自動（直覺）程序？而這就要看我們認為的宗教是什麼，要看我們認為宗教從何而來。

## 新無神論的說法：先有副產品，再有寄生蟲

在演化學家的眼中，宗教行為「明顯得有如孔雀站在一處灑滿陽光的林間空地」，這是丹尼特的描述[13]。演化會（花上許多世代的時間）無情地消除動物技能中昂貴又浪費的行為，可是正如道金斯所言：「已知的文化都具備某種浪費時間、浪費財富、引發敵意的儀式，都具備了違反事實又會產生不良後果的宗教幻想」[14]。若要解開這個謎團，就必須承認篤信宗教是（或至少以前是）有益的，或者必須創立一種多步驟的複雜說明，解釋所有已知文化的人類是如何在適應的潮流中逆向而行，還做了這麼多自我毀滅的宗教行為。新無神論選擇後者的路線方法，他們的說明全都始於探討多個演化「副產品」，用以解釋上帝信仰的由來是如何偶然發生，而有些人還繼續說明這些信仰如何以多組寄生瀰因的形式進行演化[15]。

新無神論說法的第一步——也是我不會質疑的一步——就是超敏感的媒介偵測裝置[16]。我們有特殊的認知模組可偵測臉孔，因此我們看見的是雲裡的臉，從來不是臉裡的雲，這概念有道理多了[17]。臉孔偵測器敏感得一觸即發，它犯下的幾乎所有錯誤都是朝向同一個方向——錯誤肯定（在沒有真實臉孔出現時看見臉孔，例如☺），而不是錯誤否定（在臉孔真實存在時卻看不見臉孔）。同樣的，另一隻動物（可自行移動的媒介）造成的事件，

與由風、松毬墜落或其他缺乏媒介的東西造成的事件，大部分的動物其實很難區分這兩種事件的不同。

要解決這項難題，就是要有媒介偵測模組。媒介偵測模組如同臉孔偵測器，敏感得一觸即發，它犯下的幾乎所有錯誤都是朝向同一個方向——錯誤肯定（在沒有媒介出現時偵測到媒介），而不是錯誤否定（在真實媒介出現時卻偵測不到媒介）。如果你想要看見超敏感的媒介偵測器運作的狀況，只要在小狗或小貓的視線範圍內，在床單底下握拳，再移動拳頭就可以了。如果你想要知道為什麼媒介偵測器敏感得一觸即發，只要下次你夜裡一個人走在森林深處或暗巷，想想犯哪一種錯誤要付出比較高的代價就行了。超敏感的媒介偵測器之存在，是為了大幅增加存活機率，不是準確機率。

然而，假設早期人類擁有超敏感的媒介偵測器，具備參與共同意向的新能力，也很喜愛故事，並開始討論起他們見過的許多錯覺。假設早期人類開始把媒介歸因於天氣（雷電看起來肯定像是天上的某個人對我們很生氣）。假設一群人類一起開始從引發雷電的無形媒介中創造出神祇，以及其他各種好運或厄運的事實。瞧瞧，這就是超自然媒介的誕生，不是任何事物的適應現象，而是高度適應的認知模組產生的副產品（如需更世俗的副產品範例，想想鼻梁吧，鼻梁的結構適合托著眼鏡，鼻梁的演化是出於其他理由，但我們人類是以全新的用途來重新使用鼻梁）。

現在，對另外五個或十個特徵，重複進行這種分析。道金斯提出了一個「易受騙的學習」模組：「兒童腦袋若具有以下經驗法則即具有選擇上的優勢：『無論大人說了什麼話，都毫無疑問地相信』」[18]。丹尼特認為，戀愛的電路圖被某些宗教霸佔，使人去愛上帝[19]。發展心理學家保羅．布倫已證明人類心智是專為二元論而設計，也就是說，我們認為心智和靈魂是兩種不同卻同樣真實的事物，因此很容易就認為自己是不朽的靈魂住在暫時的軀體裡[20]。所有情況的背後都是同樣的道理，些微的心理機制帶來真正的利益，因而逐步形成，但心理機制有時會失敗，製造出意外的認知作用，導致人們傾向於相信神。宗教本身**絲毫未曾**有益於個體或團體，基因的獲選**絲毫未曾**是因為較善於「造神」的個體或團體在競爭中贏過了無法造神的個體或團體。根據這些理論家所言，在現代人類離開非洲時，這些用來建構各種模組的基因已經就定位了，而在那之後的五萬年期間，無論選擇壓力是支持還是反對篤信宗教，**基因並沒有為了因應選擇壓力而發生變化**。

然而，神發生變化了，而這就來到了新無神論說法的第二步——文化演化。一旦人們開始相信及討論超自然代理者，並傳達給自己的孩子，比賽就開始了。不過，這場比賽不是由人或基因舉辦的，這場比賽是人產生的各種超自然**概念**之間的比賽。正如丹尼特所言：

各民族的神話都有一堆令人難忘的女神、仙女、妖精、惡魔，凡有事物讓我們苦思不解或心生恐懼，我們就會過度習慣找出媒介，而前述的仙魔正是人類想像力的產物。我們不費心思就創造出數量過剩的代理者概念，這些概念多半極其蠢笨，就連我們短短一瞬間的注意力都抓不住。只有構思良好的少數概念能通過排練賽，並在排練賽期間發生突變並獲得改善。被人分享及記住的概念就是數十億場競賽中的有力贏家，它們贏得了人類祖先腦袋裡的排練時間。[21]

丹尼特和道金斯認為，宗教是多組的濔因，經歷了達爾文提出的選擇機制[22]。宗教如同生物特徵，會遺傳、會突變，而這些突變當中也有選擇機制在作用。選擇的發生，不是看宗教是否能為個體或團體帶來利益，而是看宗教是否有能力存活繁衍下來。有些宗教比其他宗教更善於控制人類心智，它們深深鑽進人的內心，然後傳給下一代的宿主心智。丹尼特的《打破魔咒》一開頭就講述了微小寄生蟲的故事，寄生蟲霸佔螞蟻的腦袋，導致螞蟻爬到草葉的頂端，使得螞蟻比較容易被食草動物吃掉。這種行為對螞蟻而言等於是自殺，對寄生蟲而言卻是個適應演化，寄生蟲需要反芻動物的消化系統才能繁衍下去。丹尼特認為，宗教之所以存活下來，是因為宗教有如這類寄生蟲，讓宿主做的事有害宿主（例如自殺炸彈），卻有利於寄生蟲（例如伊斯蘭）。與此類似，道金斯把宗教描述為病毒，感冒病毒會讓宿主打噴嚏，好把病毒擴散出去，而成功的宗教會讓宿主花費珍貴的資源，把「傳染病」擴散出去[23]。

這些比喻顯然是在暗示社會變遷。如果宗教是病毒或寄生蟲，基於宗教本身的利益（而不是人類的利益）去利用一組認知型副產品，那麼人類應該要擺脫宗教才對。科學家、人類學者，以及逃過感染並仍保有理智的少數人，必須共同合作，打破魔咒，消除錯覺，方能終結宗教信仰。

## 更好的說法：先有副產品，再有文化群擇

至於不屬於新無神論隊伍的科學家，他們寧願說宗教可能是一種適應現象（換言之，宗教之所以演化，可能是因為宗教為個體或團體帶來利益）。前陣子，人類學家史考特．阿特蘭（Scott Atran）和喬．韓瑞奇發表了一篇論文，針對篤信宗教這個現象的演化，提出了更微妙的說法，而且跟他們說法相符的實證結果數量比較多[24]。

阿特蘭和韓瑞奇跟新無神論者一樣，提出的說法也都有兩個步驟。第一個步驟是相同的，都是各式各樣的認知模組和能力（包括超敏感的媒介偵測器）以適應現象進行演化，藉此解決各種問題，但這些模組和能力往往會失敗，製造出信仰（例如超自然代理者），

而信仰隨後（如副產品般）促成最早期的類宗教行為。人類在五萬多年前開始離開非洲以前，這些模組全都已經就定位了。阿特蘭和韓瑞奇提出的第二步也跟新無神論者一樣，都涉及文化（非基因）上的演化。然而，兩人並沒有把宗教視為一種為了自身利益而演化的寄生瀰因，反而主張宗教是多組的文化創新，經拓展後，使得團體更有向心力更能合作。阿特蘭和韓瑞奇認為，宗教的文化演化泰半是由團體間的競爭促成。團體若能善用神祇這個副產品，就等於是比那些做不到的團體還多了一項優勢，讓自己的概念（而非基因）向外拓展。團體擁有的宗教若不夠有成效，不一定會被消滅，往往就只是採用更有成效的宗教罷了。由此可見，進行演化的其實是宗教，不是人或人的基因[25]。

阿特蘭和韓瑞奇認為，上帝這個副產品的好處之一就是能創造道德社群。狩獵採集者的神祇往往善變又有惡意，有時會處罰壞行為，有時卻讓有德者受苦。然而，隨著群體開始從事農業，群體規模逐漸成長之際，神祇對道德的重視度也高了許多[26]。大型社會的神祇往往相當在意那些在群體內激起衝突分裂的行為，例如謀殺、通姦、偽證、違背諾言等。

如果神祇經過（文化上的）演化之後，變得會譴責那些自私和分裂的行為，那就可運用這些神祇來提升群體內部的合作和信任。大家都認為，別人看不見的時候，自己的行為就會變得沒那麼道德，這點自是不用社會學家多說，大家都心知肚明。這就是葛勞康提出的隱身戒指，而且有許多社會學家也證明葛勞康的看法是對的。例如，光線比較昏暗時，人考試作弊的機率就會比較高[27]，可是如果附近有個眼睛的卡通圖案[28]，或者請人解讀一些句子，而句子當中含有一些字眼跟上帝有關，藉此刺激人們記憶中的上帝概念，那麼作弊的機率就會變低[29]。如果創造出的神祇可目睹一切，討厭騙子和違背諾言者，那麼就能有效減少欺騙和違背諾言的行為。

阿特蘭和韓瑞奇認為，另一個有用的文化創新就是神祇會實施集體懲罰。假使村民認為村裡的兩個人通姦，神祇可能會讓全村蒙受旱災瘟疫，那麼有任何的私通跡象出現時，村民肯定會關切事情的發展，閒言閒語一番。氣憤的神祇讓人類的羞恥心成為更有效控制社會的一種手段。

阿特蘭和韓瑞奇對副產品的看法，跟新無神論者是一樣的。不過，這兩位人類學家把群體視為長久相互競爭的真正實體，因此能看清宗教在協助部分群體贏得競爭時所扮演的角色。現在已有大量證據證明，宗教的確能協助群體擁有向心力，解決揩油者問題，並贏得競爭，在群體層次存活下來。

最明確的證據是由人類學家理察·索西斯（Richard Sosis）提出，他檢驗了十九世紀美國境內創辦的兩百個公社的歷史[30]。公社是一種無血緣合作的自然實驗，唯有凝聚群體的向心力、抑制自利行為、解決揩油者問題，才能存活下來。公社的創辦人往往是一群堅定又有信念的人士，他們反對大社會的道德母體，想要依循不同的原則組織起來。許多十九世紀的公社依循的是宗教性質的原則；其餘公社依循的是世俗性質的原則，而且多半是社會主義者。哪一種公社存活得比較久呢？索西斯發現兩者的差別極其明顯，世俗公社只有百分之六在創辦二十年後仍在繼續運作，而宗教公社有百分之三十九仍在繼續運作。

宗教公社的保存期限比較久，究竟是使用了何種祕方？索西斯把各公社壽命的所有相關因素加以量化，然後運用這些數字來查看有沒有任何一項因素能解釋，有些公社為何經得起時間的考驗，有些公社卻消失了。索西斯發現一項重大變數——各公社對成員要求付出高昂犧牲的次數。所謂的犧牲，就是放棄飲酒吸菸、一次齋戒數天、遵守共同的服裝或髮型規則、跟外人切斷聯繫等等。在宗教公社，這樣的犧牲要求有其正面作用，公社要求成員犧牲的次數越多，公社就能存活得越久。不過，索西斯發現，要求成員犧牲其實對世俗公社沒有幫助，這點他也很訝異，世俗公社多半在八年內就以失敗告終，成員的犧牲和公社的壽命並沒有因果關係[31]。

為什麼犧牲無法強化世俗公社呢？索西斯認為，儀式、法律及其他的約束，唯有神聖化之後，才能達到最佳效果。索西斯引用了人類學家羅伊·拉帕波特（Rcy Rappaport）的話：「讓社會習俗披上聖潔感，就等於把社會習俗的霸道隱藏在看似必要的披風底下」[32]。可是，世俗組織要求成員做出犧牲時，每位成員都有權利要求進行本益分析，許多人會拒絕去做不合邏輯的事情。換句話說，**新無神論者認為儀式習俗昂貴、**

**沒效率又不理性，可是儀式習俗卻能解決人類面臨的一大難題——在無血緣關係下相互合作**。不理性的信仰有時竟能幫助群體更理性地運作，尤以奠基於「聖潔」基本原則的信仰為然[33]。神聖可凝聚人心，然後讓人在霸道的習俗面前目盲不視。

索西斯的研究結果支持阿特蘭和韓瑞奇的主張。其實，神祇的確會凝聚群體的向心力，協助群體獲得成功，在競爭中贏得其他群體。這是一種群擇方式，但阿特蘭和韓瑞奇說，這純粹是**文化上**的群擇。比較善於凝聚人心及抑制自私行為的宗教會向外擴展，代價就是犧牲其他宗教，但不一定是清除輸家。宗教拓展的速度比基因還要快多了，七、八世紀的伊斯蘭以及十九世紀的摩門教都是如此。成功的宗教會讓鄰近的民族或被征服的居民接納。

因此，阿特蘭和韓瑞奇認為，篤信宗教的現象應該不具任何**基因上**的演化。兩人說，注重道德的至上神是晚近才出現的，是隨著過去這一萬年裡的農業興起而出現[34]。阿特蘭和韓瑞奇認為，基因和文化的共同演化是在更新世期間緩慢發生的（當時有多個模組形成，日後才創造出神祇這個副產品）。等到人類離開非洲時，基因已經定型，其餘皆是文化。阿特蘭和韓瑞奇主張，人類心智並不是為了宗教而進行塑造、調整或適應，這點跟新無神論者的看法一樣。

可是，既然我們已經知道基因演化發生的速度有多快，那就很難想像基因會五萬多年都站在原地不動[35]。在這場基因和文化共同演化的「旋轉華爾滋」[36]裡，文化夥伴開始隨著宗教音樂起舞時，基因夥伴竟然會連一步都沒跨出去？五萬年或許不足以從頭演化出一個複雜的新模組（例如超敏感的媒介偵測器或蜂巢開關），但模組怎麼可能不進行大幅的改善及細微的調整，好讓人類更傾向於採取蜂巢式、神聖化、造神等適應形式，不採取自我毀滅或群體毀滅的形式。

## 涂爾幹的說法：先有副產品，再有五月柱

一九七〇年代，群擇受到審判、定罪、流放，賓漢頓大學生物學家大衛．史隆．威爾森是最強力的反對者。威爾森之後花了三十年，試圖證明群擇是無辜的。威爾森做出數學論證，證明基因群擇在特殊情況下確實有可能發生，而這類特殊情況可能就是早期人類社會曾遭遇過的情況[37]。接著，威爾森進行了困難的跨領域工作，探討多種宗教的歷史，判別這些宗教是否真的提供了這類特殊情況[38]。

威爾森做出了一番成就，融合了社會學史上兩大思想家——達爾文與涂爾幹——的概念。威爾森證明了這兩位思想家提出的概念相輔相成，他先從達爾文提出之「群擇造成道德演化」的假說作為開始，並注意到達爾文對揩油者問題的關切。接著，他提出了涂爾

幹對宗教的定義，亦即「具有信仰和習俗的統一系統」，把成員統合成「單一的道德社群」。假使涂爾幹說的沒錯，宗教確實創造出有向心力的群體，能夠像有機體那般運作，那麼這種說法就等於是支持達爾文的假說——群擇可促成部落道德的興起。假使達爾文說的沒錯，人類確實是多層次選擇（含群擇）的產品，那麼這種說法就等於是支持涂爾幹的假說——人類是**雙重人**，（由天擇）專門設計成可在低（個體）層次的存在與高（集體）層次的存在之間前後移動。

威爾森在其著作《達爾文的大教堂》（*Darwin's Cathedral*），即記載了宗教如何協助群體凝聚向心力、分工合作、繁榮昌盛[39]。他證明了約翰．喀爾文（John Calvin）如何發展出嚴格又要求高的基督教形式，在十六世紀的日內瓦抑制免費揩油的行為，促進信任和交流。還證明了中世紀的猶太教是如何建立「安內攘外的文化堡壘」[40]。不過，書中最能啟發人心的範例（以人類學家史蒂芬．蘭辛〔Stephen Lansing〕的研究為基礎[41]），就是峇里島在荷蘭殖民前數百年，在稻田間修築的水廟。

稻田跟其他種類的農業不一樣，種稻的農夫必須開闢大型的灌溉水田，這樣才能在種植期間的精準時機點，適時排水進水，而這工作需要數百人的合作。在峇里島的某地區，雨水經由柔軟火山岩裡的溪流，從高聳火山的坡面流下。在那數百年間，島民在山坡上闢出數百處梯田式的水塘，精心打造一連串的溝渠和隧道供灌溉水塘用，有些甚至流經地底下，長達一公里。在這整個系統的頂端，靠近火山頂的地方，島民建立了一座宏偉的寺廟，供奉水神。寺廟有二十四名從小就被選中的全職祭師，以及一位被視為女神人間代表的大祭司。

社會組織的最低層是**灌溉會社**（subak），由數個大家族組成，共同做出民主的決定。各灌溉會社有自己的小廟及女神，各灌溉會社差不多都是集體在稻田裡辛勤工作。不過，灌溉會社最先到底是如何共同合作建造灌溉系統？灌溉會社究竟是如何維護灌溉系統並且持續公平分享水源？這類共通的難題（亦即島民必須分享一個共有的資源又不讓資源耗竭）是出了名的難以解決[42]。

為瞭解決這個社會工程問題，島民採用了一種巧妙的宗教辦法，那就是在灌溉系統的各個岔流處興建一座小廟。每座小廟的神祇會將其下游的所有灌溉會社統合成一個供奉該神祇的社群，這樣一來，灌溉會社就能以更溫和的手法解決爭端。這樣的安排大幅減少了欺騙詐取的情況，畢竟分水很容易引發零和競爭，造成欺騙詐取的問題。該系統使得數百平方公里的數千名農夫共同合作，無需中央政府、巡官、法庭居中處理。該系統的運作效率極高，就連身為水文學專家的荷蘭人都認為，該系統本身就很好了，不太需要改善。

我們究竟該如何看待這數百個在灌溉系統裡交織的神祇和廟宇？只是基於其他目的而設計出的心理系統的副產品嗎？還是道金斯所說的「浪費時間、浪費財富……產生不良後果的宗教幻想」？不對，我認為把這些神祇看成五月柱，最能瞭解神祇的作用。

假設你看到一名髮上戴花的年輕女子以順時針方向跳著舞，手裡握著一條緞帶的一端，緞帶的另一端綁在一根高高的柱子頂端。她不斷沿著柱子繞圈，可是繞的圈卻不是完美的圓形。她繞圈時，忽而屈膝，忽而迂迴行進，一會兒接近柱子，一會兒遠離柱子。單單只看她一個人，她的行為簡直莫名其妙，讓人聯想到《哈姆雷特》劇中那瘋狂的奧菲莉亞踏上自殺之路的畫面。不過，現在加上另外五名女子做著同樣的動作，再加上六名年輕男子以逆時針方向做著同樣的動作，這就是五月柱舞了。男女彼此交錯，忽而向裡彎去，忽而向外彎去，手中的緞帶繞著五月柱交織出管狀的織物。這個舞蹈象徵性地呈現社會生活的重要奇蹟——合眾為一。

五月柱舞似乎是源自於基督教興起前、蒙昧未明的歐洲北部某處，時至今日，德國、英國、北歐的人仍經常跳五月柱舞，這是五月節慶活動的一環。無論五月柱舞的來源是哪裡，都貼切象徵了神祇在威爾森的宗教記載中所扮演的角色。神祇（如同五月柱）是一種工具，讓人圍著圈兒打轉，有助人們約束彼此，共同組成社群。一旦藉由繞圈的動作約束彼此後，社群就能更有效運作。正如威爾森所言：「宗教存在的主因，就是可以讓人們共同完成單獨一人無法完成的事情。」[43]

圖十一．三：五月柱舞。來源：《倫敦新聞畫報》（*The Illustrated London News*），一八五八年八月十四日，頁一五〇。

根據威爾森的看法，這種繞圈約束的行為已經進行了一萬多年。不用注重道德的至上對著通姦者發出雷鳴怒吼，就能約束人們，凝聚向心力。就連狩獵採集者創造出的那些道德標準善變的神祇，也可用來建立信任和向心力。舉例來說，喀拉哈里沙漠的昆族（!Kung）信仰全能的天神瓜瓦（//Gauwa）以及亡靈瓜瓦西（//gauwasi）（!和//是喀喇音）。這些超自然的存在並未提供道德指引，也不獎賞優良行為，更不懲罰罪行，只是讓事情發生罷了。某天，你狩獵很順利，那是靈在幫助你；隔天，一條蛇咬了你，那是靈在跟你作對。這些超自然的存在完美呈現了超敏感的媒介偵測器之運作情況——媒介沒有出現，人卻看見了媒介。

然而，就連這些有時惡意的神靈也在「療癒的舞蹈」——昆族的重要宗教儀式——當中扮演關鍵的角色。人類學家羅娜．馬歇爾（Lorna Marshall）對此的描述如下：

> 人們主觀地共同合作，對抗外來的邪惡力量……這舞蹈讓大家聚在一起……不管他們之間有什麼關係，不管他們有什麼樣的感覺狀態，不管他們喜不喜歡彼此，不管他們彼此的關係好不好，他們都變成了同一隊，隨著音樂一起唱歌、鼓掌、移動，跺腳拍手的節奏和諧又一致。沒有言語分化他們，他們演出的動作是為了身心好，為了想一起做件事，變得生氣勃勃又美滿愉快。[44]

我覺得，昆族要是來看維吉尼亞大學的橄欖球賽，肯定會很開心。

如果人類群體在離開非洲之前，就已經在做這類的事情，而且依照某些方式做事可以提高群體的生存機率，那麼要說過去這五萬年期間，沒有基因和文化的共同演化，沒有互惠的心理模組符合社會習俗，這種說法簡直令人難以置信。要說所有這些副產品模組的基因坐著不動，其他有關我們的基因開始更快速地改變，這樣的說法也特別令人難以置信。基因的變化在全新世日趨快速[45]，正是神祇變得更偉大更講道德的時候。如果對個體及群體而言，宗教行為有其後果，並在數千年間都維持穩定的狀況，那麼幾乎可以確定這當中有一定程度的基因和文化共同演化現象，讓正義之心相信神祇，並運用神祇來建立道德社群。

科學作家尼可拉斯．魏德在《信仰本能》（*The Faith Instinct*）一書中，評論了史前宗教習俗，並大力贊同威爾森的宗教理論。魏德表示，同群體內的鄰近個體相互競爭，這類的古老習俗可為篤信宗教的個體帶來優勢，像這種情況很難用演化由來講述，不過這類習俗顯然可幫助群體跟其他群體競爭。魏德清楚概述了群擇背後的邏輯：

這類〔有宗教向心力的〕社會裡的人更有可能存活繁衍下去，而低向心力群體的人可能會遭外來的敵人擊敗，或者在內部爭執中分裂毀滅。在特定區域的整體居民當中，向心力低的社會邁向滅亡，團結合作的社會繁榮興盛，這樣一代代下來，那些促進宗教行為的基因可能會變得更為普遍。[46]

總之，神祇和宗教是群體層次的適應現象，用以產生向心力和信任。神祇和宗教就像五月柱和蜂巢，都是由群體的成員創造，然後組織群體的活動。正如威廉斯所言，群體層次的適應現象就表示選擇程序是在群體層次運作[47]。群擇的運作速度可以很快（前文就曾提及群擇的母雞在短短幾代後變得更溫和）[48]。一萬年已經充分得足以讓基因和文化的共同演化（含部分的基因改變）發生[49]；五萬年就更充分得足以讓基因、大腦、群體、宗教共同演化成密不可分的狀態。

前述說法——威爾森的說法——的含義，跟我們先前思考過的純粹副產品理論大相逕庭。根據威爾森的說法，人類的心智和人類的宗教（正如蜜蜂及其實體的蜂巢）共同演化了數萬年或數十萬年之久。假使此種說法為真，那麼我們就無法期待人類輕易放棄宗教。當然了，人類能夠也確實會摒棄**組織化**的宗教，而這類宗教是極其晚近才出現的文化創新。然而，就連那些否定所有宗教的人，也不能撼動圖十一．二的基本宗教心理學——行為連至相信、連至歸屬。要人放棄所有形式的神聖歸屬，住在純「理性」信念的世界裡，就像是要人放棄地球，住在圍繞月球運行的殖民地裡。這的確能辦到，但必須要有大量精細的工程設計，而且就算是經過了十個世代之後，住在這些殖民地的後代或許會覺得自己開始渴望地心引力和盎然綠意。

## 神祇是善良的力量，還是邪惡的力量？

宗教會讓人變好還是變壞？新無神論者主張，宗教是多數邪惡的根源，宗教是戰爭、種族滅絕、恐怖主義、壓迫女性的背後主因[50]。反之，信仰宗教者往往會說無神論者很不道德，不能信任。就連身為啟蒙運動先驅的英國哲學家約翰．洛克也曾寫道：「承諾、盟約、誓言，皆是人類社會的約束力，卻約束不了無神論者。挪開上帝，就算只是從思想中挪開，都會令一切崩解」。那麼，到底誰說得對？

這場比賽數十年間似乎都是以平手和局收場。從調查報告來看，有信仰者慣常聲稱自己捐比較多錢給慈善機構，也表達出比較利他的價值觀。然而，社會心理學家把受試者帶到實驗室，給他們機會實際幫助陌生人，有信仰者卻很少表現得比無信仰者還要好[51]。

不過，我們真的應該期盼宗教能把人變成**無條件**的利他者，隨時都準備好在任何情況下幫助陌生人？不管基督對於好撒瑪利亞人救了受傷的猶太人一事有何說法，如果宗教是群體層次的適應，那麼就應該造出**狹隘的**利他。它應該讓人類格外慷慨大方，幫助所屬的道德社群的成員，尤其是會因此提高名聲的時候。宗教確實有這個作用。根據美國境內慈善捐款研究顯示，信仰程度最低的五分之一人口只願意捐出百分之一點五的所得給慈善機構，而信仰程度最高（根據上教堂的情況，不是信念）的五分之一人口願意捐出百分之七的所得給慈善機構，這可是一大筆錢，而且大部分是捐給宗教組織[52]。志工工作也是如此，有信仰者做的事情遠比一般人還要多，而他們做的事情大都是為了所屬的宗教組織，或至少是透過所屬的宗教組織進行。

還有部分證據證明，有信仰者在研究室實驗中表現出較佳的行為，尤其是彼此相互合作時。一群德國經濟學家請受試者玩遊戲，一人扮演「信託人」。負責在每回的遊戲給出一些金錢[53]。實驗者會請信託人自行決定要提供多少錢給匿名的「受託人」（若願意給的話）。實驗者會把信託人提供的金錢乘以三倍，此時「受託人」可選擇要退回多少錢給信託人（若願意退錢的話）。每位受試者都會玩這個遊戲好幾回，有時扮演信託人，有時扮演受託人，每回遊戲的玩家都不一樣。

行為經濟學家經常使用這個遊戲，但這項研究有一個新的意外轉折——在信託人第一次決定信任他人、提供金錢之前，先把受託人的其中一項真實個人資料透露給信託人知道（資料來源是所有受試者數週前填寫的調查問卷）。在部分案例中，信託人會知道受託人的虔誠程度（從一到五）。信託人知道受託人很虔誠時，就會提供更多的金錢，這表示這些德國人的想法跟洛克一樣（亦即虔誠的信徒比較值得信任）。還有一點更為重要，虔誠的受託人就算對信託人一無所知，實際上退回給信託人的金額也高過於無信仰者。由此可見，如果是有信仰者一起玩信任遊戲，就能創造出最高的財富水準（理察·索西斯對以色列的數個集體屯墾區進行了實地實驗，也是獲得同樣的研究結果）[54]。

許多學者都已經討論過上帝、信任、貿易之間的互動狀況。在古老的世界，寺廟往往具備重要的商業功能——在神前發誓簽約，明確威脅毀約者會受到超自然的懲罰[55]。在中世紀的世界，猶太人和穆斯林在長途貿易的表現極為優異，其中一個原因就是宗教幫助他們建立了值得信任的關係，以及可實踐的契約[56]。就連時至今日，在需要高信任感才能有效運作的市場（例如鑽石市場），往往是由宗教向心力高的族群（例如極端正統教派的猶太人）佔有壓倒性的優勢。相較於世俗的競爭對手，信仰虔誠的族群在交易及監控方面的成本比較低[57]。

由此可見，宗教確實達到了該有的作用。正如威爾森所言，宗教幫助人們「共同完成單獨一人無法完成的事情」。可是，這樣的工作說明同樣適用於黑手黨。宗教可凝聚眾多的虔誠者組成超有機體，掠奪——或至少是置之不理——他者，這樣是在幫助那些虔誠者嗎？對局外人而言，這般宗教性的利他行為到底是恩惠還是詛咒？

政治科學家羅伯特．普南和大衛．坎貝爾（David Campbell）共同撰寫《美國恩典：宗教如何使我們分裂與團結》（*American Grace: How Religion Divides and Unites Us*），書中分析各種資料來源，藉以說明有信仰和無信仰的美國人之間的差異。根據常識判斷，人對所屬宗教團體投入的時間和金錢越多，留給其他事情的時間和金錢就越少。然而，常識卻是錯的。普南和坎貝爾發現，人越常參加宗教服務，在各方面都會變得越慷慨仁慈[58]。有信仰者當然會奉獻許多心力給宗教慈善機構，不過他們奉獻給一般慈善機構（例如美國癌症協會）的心力也跟一般人一樣多，甚至更多[59]。有信仰者花許多時間在教堂及猶太教堂服務，也比一般人花更多時間在附近的和民間的各種組織服務。普南和坎貝爾直率地寫出其研究結果：

> 從許多不同的判斷基準來看，比起一般美國人，有虔誠信仰的美國人會是比較好的鄰居和市民，他們慷慨大方地付出時間和金錢，尤其不吝幫助窮人，在社群生活中也比較活躍。60

為什麼有信仰者是比較好的鄰居和市民呢？為了找出原因，普南和坎貝爾在其中一項問卷調查中，列出了一長串的宗教信仰問題（例如：「你認為地獄存在嗎？你是否認為我們全都會被召喚到上帝面前認罪？」）以及宗教習俗問題（例如：「你多常讀聖經？」「你多常禱告？」）。結果發現這些信仰和習俗其實不太重要。無論你相不相信地獄存在，無論你有沒有每天禱告，無論你是天主教徒、新教徒、猶太教徒還是摩門教徒……這些因素都跟慷慨大方毫無關聯。宗教之所以能帶來多種道德上的好處，唯一可靠又具強大關聯的因素，就是**同教的教徒之間的關係有多緊密**。在強調無私的道德母體裡產生的友誼和團體活動，才是激發人們最良善行為的方法。

普南和坎貝爾否定了新無神論對信仰的強調，並從涂爾幹的概念中直接做出結論：「與鄰人和睦相處，重要的是宗教歸屬感，不是宗教信念。」61

黑猩猩、蜜蜂與上帝

普南和坎貝爾的研究證實，當今美國境內的宗教產生大量的社會資本，多到大部分都溢出境外，外人因而獲益。然而，若認為宗教在大多數的時間地點都讓外地外人獲益，也是毫無根據可言。我認為，宗教是一套套的文化習俗，透過多層次選擇的程序，與人類的宗教心智共同演化。發生群體層次的選擇現象時，就能預期宗教即使宣揚大愛和仁慈，宗教和宗教之心仍是狹隘的，專注於幫助內團體。人之所以篤信宗教，是因為成功的宗教讓群體更有效率地「將資源化為後代」，如萊絲麗．紐森所言（見第九章）。

由此可見，宗教很適合用於提升團體感、部落意識、民族主義。比方說，宗教似乎並非自殺炸彈的**起因**，羅伯特．佩普建立了一個資料庫，囊括過去一百年來的每一件自殺式恐怖攻擊事件，根據他的研究，自殺炸彈的攻擊事件其實是民族主義者針對異文化民主強權的軍事佔領而作出的回應[62]，自殺炸彈回應的是地面上的軍人和坦克，不是空中降落的炸彈。自殺炸彈是針對神聖的祖國遭受玷污而做出的回應（試想，一隻拳頭打進蜂巢，就這樣留在蜂巢裡好長一段時間）。

軍事佔領多半不會引發自殺炸彈的攻擊事件，必須有個適當的意識型態，吸引許多年輕男人為了偉大的理想而自願成為殉道的烈士。這種意識型態可以是世俗性質（例如斯里蘭卡境內奉行馬克斯列寧主義的坦米爾之虎〔Tamil Tigers〕組織），也可以是宗教性質（例如什葉派穆斯林在一九八三年把美國勢力趕出黎巴嫩，首次證明自殺炸彈攻擊有效）。任何事物凡是能凝聚人心組成一個重視內團體的道德母體，**同時妖魔化另一團體**，就會引發以道德為名進行殺戮的行徑，而有許多宗教很適合用於這樣的任務。由此可見，宗教往往是暴行的**從犯**，而不是暴行的推動力。

然而，如果你端詳人類的悠久歷史，把人類的正義之心視為演化過程裡幾近奇蹟般的畸物，迫切需要解釋，那麼你或許會有點珍惜宗教為了帶領人類來到這裡而扮演的角色。我們是**雙重人**，是百分之九十的黑猩猩加上百分之十的蜜蜂。成功的宗教在人類本質的這兩個層次上都有其效用，可以抑制自私的行為，或者至少把自私的行為引導至那些往往對群體有利的方向。神祇有助於創造道德母體，而在道德母體內，葛勞康派的人會有強烈的動機遵從。在人類演化出蜜蜂特質的過程中，神祇曾經是不可或缺的一環，有時我們真的能超越自我利益，努力幫助他人，或自己所屬的群體。

宗教猶如道德的外骨骼。如果你住在信仰虔誠的社區裡，就等於陷在一套規範、關係、體制當中，其以大象為主而運作，為的是影響你的行為。然而，如果你是無神論者，住在比較沒有束縛的社區，其道德母體比較不具約束力，那麼你或許就不得不更為倚賴內在的道德羅盤，由騎象人來判讀羅盤。這聽在理性派的耳裡，可能很有吸引力，卻也是造成脫序的因素——涂爾幹用「脫序」（anomie）這個字眼，來形容那種不再具有共同道德秩序的社會即將發生的狀況[63]（脫序的意思就是「無規範」）。人類演化成能在共同的道德母體裡居住、貿易、信任彼此。社會若失去了對個體的控制權，允許所有人想做什麼就做什麼，那麼往往會造成快樂感降低、自殺率增加，正如一百多年前涂爾幹表達的看法[64]。

社會要是放棄了宗教這副外骨骼，應該要仔細思考，經過幾個世代後會發生什麼事。其實，我們並不知道會發生什麼事，畢竟第一批無神派的社會在過去幾十年間才剛出現在歐洲。至於把資源化為後代的效率方面，這些社會是史上效率最差的，它們擁有大量資源，後代卻很少。

## 道德的定義（終於要提了）

這本講述道德的書籍，你已經快讀完了，而我卻還沒有說明道德的定義，這是有原因的。如果我在第一章就說明道德的定義，你讀了會覺得不太有道理，跟你對道德這個概念所產生的直覺不太契合，因此我覺得最好等到後面再說明。現在，你已經讀了十一章的內容，我質疑了理性論（第一部分），拓展了道德版圖（第二部分），還表明了團體感是一種關鍵的創新，可讓人超越自私，邁向文明（第三部分），我們已經準備好瞭解道德的定義。

我自然是從涂爾幹開始說明。涂爾幹曾說：「團結的根源，即謂之道德。藉由……利己主義以外的事物迫使人去……控制自身的行為，即謂之道德」[65]。涂爾幹身為社會學家，自然會著重於那些可抑制個體利己主義的社會事實──亦即存在於個體心智以外的事物。這類社會事實包括了宗教、家庭、法律，以及共同的意義網絡──我稱為道德母體。我是心理學家，自然堅持心智裡的東西也要涵蓋在內，例如道德情緒、內在律師（或稱新聞祕書）、六項道德基本原則、蜂巢開關，以及本書提及的其他所有演化出來的心理機制。

我的定義是把這兩套拼圖放在一起，定義出道德體系：

道德體系是由價值觀、德行、規範、習俗、認同感、體制、技術，以及演化出來的心理機制環環相扣而成，用於抑制或控制自我利益，讓合作的社會能夠成真。[66]

我現在要就前述定義提出兩個論點，然後在最後一章運用該定義，檢視西方社會一些主要的政治意識型態。

第一，這是個功能主義派的定義。我替道德下定義時，根據的是道德的作用，而不是具體陳述哪種內容算是道德。相反的，杜瑞爾替道德下的定義是跟「正義、權利、福祉」有關[67]。然而，替道德下定義時，若是指定某幾項議題是真正的道德議題，其他的議題都是「社會習俗」，那麼肯定會流於狹隘。就像是某個道德社群在說：「這些是我們的核心價值，我們對道德下的定義就是跟我們的核心價值有關，至於其他的，管你們去死」。正如第一章和第七章所述，杜瑞爾提出的定義甚至不適用於所有的美國人，那定義是由教育水準高，且政治立場偏向自由派的西方人提出的，對象也是這樣的西方人。

當然了，可能會有某個道德社群在某種意義上真的**是**對的，世上其他的道德社群都是錯的，因此我們該來看第二個論點。哲學家往往會對道德的描述型定義與規範型定義加以區別。**描述型**定義是單純描述人們碰巧認為哪些行為是道德的，**規範型**定義則是具體說明哪些行為才稱得上是正正當當，而且不去顧慮任何人的想法。到目前為止，本書提出的都是全然描述型的定義。我曾說過，有些人（尤其是世俗的自由派，例如杜瑞爾、柯伯格、新無神論者）認為，道德指的是傷害與公平之事；有些人（尤其是信仰虔誠的保守派以及不是在怪異文化成長的人）認為，道德版圖廣闊多了，他們還用了大多數的或全部的六項道德基本原則來建構道德母體。這些都是基於實證、基於事實、可以證實的主張，我在第一章、第七章、第八章已提出證明。

然而，哲學家少有興趣得知人們碰巧的想法。規範倫理學的領域就是要釐清哪些行為是**真正**正確，哪些行為是**真正**不對。最聞名的規範倫理體系，就是效益論與義務論，兩者是第六章提過的單一受體型的體系。效益論就是要我們把整體福祉最大化；至於康德提出的義務論，則是要我們把他人的權利和自主權放在第一。若你擁有一項清楚的原則，就可以開始對各文化進行判斷。有些文化的得分會比較高，代表其在道德上比較優異。

我對道德的定義是屬於描述型的定義，不可單獨視為規範型定義（如果是規範型定義，那麼法西斯社會、共產社會，或者教派，只要建立了共同的道德秩序，達到極高的合作程度，得分就會是最高的）。然而，我提出的定義很適合用於輔助其他的規範型理論，尤其是那些往往很難注意到群體和社會事實的規範型理論。自邊沁以來的效益論者，向來熱切關注個體，他們讓個體擁有想要的東西，試圖改善社會福利。然而，涂爾幹主張的效益論，則是認為人類的繁盛有賴於社會秩序和嵌入性（embeddedness），而且一開始的前提是社會秩序特別珍貴又難以達成。涂爾幹式的效益論對於以下的可能性抱持開放的態度：在美好的社會中，「忠誠」、「權威」、「聖潔」這三種能凝聚向心力的基本原則，扮演著至關重要的角色。

就個體的私人生活而言，最佳的規範型倫理理論會是哪一種呢？我並不知道[68]。然而，如果要在倫理多樣化和道德多樣化達到一定程度的西方民主國家，制定法律和實施公共政策，那麼我認為沒有一個理論的信服力比得上效益論[69]。我認為邊沁說的沒錯，法律和公共政策大致上的目的，應該是要產生最大的總益處[70]。我只是希望邊沁先讀了涂爾幹的理論，並認同我們都是**雙重人**，然後再把總益處最大化的方法告訴我們或立法者[71]。

## 總結

如果你認為宗教是一套有關超自然代理者的信仰，那麼肯定會對宗教產生誤解。你會把這些信仰視為愚蠢的妄想，或許還會視為寄生蟲，基於自身利益才寄生在我們的腦子裡。然而，如果你站在涂爾幹的角度看待宗教（著重於歸屬感），站在達爾文的角度看待道德（關注於多層次選擇），那你看到的景象就會變得極為不同。你會看見宗教習俗在這數萬年來，凝聚了人類祖先的向心力，使他們得以組成群體。這樣的向心力往往會造成一些盲目的情況，一旦聲稱某人物、某書籍或某原則是神聖不可侵犯，虔誠的信徒就再也無法提出質疑或清楚思考。

人類之所以相信超自然代理者的存在，可能最初是因為超敏感的媒介偵測裝置意外產生了副產品。早期的人類開始相信這類代理者的存在之後，群體只要利用這些代理者建構道德社群，就能長久存在並繁榮興盛起來。這類群體有如十九世紀的宗教公社，運用神祇來吸引成員做出犧牲並全心投入。正如前文提及的欺騙研究和信任遊戲當中的受試者，神祇的存在確實有利於抑制欺騙行為、提升信賴感。群體唯有讓成員全心投入並抑制揩油問題，方能成長茁壯。

因此，第一批動植物馴化後，人類文明才能這麼快速地成長。在全新世之前，宗教和正義之心曾經在文化上和基因上共同演化了數萬年之久，而在農業出現新的挑戰和機會時，宗教和正義之心的演化速度加快。群體唯有讓神祇宣揚合作的重要，唯有讓個體的心智對這些神祇做出回應，才能準備好迎接這些挑戰，獲得回報。

我們人類具有一種獨特的能力，那就是關懷自己以外的事物，跟他人共同關注這些事物，並在過程中組成團隊，從事更大的計畫，而這正是宗教的含義。只要略加調整，這也會是政治的含義。最後一章會朝政治心理學望上最後一眼，試圖釐清人們為何願意共同組成政治團隊。此外，還要特別關注團隊成員的身分為何讓人盲目，看不見對手的動機和道德品行——看不見多元政治意識型態處處可見的智慧。

註釋：

1 McNeill 1995，見第十章。某些大學會表現出更為明顯的挑釁行為，在呼喊口號時，朝球場另一端的對方球隊球迷，做出揮舞戰斧的動作（例如佛羅里達州立大學），或者做出鱷魚嘴巴猛然咬住獵物的動作（例如佛羅里達大學）。

2 我跟傑西．葛拉罕一起想出這個比喻以及本章的許多概念，請見 Graham and Haidt 2010。

3 Durkheim 1965/1915, p. 62.

4 或者，對於極左派的部分人士而言，九一一事件應歸咎於美國本身。可參考華德．丘契爾（Ward Churchill）於二〇〇三年提出的主張，他認為世貿中心的人死掉也是應該的。請注意，左翼對於宗教的敵意有其悠久的歷史，可追溯回馬克斯以及十八世紀的法國哲學家。我認為當今西方國家的左翼替伊斯蘭做出的辯護，無論如何都不是在替宗教做辯護，這是因為左翼益趨認為穆斯林是歐洲和巴勒斯坦境內受到壓迫的受害者。亦請注意，九一一攻擊事件之後，布希總統堅持跟那些表明伊斯蘭是和平宗教的人士站在同一邊。

5 這些人通常不會批評佛教，有的甚至信奉佛教（例如山姆．哈里斯），或許是因為佛教很容易應用於世俗人間，被視為一種基於「關懷／傷害」的哲學倫理體系，達賴喇嘛在一九九九年出版的《新千禧年的心靈革命》（*Ethics for the New Millennium*）一書中即明確呈現出這項特性。

6 Harris 2004, p. 65.

7 同上，頁一二。哈里斯把信仰提升為人性的精華：「任何一顆腦袋裡的真正人性，多半要看其是否有能力按照其認可的無數命題式真理，評估命題式真理的新說法。」（同上，頁五一）在理性派看來，這樣的定義就已經很好了。然而，身為社群直覺論者的我卻認為，任何一顆腦袋的人性，要看其是否有能力共享意向並進入共識幻覺（亦即道德母體），成立合作的道德社群。請參考第九章討論的托瑪塞羅的研究。亦請參見 Harris et al.2009。

8 Dawkins 2006, p. 31.

9 同上。

10 Dennett 2006，頁九表示，宗教是一種「社會體系，當中的參與者公開表示自己相信超自然代理人的存在，並尋求超自然代理人的認可」。丹尼特起碼承認了宗教是一種「社會體系」，但該書大部分的內容仍著重於個體錯誤信念背後的起因與後果，而他對自己的定義所下的註腳裡，也明確對比了自己的定義和涂爾幹的定義。

11 可參考 Ault 2005 和 Eliade 1957/1959。請注意，最偉大的宗教心理學家威廉　詹姆斯（1961/1902）也採取單獨信徒角度，詹姆斯替宗教下的定義是「凡是個體認為自己跟心中認為的神聖事物有關，則個體獨處時的感覺、行為、經驗均屬之」。對於信念的關切並不是新無神論者獨有的，亦常見於心理學家、生物學家及其他的自然科學家，他們跟社會學家、人類學家、宗教研究領域的學者可說是形成對比，後三種學者比較善於思考涂爾幹所稱的「社會事實」。

12 可參考 Froese and Bader 2007、Woodberry and Smith 1998。

13 Dennett 2006, p. 141.

14 Dawkins 2006, p. 166.

15 瀰因是少量的文化資訊，能夠以基因演化的部分方式進行演化。請見 Dawkins 1976。

16 Barrett 2000; Boyer 2001.

17 史都華．蓋瑟瑞（Guthrie 1993）讓這個概念普及化。

18 Dawkins 2006，頁一七四。不過，宗教信奉和宗教皈依的經驗是從十幾歲的時期開始最為熱切。這段時期的兒童恰好最不可能相信大人說的話。

19 Dennett 2006，第九章。我認為丹尼特是正確的。

20 Bloom 2004; 2012。布倫不是新無神論者。我認為他在此處的提議是正確的，也是極其重要的超自然信仰心理學的先驅概念。

21 Dennett 2006, p. 123.

22 亦請見 Blackmore 1999。布萊莫（Blackmore）是瀰因的理論家，原本贊同道金斯的主張，認為宗教是瀰因，有如病毒般散播出去。後來，布萊莫看見有證據證明信仰虔誠者比較快樂、比較慷慨、比較多後代，她便揚棄了原本的想法。見 Blackmore 2010。

23 Dawkins 2006, p. 188.

24 Atran and Henrich 2010.

25 關於神祇和宗教的演化方式，詳情請見 Wade 2009 和 Wright 2009。

26 Roes and Raymond 2003; Norenzayan and Shariff 2008.

27 Zhong, Bohns, and Gino 2010.
28 Haley and Fessler 2005.
29 Shariff and Norenzayan 2007.
30 Sosis 2000; Sosis and Alcorta 2003.
31 Sosis and Bressler 2003.
32 Rappaport 1971, p. 36.
33 此處的「理性」是指群體可採取有助於長期獲益的行動，而不是讓個體追求自己的私利而使群體消失。至於道德情緒如何讓人「在策略上不理性」，進而有助於解決「信奉問題」，類似分析請見 Frank 1988。
34 如果土耳其哥貝克力山丘（Göbekli Tepe）的神祕遺址是獻給至上神或注重道德的神，那麼也可能是農業出現的數千年前。見 Scham 2008。
35 基因演化速度的評論，請見 Hawks et al. 2007 和本書第九章。也有評論文章同樣支持此論點的副產品模式，亦即副產品理論不排除後續的生物適應性質，請見 Powell and Clark（即將出版）。
36 Richerson and Boyd 2005，頁一九二，如我在第九章所述。
37 跟蘇柏一起研究，例如 Sober and Wilson 1998。
38 Dawkins 2006，頁一七一承認宗教可能會提供那些特殊情況。道金斯對於宗教助長群擇一事的可能性，並未提出反對理由。假使宗教真有可能助長群擇，就等於是駁斥了道金斯提出之「宗教是寄生蟲，不是適應」的主張。我鼓勵讀者細讀《上帝的迷思》第一七〇－一七二頁。
39 如果我對群擇有時似乎顯得太過狂熱，那是因為我在二〇〇五年讀了《達爾文的大教堂》，當時的我正在撰寫《象與騎象人》的最後一章。等讀完了威爾森的著作之後，才終於找到了失落的環節，不但充分瞭解快樂的含義以及快樂為何來自於「兩者之間」，更充分瞭解了道德的含義，以及道德為何凝聚人心又令人目盲。
40 D. S. Wilson 2002, p.136.
41 Lansing 1991.
42 Hardin 1968.
43 D. S. Wilson 2002, p.159.
44 Marshall 1999，引用自 Wade 2009，頁一〇六。
45 Hawks et al. 2007，第九章已描述。Roes and Raymond 2003。
46 Wade 2009, p.107，重點為作者自行加上。
47 G. C. Williams 1966.
48 Muir 1996，見第九章。再說一次，人類承受的選擇壓力或許沒有育種實驗裡的選擇壓力那麼強烈及一致，所以我不會討論五個或十個世代發生的基因演化。不過，三十或四十個世代就會符合人類族群顯現的許多基因變化，描述請見 Cochran and Harpending 2009。
49 見 Bowles 2009。
50 對哈里斯和希鈞斯而言，這樣的陳述很貼近真實，但丹尼特不這麼認為。

51 關於這兩篇文獻的簡要評論，請見 Norenzayan and Shariff 2008。

52 Putnam and Campbell 2010.

53 Tan and Vogel 2008.

54 Ruffle and Sosis 2006 讓世俗性質與宗教性質的以色列屯墾區成員，兩人一組玩一回合的合作遊戲。信仰虔誠又經常一起祈禱的男性最能抑制自己的自私行為，在遊戲結束時也最能大幅提高金額，跟同組的人共享。

55 Larue 1991.

56 請見 Norenzayan and Shariff 2008 的討論。

57 Coleman 1988.

58 普南與坎貝爾根據相關資料做出因果推論時，採取相當謹慎的態度。不過，因為兩人擁有多年來收集的資料，所以能看清個體在宗教參與度的增加或降低是否能反映出隔年的行為變化。兩人斷定資料相當符合因果解釋，而不是來自於偽造的第三個可變因素。

59 亞瑟．布魯克斯（Arthur Brooks）在二〇〇六年出版的《誰真的在乎》（*Who Really Cares*）一書中即做出相同的結論。

60 Putnam and Campbell 2010, p. 461.

61 同上，頁四七三。

62 Pape 2005。自殺式恐怖主義的攻擊目標多半是民主國家，原因就在於民主國家比較會回應輿論。如果自殺炸彈攻擊的對象是獨裁國家，獨裁國家不可能會就此從恐怖分子的祖國撤離。

63 我承認這類較為鬆散的社會有利於那些遭到宗教型道德秩序排除的人們，比方說，住在保守基督教徒或穆斯林地區的同性戀。

64 Durkheim 1951/1897。涂爾幹對於自殺率的觀察看法到今日仍站得住腳，證據請見 Eckersley and Dear 2002，並請參考美國年輕人的自殺率，其於一九六〇年代起隨脫序狀況的增加而遽增（見 www.suicide.org/suicide-statistics.html）。

65 Durkheim 1984/1893, p.331.

66 我在之前出版的作品裡（包括 Haidt and Kesebir 2010）已提出此定義，並證明了此定義的正當性。

67 Turiel 1983，頁二，並請見第一章。

68 我個人認為德行倫理學是最貼近人性的規範架構。評論請見 Haidt and Joseph 2007。

69 我認同哈里斯在 Harris 2010 選擇效益論，但我與哈里斯的想法有兩大差異：（一）我僅認同公共政策的部分，畢竟我認為個體沒義務去產生最大的總利益；（二）哈里斯聲稱自己是個一元論者，說凡是能讓有意識的生物的快樂程度最大化，就是對的事，而且他也認為快樂可以用客觀技巧加以測量，例如用 fMRI 掃描儀。可是我有不同的看法，我是多元論者，不是一元論者。我贊同史威德（1991; Shweder and Haidt 1993）和 Berlin 2001 的主張，認為世上存在著多種有時相互衝突的好處和價值觀，沒有簡單的計算方法可以依照單一面向，對社會區分等級。我們需要對美好社會的構成因素進行哲學反思，而這樣的需求也沒有方法可以免去。

70 我認同的效益論版本叫作「規則效益論」（rule utilitarianism），主張的目標是建立可長期製造最大總利益的體系和規則。而「行為效益論」（act utilitarianism）正好相反，主張的目標是用每個行為讓每種情況的效益最大化。

71 我認為抽象定義的效益論已包含涂爾幹的主張。假使涂爾幹對人類繁榮方式所持的主張是正確的，那麼許多的效益派就會同意我們應實施涂爾幹式的政策。然而，在實務上，效益派偏向高度系統化，關注個體，很難替群體設想。效益派在政治上也往往傾向自由派，因此很有可能不願意著墨於「忠誠」、「權威」或「聖潔」基本原則。由此可見，我認為涂爾幹式的效益論這個詞彙很適合用來時時提醒大家，人類是**雙重人**，而且在效益論的思維上，必須把人性的兩種層次納入考量。

# 12 爲何不能化歧見爲助力？

「政治可不是丟沙包的遊戲，」一八九五年芝加哥幽默作家1曾這麼說。政治不是兒童玩的遊戲。此後，這句話就用來合理化打打鬧鬧、骯髒下流的美國政壇。理性派或許會夢想著烏托邦國家，在那裡，政策是由公正的專業小組制定。然而，在現實世界裡，各方為了獲得選票和金錢而相互競爭，這樣的政治流程似乎沒有別的方案可以替代。在政治的競技場上，騙術權謀和煽動群眾的言行時有所聞，政客玩弄事實，運用內在的新聞祕書，盡可能表現出好的一面，同時盡可能把對手貶成傻瓜，說對手會帶領國家走向滅亡。

然而，政治一定要這麼骯髒嗎？很多美國人都發現情況每下愈況，今日美國的政治局勢似乎已是兩極化，爭來鬥去，落到了功能障礙的地步。沒錯，幾年前，曾有一些政治學家表示，所謂的文化戰爭僅限於華盛頓，美國人對大多數的政治議題所抱持的態度，

圖十二・一：斯文點。這些海報是由傑夫・蓋茲（Jeff Gates）製作。蓋茲是洋甘菊茶黨的平面設計師，洋甘菊茶黨從二戰起開始運用海報表達理念。（請見 www.chamomileteaparty.com，獲授權使用）

其實還沒有變得更為兩極化[2]。可是，在過去十二年間，美國人變得益趨兩極化，自稱中立派或溫和派的人數減少了（從二〇〇〇年的百分之四十降至二〇一一年的百分之三十六），保守派的人數增加（從百分之三十八上升至百分之四十一），自由派的人數也增加了（從百分之十九上升至百分之二十一）[3]。

不過，選民結構稍微偏向兩極化的情況根本不算什麼，首府華盛頓、媒體、更廣泛的政治階層，這些情況還比較嚴重。一九九〇年代，局勢起了變化，一開始是美國國會出現了新的規則和新的行為[4]，不鼓勵建立跨黨派的友誼和社交接觸。一旦人與人之間的關係遭到削弱，就會更輕易把另一黨的黨員視為永久的敵人，不把他們當成同一個精英俱樂部裡的成員。候選人開始花更多時間、金錢研究對手，工作人員或支薪顧問挖出對手的骯髒事（有時還訴諸於非法手段），然後丟給媒體。前陣子，某位年邁的國會議員曾說：「這再也不是學院組織了，行為更像幫派了，議員帶著滿腔的恨意走進議院」[5]。

一九九〇年代還是個和平、繁榮、預算平衡的時代，人們的心理狀態就已經變得更正義、更部落化，這樣就夠糟的了。然而，時至今日，財政和政治局勢更壞到不行，很多美國人都覺得自己是在一艘即將沉沒的船上，船員都忙著互鬥，沒那心思把裂縫給塞住。

二〇一一年夏季，代價變高了。兩黨在調高舉債上限的例行議案無法達成一致意見，在減少長期赤字的「大妥協」（grand bargain）也無法達成一致意見，使得債券評級機構調降美國信評。信評降級造成全球各地股市大跌，也使美國「二次」衰退的預期心理增加，而對於許多出口至美國的開發中國家而言，這無異於一場災難。如今，美國過度的黨派偏見已威脅到全世界。

這究竟是怎麼回事？我在第八章已把美國文化戰爭描繪成三種基本原則組成的道德觀，以及六種基本原則組成的道德觀之間發起的戰役。然而，最先到底是何種因素讓人採納前述其中一種道德觀？關於黨派偏見的心理源頭，心理學家已有許多發現。道德凝聚人心卻又令人目盲。有些人加入自由派的團隊，有些人加入保守派的團隊，有些人加入其他團隊或什麼團隊也不加入，我們必須要瞭解這個現象背後的原因，方能瞭解我們所處的混亂狀態。

## 關於政治多元化

我把重心放在目前所知的自由派和保守派心理特點。在單向度的刻度尺上，自由派和保守派位居兩端。像這樣把政治意識型態簡化為單向度，許多人會感到既抗拒又憤恨。的確，道德基本原則理論具備的其中一項優勢，就是提供了六個向度，帶來了數百萬種可能的設定組合。人們林林總總，不是只有兩類。只可惜政治心理學的研究多半使用左翼—右翼向度和美國樣本，因此在許多案例中，我們就只有這些資料可以運用。不過，另外提一下，其實這種單向度還是很好用。在單向度刻度尺上，歐美人士還是能把自己安置於某個位置上，儘管其實他們大多數的位置有點接近中間[6]。由於這是美國文化戰爭和議會投票的主要軸線[7]，因此即使很少人能完美符合我即將描述的極端類型，我們還是必須瞭解自由派和保守派的心理狀態，這樣方能瞭解全世界可能面臨的問題。

## 從基因到道德母體

意識型態的簡單定義如下：「對於規矩的社會秩序與達成方式抱持的一套信念」[8]。以下是意識型態當中最基本的問題：「要維持目前的秩序，還是要改變秩序？」一七八九年的法國議會上，主張維持秩序的代表坐在議院右側，主張改變秩序的代表坐在左側。此後，右翼就用來代表保守派，左翼就用來代表自由派。

馬克斯之後的政治理論家長久認為，人們選擇意識型態是為了助長自己的利益。有錢有勢者想要維持保守，農民勞工想要改變（或者如馬克斯主義者所言，假使能提高自己的意識，並適當地看見自己的利益，起碼就會想要改變）。然而，即使以往向來可以根據社會階級精準預測意識型態，但兩者間的關聯大都已不復完好，富人分成兩種（企業家多半是右派，科技富翁多半是左派），窮人也分成兩種（鄉間的窮人多半是右派，都市的窮人多半是左派）。政治學家經研究後發現，自利這項因素特別難以用來預測政治態度。[9]

由此可見，二十世紀晚期的絕大多數時候，政治學家樂於接受白紙理論，亦即人會吸收其所觀看的電視節目或父母之意識型態[10]。部分的政治學家甚至表示，大部分的人對政治議題感到困惑不已，連真正的意識型態也付之闕如[11]。

不過，後來出現了雙胞胎的研究。一九八〇年代，科學家開始分析大量的資料庫，比較同卵雙胞胎（全部基因一模一樣，胎兒期和童年的環境都一樣）以及同性異卵雙胞胎（一半的基因一樣，胎兒期和童年的環境都一樣），結果發現同卵雙胞胎在幾乎所有方面都比較像[12]。此外，因收養之故而在不同家庭長大的同卵雙胞胎，往往後來都會變得很相似；因收養之故，彼此沒有血緣關係卻一起長大的孩子，互相變得很像或跟養父母很像的情況卻是少之又少，反而是跟親生父母比較像。基因以某種方式影響了人格的幾乎每一個面向[13]。

我們可不是光談智商、心理疾病、基本人格特徵（如害羞）而已，還有人對爵士、辛辣食物、抽象藝術的喜歡程度，離婚或死於車禍的可能性，對信仰的虔誠程度，成年的政治傾向。無論最終在政治光譜上是左是右，也只不過跟其他的多數特徵一樣，都是從遺傳得來的。人在政治態度上的變化傾向，有三分之一至三分之二可以用基因解釋[14]。在自由派或保守派的家庭裡成長，反倒不是很重要的因素。

怎麼可能是這樣啊？核電、累進稅、外援等等，不過就是這一兩百年才冒出的議題，基因怎麼可能影響人對這些議題的態度？人成年後有時會改變政黨傾向，基因怎麼可能會影響意識型態？

要回答這些問題，就要回到我在第七章提出的**先天**定義。先天並不代表著沒有改變的彈性，先天的意思是在經驗前先安排好。基因會指導子宮裡的胎兒腦部建構，但這只是所謂的初稿而已，初稿還要經過童年經驗的修改。如要瞭解意識型態的源頭，就必須站在發展的觀點去看，整個過程始於基因，終於成年時期投票給特定候選人或加入政治性質的抗議活動。該過程可分成三大步驟。

## 步驟一：基因製造大腦

前陣子，科學家分析了一萬三千名澳洲人的DNA，結果發現自由派和保守派有幾種不同的基因[15]，而且大都是跟神經傳導物質的作用有關，尤其是麩胺酸和血清素，這兩種物質會影響大腦對威脅和恐懼的反應。有許多研究顯示，若發生危險（包括細菌和污染帶來的威脅），甚至低度的威脅（例如突然有一陣白雜訊），保守派的反應會比自由派更為強烈，這很符合前述對澳洲人的研究結果[16]。其他研究也指出，這些基因跟多巴胺這種神經傳導物質的受體有關，多巴胺向來會讓人追求刺激並對經驗抱持開放態度，而這兩種傾向是存在已久的自由主義相關要素[17]。文藝復興時代作家蒙田曾說：「我心目中覺得有益的事物就只有……多樣化以及差異帶來的樂子。」[18]

即使任何一種基因的作用很小，這些研究結果也仍然很重要，其闡述了一種從基因到政治的途徑，也就是基因（在整體上）讓某些人的大腦對威脅做出更強（或更弱）的反應，並在接觸新奇事物、變化、新經驗時，製造出更少（或更多）的愉悅感[19]。這兩種主要人格要素常用來區分自由派和保守派。政治心理學家喬斯特（John Jost）發表的一篇重要評論文章，還提及了另外幾項特徵，不過幾乎所有特徵在概念上都是關係到威脅敏感度（例如保守派對於讓人聯想到死亡的事物會有比較強烈的反應），以及對經驗的開放度（例如自由派對秩序、結構、封閉的需求程度較低）[20]。

## 步驟二：特徵引領兒童踏上不同道路

人格來自何方？心理學家麥克亞當斯（Dan McAdams）提出了實用的理論，他說要回答這個問題，就必須對人格區別出三種層次[21]。麥克亞當斯表示，人格的最低層次稱為「氣質特徵」，屬於廣泛的人格範疇，會在許多不同的情況下出現，而且從童年時期到老年時期都相當一致。這類特徵有威脅敏銳度、追求刺激度、外向程度、慎思度等。這類特徵不是那種有些人具備，而有些人缺乏的心理模組；反倒比較像是每個人的大腦系統都有的刻度盤，只是每個人調的刻度各有不同。

試想，一對異卵雙胞胎，兄妹在同一個家庭長大。兩人在母親子宮裡的九個月期間，哥哥的基因建構出的大腦，其威脅敏感度比一般略高，碰到全新體驗時的愉悅感傾向較低，而妹妹的基因建構出的大腦則是完全相反的狀態。

兄妹在同一個家庭長大，在同一間學校讀書，卻逐漸建立各自不同的世界。甚至在托兒所時，兩人的行為也導致成人採取不同的對待態度。根據某項研究顯示，成年時自稱自由派的女性，托兒所老師給的評語是對威脅不敏感，喜好追求刺激[22]。未來的自由派都曾被人說是好奇心比較重、口語能力較佳、比較依靠自己，同時也比較專制武斷、盛氣凌人，比較不服從、沒條理。因此，如果能夠觀察異卵雙胞胎前幾年上學的情況，就會發現老師對兩人有不同的反應。有些老師可能喜歡有創意卻叛逆的小女孩，有些老師可能會認為她是個沒規矩的小搗蛋而給予懲罰，同時稱讚哥哥是個模範生。

然而，根據麥克亞當斯的理論，氣質特徵只是三個層次當中最低的層次。第二個層次是「適應特性」，是隨著成長而出現的特徵。名稱含有「適應」二字，是因為人碰巧面臨特定的環境和挑戰，因應發展出這些特徵。比如說，我們觀察雙胞胎的青春期狀況，並假設兄妹進入一所相當嚴格又秩序井然的學校就讀。哥哥適應良好，妹妹卻經常跟老師作對，她變得氣憤，在社交上退縮，這些經驗成為她人格（適應特性）的一部分。然而，假使她讀的學校比較進步，沒那麼重視師生長幼有序，那就不會發展出這樣的特性。

等到兄妹進入高中就讀，開始對政治感興趣時，就各自選擇不同的活動（妹妹參加辯論隊，多少是為了出遠門的機會；哥哥更常去家人所屬的教會），結交不同的朋友（妹妹的朋友走的是哥德風，而哥哥的朋友是運動員）。妹妹選擇去讀紐約市的大學，主修拉丁美洲研究，渴望為非法移民子女發聲。因為她社交圈裡的朋友全都是自由派，所以她所處的道德母體主要是基於「關懷／傷害」基本原則。二〇〇八年，歐巴馬關心窮人及承諾改變的主張，讓她覺得激動不已。

相反的，哥哥完全不想要搬到骯髒又險惡的大城市，他選擇留在親友附近，進入州立大學的當地分校就讀。他取得商業學位，然後在當地銀行工作，漸漸爬到高位。他成為教堂和社區的棟梁，就是普南和坎貝爾會讚美的那種生產大量社會資本的人[23]。圍繞在他周遭的道德母體是以全部六項基本原則為基礎。教堂布道時，偶爾會談及要幫助那些受到壓迫的受害者，但他生活中最常見的道德主題是個人責任（基於「公平」基本原則，亦即不要揩油，不要成為他人的負擔）、對所屬的團體和團隊忠誠。他的觀念呼應了約翰．麥肯的宣傳活動口號：「國家第一」。

事情不一定要按照這種方式發展。這對兄妹出生的那一天，妹妹並不是註定將來會投票給歐巴馬，哥哥也未必會變成共和黨。然而，基因的差異卻讓兩人的心智初稿如此不同，使得兩人踏上不同的道路，經歷不同的人生體驗，進入不同的道德次文化。兩人成年後，更是變成不同的人，並且達成政治協議，其中一項要點就是妹妹放假回家時，兩個人都不可以談政治。

## 步驟三：人建構生命敘事

人類的心智是故事處理器，不是邏輯處理器。每個人都喜歡好故事，每個文化都讓兒童沉浸在故事當中。

關於我們自身的故事，就是我們所知的極重要的故事。而這類「生命敘事」是麥克亞當斯提出之人格的第三個層次。麥克亞當斯對心理學的最大貢獻，就是堅持心理學家要把量化的資料（關於兩個較低層次，使用問卷及測量反應時間進行評估）連結到比較質化的瞭解，亦即瞭解人們為了讓自己的生命更有意義而創造的敘事。生命敘事不一定是**真實**的故事，生命敘事就是以簡化又精選的方式重現過去的人生，往往跟理想版的未來有所關聯。然而，即使生命敘事在某種程度上算是事後組建而成，卻仍然影響了人們的行為、關係、心理健康[24]。

道德觀滲入了生命敘事當中。麥克亞當斯在某項研究中運用道德基本原則理論，針對他從自由派和保守派的基督徒那裡收集得來的資料進行分析，結果這些故事裡出現的模式，跟我和同僚在 YourMorals.org 使用的問卷結果一樣：

如果請保守派和自由派解釋其在宗教信仰和道德信念的發展，那麼保守派會強調尊敬權威、效忠所屬團體、重視自身純潔，自由派則強調人類苦難和社會公平。[25]

在發展中的青少年自我以及成年人的政治認同之間，生命敘事架起了一道橋梁。舉例來說，基思．理查茲（Keith Richards）前陣子出版的自傳就描述了自己生命中的轉捩點。理查茲是滾石樂團的主奏吉他手，他追求刺激、桀驁不馴的態度是出了名的，不過他曾是學校合唱團裡還算循規蹈矩的團員。當時，學校合唱團打敗其他學校，贏得比賽，於是合唱團的指導老師讓理查茲和他的朋友有理由不用上一大堆的課程，好出外參加更大型的合唱比賽。可是，等到這些男孩進入青春期變聲之後，就被指導老師拋棄。後來，他們收到補課通知，必須留級一年，補足缺課，指導老師連替他們說句話都沒有。

理查茲說，那是「重大的打擊」，對他的政治看法帶來深遠的影響：

> 事情發生的那一刻，我、史派克、泰瑞，三個人變成了恐怖分子。我氣瘋了，怒火熊熊燃燒，很想報復。當時的我有理由想要毀掉這個國家及其代表的一切，接下來三年我一次次搞他們。如果你想要培養反叛分子，這就是方法了……那股怒火，還是沒有熄滅。那個時候，我開始從別的角度去看這個世界，再也不站在他們的角度了。那個時候，我明白了，霸凌者之外還有更大的霸凌者，是了，就是當權者。而緩燃的保險絲被點燃了。[26]

或許，理查茲本來在人格上就傾向成為自由派，但政治立場可不是生來就註定的。假使當初那些老師不是那樣對他，假使他在草擬敘事初稿時，是以不同的角度去詮釋這些事情，那麼或許他後來會做些比較傳統的工作，周遭都是些保守的同事，並跟這些同事處於同樣的道德母體。然而，一旦理查茲把自己看成抵抗濫權當局的改革鬥士，就絕對不可能會投票支持英國保守黨。他的生命敘事實在太符合左派人士的人生故事。

## 自由主義和保守主義的大敘事

社會學家克里斯欽．史密斯（Christian Smith）在其著作《有信仰的道德動物》（*Moral, Believing Animals*），討論了道德母體這個人類生活發生之處[27]。史密斯認同涂爾幹的看法，主張每個社會秩序在其核心都有神聖的事物，同時還說明故事——尤其是「大敘事」——如何找出及強化各母體的神聖核心。史密斯善於擷取這些大敘事的精華，濃縮成一段文字。他說，每則敘事都有起（「很久很久以前」）、轉（出現威脅或挑戰）、合（威脅或挑戰獲得解決）。每則敘事都是用來讓聽眾走向道德，讓聽眾注意善惡，透露故事中的教訓，哪些事情必須立刻進行，才能保護、恢復、獲得願景的神聖核心。

美國學術界左派的道德母體多半屬於這種敘事方式，史密斯稱之為「自由進步型敘事」。大致內容如下：

很久很久以前，大部分的人類受苦於不公平、不健全、壓制又壓迫的社會與社會體制。這類傳統社會之所以應當受到譴責，就是因為根深柢固的不平等、剝削、不理性的傳統主義……然而，自主、平等、繁榮等崇高的人類渴望，跟苦難與壓迫的力量進行激烈的對抗，最終獲得勝利，建立現代、自由、民主、資本主義、社會福利的社會。雖然現代的社會環境有潛力可讓個體在所有方面的自由和愉悅達到最大化，但是仍有許多工作有待進行，才能去除強大的不平等、剝削、壓制之遺跡。像這樣努力創造美好的社會，讓個體獲得平等自由，追求自己心目中的幸福，才是真正值得終生追求的志業。28

雖然這則敘事或許並未完美切合歐洲國家左翼的道德母體（歐洲比較不信任資本主義），但是大致的情節主線應當是各地左翼分子所熟悉的，這是一種英雄式的解放敘事。權威、階級、權力、傳統全都是束縛的鎖鍊，必須打斷才能解放受害者的「高尚渴望」。

雖然史密斯是在道德基本原則這項理論出現前就寫下這則敘事，但是讀者仍可看見這則敘事的道德力量，主要是來自於「關懷／傷害」基本原則（關心受害者承受的苦難）以及「自由／壓迫」基本原則（讚頌免於壓迫的自由，以及去追求自己心目中的幸福之自由）。在這則敘事中，公平指的是政治上的公平（這是對抗壓迫的一環），而且只婉轉地暗示著應當視公平為比例[29]。另外，提到權威時就是把權威當成邪惡勢力，也完全沒有提及忠誠和聖潔。

這則敘事可以跟現代保守主義的敘事做一比較。臨床心理學家德魯・威斯頓是另一位善於敘事分析的大師，在其著作《政治腦袋》（*The Political Brain*）擷取了雷根重要演講當中含蓄卻有時直率的主要敘事。

雷根在一九八〇年擊敗了民主黨的卡特，當時有美國人被伊朗綁架當成人質，通膨率達到百分之十，美國境內的城市、產業、自信逐漸衰退。雷根的敘事大致如下：

很久以前，美國是明亮的燈塔。後來，自由派來了，建立龐大的聯邦官僚政治，給自由市場的看不見的手戴上了手銬。自由派跨出的每一步，都在破壞美國傳統的價值觀，反對上帝和信仰……自由派不要求人們工作維生，反倒是把美國人努力工作賺來的錢給吸乾，送給那些開凱迪拉克的吸毒者和專領福利金的皇后。他們不擔心犯罪受害者，反倒是擔心起罪犯的權利……他們不遵守美國人對家庭、忠誠、個人責任所抱持的傳統價值觀，反倒是宣揚雜交、婚前性行為、同性戀的生活方式……他們助長女性主義議題，損壞傳統的家庭角色……他們不把兵力拿來對付那些會在世界各地做壞事的人，反倒是縮減軍事預算，不尊敬軍人，燒毀國籍，選擇談判和多邊政策……然後，美國人決定從那些企圖破壞國家的人們手中，把自己的國家給奪回來。30

如果其他國家和其他時代的保守派狀況不同於前述的美國例子，那麼這則敘事就必須經過編輯才能使用。不過，大致的情節主線和道德範疇應該是各地保守派都會認可的。這則敘事也是英雄式的敘事，只不過是屬於**防禦型**的英雄主義，比較不適合拿來編成一流的電影。這則敘事不是那種群眾蜂擁至巴士底監獄、釋放囚犯的震撼畫面，而比較像是某個家族試圖向白蟻奪回住所，修理托梁。

為了發揚道德的力量，雷根的敘事至少倚賴了六項道德基本原則當中的五項，顯然也是屬於保守派。雷根的敘事只稍微觸及「關懷」（犯罪受害人）基本原則，但明顯提及了自由（**免於**政府約束的自由）、「公平」（視公平為比例：向努力工作的人拿錢給那些專領福利金的皇后）、「忠誠」（軍人和國旗）、「權威」（顛覆家庭與傳統價值）還有「聖潔」（宣揚雜交，不宣揚上帝）。

自由派和保守派的敘事截然不同。兩方的死忠支持者真的能夠**理解**對方訴說的故事嗎？同理心的障礙是不對稱的，如果說左派道德母體依據的基本原則種類比較少，那就表示左派運用的基本原則，右派肯定也用了。保守派在同理程度上獲得的分數稍低31，在聽到受苦壓迫的故事時，或許感動程度較低，不過保守派仍會承認受到枷鎖束縛實在可怕。有很多保守派反對二十世紀一些偉大的解放運動，例如解放女性、血汗勞工、非裔美籍、同性戀等，不過保守派也會為其他的解放運動喝采，例如東歐獲得解放，不再受共產黨壓迫。

然而，要自由派試圖理解雷根的敘事，卻是比較困難的一件事。我向自由派的聽眾談到忠誠、權威、聖潔這三項「凝聚人心」的基本原則，有很多聽眾不光是無法產生共鳴，還認為這三項基本原則不道德，主動予以排斥。他們說忠於團體會縮減道德圈，說忠於團體是種族歧視和排斥的根基，說權威等於壓迫，說聖潔是莫名其妙的宗教用語，唯一的作用就是壓制女性的性行為以及合理化恐同症。

我和傑西・葛拉罕、布萊恩・諾塞克共同進行了一項研究，檢驗自由派和保守派對彼此的瞭解有多深。我們請兩千多位瀏覽我們網站的美國人填寫道德基本原則問卷。三分之一的時間，受試者就做自己，正常填寫；另外三分之一的時間，受試者認為「典型自由派」會有怎樣的回應，就怎麼填寫；最後三分之一的時間，受試者認為「典型保守派」會有怎樣的回應，就怎麼填寫。這樣的設計是為了檢驗自由派和保守派對彼此的刻板印象。還有更重要的一點，這樣就能比較人們想像中的「典型」死忠支持者，以及左右派支持者的實際反應，藉以評估人們對彼此的看法有多精確[32]。誰最有能力假裝自己是對方呢？

結果明確又一致，中間派和保守派比較精確，他們無論是假裝自由派還是假裝保守派，看法都非常精確。自由派是最不精確的一群，尤其是自稱「非常自由派」的人。在這整個研究中，假裝保守派的自由派在回答「關懷」和「公平」問題時，出現了最大的謬誤。像是「人所能做的最壞事情之一就是傷害那些不能自衛的動物」，或「正義是社會最重要的必要條件」這種問題，自由派以為保守派會不認同。如果你的道德母體主要奠基於關懷和公平（指平等）的直覺，而且聽了雷根的敘事，那麼你還能怎麼想呢？雷根似乎完全不在乎吸毒者、窮人、同性戀的福利，比較有興趣的事情是打仗，管別人的性生活。

如果你看不出雷根追求的是「忠誠」、「權威」、「聖潔」這三種正面的價值觀，那肯定就會斷定共和黨認為「關懷」和「公平」不是正面價值觀，或許甚至會偏激如自由派報紙《村聲》（*Village Voice*）的劇評者麥可・費高德（Michael Feingold），費高德是這麼寫的：

> 共和黨不相信想像力，部分原因在於共和黨有想像力的人實在少之又少，但主因還是在於想像力會妨礙他們的天命任務，亦即摧毀人類與地球。有想像力的人類在災難成形時都能看出端倪。共和黨的人生目標就是從災難中獲利，一點也不在乎人類，他們沒能力看出災難，或者不願意看出災難。因此，我個人認為共和黨應該就此滅絕，以免造成更多傷害。[33]

這段文字處處嘲諷，但反諷的是劇評者巧妙地進入虛構的想像世界維生，竟沒有能力想像共和黨的道德母體跟自己不一樣。道德凝聚人心，卻也令人目盲。

## 左派的盲點：道德資本

我自己的智識生命敘事有兩個轉捩點。我在第五章提及了第一個轉捩點，在印度時，我開放胸襟，接納了更廣闊的道德觀，也就是史威德描述的道德觀（即社群倫理學和神聖倫理學）。然而，從一九九三年的轉捩點一直到二〇〇八年的歐巴馬競選活動，我仍然是個死忠的自由派。我希望自己的團隊（民主黨）能打敗另一個團隊（共和黨）。其實，我一開始研究政治，正是因為凱瑞在競選總統時的宣傳活動抓不到「棉角」，讓我大失所望。我深信美國自由派就是無法「理解」保守派同胞的道德和動機，而我想要運用自己從事的道德心理學研究，幫助自由派獲勝。

為了學習政治心理學，我決定在二〇〇五年春季開設政治心理學研討班。這堂課是全新的課程，於是我努力尋找優良的閱讀材料。我在凱瑞敗選一個月後，前往紐約探視友人，去了二手書店瀏覽政治學書籍。我在瀏覽架上書籍時，一本書突然吸引了我的注意力，那是一本厚重的棕皮書，書脊上的書名是*Conservatism*（保守主義）。書中收錄的文章是由歷史學家傑瑞·穆勒（Jerry Muller）負責編輯。我站在走道上開始閱讀穆勒寫的簡介，等讀到第三頁就不得不坐在地板上好好品嘗。多年之後，我才明白，穆勒的那篇文章是我的第二個轉捩點。

穆勒先是對保守主義和正統主義進行區分。正統主義就是認為世上存有「超驗的道德秩序，我們應嘗試讓社會作風遵循這樣的秩序」[34]。把聖經視為立法指南的基督徒——正如想要依循伊斯蘭律法生活的穆斯林——就是正統主義的例子。他們希望社會遵循外部制定的道德秩序，於是提倡改變，有時是激進的改變。由此可見，正統派和真正的保守派是不一樣的，保守派往往認為激進的改變很危險。

接著，穆勒對保守主義和反啟蒙運動進行區分。從定義上來看，對啟蒙運動發起的抵制多半可以說是保守作風（即神職人員和貴族嘗試守住舊秩序）。可是，穆勒認為，現代的保守主義源於啟蒙運動的主流思維裡，當時大衛·休姆和艾德蒙·柏克試圖發展出一種理性、務實、實質上是效益論的方法來評論啟蒙計畫。以下的說法讓我深感震驚：

> 有些社會論點和政治論點之所以稱為**保守**（相對於**正統**），原因就在於自由派或進步派提出的批評論點是發生在啓蒙根基之上，也就是以運用理性思考為基礎，追求人類的幸福。[35]

我身為一生的自由派，曾經以為保守主義＝正統主義＝宗教＝信仰＝否定科學。因此，依循這個脈絡下來，身為無神論者及科學家的我自然有義務成為自由派。然而，穆勒認為，現代保守主義其實是要建立最美好的社會，在考量當地情況之下，創造出最大的幸福。有可能嗎？在社會科學場上，真有一種保守主義能跟自由主義一爭高下嗎？保守派或許有比較好的方案能創造健全幸福的社會？

我繼續往下讀，穆勒接著說明一系列關於人性和直覺的主張，他說那是保守主義的核心信念。保守派認為人本來就不完美，如果去掉所有的約束和責任，人容易表現出惡劣的行為（我心想，沒錯；請見第四章的葛勞康、泰洛克、艾瑞利）。人類的理性帶有缺陷，容易過度自信，因此如果在不受直覺和歷史經驗的約束下，基於純粹的理性去建構理論，其實是很危險的（沒錯；請見第二章的休姆，以及第六章的拜倫－柯恩講述的系統化）。體制以社會事實的形式逐漸興起，然後我們予以尊重甚至神聖化，可是如果我們剝開這些權威體制，把體制當成是一種只為我們利益而存在的專制手段，那麼我們就會讓體制變得比較沒成效。接著，我們就要面臨日趨嚴重的脫序和社會亂象（沒錯；請見第八章和第十一章的涂爾幹）。

基於我自己的研究，我沒別的選擇，只能同意這些保守派的主張。我繼續閱讀保守派知識分子的文章，從十八世紀的柏克讀到二十世紀的海耶克（Friedrich Hayek）和索威爾

（Thomas Sowell），然後開始明白他們確實深刻理解了我從未碰過的道德社會學，而我後來稱之為**道德資本**的重要性，他們也很清楚（請注意，我讚美的是保守派知識分子，不是共和黨）[36]。

**社會資本**（social capital）這個詞彙在一九九〇年代橫掃社會學界，並在羅伯特・普南二〇〇〇年出版《單人保齡球》（*Bowling Alone*）之後，立刻成為大眾廣為使用的詞彙[37]。在經濟學，資本指的是人或公司在製造商品或提供服務時使用的資源，有金融資本（銀行裡的錢）、物質資本（例如扳手或工廠）、人力資本（例如訓練精良的銷售人員）。在所有其他條件都相同的情況下，公司如果有任何一種資本比較多，就會在競爭中贏過資本較少的公司。

社會資本指的是經濟學家多半忽視的一種資本，亦即個體之間的社交關係，以及因社交關係而形成的互惠信賴規範[38]。在所有其他條件都相同的情況下，社會資本較高的公司會贏過那些向心力與內部信任度比較低的競爭對手（這很合理，畢竟人類是由多層次選擇機制塑造成合作者）。其實，社會資本的討論有時會使用超正統派猶太鑽石商的例子，此例在前一章已提及[39]。這個關係緊密的民族向來能創造最有效率的市場，因為他們在交易和監控方面花費的成本很低，因此每一筆交易的經常費用也跟著降低。而他們的成本之所以這麼低，是因為他們彼此信任。如果市區另一端有競爭市場興起，那裡的商人是由多元的民族和宗教組成，那麼這些商人花在律師和保全人員的費用，一定比猶太鑽石商還要多上許多，畢竟他們要把其他商人的鑽石送去檢驗，而這過程中很容易出現詐欺偷竊的狀況。他們就像理察．索西斯研究的非宗教性質公社，要讓個體遵守公社的道德規範，實在是困難多了[40]。

大家都喜愛社會資本。無論你是左派、右派，還是中立派，誰不想看見因彼此信任倚賴而帶來的價值？不過，現在先放下那些努力製造產品的公司，把關注的焦點給放大，想一想那些想要改善道德行為的學校、公社、企業，或甚至整個國家。先把道德多元化的問題擱在一旁，只專注於以下的目標：「增加利社會行為的『產出』，減少反社會行為的『產出』」。暫且不論團體是怎麼定義這些詞彙。要達到某種道德願景，可能就需要高社會資本（很難想像脫序和猜忌怎會帶來利益）。不過，讓人們建立健全又信任的關係，真的足以改善團體的倫理概況嗎？

如果你認為人是天性善良，在去除了約束和區隔之後，就會繁榮興旺起來，那麼健全又信任的人際關係或許足以改善團體的倫理概況。然而，保守派對於人性的看法往往不是如此。保守派認為，人需要外在的結構或約束，才能行為端正、相互合作、獲得成功。這類外在約束包括了法律、體制、習俗、傳統、國家、宗教等。因此，抱持這類「約束」[41]觀點的人都很在意這些「心智之外」的協調手段是否健全完善。保守派認為，要是沒有這些協調手段，人就會開始欺騙，表現出自私的行為。沒有了這些手段，社會資本會快速衰退。

如果你是怪異（WEIRD）社會的一分子，你的目光往往就會落在個別的對象上（例如人），而且不會自發看見人與人之間的關係。若有社會資本這類的概念，就會很有助益，因為這樣你就不得不看見人們的關係，同時知道這樣的關係會讓人變得更有生產力。我建議大家更進一步採取這種方法。若要瞭解沒有血緣關係的道德社群帶來的奇蹟，那麼目光便不該只是放在人的身上，也不該只是放在人與人之間的關係上，還要放在人際關係所處的**整體環境**上，畢竟是環境讓這些人變得更有道德（無論這些人是怎麼定義「道德」二字）。要付出心智之外的一堆事物，才足以支撐道德社群。

例如，在小島或小鎮上，你通常不用替腳踏車上鎖，可是在同一國的大城市裡，如果把車架上鎖，車輪可能會被偷。若具備區域小、孤立、道德觀相同等環境條件，社群的道德資本就會增加。然而，這可不是指小島或小鎮在整體上比較適合居住，在許多人的眼裡，大城市的多元化和人群，讓大城市比較有創意、有意思，這就是取捨了（一個人是否要用一些道德資本換取一些多元化和創意，就不免要看看這個人的腦袋裡的特徵狀況了，例如對經驗的開放度、對威脅的敏感度等等。城市之所以往往比鄉下自由許多，前述就是部分因素）。

看了心智之外的一堆因素，以及這些因素跟心智之內的道德心理搭配運作的狀況，又讓我們回到了上一章我列出的道德體系定義。其實，我們可以把道德資本定義為**一種用於維持道德社群的資源**[42]。若要更具體說明道德資本的含義，請見下文：

在社群裡，環環相扣的價值觀、德行、規範、常規、認同、體制、技術，跟演化的心理機制搭配運作，使社群因此能抑制或控制自私行為並落實合作。

如欲瞭解道德資本的實際運作情況，可使用索西斯研究的十九世紀公社，做個假想實驗。假設每個公社是由二十五名成年人發起，他們彼此認識、喜歡、信任。換句話說，就是假設每個公社從第一天開始都是有同樣高的社會資本。有的公社數十年來都能維持原本的社會資本，並產生高度的利社會行為，有的公社在一年內就墮落得充滿不和與猜忌，究竟是哪些因素造成兩者的差異？

我在上一章曾說過，對神祇的信仰和昂貴的宗教儀式是成功的關鍵。不過，我們先把宗教擱在一邊，看看其他種類的心智之外的事物。假設每個公社一開始都有一套明確的價值觀與德行，印在海報上，並貼在公社的每個角落裡。某個公社重視自我表達甚於服從，重視寬容的德行甚於忠誠的德行，這樣的公社或許會比較吸引外人，在招收新成員方面，確實也是一項優勢，可是道德資本卻會低於那種重視服從和忠誠的公社。嚴格的公社比較能抑制或管制自私行為，因而比較可能長久。

道德社群很脆弱，建立起來很困難，卻很容易摧毀。想想國家這種大規模的社群吧，挑戰會很艱巨，極有可能道德脫序。犯錯的空間不大，許多國家作為道德社群而言是失敗的，尤其是腐敗的國家，獨裁者和精英是基於私利去經營國家。如果不重視道德資本，就無法培養那些可增加道德資本的價值觀、德行、規範、常規、認同、體制、技術。

在此我要明確說明，道德資本不一定純粹只有益處。道德資本會自然造成揩油者受到抑制，卻不會自然造成其他的公平形式（例如平等的機會）興起。雖然道德資本高可讓社群有效運作，但是社群卻能運用這樣的效率，把傷害加諸於其他社群。邪教或法西斯國家的道德資本可能很高，只要多數人真正接受主要的道德母體即可。

儘管如此，若試圖改變組織或社會，卻沒考量這類改變對道德資本造成的影響，那就是自找麻煩了。我認為這是**左派的主要盲點**。正是因為如此，自由派的改革往往造成反效果[43]，共產主義者發起的革命往往落到專制暴政的結果。正是因為如此，在我眼裡，自由主義雖做了不少事，帶來自由和平等機會，但作為統治的哲學，卻是不足的。自由主義往往做得過頭，在太短的時間內改變太多東西，還不慎減少了道德資本的庫存。相反的，保守派在保存道德資本上做得比較好，只是沒有注意某些種類的受害者，沒有限制某些強勢利益團體的掠奪行徑，沒有看見體制在一段時間後需要改變或現代化。

## 一陰一陽

中國哲學裡的陰陽指的是一對看似相反或對立、其實卻互補又相互依存的力量。日與夜不是敵人，冷與熱、夏與冬、男與女也不是敵人。我們需要兩者，而這兩者往往處於你消我長的交替平衡狀態。約翰．彌爾曾這麼描述自由派和保守派的狀況：「一方講秩序或穩定，一方講進步或改革，兩者都是健全的政治生活狀態不可或缺的環節。」44

英國哲學家羅素（Bertrand Russell）也看見西方思想史以同樣方式運作。羅素表示：「從公元前六百年到今日，哲學家分成兩派，一派是希望加強社會連結，一派是希望鬆綁社會連結」45。隨後，羅素運用了一些極為接近**道德資本**的詞彙，解釋這兩派的主張為何並不全然正確。

就這個長期存在的爭議而言，兩派顯然都是對錯兼有。社會向心力是一種必需品，人類從來沒有光憑理性論點就成功落實向心力。每個社群都會暴露在兩種相反的危險之中：一種是為了傳統，太過講究紀律和威望，導致僵化的後果；另一種是個人主義和個人獨立的成長使得彼此無法合作，導致內部崩解或遭到外來勢力征服。46

我要冒個險，把彌爾和羅素的洞察力應用在目前美國社會的一些爭議上。我之所以說是冒險，是因為政黨的死忠支持者或許能接受我的陰陽理論，可是等我開始說「另一方」對頗具爭議的特定話題抱持的觀點也有其道理時，就不會接受我的看法了。然而，我願意冒這個險，畢竟我想要證明公共政策在考量各方意見後或許真能獲得改善。我會使用涂爾幹的效益論作為架構，第十一章結尾對此已有詳盡的闡述。也就是說，我要根據議題裡的意識型態有多能增進社會的整體益處，對議題進行評估（這部分屬於效益論）。不過，我也要同時採用人類是**雙重人**的觀點（或者說，人是百分之九十的黑猩猩加上百分之十的蜜蜂），這代表著我們人類需要健全的蜂巢才能繁盛起來（這部分屬於涂爾幹式的論點）。

我不是光對比左右兩派，我要把左派的對手分成兩個團體：一個是社會保守派（例如宗教右派），另一個是自由意志派（喜愛自由市場，有時稱為「古典自由派」）。我們在YourMorals.org深入研究了這兩個團體，結果發現兩者的人格和道德觀截然不同。我基於兩個主要論點，認為自由派的主張有其道理，接下來會簡單解釋一下。然後，再以兩項對比，解釋自由意志派和社會保守派的主張也有其道理。

## 陰：自由派的智慧

左派的道德母體奠基於六項基本原則裡的三項基本原則，不過還是以「關懷」為最主要的原則[47]。左派的道德母體或可用圖十二．二呈現，每一行的粗細反映出各基本原則的重要程度。

自由派對那些訴諸忠誠、權威、聖潔的呼籲，往往心生猜疑，但自由派並不是所有情況都反對這些直覺（試想大自然的聖潔化），所以我還是畫了這些線，而且是畫成細線。雖然自由派有很多特定的價值觀，但是我認為每個團體要是能找出心目中最神聖的價值觀（也就是你一碰就會被電死的第三軌），還是有所助益的。至於一九六〇年代以來的美國自由派，我認為其最神聖的價值就是關懷那些被壓迫的受害者。誰要是怪受害者，說成是受害者的錯，誰要是對神聖化的受害團體表現出歧視的態度，或為自己的歧視態度開脫，那肯定會招來強烈的部落式反擊[48]。

我們在 YourMorals.org 的研究結果符合了自由主義的哲學化和大眾化的定義，亦即強調關心弱者，反對階級和壓迫，打算改變法律、傳統、體制以解決社會問題[49]。自由派的電台主持人葛里生．凱勒（Garrison Keillor）以下文描繪出現代美國左派的精神和自我形象：

我是自由派，自由主義是講仁慈的政治。自由派代表的是寬容、雅量、群體精神、保護弱者免於有權者的壓迫、對學習的熱愛、信仰的自由、藝術和詩、城市生活，那些值得為了美國而犧牲生命的事情。[50]

我不確定有多少美國人會為了仁慈和詩而犧牲生命，但我認為這個道德母體使得自由派一貫提出兩個論點，而這兩個論點在我眼裡是健全社會不可或缺的要素。

## 第一點：政府能夠也應該要限制公司超有機體

我喜歡《阿凡達》這部電影，只是片中的演化思維是我所見過最愚蠢的。與其相信所有生物都能和平共存，願意躺下來讓他者吃掉自己，倒不如相信島嶼可以在空中飄浮算了。然而，有一項未來主義的元素卻是我覺得相當可信的，片中描繪的是距今數百年後的地球，那時地球已由幾家公司負責管理，公司把國家政府變成了僕役。

我在第九章討論了生命演化的重大轉變，說明超有機體是如何興起，如何支配其偏好的棲位，如何改變其生態系統，如何把競爭對手逼至邊緣或滅絕。第十章闡述公司是超有機體，公司不是**像**超有機體，公司正是超有機體。因此，如果過去可以作為引導，那麼公司就會隨著演化而變得更為強大，還會改變所在國家的法律和政治體制，變得更為人所接受。地球上唯一能對抗大型公司的力量，就只剩下國家政府，部分的國家政府仍保有向公司徵稅及管制公司的權力，並有權在公司變得太過強大時分割公司。

經濟學家談到「外溢效果」，亦即第三方不同意某筆交易的代價（或利益），卻要承受代價（或利益）。舉例來說，如果某位農夫開始使用一種新的肥料，這肥料可增加作物產量，卻會導致更多有害的化學物質滲透到附近的河裡。這位農夫保有利潤，可是他的決定所造成的代價卻要由別人承擔。如果某家工廠化的農場找到更快的方法把牛群養胖，卻會造成牛群發生更多的消化問題和斷骨狀況，這便是農場保有利潤，動物付出代價。公司有責任為股東創造最大利潤，這就表示公司會全力尋找降低成本的機會，任何一個機會都不會放過；而利用外溢方法，在合法的情況下把成本轉嫁到別人身上，就是其中一個手段。

我不是反公司，只是認同葛勞康的論點罷了。假使公司的運作是在眾目睽睽之下，而且有媒改團體願意且能夠報導那些強加於大眾身上的外溢效果，那麼公司就可能表現良好，就像大部分的公司一樣。然而，很多公司的運作都是極為祕密，不讓大眾看見（例如美國的大型食品加工商和工廠化的農場）[51]。很多公司有能力「迷住」政治人物與聯邦機構，或以其他方式影響政治人物與聯邦機構，而兩者職責正是控管公司（尤其是現在美國最高法院已讓公司和聯盟有「權利」提供不限金額的政治獻金)[52]。我們可以預見,把隱形戒指給了公司,肯定會對生態系統、銀行體系、公共衛生等造成災難性的結果。

我認為自由派說得沒錯,政治的主要作用確實就是捍衛公共利益,免受公司侵害,公司往往傾向於扭曲市場,並把成本代價轉嫁給他者,法庭內最沒有能力捍衛自己的人(例如窮人、移民或農場動物)更是深受其害。有效的市場需要政府的規範管制。自由派有時會太過頭,沒錯,他們往往是反商的代名詞[53],可是從效益論的觀點來看,反商是一大錯誤。各方針對公司行為的限制及管控手段與時機,經常展開有如在陰與陽之間拔河或說是爭論,其實正是國家健全的表現。

## 第二點:有些問題其實可藉由規範加以解決

一九五〇年代及六〇年代,汽車持有率飆升,美國車輛排氣管排出及進入大氣層的鉛,其噸數也是驟然高升。到了一九七三年,一年排出的鉛高達二十萬噸[54](自一九三〇年代起,石油精鍊廠為了提高精鍊流程的效率,開始加入鉛)。日益增加的鉛噸數經證明會進入美國人的肺臟、血液、大腦,也會阻礙數百萬兒童的神經中樞發展,而禁止在石油裡添加鉛的聲浪也不絕於耳,可是化學業依舊成功擋下反對聲浪長達數十年之久。這個典型的例子恰好呈現出公司超有機體不惜一切手段，把致死的代價轉嫁給大眾。

卡特政府開始讓含鉛石油分階段退場，可是雷根阻擋環保署草擬新法規或執行舊法規，幾乎徹底扭轉情勢。兩黨的一些議員共同為兒童發聲，反對化學業的侵害。到了一九九〇年代，石油裡的鉛已徹底移除[55]。這個介入公共衛生的簡單手段促成奇蹟的出現，兒童血液的含鉛量竟然隨著石油含鉛量的減少而連連下降，而且數十年測得的智商上升現象，一部分也跟含鉛量的下降有關[56]。

還有一點更令人訝異，一九九〇年代犯罪率下降，這個異常現象原因不明，可是有數項研究卻證明，犯罪率下降有一半原因是出自七〇年代晚期開始實施的含鉛石油分階段退場政策[57]。數千萬兒童——尤其是大城市裡的貧窮兒童——曾經帶著高濃度的鉛一起長大，一九五〇年代至一九七〇年代晚期之間的兒童中樞神經發展因而受到阻礙。那個年代長大的男孩日後造成犯罪率激增，致使美國從一九六〇年代到一九九〇年代初期深受犯罪率所苦，並走向右派。這些年輕人最後被腦袋不含鉛的新一代年輕人所取代，無鉛腦袋比較能夠控制衝動，似乎是犯罪率驟降的部分原因。

站在涂爾幹效益論的角度來看，實在難以想像還有別的案例比這更能呈現出政府為解決國家衛生問題而採取的干預手段。光是實施無鉛汽油的規範，就等於同時救回了大量的性命、智商、金錢、道德資本[58]。而鉛這項物質也不是唯一會破壞神經中樞發展的環境公害，如果小孩暴露於多氯聯苯（PCB）、有機磷酸鹽（用於部分殺蟲劑）、甲基汞（燃煤的副產物），小孩的智商就會降低，患有ADHD（注意力不足過動症）的風險則會提高[59]。這些物質會阻礙大腦的發展，未來的研究可能會找到這些物質跟暴力與犯罪之間的關聯。要打擊犯罪，最便宜也最人道的方式，或許不是要建造更多的監獄，而是要讓環保署擁有更多的資金和更大的職權。

保守派反對自由派，說自由派干涉市場或參與「社會工程」（social engineering），總是會造成意想不到的後果。不過，保守派也該注意到一點，那些後果有時是正面的。保守派認為，市場提出的解決方法勝於法規，可是保守派也該站出來，說說他們打算如何消除市場造成的危險又不公的外溢效果[60]。

## 第一個陽：自由意志派的智慧

自由意志派有時會被說成是政治上的自由派（在性行為和毒品使用等個人議題上偏好個人自由），經濟上的保守派（偏好自由市場），但這些標籤只是透露出這些詞彙在美國變得很混淆不清。

十八世紀及十九世紀的啟蒙運動改革人士力求從國王和教會的手中解放人民與市場，

自由意志派直接承繼他們而來。自由意志派喜愛自由，自由是他們最神聖的價值。很多自由意志派都希望自己被簡單稱為自由派[61]，可是當自由主義在十九世紀晚期分裂成兩大陣營時，美國境內的自由意志派就失去了自由派的名稱（歐洲境內則不然）。有些自由派開始把強大的公司和有錢的企業家視為自由面對的重大威脅。這些「新自由派」（亦稱為「左翼自由派」或「進步派」）認為，早期工業資本主義行徑冷酷，若要保護大眾，拯救眾多受害者，政府是唯一辦得到的力量。部分自由派繼續認為，政府是自由面臨的一大威脅，這些自由派被稱為「古典自由派」、「右翼自由派」（部分國家）或「自由意志派」（美國）。

採行進步途徑的人士開始利用政府，出發點不光是為了捍衛自由，也是為了提升人民的公共福利，尤其是那些無法捍衛自己的人。共和黨（例如西奧多．羅斯福）和民主黨（例如伍德羅．威爾遜）為了限制公司日益增長的力量，實施了若干措施，例如：對獨佔企業進行分割，建立新的政府機構，藉以規範勞動行為，確保食品藥物的品質等。部分的進步派改革行動更深入侵犯了私人生活和個人自由，例如：強迫父母親把孩子送去上學、禁止販售烈酒等。

只要看看自由派的道德母體（圖十二．二），就能看清這條分岔路。自由派的道德母體主要奠基於「關懷」和「自由」這兩項基本原則（再加上「公平」，因為大家在某種程度上都重視比例）。一九〇〇年的自由派當中最仰賴「關懷」基本原則的那些人，最是能

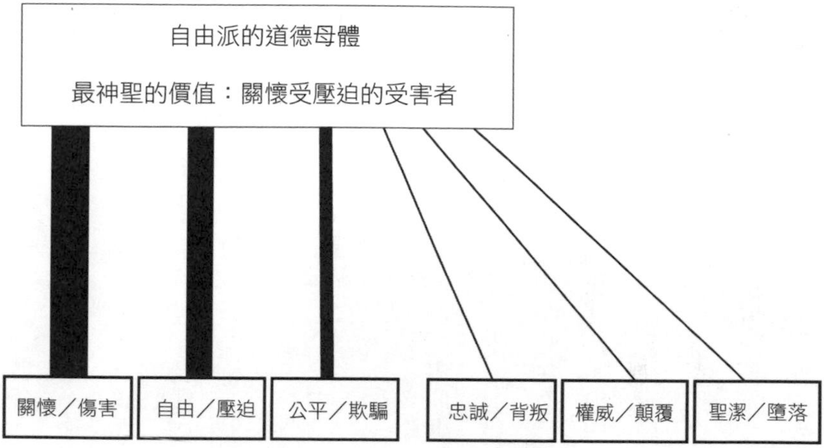


圖十二．二：美國自由派的道德母體。

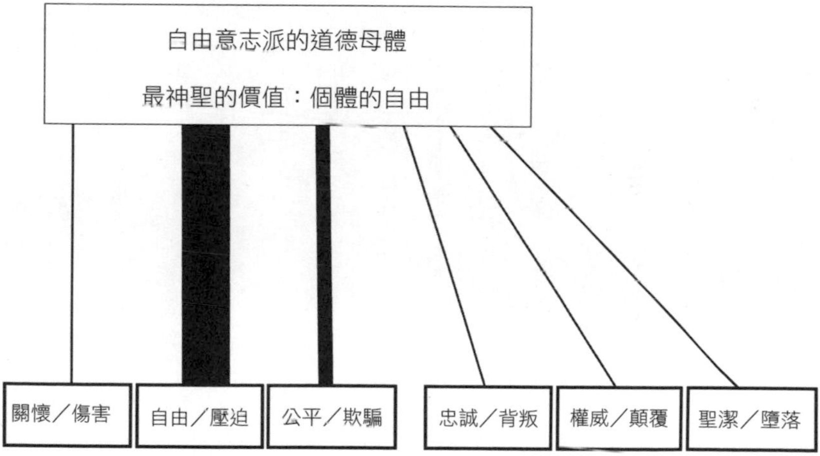


圖十二．三：美國自由意志派的道德母體。

深切感受到他人的痛苦，因此先天上傾向於選擇左邊（進步派）的岔路。然而，一九〇〇年的自由派當中最仰賴「自由」基本原則的那些人，最是能深切感受到自由遭受限制的痛苦，因此並不願追隨在後（見圖十二・三）。其實，前陣子自由意志派作家威金森（Will Wilkinson）曾表示，自由意志派基本上應是一群喜愛市場、心腸很硬的自由派[62]。

我們在YourMorals.org所做的研究發現，威金森的看法沒錯。我們在拉維・伊耶和賽娜・柯勒維帶領的專案計畫中，針對一萬兩千名自由意志派填寫的數十種問卷調查進行分析，並將他們的答案跟數萬名自由派和保守派的答案做比較，結果發現自由意志派在大多數的人格量表上比較像是自由派（兩者的經驗開放度分數高於保守派，反感敏感度和慎思度低於保守派）。在道德基本原則問卷上，自由意志派和自由派在「忠誠」、「權威」、「聖潔」這三項基本原則的分數都很低。自由意志派和自由派有以下兩個最大的差異：一，在「關懷」基本原則上，自由意志派的分數非常低，甚至比保守派還要低；二，我們針對經濟自由加上的幾個新問題，自由意志派的得分很高，比保守派稍高，比自由派高多了。

舉例來說，你是否同意「政府應更努力提升公共福利，不惜造成個體的自由和選擇受限」？如果你認同的話，就表示你可能是自由派。不認同的話，可能是自由意志派或保守派。一百多年前，自由派（即進步派）和自由意志派（即古典自由派）兩者的差異，恰好就在這個問題顯現出來，而且在今日我們的資料中也昭然若揭。自一九三〇年代起，認同自由意志主義的人往往會支持共和黨，畢竟自由意志派和共和黨人有共同的敵人：在自由意志派的眼裡，自由派的福利社會正在摧毀美國的自由；在社會保守派的眼裡，自由派的福利社會正在摧毀美國的道德素質。

我認為自由意志派在許多論點上都是對的[63]，不過就自由意志主義和自由主義之間的差異，我在此只著重於一項對比。

## 對比一：市場創造奇蹟

二〇〇七年，大衛．古希爾（David Goldhill）的父親住院期間受到感染去世。古希爾為了讓這個不必要的死亡有其意義，開始閱讀有關美國醫療照護體系的文章，發現這類意外的感染每年造成十萬人死亡，如果醫院遵守簡單的衛生程序檢查表，死亡率就能降低三分之二，可是大部分的醫院並未採用這份檢查表。

古希爾這位商人及民主黨人不由得猜想，這麼簡單的措施就能帶來莫大的好處，怎麼會有機構不願意施行？在商業界，像這樣沒效率的做法很快就會落到破產的地步。古希爾越是深入瞭解醫療照護體系，就越是體會到，在運作不良的市場供應商品和服務，會造成糟糕的後果。

二〇〇九年，古希爾在美國《大西洋月刊》（*The Atlantic*）發表了一篇頗具爭議的文章，篇名是〈美國醫療照護體系如何殺死我的父親〉（How American Health Care Killed My Father）[64]。古希爾提出多項論點，其中一項主要論點就是用保險支付例行購買行為，不啻是荒謬之舉。一般而言，我們購買保險是為了因應可能發生的鉅額損失。我們跟其他人一起加入保險基金，藉以分散風險，並希望永遠用不上保險費。我們自行處理例行的費用，努力以最低的價格取得最高的品質。我們永遠不會為了換油，向汽車保險公司申請索賠。

下次去超市時，仔細看看一罐豌豆吧，想想這罐豌豆上面投注了多少人的心力，有農夫、卡車司機、超市職員、製造罐頭的礦工和金屬工等等。你想想看，花不到一塊美金就能買到一罐豌豆，簡直是一件奇蹟。供應商競爭激烈，誰能把罐頭送到消費者手上的成本順利降低一毛錢，誰就能贏得競爭。如果一般認為上帝創造世界，然後把世界安排得有利人類，那麼自由市場（及其看不見的手）可以說是相當理想的上帝候選者。自由意志派有時會對自由市場抱持著有如宗教信仰的信念，這也是其來有自。

現在，我們來做惡魔的工作，在市場上散播混亂。假設有一天超市裡所有產品的價格標籤都被移除了，除了簡單的內容物說明外，其他標籤也被拿掉了，這樣你就無法比較不同公司的產品，只能拿自己想買的產品，想拿多少就拿多少，然後拿到櫃台結帳。收銀員掃描你的食物保險卡，幫你填寫申請表，逐項列出你購買的物品。你只要付十美元的固定費用，就能把食物雜貨帶回家。一個月後，你會收到一張帳單，說明其餘大部分的費用會由食物保險公司付給超市，但你必須開支票付清額外的十五美元。只要花二十五美元就能買到一整個推車的食物，聽起來或許很划算，可是實際上你支付了兩千美元以上的食物保險費，每個月還要收到一張帳單，支付食物雜貨的費用。

在這樣的制度下，任誰也沒有太大的動機想找出創新的方法來降低食物成本或增加食物品質。超市的帳由保險公司買單，保險公司的保險費由你買單。接著，超市不進那些對你很重要的食物，只進那些可向保險公司申請最高費用的食物，於是食物保險費隨之上漲。食物保險費上漲後，許多人再也負擔不起。動機為「關懷」的自由派迫切要求政府實施新方案，為窮人和老人購買食物保險。可是，一旦政府變成主要的食物購買者，超市和食品保險業的成敗，就得取決於其能否從政府支付的費用中獲取最大的收益。在你還沒意會過來之前，光是一罐豌豆，政府就要花三十美元，而所有人薪資的百分之二十五要用來支付稅金，這樣才能在費用高漲的情況下，讓大家都能買到食物雜貨。

古希爾說，這就是我們對自己做出的事。在考慮價格時，只要消費者被排除在外，一律是由別人幫你選擇的東西付帳，那麼情況就會惡化。召集專家小組訂定豌豆罐頭價格的容許上限，是無法修正問題的。唯有運作良好的市場[65]方可綜合運用供應、需求、才智，盡可能以最低的價格提供醫療照護服務。舉例來說，近視雷射手術的市場是開放的，醫生相互競爭，吸引顧客。由於很少保險公司會支付近視雷射手術的費用，因此患者會把價格列入考量。激烈的競爭加上創新的技術，致使手術價格自首次推出後降低了將近百分之八十（美國以外的已開發國家在控制成本方面更為成功，只是也面臨了成本快速飛漲的問題，可能會拖垮財政[66]，這些國家跟美國一樣，往往沒有政治決心實施增稅或縮減服務）。

自由意志派談論人們獲准自行選擇（並承擔所做選擇的代價和益處）時出現「自發的秩序」奇蹟，此時我們應該要把他們的說法給聽進去[67]。關懷和同理心有時會刺激自由派插手干預市場的運作，可是這樣有可能會造成大規模的傷害（當然了，正如我在前文所說，政府通常必須插手干預，修正市場**扭曲**的情況，讓市場正常運作）。自由派想要把政府用在這麼多的用途上，可是醫療照護費用會排擠其他的可能性。如果身為美國人的你認為地方政府、州政府、聯邦政府現在已經破產，那麼就等著看嬰兒潮世代全都退休的情況吧。

自由派通常會認同達爾文的主張，並否定「智慧設計」可用來解釋自然界的設計和適應，卻不認同亞當．斯密的主張可用來解釋經濟界的設計和適應，我覺得這實在很諷刺。自由派有時會偏好社會主義經濟的「智慧設計」，可是站在效益論的觀點來看，結局往往是災難一場[68]。

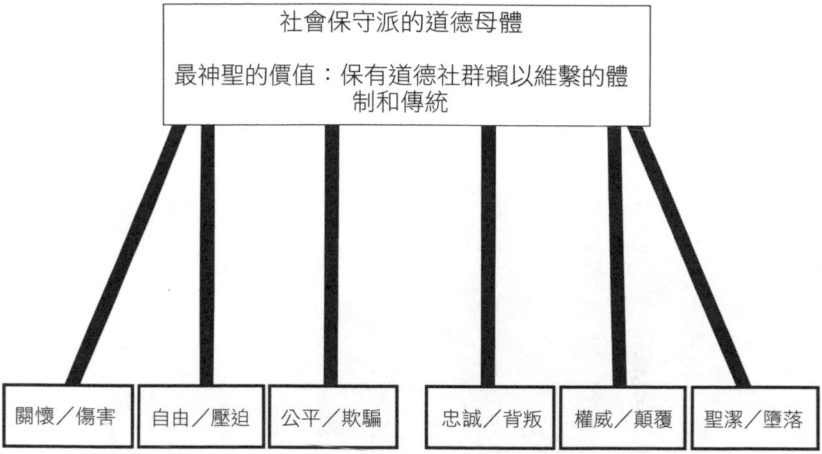


圖十二・四：美國社會保守派的道德母體。

## 第二個陽：社會保守派的智慧

根據彌爾的構想，保守派是「講秩序和穩定的一方」，往往否定「講進步或改革的一方」進行的改變。然而，用這類詞彙來描述現象，會讓保守派聽來像是心生恐懼又蓄意阻撓，試圖阻擋時間之手以及自由進步派敘事的「崇高人類志向」。

其實可以用比較正面的說法來描述保守派，我們可以說保守派的道德母體比較廣闊，能夠偵測到道德母體正在面臨而自由派無法察覺的威脅。保守派並不是所有種類的改變（如網際網路）都反對，不過如果保守派認為某項改變會損害那些構成道德骨幹（如家庭）的體制和傳統，那麼保守派就會凶猛回擊。畢竟保留那些體制和傳統，正是保守派心目中最神聖的價值。

舉例來說，歷史學家賽繆爾．杭廷頓（Samuel Huntington）曾表示，不能從保守派視為神聖的特定體制（那可能是十八世紀法國的君主政體或二十一世紀美國的憲法）來定義保守主義。杭廷頓說：「當社會的根基受到威脅時，保守派的意識型態會提醒大家，部分體制必須存在，而既有體制值得嚮往」[69]。

我們在 YourMorals.org 發現社會保守派的道德關注範圍是最廣闊的，他們重視全部六項基本原則，而且重視的程度相當一致（圖十二．四）。站在涂爾幹的效益論觀點來看，這般廣闊的涵蓋範疇——尤其重視「忠誠」、「權威」、「聖潔」這三項基本原則——讓社會保守派擁有敏銳的洞察力，我認為這非常寶貴。

## 對比二：摧毀蜂巢對蜜蜂並無幫助

自由派厭惡排他的概念。幾年前，我去聽一場演講，某位哲學教授猛烈抨擊民族國家的合法性，他說：「那些只不過是地圖上任意畫下的線條，有些人畫了一條線，然後說：『這條線以內的所有東西都是我們的，你們不准過來。』」大家都跟著他一起笑了。前陣子，在我自己發表的演講上，也發現這種厭惡排他的態度同樣適用於宗教。我說，宗教往往有益於其餘的社會分子。某位研究生很驚訝，說：「可是宗教就是排他！」我問她，她指的是什麼。而她回答：「嗯，誰要是不相信天主教會的教義，天主教會就不予接納。」我簡直不敢相信她是認真的。我指出，維吉尼亞大學的研究所比教會還要更排他，我們拒絕了幾乎所有的申請入學者。我們一來一往討論，發現原來她最關切的是備受歧視的受害者，尤其是那些被告知不屬於眾多宗教社群的同性戀。

這類的意見讓我深信約翰·藍儂在〈想像〉（Imagine）這首歌裡，精準呈現出自由派普遍都有的夢想。想像一下，假使沒有國家，也沒有宗教，假使我們可以抹去那些分割我們的國界，那麼世界就會變成「一體」。這是自由派夢想中的天堂，不過保守派認為那樣很快就會墮落成地獄。我認為保守派的看法能帶領我們挖掘出重大的發現。

我在本書通篇主張，大規模的人類社會幾乎可稱得上是一件奇蹟的成就。我試圖證明複雜的人類道德心理如何跟宗教和其他的文化創新（例如部落和農業）共同演化，方能引導人類走到今日的地步。我認為人類是多層次選擇機制（含群擇）的產物，而人類「狹隘的利他行為」正是促成人類團結合作的一項因素。人類需要群體，喜愛群體，更在群體裡發展德行，只是群體必須排除那些不是成員的人。如果你摧毀了所有的群體，終結了所有的內部結構，就等於是摧毀了你的道德資本。

保守派瞭解這一點。一七九〇年，艾德蒙·柏克這麼說：

依附於我們在社會裡所屬的分支，喜愛我們所屬的小團體，實屬公眾情感的第一個原則（起源），而在我們邁向愛國家、愛人類的路上所依循的一系列環節當中，也是第一個環節。[70]

亞當·斯密的論點也很類似，他認為愛國主義和本位主義是有益的，因為兩者都讓人努力去改善那些可改善的事情。

> 籌劃人類情感體系背後的智慧……似乎已下了判斷，認為最能提升大型人類社會利益的方法，就是把每個個體的主要注意力導向體系當中的特定部分，而那特定部分多半在個體能力和理解所及範圍內。[71]

以上正是涂爾幹的效益論，是由瞭解人類團體感的人提出的效益論。

羅伯特·普南提供了大量的證據，證明柏克和斯密的看法是對的。我在前一章曾向讀者透露普南的發現，他發現宗教讓美國人變成更好的鄰居、更好的公民。我也曾向讀者透露普南的推論，他認為讓人變得更道德的有效成分，也讓人落入了教友關係當中。只要有什麼能讓人團結起來，組成緊密的信任網，人就會變得比較不自私。

普南在早先的一項研究中，發現族群的多樣化會造成相反的效果。普南寫了一篇名為〈合眾為一〉（E Pluribus Unum）的論文，檢驗了美國數百個社群的社會資本水準，結果發現移民和族群多樣化程度增加似乎會造成社會資本減少。這現象或許不會讓你覺得訝異，你說不定也認為人就是會種族歧視，就是不信任那些跟自己長得不像的人。然而，這種想法不是很正確。普南的調查區分了兩種不同類型的社會資本：一種是**橋接式社會資本**，指的是群體之間彼此信任，價值觀和認同感相異的人彼此信任；另一種是**黏接式社會資本**，指的是群體內彼此信任。普南發現多樣化會導致這兩種類型的社會資本降低。以下是普南做出的結論：

> 多樣化觸發的似乎不是內團體／外團體的分裂，而是脫序或社會孤立。如果口語化一點，就是指居住在多元族群環境的人似乎採取了「避難」姿態，也就是說他們像烏龜一樣縮起來了。

普南運用涂爾幹的概念（如脫序），說明多樣化為何會讓人內縮，變得比較自私，比較不想為社群貢獻一份心力。普南說的烏龜化跟我說的蜂巢化正好是相反的概念。

自由派會為那些飽受壓迫排擠的受害者挺身捍衛，努力移除那些武斷專制的障礙物（例如種族歧視或近來的性傾向歧視）。自由派熱心幫助受害者，可是自由派的「忠誠」、「權威」、「聖潔」分數很低，迫切要求改變往往反倒削弱了群體、傳統、體制、道德資本。舉例來說，一九六〇年代，自由派極力主張援助市內貧民區的窮人，催生了福利計畫，卻導致婚姻價值降低，非婚生育率增加，非裔美籍的家庭弱化[72]；一九七〇年代，自由派極力主張學生應有權控告教師和學校，藉以提高學生的權力，但此舉削弱了學校的權威和道德資本，創造了混亂無序的環境，窮人受到的傷害尤其深刻[73]；一九八〇年代，自由派極力主張協助西班牙裔移民，催生了多元文化的教育計畫，可是那些計畫不是強調美國人共同的價值觀和認同感，卻是強調美國人的差異，使得許多人的種族歧視程度反倒加深了[74]。

從一個又一個的議題看來，自由派好像不惜傷害蜂巢，也要努力幫助大群體裡的一小群蜜蜂（這些蜜蜂確實需要幫助）。這類的「改革」或許會造成社會的整體福利縮減，自由派努力想幫的受害者有時甚至會受到傷害。

## 邁向更大的公民政治

陰陽的概念來自於重視團體和諧的古中國。然而，在古中東地區（一神論首次生根的地方），戰爭的象徵比平衡的象徵還要更為普遍。三世紀的波斯預言家摩尼（Mani）宣揚有形世界是光明力量（至善）與黑暗力量（至惡）交戰的戰場，人類在戰場上位居前線，兼具善與惡的本性，人必須在善與惡之間做出抉擇，看是要為善而戰鬥，還是為惡而戰鬥。

摩尼宣揚的教義發展成摩尼教，廣傳於中東地區，並影響西方思維。如果你站在摩尼教的立場思考政治，就會認為妥協是罪，上帝和惡魔不會發出許多張的兩黨宣言書，你也不該這麼做。

一九九〇年代初期以來，美國政治階級變得摩尼化許多，亦即陷於善惡對立之分。先是華盛頓，隨後很多州的首府也淪陷了。結果，尖酸刻薄的言語和政治僵局的情況日趨增加，越來越沒能力找出兩黨都能接受的解決辦法。那麼，可以怎麼做呢？很多團體和組織強烈要求議員和公民做出「文明的誓約」，承諾行為「更文明」，「以正面的態度去看待每個人」。我認為這類的誓約是行不通的。騎象人可以愛簽多少誓約就簽多少，可是那些誓約其實約束不了大象。

要逃離這種混亂的局面，我認為心理學家必須跟政治學家攜手合作，找出哪些改變會對善惡對立的局勢造成間接的損害。二〇〇七年，我在普林斯頓大學舉辦一場會議，試圖改變這種政治局勢。我們得知兩極化的增加多半是免不了的，一九六四年詹森總統簽署民權法案之後，就發生了政治洗牌效應，從而自然產生兩極化的結果。自內戰以來，保守的南方州向來是死忠的民主黨（因為林肯是共和黨），後來卻開始離開民主黨，而到了一九九〇年代，南方已是死忠的共和黨。在政治洗牌以前，民主黨和共和黨都有自由派和保守派的存在，因此很容易組成跨黨派的團隊，在立法計畫上共同合作。可是，政治洗牌之後，再也沒有重疊的情況，參議院和眾議院皆是如此。如今，自由派的共和黨員多半比最保守的民主黨員還要更為保守。一旦這兩黨的意識型態變得純粹，亦即變成自由黨和保守黨，那麼善惡對立的二元現象肯定會益趨嚴重[75]。

然而，我們也發現一些要素或可扭轉情勢。該場會議最深刻的一刻，就是前任的愛荷華州共和黨議員吉姆．李奇（Jim Leach）描述一九九五年開始的改變。當時，眾議院的新任議長紐特．金里奇（Newt Gingrich）鼓勵新到任的大群共和黨議員把家人留在選區，而不是讓配偶子女一起搬到華盛頓。一九九五年以前，兩黨議員在週末時會參加許多同樣的社交活動，議員的配偶變成朋友，子女在相同的球隊裡打球。然而，今日，大部分的議員都是週一晚上飛到華盛頓，跟同黨議員祕密商議，打三天的仗，然後在週四晚上飛回家。跨黨派的友誼不復存在，善惡對立的二元之分和焦土政治的情況更趨嚴重。

我不知道美國人能採取何種方式，才可說服議員跟家人一起搬到華盛頓。我也不知道這樣的改變在今日的有害氣氛下，能否讓跨黨派的友誼復甦起來。不過，這個例子證明了這類間接的改變或許能夠改變大象[76]。直覺先來，因此我們只要能做一些事，培養更正面的社會連結，就能改變直覺，從而改變下游的推理和行為。還有一些結構上的改變也能減緩二元對立的情況，例如改變初選方式，改變選區劃分方式，改變候選人籌募競選經費的方式（完整的補救措施清單請見 www.CivilPolitics.org）。

問題不只是出在政治人物身上，科技和居住型態的改變，使得每個人都能把自己隔離在想法類似的小圈圈裡。一九七六年，只有百分之二十七的美國人住在「一面倒的郡縣」，也就是在其居住的郡縣裡，投票給民主黨或共和黨的人數有百分之二十以上的優勢。然而，這個數字一直穩定上升，到了二〇〇八年，有百分之四十八的美國人住在一面倒的郡縣裡[77]。美國境內的郡縣和城鎮益趨隔離化，邁向「生活方式聚居地」的型態，投票、飲食、工作、祈禱的方式益趨一致。如果你家附近有「全食」（Whole Foods）有機超市，那麼你所在郡縣的居民投給歐巴馬的可能性達到百分之八十九。如果想要找共和黨，那就去「餅乾桶」（Cracker Barrel）餐廳所在的郡縣，這類郡縣有百分之六十二的居民投給共和黨的麥肯[78]。

道德凝聚人心，卻也令人目盲。這不只是另一方恰巧發生的事，我們全都被吸入部落化的道德社群裡，我們圍繞著自己視為神聖的價值觀打轉，並在其後提出相同的論點，說明我們的看法為何正確，他們的看法為何錯誤。我們認為另一方看不見真相、理性、科學、常識，其實每個人在談到心中視為神聖的目標時，都是目盲得無法視物。

如果你想要瞭解別的團體，**循著對方視為神聖的價值觀吧**。第一步就是要思考六項道德基本原則，並試圖釐清哪一兩項基本原則在特定爭議中具有最大的影響力。如果你真的想要讓腦袋開放，先讓心開放吧。如果你跟「對方」團體的某位成員，可以起碼有一次友善的互動，那麼你就比較容易傾聽對方的說法，或許甚至能以全新的目光去看待頗具爭議的議題。你可能不會同意對方的看法，但二元對立的爭論或許會變成比較尊重人又有助益的陰陽爭論。

## 總結

人們不是隨便就採納意識型態，周遭出現的觀念也不是就這樣吸收進去。有些人的基因塑造出的腦袋會從新奇、變化、差異當中獲得特別的愉悅感，同時對於威脅的跡象比較不敏感，這些人傾向（而不是註定）變成自由派。他們易於發展出某些「獨特的適應現象」和「生命敘事」，因而會下意識直覺地跟左派政治運動訴說的大敘事（例如自由進步的敘事）產生共鳴。有些人的基因塑造出的腦袋則會有相反的設定，基於前述的理由，他們傾向跟右派的大敘事（例如雷根的敘事）產生共鳴。

人一旦加入政治團隊，就會陷入所屬政治團隊的道德母體裡。他們在每一處都會看見大敘事的確證，如果你是站在他們的道德母體之外，跟他們爭論，那麼要說服他們，讓他們認錯，可就難上加難了，甚或不可能辦到。我認為，自由派要瞭解保守派，或許甚至比保守派要瞭解自由派還要困難，因為自由派往往很難理解「忠誠」、「權威」、「聖潔」基本原則怎麼會跟道德扯上關係。尤其是自由派通常很難注意到道德資本，而我所謂的道德資本是指道德社群賴以存續的資源。

我認為自由派和保守派好比陰與陽，正如約翰・彌爾所言，兩者都是「健全的政治生活狀態不可或缺的環節」。自由派是關懷的專家，比較能注意到既有社會制度下的受害者，並持續催促我們更新社會制度，發明新的制度。正如羅伯特・甘迺迪所言：「有些人看事情是看它既有的狀況，然後問：『為什麼會這樣？』我是夢想著事情從未有過的狀況，然後問：『為什麼不這樣？』」我說明了自由派的道德母體如何引導自由派提出以下兩個論點：（一）政府能夠也應該限制公司超有機體；以及（二）有些大問題其實可以藉由法規予以解決。就我來看，這兩個論點對社會的健全至關重要。

我解釋了（視自由為神聖的）自由意志派以及（視某些體制和傳統為神聖的）社會保守派是如何提供重要的平衡力，用以平衡二十世紀初期對歐美地區造成重大影響的自由改革運動。自由意志派認為市場是一件奇蹟（至少是可以處理外溢效果和其他挫敗的時候），我說過這看法正確。社會保守派認為摧毀蜂巢對蜜蜂往往沒有幫助，我也說過這看法正確。

最後，我要說，美國政治生活的二元對立局勢日趨嚴重，光憑簽署誓約並訴諸於更親切的態度，其實並無法解決問題。只要我們找到方法改變推選政治人物的程序，改變政治人物互動所在的體制和環境，那麼美國的政治就會變得更講文明。

道德凝聚人心，卻也令人目盲。道德使我們心繫於意志型態的團隊，不同的團隊相互打鬥，彷彿世界的命運有賴於我們這方贏得每一場戰役；道德使我們目盲得看不見事實，其實各個團隊都是由好人組成的，而那些好人都有重要的話要說。

註釋：

1 法利．德昂（Finley Peter Dunne）：一八九五年首次發表於《芝加哥晚報》（*Chicago Evening Post*）。一八九八年的完整引文如下：「政治不是沙包，是男人的遊戲，女人、兒童、禁酒派最好別來碰」。
2 Fiorina, Abrams, and Pope 2005.
3 請至 Gallup.com，搜尋「U.S. Political Ideology」（美國政治意識型態），即可找到最新的研究結果。此處提及的數據取自「2011 Half-Year Update」（二〇一一年半年度最新報告）。
4 文明行為減少的背後因素十分複雜，當中包括了媒體界的變化、嬰兒潮取代「最偉大的一代」、金錢在政治中扮演的角色益形重要等等。我在多場會議曾碰見幾位前任議員，或聽過他們的演講，兩黨都有，他們指出一九九五年紐特．金里奇擔任議長後，對議會的常規與文化做出了一些改變。
5 田納西州民主黨眾議院議員吉姆．庫伯（Jim Cooper），轉引自 Nocera 2011。
6 Jost 2006.
7 Poole and Rosenthal 2000.
8 Erikson and Tedin 2003，頁六四，轉引自 Jost, Federico, and Napier 2009，頁三〇九。
9 Kinder 1998。進一步的討論請見第四章。
10 以 Zaller 1992 為例，其著重於暴露在政治精英意見下的程度。
11 Converse 1964.
12 Bouchard 1994.
13 Turkheimer 2000，不過特克海默（Turkheimer）證明環境一直都是促成因素。
14 Alford, Funk, and Hibbing 2005, 2008.
15 Hatemi et al. 2011.
16 Helzer and Pizarro 2011; Inbar, Pizarro, and Bloom 2009; Oxley et al. 2008; Thórisdóttir and Jost 2011.
17 McCrae 1996; Settle et al. 2010.
18 Montaigne 1991/1588，第三冊第九節講述虛榮心的部分。
19 這類單一基因造成的影響全都很小，而且部分基因只有某些環境條件也存在的情況下才會出現。基因體時代的一大謎團，就在於基因全體雖可用來解釋多數特徵當中三分之一以上的變異，卻幾乎從來沒有單一的基因或甚至是一小群基因，可用來說明區區百分之幾的變異，即使是看似簡單的特徵（如身高）也是如此。可參考 Weedon et al. 2008。
20 Jost et al. 2003.
21 McAdams and Pals 2006.
22 Block and Block 2006。此項研究普遍被錯誤描述成證明未來保守派在幼童時期的人格更不具吸引力。就男孩而言似乎是如此，但未來成為自由派的女孩的特徵清單就相當混雜。
23 Putnam and Campbell 2010，如第十一章所述。
24 人要是有能力建構好的敘事，尤其是能把早期的挫敗和苦難連結到日後的勝利，其快樂度和生產力高過於那些缺乏這類「救贖式」

敘事的人；請見 McAdams 2006；McAdams and Pals 2006。當然了，簡單的關聯並不能證明寫出好敘事就會造成好結果。不過，潘尼貝克（Pennebaker）進行的實驗證明，讓人有機會藉由書寫來理解創傷的意義，有助於心理健康，甚至是生理健康。請見 Pennebaker 1997。

25 McAdams et al. 2008, p. 987.

26 Richards 2010, p. 53.

27 C. Smith 2003. 史密斯使用的詞彙是「道德秩序」，其實意思等同於我說的「道德母體」。

28 同上，頁八二。

29 我的用意不是要把平等的重要性貶為道德的善，我的主張正如第八章所述，政治平等是一種熱情，源於「自由」基本原則及其對霸凌壓迫而生出的情緒反應，再加上「關懷」基本原則及其對受害者的關注。我認為人對政治平等的熱愛，並非源於「公平」基本原則及其對互惠與比例的關注。

30 Westen 2007, pp. 157–58.

31 Iyer et al. 2011.

32 Graham, Nosek, and Haidt 2011. 我們使用了數個基線來衡量現實。其中一個基線就是我們在此項研究中收集的資料，運用了所有自述的自由派和保守派。另一個基線就是同樣的資料集，只是限於自稱「非常自由派」或「非常保守派」的人。第三個基線是取自於全國典型資料集，運用了道德基本原則問卷（MFQ）。在所有的分析中，保守派的精確度皆高於自由派。

33 M. Feingold, "Foreman's Wake-Up Call," 2004，擷取於二〇一一年三月二十八日，來源：http://www.villagevoice.com/2004-01-13/theater/foreman-s-wake-up-call/。我以為最後幾句話不是認真的，可是在費高德寫的這篇文章當中，我找不到有跡象顯示他是以戲謔的手法諧擬或以別人的身分發言。

34 Muller 1997，頁四，引用 Russell Kirk。類似的正統定義，亦請見 Hunter 1991，文中對正統論與進步論做一比較。

35 Muller 1997, p. 5.

36 政黨混亂又髒亂，這肯定會讓許多選民和捐款人心滿意足，因此政黨從來不會舉出完美的例子來解釋意識型態。就我看來，兩大政黨都有嚴重的問題，我希望民主黨變得更偏向涂爾幹的主張，也希望共和黨變得更偏向效益論。不過，此時此刻，我對於共和黨的改變不抱太大希望，因為他們陷於茶黨那凝聚力強（又目盲）的熱情當中。自二〇〇九年以來，尤以二〇一一年為然，共和黨已經證明他們比民主黨更不願意妥協。共和黨視為神聖的議題竟是稅負，真是令人遺憾。神聖化就表示沒有妥協的餘地，共和黨不惜犧牲政府能做的所有好事，也要保住美國有錢人的低稅率。這種承諾使得日益嚴重的所得不平等狀況更加惡化，從而毒害了社會信任，進而損及道德資本（Wilkinson and Pickett 2009）。我認同涂爾幹的主張，因此會覺得保守派有許多地方值得欣賞，但共和黨值得欣賞的地方就少多了。

37 Putnam 2000.

38 那是普南的定義。

39 Coleman 1988.

40 Sosis and Bressler 2003，見第十一章。

41 Sowell 2002.

42 道德資本這個詞彙之前使用過，但通常是用來形容個體的資產，類似正直，可讓別人信任及尊敬該個體。請見 Kane 2001。我以不同方式使用這個詞彙，我把它定義成社群或社會制度的資產。而 Rosenberg 1990 也是以同樣的意義使用這個詞彙，把概念（而非詞彙）歸功於亞當・斯密。

43 McWhorter 2005; Rieder 1985; Voegeli 2010.

44 Mill 2003/1859，頁一一三。後續引文如下：「每一個思考模式的效用都源自於另一個的不足；不過，在大部分的情況下，另一個思考模式的反對會讓每一個思考模式都處於理性和明智的界線之內。」

45 Russell 2004/1946, p. 9.

46 同上。

47 美國以及我們於 YourMorals.org 檢視過的其他國家地區都是如此。見 Graham et al. 2011。

48 亦可參考莫伊尼漢（Daniel Patrick Moynihan）一九六五年對黑人家庭所做的報告引來的回應，以及他必須忍受的攻擊和排斥。Patterson 2010。

49 如我在第六章所述，自由派哲學家為道德所下的定義往往著重關懷、傷害或減少傷害（效益論燒烤店），或者個體的權利和自主（義務論餐館）。道德的定義亦可參考 Gewirth 1975 和 P. Singer 1979。

50 Keillor 2004, p. 20.

51 美國食物工業化系統呈現出的市場扭曲亂象，Pollan 2006 有可怕的描述，外溢效果尤其會加諸於美國的農場動物、生態系統、納稅人、腰圍。

52 *Citizens United v. Federal Election Commission*, 558 U.S. 08-205.

53 Kahan 2010。只有資本主義和活躍的私人部門能夠產生巨大的財富，幫助絕大多數的人脫離貧窮。

54 根據當時環保署的估算，請見 Needleman 2000。

55 Needleman 2000.

56 Nevin 2000.

57 見 Carpenter and Nevin 2010; Nevin 2000; Reyes 2007。分階段退場機制在不同州、不同時間實施，讓研究人員觀察到鉛暴露率下降至犯罪率下降的間歇時間。

58 生產無鉛汽油確實會導致生產成本增加。然而，根據 Reyes 2007 的估算，移除汽油裡的鉛之成本「比全方位價值（含犯罪率下降後的生活品質）還要低二十倍左右」。而且這個估算還沒有包含鉛減少後而獲救的生命，以及其他的直接健康益處。

59 Carpenter and Nevin 2010.

60 再加上市場失靈和效率低下背後的其他重大原因，例如壟斷力以及公共財的消耗殆盡，這些全都屢屢需要政府干預，方能達到市場效率。

61 Murray, 1997, p. xii 寫道：「就我的世界觀而言，正確的觀點就是『自由』。」

62 二〇一〇年與威金森私下交流。

63 我簡單列出另外幾點：（一）權力使人腐化，因此我們對於權力集中之情況應多加提防注意，尤其是政府的權力；（二）在西方民主國家，繁榮昌盛的最佳良方就是有秩序的自由；（三）保母國家以及「從搖籃到墳墓」的照顧就是把人民當小孩對待，會讓人民的行為變得更不負責任，從而更需要政府保護，見 Boaz 1997。

64 Goldhill 2009.

65 古希爾承認，政府在市場型的醫療體系有許多角色要扮演，畢竟某些事情只有政府能辦得到。古希爾特別提到應該要實施安全標準，確保供應商之間的競爭，經營保險基金以協助真正悲慘的案例，還要讓那些即使健保費降低五成仍無法負擔的窮人獲得補助。

66 請參考《經濟學人》（*The Economist*）雜誌編纂之《歐洲醫療保健的未來》（*The Future of Healthcare in Europe*）報告，此報告刊載於 http://www.businessresearch.eiu.com/future-healthcare-europe.html-0。

67 Hayek 1988 認為，要是相信理性的規劃可以獲得秩序，簡直是「不要命的自負」。

68 請見 Cosmides and Tooby 2006，依循馬克斯主義或社會主義的原則——即假定大團體裡的人會共同合作——來安排勞力，往往與道德心理學相互扞格。大團體裡的人察覺到一堆人都在揩油時，就會導致合作狀況不佳。因此，共產主義國家或高度仰賴社會主義的國家往往訴諸於加強威脅和武力，強迫大家合作，他們的五年計畫很少能像市場的看不見的手那樣成功運作。

69 來源為〈保守主義意識型態〉（Conservatism as an ideology），如 Muller 1997，頁三的引文。

70 Burke 2003/1790，頁四〇，柏克認為人對小團體的愛通常會化為對人類的愛，我不認同他的看法。不過，人對內團體的喜愛度增加，似乎往往不會造成人對外團體的憎恨度增加（見 Brewer and Campbell 1976; de Dreu et al. 2011）。據此，我生活的世界要是狹隘的愛多了許多，對人類的愛稍微減少或毫無減少，那我也就心滿意足了。

71 Smith 1976/1759, Part VI, section ii, chapter 2.

72 McWhorter 2005; Rosenzweig 2009.

73 Arum 2003.

74 Stenner 2005，頁三三〇，她對獨裁主義者的研究做出以下結論：「最終，沒有什麼能比大量普遍又一致的信念、習俗、儀式、體制、程序，更能激勵不寬容者變得寬容。可惜，也沒有什麼能比『多元文化教育』之類的措施，更能讓不寬容者更加表達出自己潛藏的傾向。」

75 如需瞭解「超兩極化」狀態背後的許多因素，最新評論見 Pildes 2011。皮德斯（Pildes）認為，政治洗牌加上其他的歷史趨勢，即可用來充分解釋兩極化情勢的惡化。因此，皮德斯據此推斷，做什麼事也無法讓情勢逆轉。可是，我不同意他的說法。即使歷史的變遷可以百分之百解釋情勢的惡化，但是這並不表示體制的改變不會產生任何作用。我更認同蘇珊．赫伯斯特（Herbst 2010）提出的看法，亦即文明與不文明的行為是要達到所需成果而採用的策略。為了降低不文明行為造成的代價，我們還有很多事情可以做。請見 www.CivilPolitics.org。

76 不是有意要說雙關語，對驢子（民主黨）和大象（共和黨）而言，二元對立的思考方式都是一大問題。

77 Bishop 2008.

78 根據大衛．華瑟曼（David Wasserman）從事的《庫克政治報告》（*The Cook Political Report*）研究，Stolberg 2011 呈報。

# 結語

本書帶領讀者踏上人性和人類歷史的旅程。如欲瞭解政治、宗教，還有人類興起而後主宰地球的壯觀歷程，那麼我最愛探討的主題——道德心理學——正是重要關鍵，我試圖以本書證明這點，卻也怕在旅程中塞進太多的見解，於是我在此處列出最重要的見解作為結尾。

第一部分講述道德心理學的第一個原理——**直覺先來，策略推理後到**。我說明了自己是如何制定社群直覺模式，如何採用該模式來挑戰「理性派的迷思」。第一部分的英雄有兩位：一位是大衛．休姆，他幫助我們脫離理性論，進入直覺論；另一位是葛勞康，他向我們證明了聲譽和其他外在約束條件在建立道德秩序時具有至上的重要性。

如果第一部分的旅程可以把一樣東西帶回家，建議你把自己——以及周遭的人——身為小小騎象人坐在巨象身上的意象給帶回家。以這種方式思考，可以更有耐心對待別人。當你發現自己虛構出一些荒謬的事後論點，或許就會慢一點才拒絕考慮別人的看法，只因駁斥他人的論點可以是何等輕易之事。道德心理行為其實不是騎象人決定的。

第二部分的旅程探索了道德心理學的第二個原理——**道德不光是傷害和公平而已**。我講述了自己在印度度過的時光，以及這段經驗如何幫助我踏出自己的道德母體，理解其他的道德議題。我用具有六種味覺受體的舌頭來象徵正義之心。另外，還闡述了道德基本原則理論，以及同事和我在 YourMorals.org 進行的自由派和保守派心理研究。第二部分的英雄有兩位：一位是史威德，他開拓了我們對道德版圖的理解；另一位是涂爾幹，他向我們證明了許多人——尤其是社會保守派——為何會重視「忠誠」、「權威」、「聖潔」這類可凝聚向心力的基本原則。

如果你要從第二部分的旅程中帶回一樣紀念品，建議你把對道德一元論者的疑慮給帶回家。誰要是堅持只有一種真正的道德觀——尤其是那種奠基於單一道德基本原則的道德觀——適用於所有的人、時、地，那你就要對誰多加提防注意了。人類的社會很複雜，人類擁有的需求、面臨的難題各有不同。人類的心智包含了一整箱心理系統，當中有六項道德基本原則可用來因應難題並建構有效的道德社群。你無需六個道德基本原則全用，而且或許有某些機構或次文化只要一個道德基本原則就能蓬勃發展。然而，要是有誰跟你說，所有的社會、在所有的時代都應該運用一個特定的道德母體，仰賴特定幾項道德基本原則，那麼這人就是某種基本教義派。

哲學家以賽亞．伯林（Isaiah Berlin）終其職涯努力解決這世上的道德多樣化問題並努力理解。伯林堅決否定了道德相對主義：

我不認同相對主義，我不會說：「我喜歡咖啡加牛奶，你喜歡咖啡不加牛奶；我偏好仁慈，你偏好集中營」。這等於是在說我們各有各的價值觀，不可征服，不可合併。我認為這種說法是不對的。[1]

伯林認同的是多元論，並提出以下的正當理由：

我得到的結論是，理想是多元的，正如文化和氣質也是多元的（價值觀）不是無限多的：人類價值觀的數量，我在維持人類外表及人類性格的同時，能夠追求的價值觀數量，都是有限的——假設是七四，或許是一二二，或二七，不管數字是什麼，總之就是有限的。這樣會造成差別，亦即假使有某個人追求其中一種價值觀，而**沒有追求該種價值觀的我，能夠理解對方為何追求**，或者能夠理解自己若身處於對方的情況，是為何會被吸引追求該種價值觀。如此一來，人類就有可能相互理解。[2]

第三部分的旅程闡述的原則是**道德凝聚人心卻也令人目盲**。我們是多層次選擇下的產品，這使我們變成了**雙重人**。我們自私，卻有團體感。我們是百分之九十的黑猩猩加上百分之十的蜜蜂。我認為，宗教在人類演化史上扮演著舉足輕重的角色——我們的宗教之心與宗教習俗共同演化，創造出比以往更大的道德社群，尤以農業出現後為然。我說明了政治團隊如何形成，以及有些人為何被吸引成為左派，有些人為何成為右派。第三部分的英雄也有兩位：一位是達爾文，他提出演化的理論，包括多層次選擇機制在內；另一位是涂爾幹，他向我們證明了人類是**雙重人**，我們的部分天性或許是由多層次選擇機制塑造而成。

如果你在這趟旅程的最後部分想把某樣東西給帶回家，容我建議你帶回後腦勺有個小腫包的意象，那是蜂巢開關，就在皮膚底下，等待開啟。我們這五十年來一直受到諄諄教誨，以為人類基本上是自私的。真人實境節目呈現出人們最糟的一面，而我們受到這類節

圖十三・一：威廉・布雷克（William Blake）的《善良與邪惡的大使》（*The Good and Evil Angels*）。善惡對立的二元思想，使人目盲得無法視物。

目的襲擊，有些人真的相信女人被強暴時應該要喊「失火」，這論點乃是基於人人自私，認為人除非怕自己的性命受到波及，否則甚至不會出來查看[3]。

這種說法並不真確，我們或許清醒的大部分時候都在提升自己的利益，可是我們全都有能力超越自利，成為全體當中的一分子。這不光是能力而已，這是一種入口，可通往生命中許許多多最珍貴的經驗。

本書闡述人們為何被政治和宗教劃分。答案並不是因為有些人善良而有些人邪惡——此為二元對立論者的看法。其實，理由就在於人類的心智專用於依循團體感。我們是深切倚賴直覺的動物，直覺促進策略推理，因而導致我們很難——卻不是不可能——跟其他道德母體的人交流，畢竟其他道德母體往往奠基於不同組合的道德基本原則。

由此可見，下次你發現隔壁坐著別種道德母體的人，試試看吧，不要逕自插話，不要提起道德觀，等到你找到幾項共通點，或者以某種方式建立一點信任之後，再提起道德觀的議題。當你提起道德議題時，一開始請試著說一些讚美的話，或者誠摯表達出感興趣的樣子。

我們全都會困在這裡好一陣子，好好努力解決問題吧。

註釋：

1 Berlin 2001, pp. 11-12.

2 同上，頁一二，重點為作者自行加上。亦請見 Shweder 1991; Shweder and Haidt 1993。

3 這建議很糟糕，只會混淆大家，而含糊會導致無作為（Latane and Darley 1970）。應清楚說明狀況，並說出正確的行動步驟，這樣會好多了。比如說，可以大喊：「救命啊，有人強暴我，趕快報警，然後過來這裡」。

# 致謝

我在之前指導過的研究生莎拉・艾爾格（Sara Algoe）那裡學到一點，我們表達感激不是為了回報對方，也不是為了要有來有往，而是為了加強彼此的關係。此外，感激的感覺也會讓我們想要公開稱讚對方，讓對方覺得很光榮。有這麼多關係是我想要加強的，有這麼多人是我想要讓他們覺得光榮，多虧他們的幫助，本書才得以面世。

首先，感謝以下五位指導我思考倫理道德：謝謝約翰・馬丁・費雪（John Martin Fischer）和強納森・拜倫，他們的熱情和支持，吸引我進入倫理學領域；謝謝保羅・羅津，他帶領我研究反感、食物、純潔心理學，他向我證明了成為普通心理學家是多麼有趣；謝謝理察．史威德的教導，使我明白各種文化各有其擅長的人類潛能，使我打開心胸，認同多元論，而非相對主義。道德基本原則理論絕大部分運用了史威德的「三種倫理觀」（three ethics）理論，還運用了費斯克的關係模式理論。

其次，感謝 YourMorals.org 的團隊夥伴：彼得．狄托、傑西．葛拉罕、拉維．伊耶、賽娜．柯勒維、馬德．莫特爾（Matt Motyl）、西恩．沃茲克（Sean Wojcik）。我們一起變成了百分之九十的蜜蜂加上百分之十的黑猩猩。這趟愉快的合作經驗讓我們的成就遠超乎最初的期望。亦感謝 YourMorals 大家庭的成員：謝謝克雷格．喬瑟夫，他與我共同發想道德基本原則理論；謝謝布萊恩．諾塞克，他讓我們的研究得以持續進行，使我們的統計數據變得嚴謹，還處處與我們分享看法和專業；謝謝蓋瑞．雪曼（Gary Sherman），他是資料大師，能夠找到資料集當中最令人驚訝的關係，現在的資料集已經龐大到幾乎要自成意識了。

我有幸在維吉尼亞大學，在美國境內同僚專業互享度極高的心理學系，找到了像家一樣的歸屬感。我在維大與下列獨特的研究人員共事：傑瑞．克蘿瑞（Jerry Clore）、占姆．可安（Jim Coan）、班．康威士（Ben Converse）、茱蒂．德洛齊（Judy DeLoache）、傑米．莫里斯、布萊恩．諾塞克、大石繁宏、鮑比．斯佩曼（Bobbie Spellman）、蘇菲．

查沃特（Sophie Trawalter）、添・威爾森（Tim Wilson）。我有幸能與許多傑出的研究生共事，他們幫助我發想出這些概念，跟我就每一章進行討論及辯論，謝謝以下研究生：莎拉・艾爾格、貝嘉・費雷澤（Becca Frazier）、傑西・葛拉罕、卡利・霍金斯（Carlee Hawkins）、瑟琳・凱瑟比爾（Selin Kesebir）、傑西・克魯華（Jesse Kluver）、凱文・賴（Calvin Lai）、妮科・林德娜（Nicole Lindner）、馬德・莫特爾、派翠克・塞德（Patrick Seder）、蓋瑞・雪曼、托馬斯・托爾赫姆（Thomas Talhelm）。也要謝謝史考特・墨菲、克里斯・奧維斯（Chris Oveis）、詹・西維斯（Jen Silvers），這三位大學生對我的想法都貢獻了一份心力。

感謝紐約大學史登商學院的新同事——彼得・亨利（Dean Peter Henry）院長、英格・沃特（Ingo Walter）、布魯斯・布坎南——歡迎我在二〇一一年七月以訪問教授的身分任職，之後還延請我永久留在紐約大學。謝謝史登商學院給了我時間完成這本書，我周遭都是些優秀的同事，我正在向他們學習商業倫理，接下來希望將道德心理學應用於商業倫理。

很多朋友和同事對通篇原稿給了詳細的意見。除感謝 YourMorals 團隊之外，還要感謝保羅・布倫、泰德・凱茲比（Ted Cadsby）、麥可・多德（Michael Dowd）、韋恩・伊士曼（Wayne Eastman）、埃弗里特・法蘭克（Everett Frank）、克里斯欽・加爾加諾（Christian

Galgano）、費列達・海德特（Frieda Haidt）、史特林・海德特（Sterling Haidt）、詹姆士・賀勤森（James Hutchinson）、克雷格・喬瑟夫、蘇珊・金恩（Suzanne King）、莎拉・卡爾森・梅諾（Sarah Carlson Menon）、珍恩・瑞歐（Jayne Riew）、亞瑟・舒華茲（Arthur Schwartz）、巴瑞・舒華茲（Barry Schwartz）、艾瑞克・史威茲蓋柏、馬克・舒爾曼（Mark Shulman）、華特・辛諾特—阿姆士壯、艾德・史凱奇（Ed Sketch）、鮑比・斯佩曼、安迪・湯姆森（Andy Thomson）。謝謝史蒂芬・克拉克（Stephen Clarke）在牛津召集一群哲學家組成讀書會，針對每一章提供了頗有助益的評論，讀書會成員如下：卡翠恩・德福爾德（Katrien Devolder）、湯姆・道格拉斯（Tom Douglas）、米雪兒・賀勤森（Michelle Hutchinson）、蓋伊・卡漢（Guy Kahane）、尼爾・列維（Neil Levy）、弗朗西斯卡・米涅娃（Francesca Minerva）、特隆・因古恩（Trung Nguyen）、佩德羅・佩瑞茲（Pedro Perez）、羅素・鮑爾（Russell Powell）、朱利恩・薩烏雷斯古（Julian Savulescu）、保羅・楚普（Paul Troop）、麥可・韋伯（Michael Webb）、葛拉罕・伍德（Graham Wood）。我想特別謝謝波・萊德貝特（Bo Ledbetter）、史蒂芬・麥森傑（Stephen Messenger）、威廉・莫道爾（William Modahl）這三位保守派讀者，多年前他們寫信給我，對我的作品提出了不一的看法，我們從此建立了電子郵件友誼，而這就證明了道德觀分歧者維持文明互動的價值所在。他們不吝給予忠告和批評，還建議了一些保守派的讀物，使我獲益良多。

很多朋友和同事就一章或多章的內容提供一些建議，感謝以下人士：傑洛德・亞歷山大（Gerard Alexander）、史考特・阿特蘭、賽門・拜倫—柯恩、保羅・布魯費爾德（Paul Bloomfield）、克里斯・伯姆、羅伯・波伊、亞瑟・布魯克斯、泰迪・道尼（Teddy Downey）、丹・費斯勒（Dan Fessler）、麥可・葛詹尼加、莎拉・艾斯特司・葛拉罕（Sarah Estes Graham）、喬許・格林尼（Josh Greene）、瑞貝卡・海德特（Rebecca Haidt）、亨利・賈斯藍（Henry Jaslam）、羅伯特・霍根、東尼・謝（Tony Hsieh）、達雷爾・艾斯諾格（Darrell Icenogle）、布萊德・瓊斯（Brad Jones）、羅伯・凱瑟、道格・肯瑞克、茱德・金恩（Judd King）、羅伯特・庫爾茨班、布萊恩・洛（Brian Lowe）、強納森・莫瑞諾（Jonathan Moreno）、萊絲麗・紐森、理查德・尼斯貝特（Richard Nisbett）、阿拉・洛倫薩揚、史蒂夫・平克（Steve Pinker）、大衛・皮薩羅、羅伯特・波薩奇（Robert Posacki）、N・蘇里蘭（N. Sriram）、當・里德（Don Reed）、彼特・理查森、羅伯特・薩波斯基（Robert Sapolsky）、艾辛・沙里夫（Azim Shariff）、馬克・席普（Mark Shepp）、理察・史威德、理察・索西斯、菲爾・泰特羅克（Phil Tetlock）、理察・塞勒（Richard Thaler）、麥可・托瑪塞羅、史蒂夫・維濟（Steve Vaisey）、尼可拉斯・魏德、威爾・威金森、大衛・史隆・威爾森、戴夫・溫斯布羅夫（Dave Winsborough）、凱斯・溫斯頓（Keith Winsten）、保羅・薩克（Paul Zak）。

還有很多人以不同的方式貢獻心力。謝謝洛夫・迪根（Rolf Degen）幫我找到了數十本相關讀物。謝謝波・萊德貝特幫我進行公共政策議題的背景調查。謝謝托馬斯・托爾赫姆協助前面幾章的寫作更加精進。謝謝印度奧里薩邦的蘇羅吉特・森及其父——已故的蘇庫馬爾・森，我住在布巴內斯瓦爾期間，他們十分照顧我，也是我的良師。

特別感謝一群專業人士，把我的原始概念化為讀者手中拿的這本書。謝謝經紀人約翰・布羅克曼勞心勞力替科普書營造讀者群，他為我開啟了許多機會大門。謝謝萬神殿（Pantheon）出版社編輯丹・法蘭克（Dan Frank），他運用了無比的智慧和靈巧的處事能力，使得本書的重點更加清晰，篇幅也簡潔多了。原稿準備作業的最後幾個月都很忙亂，謝謝萬神殿出版社的吉爾・韋里洛（Jill Verrillo）讓這段過程輕鬆多了。謝謝史蒂芬・塞格麥斯特（Stefan Sagmeister）設計英文精裝本的書衣，謝謝卡頓・韋伯（Cardon Webb）設計平裝本的封面，兩位的設計完美展現本書內容。

最後，我有幸獲得家人的支持。謝謝妻子珍恩・瑞歐，她在我過去三年長時間工作時，不辭辛苦照顧家庭。我寫下的所有內容，妻子也幫忙編輯潤飾。謝謝我的父母親哈洛德・海德特（Harold Haidt）和伊蓮・海德特（Elaine Haidt），他們引領著三位子女——我、瑞貝卡、珊曼莎（Samantha）——進入猶太裔美國人的道德母體，重視辛勤工作、熱愛學習、喜歡辯論等價值觀。先父於二〇一〇年三月離開人世，享壽八十三歲，他已竭盡全力幫助子女邁向成功。

# 參考書目


Abramowitz, A. I., and K. L. Saunders. 2008. "Is Polarization a Myth?" *Journal of Politics* 70:542–55.
Adorno, T. W., E. Frenkel-Brunswik, D. J. Levinson, and R. N. Sanford. 1950. *The Authoritarian Personality*. New York: Harper and Row.
Alford, J. R., C. L. Funk, and J. R. Hibbing. 2005. "Are Political Orientations Genetically Transmitted?" *American Political Science Review* 99:153–67.
———. 2008. "Beyond Liberals and Conservatives to Political Genotypes and Phenotypes." *Perspectives on Politics* 6:321–28.
Allen, E., et al. 1975. "Against 'Sociobiology.'" *New York Review of Books* 22:43–44.
Almas, I., A. W. Cappelen, E. O. Sorensen, and B. Tungodden. 2010. "Fairness and the Development of Inequality Acceptance." *Science* 328:1176–8.
Ambrose, S. H. 1998. "Late Pleistocene Human Population Bottlenecks, VolcanicWinter, and the Differentiation of Modern Humans." *Journal of Human Evolution* 34:623–51.
Appiah, K. A. 2008. *Experiments in Ethics*. Cambridge, MA: Harvard University Press.
Arberry, A. J. 1955. *The Koran Interpreted*. New York: Simon and Schuster.
Ariely, D. 2008. *Predictably Irrational: The Hidden Forces That Shape Our Decisions*. New York: HarperCollins.
Arum, R. 2003. *Judging School Discipline: The Crisis of Moral Authority*. Cambridge, MA: Harvard University Press.
Atran, S. 2010. *Talking to the Enemy: Faith, Brotherhood, and the (Un)making of Terrorists*. New York: HarperCollins.
Atran, S., and J. Henrich. 2010. "The Evolution of Religion: How Cognitive By-products, Adaptive Learning Heuristics, Ritual Displays, and Group Competition Generate Deep Commitments to Prosocial Religions." *Biological Theory* 5:18–30.
Ault, J. M. J. 2005. *Spirit and Flesh: Life in a Fundamentalist Baptist Church*. New York: Knopf.
Axelrod, R. 1984. *The Evolution of Cooperation*. New York: Basic Books.
Baillargeon, R. 1987. "Object Permanence in 3 1/2- and 4 1/2-Month-Old Infants." *Developmental Psychology* 23:655–64.
———. 2008. "Innate Ideas Revisited: For a Principle of Persistence in Infants' Physical Reasoning." *Perspectives on Psychological Science* 3:2–13.
Balcetis, E., and D. Dunning. 2006. "See What You Want to See: Motivational Influences on Visual Perception." *Journal of Personality and Social Psychology* 91:612–25.
Ballew, C. C., and A. Todorov. 2007. "Predicting Political Elections from Rapid and Unreflective Face Judgments." *Proceedings of the National Academy of Sciences* 104:17948–53.
Bar, T., and A. Zussman. 2011. "Partisan Grading." *American Economic Journal: Applied Economics*. Forthcoming.
Bargh, J. A., and T. L. Chartrand. 1999. "The Unbearable Automaticity of Being." *American Psychologist* 54:462–79.
Barkow, J. H., L. Cosmides, and J. Tooby, eds. 1992. *The Adapted Mind: Evolutionary Psychology and the Generation of Culture*. New York: Oxford University Press.
Baron, J. 1998. *Judgment Misguided: Intuition and Error in Public Decision Making*. New York: Oxford.
———. 2007. *Thinking and Deciding*. 4th ed. Cambridge, UK: Cambridge University Press.
Baron-Cohen, S. 1995. *Mindblindness: An Essay on Autism and Theory of Mind*. Cambridge, MA: MIT Press.
———. 2002. "The Extreme Male Brain Theory of Autism." *Trends in Cognitive Sciences* 6:248–54.
———. 2009. "Autism: The Empathizing-Systemizing (E-S) Theory." In "The Year in Cognitive Neuroscience," special issue of *Annals of the New York Academy of Science* 1156:68–80.
Barrett, H. C., and Kurzban, R. 2006. "Modularity in Cognition: Framing the Debate." *Psychological Review* 113:628–47.
Barrett, J. L. 2000. "Exploring the Natural Foundations of Religion." *Trends in Cognitive Sciences* 4:29.
Bartels, D. M. 2008. "Principled Moral Sentiment and the Flexibility of Moral Judgment and Decision Making." *Cognition* 108:381–417.
Batson, C. D. 1991. *The Altruism Question: Toward a Social-Psychological Answer*. Hillsdale, NJ: Lawrence Erlbaum.
———. 1998. "Altruism and Prosocial Behavior." In *The Handbook of Social Psychology*, ed. D. T. Gilbert and S. T. Fiske, 4th ed., 2:262–316. Boston: McGraw-Hill.
Batson, C. D., E. R. Thompson, G. Seuferling, H. Whitney, and J. A. Strongman. 1999. "Moral Hypocrisy: Appearing Moral to Oneself Without Being So." *Journal of Personality and Social Psychology* 77:525–37.
Baumard, N., J.-B. André, and D. Sperber. Unpublished. "A Mutualistic Approach to Morality." Institute of Cognitive and Evolutionary Anthropology, University of Oxford.
Baumeister, R. F., S. P. Chesner, P. S. Senders, and D. M. Tice. 1989. "Who's in Charge Here? Group Leaders Do Lend Help in Emergencies." *Personality and Social Psychology Bulletin* 14:17–22.
Baumeister, R. F., and K. L. Sommer. 1997. "What Do Men Want? Gender Differences and Two Spheres of Belongingness: Comment on Cross and Madson (1997)." *Psychological Bulletin* 122:38–44.
Beaver, K. M., M. W. Rowland, J. A. Schwartz, and J. L. Nedelec. 2011. "The Genetic Origins of Psychopathic Personality Traits in Adult Males and Females: Results from an Adoption-Based Study." *Journal of Criminal Justice* 39:426–32.
Bellah, R. N. 1967. "Civil Religion in America." *Daedalus* 96:1–21.
Bellah, R. N., R. Madsen, W. M. Sullivan, A. Swidler, and S. Tipton. 1985. *Habits of the Heart*. New York: Harper and Row.
Bentham, J. 1996/1789. *An Introduction to the Principles of Morals and Legislation*. Oxford: Clarendon.
Berlin, I. 1997/1958. "Two Concepts of Liberty." In *The Proper Study of Mankind*, ed. H. Hardy and R. Hausheer, 191–242. New York: Farrar, Straus and Giroux.
———. 2001. "My Intellectual Path." In Isaiah Berlin, *The Power of Ideas*, ed. H. Hardy, 1–23. Princeton, NJ: Princeton University Press.
Bersoff, D. 1999. "Why Good People Sometimes Do Bad Things: Motivated Reasoning and Unethical Behavior." *Personality and Social Psychology Bulletin* 25:28–39.
Bishop, B. 2008. *The Big Sort: Why the Clustering of Like-Minded Americans Is Tearing Us Apart*. Boston: Houghton Mifflin Harcourt.
Blackmore, S. 1999. *The Meme Machine*. New York: Oxford University Press.
Blackmore, S. 2010. "Why I No Longer Believe Religion Is a Virus of the Mind." *The Guardian* (UK), Sept. 16; http://www.guardian.co.uk/commentisfree/belief/2010/sep/16/why-no-longer-believe-religion-virus-mind.

Blair, R. J. R. 1999. "Responsiveness to Distress Cues in the Child with Psychopathic Tendencies." *Personality and Individual Differences* 27:135–45.
———. 2007. "The Amygdala and Ventromedial Prefrontal Cortex in Morality and Psychopathy." *Trends in Cognitive Sciences* 11:387–92.
Block, J., and J. H. Block. 2006. "Nursery School Personality and Political Orientation Two Decades Later." *Journal of Research in Personality* 40:734–49.
Blonigen, D. M., B. M. Hicks, R. F. Krueger, W. G. Iacono, and C. J. Patrick. 2005. "Psychopathic Personality Traits: Heritability and Genetic Overlap with Internalizing and Externalizing Psychopathology." *Psychological Medicine* 35:637–48.
Bloom, P. 2004. *Descartes' Baby: How the Science of Child Development Explains What Makes Us Human.* New York: Basic Books.
______. 2009. "Religious Belief as an Evolutionary Accident." *In The Believing Primate: Scientific, Philosophical, and Theological Reflections on the Origin of Religion*, ed. J. Schloss and M. J. Murray, 118–27. Oxford: Oxford University Press.
______. 2012. "Religion, Morality, Evolution." *Annual Review of Psychology 63.*
Boaz, D. 1997. Libertarianism: A Primer. New York: Free Press.
Boehm, C. 1999. *Hierarchy in the Forest: The Evolution of Egalitarian Behavior.* Cambridge, MA: Harvard University Press.
______. 2012. *Moral Origins: The Evolution of Virtue, Altruism, and Shame.* New York: Basic Books.
Boesch, C. 1994. "Cooperative Hunting in Wild Chimpanzees." *Animal Behavior* 48:653–67.
Bouchard,T. J. J.1994."Genes, Environment, and Personality."*Science* 264:1700–1701.
Bourke, A. F. G. 2011. Principles of Social Evolution. New York: Oxford University Press.
Bowlby, J. 1969. *Attachment and Loss,* vol. 1: *Attachment.* New York: Basic Books.
Bowles, S. 2009. "Did Warfare Among Ancestral Hunter-Gatherers Affect the Evolution of Human Social Behaviors?" *Science* 324:1293–98.
Boyer, P. 2001. *Religion Explained: The Evolutionary Origins of Religious Thought.* New York: Basic Books.
Brandt, M. J., and C. Reyna. 2011. "The Chain of Being." *Perspectives on Psychological Science* 6:428–46
Brehm, S. S., and Brehm, J. W. 1981. *Psychological Reactance: A Theory of Freedom and Control.* New York: Academic Press.
Brewer, M. B., and D. T. Campbell. 1976. *Ethnocentrism and Intergroup Attitudes: East African Evidence.* Beverly Hills, CA: Sage.
Brockman, J., ed. 2009. *What Have You Changed Your Mind About?* New York: HarperCollins.
Brooks, A. C. 2006. *Who Really Cares: The Surprising Truth About Compassionate Conservatism.* New York: Basic Books.
Brosnan, S. F. 2006. "Nonhuman Species' Reactions to Inequity and Their Implications for Fairness." *Social Justice Research* 19:153–85.
Brosnan, S. F., and F. de Waal. 2003. "Monkeys Reject Unequal Pay." *Nature* 425:297–99.
Buckholtz, J. W., C. L. Asplund, P. E. Dux, D. H. Zald, J. C. Gore, O. D. Jones, et al. 2008. "The Neural Correlates of Third-Party Punishment." *Neuron* 60:930–40.
Burke, E. 2003/1790. *Reflections on the Revolution in France.* New Haven, CT: Yale University Press.
Burns, J. M. 1978. *Leadership.* New York: Harper and Row.
Carlsmith, K. M., T. D. Wilson, and D. T. Gilbert. 2008. "The Paradoxical Consequences of Revenge." *Journal of Personality and Social Psychology* 95:1316–24.
Carnegie, D. 1981/1936. *How to Win Friends and Influence People.* Rev. ed. New York: Pocket Books.
Carney, D. R., J. T. Jost, S. D. Gosling, and K. Kiederhoffer. 2008. "The Secret Lives of Liberals and Conservatives: Personality Profiles, Interaction Styles, and the Things They Leave Behind." *Political Psychology* 29:807–40.
Carpenter, D. O., and R. Nevin. 2010. "Environmental Causes of Violence." *Physiology and Behavior* 99:260–68.
Carter, C. S. 1998. "Neuroendocrine Perspectives on Social Attachment and Love." *Psychoneuroendocrinology* 23:779–818.
Chan, W. T. 1963. *A Source Book in Chinese Philosophy.* Princeton, NJ: Princeton University Press.
Choi, J.-K., and S. Bowles. 2007. "The Coevolution of Parochial Altruism and War." *Science* 318:636–40.
Churchill, W. 2003. *On the Justice of Roosting Chickens: Reflections on the Consequences of U.S. Imperial Arrogance and Criminality.* Oakland, CA: AK Press.
Clark, G. 2007. *A Farewell to Alms: A Brief Economic History of the World.* Princeton: Princeton University Press.
Clarke, R. A. 2004. *Against All Enemies: Inside America's War on Terror.* New York: Free Press.
Cleckley, H. 1955. *The Mask of Sanity.* St. Louis, MO: Mosby.
Clore, G. L., N. Schwarz, and M. Conway. 1994. "Affective Causes and Consequences of Social Information Processing." In *Handbook of Social Cognition*, ed. R. S. Wyer and T. K. Srull, 1:323–417. Hillsdale, NJ: Lawrence Erlbaum.
Cochran, G., and H. Harpending. 2009. *The 10,000 Year Explosion: How Civilization Accelerated Human Evolution.* New York: Basic Books.
Cohen, E. E. A., R. Ejsmond-Frey, N. Knight, and R. I. M. Dunbar. 2009. "Rowers' High: Behavioral Synchrony Is Correlated With Elevated Pain Thresholds." *Biology Letters* 6:106–8.
Coleman, J. S. 1988. "Social Capital in the Creation of Human Capital." *American Journal of Sociology* 94:S95–S120.
Converse, P. E. 1964. "The Nature of Belief Systems in Mass Publics." In *Ideology and Discontent*, ed. D. E. Apter, 206–61. New York: Free Press.
Conze, E. 1954. *Buddhist Texts Through the Ages.* New York: Philosophical Library.
Cosmides, L., and J. Tooby. 2005. "Neurocognitive Adaptations Designed for Social Exchange." In *The Handbook of Evolutionary Psychology*, ed. D. M. Buss, 584–627. Hoboken, NJ: John Wiley and Sons.
———. 2006. "Evolutionary Psychology, Moral Heuristics, and the Law." In *Heuristics and the Law*, ed. G. Gigerenzer and C. Engel, 175–205. Cambridge, MA: MIT Press.
Coulter, A. 2003. *Treason: Liberal Treachery from the Cold War to the War on Terrorism.* New York: Crown.
Dalai Lama XIV. 1999. *Ethics for the New Millennium.* New York: Riverhead Books.
Damasio, A. 1994. *Descartes' Error: Emotion, Reason, and the Human Brain.* New York: Putnam.
———. 2003. *Looking for Spinoza.* Orlando, FL: Harcourt.
Darwin, C. 1998/1871. *The Descent of Man and Selection in Relation to Sex.* Amherst, NY: Prometheus Books.
Dawkins, R. 1976. *The Selfish Gene.* New York: Oxford University Press.
———. 1999/1982. *The Extended Phenotype: The Long Reach of the Gene.* New York: Oxford University Press.

———. 2006. *The God Delusion*. Boston: Houghton Mifflin.
Decety, J. 2011. "The Neuroevolution of Empathy." *Annals of the New York Academy of Sciences* 1231:35–45.
De Dreu, C. K., L. L. Greer, M. J. Handgraaf, S. Shalvi, G. A. Van Kleef, M. Baas, et al. 2010. "The Neuropeptide Oxytocin Regulates Parochial Altruism in Intergroup Conflict Among Humans." *Science* 328:1408–11.
De Dreu, C. K., L. L. Greer, G. A. Van Kleef, S. Shalvi, and M. J. Handgraaf. 2011. "Oxytocin Promotes Human Ethnocentrism." *Proceedings of the National Academy of Sciences of the United States of America* 108:1262–66.
Denis, L. 2008. "Kant and Hume on Morality." *Stanford Encyclopedia of Philosophy*. Stanford, CA: The Metaphysics Research Lab.
Dennett, D. C. 2006. *Breaking the Spell: Religion as a Natural Phenomenon*. New York: Penguin.
de Quervain, D. J. F., U. Fischbacher, V. Treyer, M. Schellhammer, U. Schnyder, A. Buck, et al. 2004. "The Neural Basis of Altruistic Punishment." *Science* 305:1254–58.
Desmond, A., and J. Moore. 2009. *Darwin's Sacred Cause: How a Hatred of Slavery Shaped Darwin's Views on Human Evolution*. Boston: Houghton Mifflin.
de Waal, F. B. M. 1982. *Chimpanzee Politics*. New York: Harper and Row.
———. 1996. *Good Natured: The Origins of Right and Wrong in Humans and Other Animals*. Cambridge, MA: Harvard University Press.
———. 2006. *How Morality Evolved. Princeton*, NJ: Princeton University Press.
de Waal, F. B. M., and F. Lanting. 1997. *Bonobo: The Forgotten Ape*. Berkeley: University of California Press.
Dicks, L. 2000. "All for One!" *New Scientist* 167:30.
Dion, K. 1979. "Intergroup Conflict and Intragroup Cohesiveness." In *The Social Psychology of Intergroup Relations*, ed. W. G. Austin and S. Worchel, 211–24. Monterey, CA: Brooks/Cole.
Dion, K., E. Berscheid, and E. Walster. 1972. "What Is Beautiful Is Good." *Journal of Personality and Social Psychology* 24:285–90.
Ditto, P. H., and D. F. Lopez. 1992. "Motivated Skepticism: Use of Differential Decision Criteria for Preferred and Nonpreferred Conclusions." *Journal of Personality and Social Psychology* 63:568–84.
Ditto, P. H., G. D. Munro, A. M. Apanovitch, J. A. Scepansky, and L. K. Lockhart. 2003. "Spontaneous Skepticism: The Interplay of Motivation and Expectation in Responses to Favorable and Unfavorable Medical Diagnoses." *Personality and Social Psychology Bulletin* 29:1120–32.
Ditto, P. H., D. A. Pizarro, and D. Tannenbaum. 2009. "Motivated Moral Reasoning." In *The Psychology of Learning and Motivation*, ed. D. M. Bartels, C. W. Bauman, L. J. Skitka, and D. L. Medin, 50:307–38. Burlington, VT: Academic Press.
Doblin, R. 1991. "Pahnke's 'Good Friday Experiment': A Long-Term Follow-up and Methodological Critique." *Journal of Transpersonal Psychology* 23:1–28.
Douglas, M. 1966. *Purity and Danger*. London: Routledge and Kegan Paul.
Dunbar, R. 1996. *Grooming, Gossip, and the Evolution of Language*. Cambridge, MA: Harvard University Press.
Durkheim, E. 1951/1897. *Suicide*. Trans. J. A. Spalding and G. Simpson. New York: Free Press.
———. 1984/1893. *The Division of Labor in Society*. Trans. W. D. Halls. New York: Free Press.
———. 1992/1887. "Review of Guyau's *L'irreligion de l'avenir*." Trans. A. Giddens. In *Emile Durkheim: Selected Writings*, ed. A. Giddens. New York: Cambridge University Press.
———. 1995/1915. *The Elementary Forms of Religious Life*. Trans. K. E. Fields. New York: Free Press.
Eckersley, R., and K. Dear. 2002. "Cultural Correlates of Youth Suicide." *Social Science and Medicine* 55:1891–904.
Efran, M. G. 1974. "The Effect of Physical Appearance on the Judgment of Guilt, Interpersonal Attraction, and Severity of Recommended Punishment in a Simulated Jury Task." *Journal of Research in Personality* 8:45–54.
Ehrenreich, B. 2006. *Dancing in the Streets: A History of Collective Joy*. New York: Metropolitan Books.
Ekman, P. 1992. "Are There Basic Emotions?" *Psychological Review* 99:550–53.
Elgar, F. J., and N. Aitken. 2010. "Income Inequality, Trust and Homicide in 33 Countries." *European Journal of Public Health* 21:241–46.
Eliade, M. 1957/1959. *The Sacred and the Profane: The Nature of Religion*. Trans. W. R. Task. San Diego, CA: Harcourt Brace.
Ellis, J. J. 1996. *American Sphinx: The Character of Thomas Jefferson*. New York:Vintage.
Ellsworth, P. C., and C. A. Smith. 1985. "Patterns of Cognitive Appraisal in Emotion." *Journal of Personality and Social Psychology* 48:813–38.
Emerson, R. W. 1960/1838. "Nature." In *Selections from Ralph Waldo Emerson*, ed. S. Whicher, 21–56. Boston: Houghton Mifflin.
Eskine, K. J., N. A. Kacinic, and J. J. Prinz. 2011. "A Bad Taste in the Mouth: Gustatory Influences on Moral Judgment." *Psychological Science* 22:295–99.
Evans-Pritchard, E. E. 1976. *Witchcraft, Oracles, and Magic Among the Azande*. Oxford: Clarendon Press.
Faulkner, J., M. Schaller, J. H. Park, and L. A. Duncan. 2004. "Evolved Disease-Avoidance Mechanisms and Contemporary Xenophobic Attitudes." *Group Processes and Intergroup Relations* 7:333–53.
Fazio, R. H., D. M. Sanbonmatsu, M. C. Powell, and F. R. Kardes. 1986. "On the Automatic Evaluation of Attitudes." *Journal of Personality and Social Psychology* 50:229–38.
Fehr, E., and S. Gachter. 2002. "Altruistic Punishment in Humans." *Nature* 415:137–40.
Fessler, D. M. T. 2007. "From Appeasement to Conformity: Evolutionary and Cultural Perspectives on Shame, Competition, and Cooperation." In *The Self-Conscious Emotions: Theory and Research*, ed. J. L. Tracy, R. W. Robins, and J. P. Tangney, 174–93. New York: Guilford.
Fiorina, M., S. J Abrams, and J. C. Pope. 2005. *Culture War? The Myth of a Polarized America*. New York: Pearson Longman.
Fiske, A. P. 1991. *Structures of Social Life*. New York: Free Press.
Fiske, S. T. 1993. "Social Cognition and Social Perception." *Annual Review of Psychology* 44:155–94.
Fitzgerald, M. 2005. *The Genesis of Artistic Creativity*. London: Jessica Kingsley.
Flanagan, O. 1991. *Varieties of Moral Personality: Ethics and Psychological Realism*. Cambridge, MA: Harvard University Press.
Fodor, J. 1983. *Modularity of Mind*. Cambridge, MA: MIT Press.
Frank, R. 1988. *Passions Within Reason: The Strategic Role of the Emotions*. New York: Norton.
Frank, T. 2004. *What's the Matter with Kansas?* New York: Henry Holt.
Frazier, M. L. 2010. *The Enlightenment of Sympathy: Justice and the Moral Sentiment in the Eighteenth Century and Today*. New York: Oxford University Press.
Freeman, W. J. 1995. *Societies of Brains: A Study in the Neurobiology of Love and Hate*. Mahwah, NJ: Lawrence Erlbaum.

Frey, D., and D. Stahlberg. 1986. "Selection of Information After Receiving More orLess Reliable Self-Threatening Information." *Personality and Social Psychology Bulletin* 12:434–41.
Froese, P., and C. D. Bader. 2007. "God in America: Why Theology Is Not Simply the Concern of Philosophers." *Journal for the Scientific Study of Religion* 46:465–81.
Frohlich, N., J. A. Oppenheimer, and C. L. Eavey. 1987. "Choices of Principles of Distributive Justice in Experimental Groups." *American Journal of Political Science* 31:606–36.
Gaertner, S. L., and J. F. Dovidio. 2000. *Reducing Intergroup Bias: The Common Ingroup Identity Model.* Philadelphia: Psychology Press.
Gazzaniga, M. S. 1985. *The Social Brain.* New York: Basic Books.
———. 1998. *The Mind's Past.* Berkeley: University of California Press.
Geertz, C. 1984. "From the Native's Point of View: On the Nature of Anthropological Understanding." In *Culture Theory*, ed. R. Shweder and R. LeVine, 123–36. Cambridge, UK: Cambridge University Press.
Gewirth, A. 1975. "Ethics." In *Encyclopaedia Britannica*, 15th ed., 6:976–98. Chicago: Encyclopaedia Britannica.
Gibbard, A. 1990. *Wise Choices, Apt Feelings.* Cambridge, MA: Harvard University Press.
Gigerenzer, G. 2007. *Gut Feelings: The Intelligence of the Unconscious.* New York: Penguin.
Gilligan, C. 1982. *In a Different Voice: Psychological Theory and Women's Development.* Cambridge, MA: Harvard University Press.
Gilovich, T. 1991. *How We Know What Isn't So.* New York: Free Press.
Glover, J. 2000. *Humanity: A Moral History of the Twentieth Century.* New Haven: Yale University Press.
Goldhill, D. 2009. "How American Health Care Killed My Father." *The Atlantic*, September.
Goodall, J. 1986. *The Chimpanzees of Gombe: Patterns of Behavior.* Cambridge, MA: Belknap Press.
Gopnik, A., A. M. Meltzoff, and P. K. Kuhl. 2000. *The Scientist in the Crib: What Early Learning Tells Us About the Mind.* New York: Harper.
Graham, J., 2010. "Left Gut, Right Gut." Ph.D. diss., Department of Psychology, University of Virginia.
Graham, J., and J. Haidt. 2010. "Beyond Beliefs: Religions Bind Individuals into Moral Communities." *Personality and Social Psychology Review* 14:140–50.
Graham, J., J. Haidt, and B. Nosek. 2009. "Liberals and Conservatives Rely on Different Sets of Moral Foundations." *Journal of Personality and Social Psychology* 96:1029–46.
Graham, J., B. A. Nosek, and J. Haidt. 2011. "The Moral Stereotypes of Liberals and Conservatives." Unpublished ms., Department of Psychology, University of Virginia. Available at www.MoralFoundations.org.
Graham, J., B. A. Nosek, J. Haidt, R. Iyer, S. Koleva, and P. H. Ditto. 2011. "Mapping the Moral Domain." *Journal of Personality and Social Psychology* 101:366–85.
Gray, J. 1995. *Liberalism.* 2nd ed. Minneapolis: University of Minnesota Press.
Gray, J. G. 1970/1959. The Warriors: Reflections of Men in Battle. New York: Harper and Row.
Green, R. E., J. Krause, A. W. Briggs, T. Maricic, U. Stenzel, M. Kircher, et al. 2010. "A Draft Sequence of the Neandertal Genome." *Science* 328:710–22.
Greene, J. D. 2008. "The Secret Joke of Kant's Soul." In *Moral Psychology*, vol. 3: *The Neuroscience of Morality*, ed. W. Sinnott-Armstrong, 35–79. Cambridge, MA: MIT Press.
———. 2009a. "The Cognitive Neuroscience of Moral Judgment." In *The Cognitive Neurosciences*, ed. M. Gazzaniga, 4th ed., 987–1002. Cambridge, MA: MIT Press.
———. 2009b. "Dual-Process Morality and the Personal/Impersonal Distinction: A Reply to McGuire, Langdon, Coltheart, and Mackenzie." *Journal of Experimental Social Psychology* 45:581–84.
———. Forthcoming. *The Moral Brain, and How to Use It.* New York: Penguin.
Greene, J. D., R. B. Sommerville, L. E. Nystrom, J. M. Darley, and J. D. Cohen. 2001. "An f MRI Study of Emotional Engagement in Moral Judgment." *Science* 293:2105–8.
Greenwald, A. G., D. E. McGhee, and J. L. Schwartz. 1998. "Measuring Individual Differences in Implicit Cognition: The Implicit Association Test." *Journal of Personality and Social Psychology* 74:1464–80.
Greenwald, A. G., B. A. Nosek, and M. R. Banaji. 2003. "Understanding and Using the Implicit Association Test." *Journal of Personality and Social Psychology* 85:197–216.
Grob, C. S., and M. D. de Rios. 1994. "Hallucinogens, Managed States of Consciousness, and Adolescents: Cross-Cultural Perspectives." In *Psychological Anthropology*, ed. P. K. Bock, 315–29. Westport, CT: Praeger.
Guthrie, S. E. 1993. *Faces in the Clouds.* New York: Oxford University Press.
Haidt, J. 2001. "The Emotional Dog and Its Rational Tail: A Social Intuitionist Approach to Moral Judgment." *Psychological Review* 108:814–34.
———. 2006. *The Happiness Hypothesis: Finding Modern Truth in Ancient Wisdom.* New York: Basic Books.
———. 2007. "The New Synthesis in Moral Psychology." *Science* 316:998–1002.
———. 2010. "What the Tea Partiers Really Want." *Wall Street Journal*, October 16.
Haidt, J., and F. Bjorklund. 2008. "Social Intuitionists Answer Six Questions About Morality." In *Moral Psychology*, vol. 2 The Cognitive Science of Morality, ed. W. Sinnott-Armstrong, 181–217. Cambridge, MA: MIT Press.
Haidt, J., and J. Graham. 2007. "When Morality Opposes Justice: Conservatives Have Moral Intuitions That Liberals May Not Recognize." *Social Justice Research* 20:98–116.
———. 2009. "Planet of the Durkheimians, Where Community, Authority, and Sacredness Are Foundations of Morality." In *Social and Psychological Bases of Ideology and System Justification*, ed. J. Jost, A. C. Kay, and H. Thórisdóttir, 371– 401. New York: Oxford University Press.
Haidt, J., and C. Joseph. 2004. "Intuitive Ethics: How Innately Prepared Intuitions Generate Culturally Variable Virtues." *Daedalus*, fall, 55–66.
———. 2007. "The Moral Mind: How 5 Sets of Innate Intuitions Guide the Development of Many Culture-Specific Virtues, and Perhaps Even Modules." In *The Innate Mind*, ed. P. Carruthers, S. Laurence, and S. Stich, 3:367–91. New York: Oxford University Press.
———. 2011. "How Moral Foundations Theory Succeeded in Building on Sand: A Response to Suhler and Churchland." *Journal of Cognitive Neuroscience* 23:2117–22.
Haidt, J., and S. Kesebir. 2010. "Morality." In *Handbook of Social Psychology*, ed. S. T. Fiske, D. Gilbert, and G. Lindzey, 5th ed., 797–832. Hoboken, NJ: Wiley.
Haidt, J., S. Koller, and M. Dias. 1993. "Affect, Culture, and Morality, or Is It Wrong to Eat Your Dog?" *Journal of Personality and Social Psychology* 65:613–28.
Haidt, J., E. Rosenberg, and H. Hom. 2003. "Differentiating Diversities: Moral Diversity Is Not Like Other Kinds." *Journal of Applied Social Psychology* 33:1–36.
Haidt, J., P. Rozin, C. R. McCauley, and S. Imada. 1997. "Body, Psyche, and Culture: The Relationship Between Disgust and Morality." *Psychology and Developing Societies* 9:107–31.
Haidt, J., J. P. Seder, and S. Kesebir. 2008. "Hive Psychology, Happiness, and Public Policy" *Journal of Legal Studies* 37:S133–S16.
Haley, K. J., and D. M. T. Fessler. 2005. "Nobody's Watching? Subtle Cues Affect Generosity in an Anonymous Economic Game." *Evolution and Human Behavior* 26:245–56.

Hamblin, R. L. 1958. "Leadership and Crises." *Sociometry* 21:322–35.
Hamilton, W. D. 1964. "The Genetical Evolution of Social Behavior, Parts 1 and 2." *Journal of Theoretical Biology* 7:1–52.
Hamlin, J. K., K. Wynn, and P. Bloom. 2007. "Social Evaluation by Preverbal Infants." *Nature* 450:557–60.
Hammerstein, P. 2003. "Why Is Reciprocity So Rare in Social Animals?" In *Genetic and Cultural Evolution of Cooperation*, ed. P. Hammerstein, 55–82. Cambridge, MA: MIT Press.
Hardin, G. 1968. "Tragedy of the Commons." *Science* 162:1243–8.
Hare, B., V. Wobber, and R. Wrangham. Unpublished. "The Self-Domestication Hypothesis: Bonobo Psychology Evolved Due to Selection Against Male Aggression." Unpublished ms., Department of Evolutionary Anthropology, Duke University.
Hare, R. D. 1993. *Without Conscience*. New York: Pocket Books.
Harris, S. 2004. *The End of Faith: Religion, Terror, and the Future of Reason*. New York: Norton.
———. 2006. *Letter to a Christian Nation*. New York: Knopf.
———. 2010. *The Moral Landscape: How Science Can Determine Human Values*. New York: Free Press.
Harris, S., J. T. Kaplan, A. Curiel, S. Y. Bookheimer, M. Iacoboni, and M. S. Cohen. 2009. "The Neural Correlates of Religious and Nonreligious Belief." *PLoS ONE* 4 (10); doi:10.1371/journal pone.0007272.
Hastorf, A. H., and H. Cantril. 1954. "They Saw a Game: A Case Study." *Journal of Abnormal and Social Psychology* 49:129–34.
Hatemi, P. K., N. A. Gillespie, L. J. Eaves, B. S. Maher, B. T. Webb, A. C. Heath, et al. 2011. "A Genome-Wide Analysis of Liberal and Conservative Political Attitudes." *Journal of Politics* 73:271–85.
Hauser, M. 2006. *Moral Minds: How Nature Designed Our Universal Sense of Right and Wrong*. New York: HarperCollins.
Hawks, J., E. T. Wang, G. M. Cochran, H. C. Harpending, and R. K. Moyzis. 2007. "Recent Acceleration of Human Adaptive Evolution." *Proceedings of the National Academy of Sciences of the United States of America* 104:20753–58.
Hayden, B. 2001. "Richman, Poorman, Beggarman, Chief: The Dynamics of Social Inequality." In *Archaeology at the Millennium: A Sourcebook*, ed. G. M. Feinman and T. D. Price, 231–72. New York: Kluwer/Plenum.
Hayek, F. 1988. *The Fatal Conceit: The Errors of Socialism*. Chicago: University of Chicago Press.
———. 1997/1970. "The Errors of Constructivism." In *Conservatism*, ed. J. Z. Muller, 318–25. Princeton, NJ: Princeton University Press.
Heath, C., and D. Heath. 2010. *Switch: How to Change Things When Change Is Hard*. New York: Broadway.
Helzer, E. G., and D. A. Pizarro. 2011. "Dirty Liberals! Reminders of Physical Cleanliness Influence Moral and Political Attitudes." *Psychological Science* 22:517–22.
Henrich, J., S. Heine, and A. Norenzayan. 2010. "The Weirdest People in the World?" *Behavioral and Brain Sciences* 33:61–83.
Henrich, N., and Henrich, J. 2007. *Why Humans Cooperate: A Cultural and Evolutionary Explanation*. New York: Oxford University Press.
Henshilwood, C., F. d'Errico, M. Vanhaeren, K. van Niekerk, and Z. Jacobs. 2004. "Middle Stone Age Shell Beads from South Africa." *Science* 304:404.
Herbst, S. 2010. *Rude Democracy: Civility and Incivility in American Politics*. Philadelphia: Temple University Press.
Herdt, G. H. 1981. *Guardians of the Flutes*. New York: Columbia University Press.
Herrmann, E., J. Call, M. V. Hernandez-Lloreda, B. Hare, and M. Tomasello. 2007. "Humans Have Evolved Specialized Skills of Social Cognition: The Cultural Intelligence Hypothesis." *Science* 317:1360–66.
Hill, K. R., R. S. Walker, M. Bozicevic, J. Eder, T. Headland, B. Hewlett, et al. 2011. "Co-Residence Patterns in Hunter-Gatherer Societies Show Unique Human Social Structure." *Science* 331:1286–89.
Hoffman, M. L. 1982. "Affect and Moral Development." In *New Directions for Child Development*, vol. 16: *Emotional Development*, ed. D. Ciccetti and P. Hesse, 83–103. San Francisco: Jossey-Bass.
Hölldobler, B., and E. O. Wilson. 2009. *The Superorganism: The Beauty, Elegance, and Strangeness of Insect Societies*. New York: Norton.
Hollos, M., P. Leis, and E. Turiel. 1986. "Social Reasoning in Ijo Children and Adolescents in Nigerian Communities." *Journal of Cross-Cultural Psychology* 17:352–74.
Horner, V., J. D. Carter, M. Suchak, and F. de Waal. 2011. "Spontaneous Prosocial Choice by Chimpanzees." *Proceedings of the National Academy of Sciences*, early edition, doc: 10.1073/pnas.1111088108.
Hsieh, T. 2010. *Delivering Happiness: A Path to Profits, Passion, and Purpose*. New York: Grand Central.
Hsu, M., C. Anen, and S. R. Quartz. 2008. "The Right and the Good: Distributive Justice and Neural Encoding of Equity and Efficiency." *Science* 320:1092–95.
Huebner, B., S. Dwyer, and Hauser, M. 2009. "The Role of Emotion in Moral Psychology." *Trends in Cognitive Sciences* 13:1–6.
Hume, D. 1960/1777. *An Enquiry Concerning the Principles of Morals*. La Salle, IL: Open Court.
———. 1969/1739–40. *A Treatise of Human Nature*. London: Penguin.
Hunter, J. D. *1991. Culture Wars: The Struggle to Define America*. New York: Basic Books.
Iacoboni, M. 2008. *Mirroring People: The New Science of How We Connect with Others*. New York: Farrar, Straus and Giroux.
Iacoboni, M., R. P. Woods, M. Brass, H. Bekkering, J. C. Mazziotta, and G. Rizzolatti. 1999. "Cortical Mechanisms of Imitation." *Science* 286:2526–28.
Inbar, Y., D. A. Pizarro, and P. Bloom. 2009. "Conservatives Are More Easily Disgusted than Liberals." *Cognition and Emotion* 23:714–25.
Iyer, R., S. P. Koleva, J. Graham, P. H. Ditto, and J. Haidt. 2011. "Understanding Libertarian Morality: The Psychological Roots of an Individualist Ideology." Unpublished ms., Department of Psychology, University of Southern California. Available at www.MoralFoundations.org.
James, W. 1950/1890. *The Principles of Psychology*. New York: Dover.
———. 1961/1902. *The Varieties of Religious Experience*. New York: Macmillan.
Jefferson, T. 1975/1786. *Letter to Maria Cosway*. New York: Penguin.
Jensen, D. 2008. *How Shall I Live My Life? On Liberating the Earth from Civilization*. Oakland, CA: PM Press.
Jensen, L. A. 1997. "Culture Wars: American Moral Divisions Across the Adult Lifespan." *Journal of Adult Development* 4:107–21.
———. 1998. "Moral Divisions Within Countries Between Orthodoxy and Progressivism: India and the United States." *Journal for the Scientific Study of Religion* 37:90–107.
Johnson-Laird, P. N., and P. C. Wason. 1977. *Thinking: Readings in Cognitive Science*. Cambridge, UK: Cambridge University Press.
Jost, J. T. 2006. "The End of the End of Ideology." *American Psychologist* 61:651–70.

Jost, J. T., C. M. Federico, and J. L. Napier. 2009. "Political Ideology: Its Structure, Functions, and Elective Affinities." *Annual Review of Psychology* 60:307–37.
Jost, J. T., J. Glaser, A. W. Kruglanski, and F. J. Sulloway. 2003. "Political Conservativism as Motivated Social Cognition." *Psychological Bulletin* 129:339–75.
Jost, J. T., and O. Hunyady. 2002. "The Psychology of System Justification and the Palliative Function of Ideology." *European Review of Social Psychology* 13:111–53.
Kagan, J. 1984. *The Nature of the Child.* New York: Basic Books.
Kahan, A. S. 2010. *Mind vs. Money: The War Between Intellectuals and Capitalism.* New Brunswick, NJ: Transaction.
Kahneman, D. 2011. *Thinking Fast and Slow.* New York: Farrar, Straus and Giroux.
Kaiser, R. B., R. Hogan, and S. B. Craig. 2008. "Leadership and the Fate of Organizations." *American Psychologist* 63:96–110.
Kane, J. 2001. *The Politics of Moral Capital.* New York: Cambridge University Press.
Kant, I. 1993/1785. *Grounding for the Metaphysics of Morals,* 3rd ed. Trans. J. W. Ellington. Indianapolis: Hackett.
Kass, L. R. 1997. "The Wisdom of Repugnance." *New Republic,* June 2, 17–26.
Keeley, L. H. 1996. *War Before Civilization.* New York: Oxford University Press.
Keillor, G. 2004. *Homegrown Democrat: A Few Plain Thoughts from the Heart of America.* New York: Viking.
Kelly, R. L. 1995. *The Foraging Spectrum: Diversity in Hunter-Gatherer Lifeways.* Washington, DC: Smithsonian Institution Press.
Keltner, D. 2009. *Born to Be Good: The Science of a Meaningful Life.* New York: Norton.
Keltner, D., and J. Haidt. 2003. "Approaching Awe, a Moral, Spiritual, and Aesthetic Emotion." *Cognition and Emotion* 17:297–314.
Kesebir, S. Forthcoming. "The Superorganism Account of Human Sociality: How and When Human Groups Are Like Beehives." *Personality and Social Psychology Review.*
Kiehl, K. A. 2006. "A Cognitive Neuroscience Perspective on Psychopathy: Evidence for Paralimbic System Dysfunction." *Psychiatry Research* 142:107–28.
Killen, M., and J. G. Smetana. 2006. *Handbook of Moral Development.* Mahwah, NJ: Lawrence Erlbaum.
Kinder, D. E. 1998. "Opinion and Action in the Realm of Politics." In *Handbook of Social Psychology,* 4th ed., ed. D. Gilbert, S. Fiske, and G. Lindzey, 778–867. New York: McGraw-Hill.
Kinzler, K. D., E. Dupoux, and E. S. Spelke. 2007. "The Native Language of Social Cognition." *Proceedings of the National Academy of Sciences of the United States of America* 104:12577–80.
Kitayama, S., H. Park, A. T. Sevincer, M. Karasawa, and A. K. Uskul. 2009. "A Cultural Task Analysis of Implicit Independence: Comparing North America, Western Europe, and East Asia." *Journal of Personality and Social Psychology* 97:236–55.
Knoch, D., A. Pascual-Leone, K. Meyer, V. Treyer, and E. Fehr. 2006. "Diminishing Reciprocal Fairness by Disrupting the Right Prefrontal Cortex." *Science* 314:829–32.
Kohlberg, L. 1968. "The Child as a Moral Philosopher." *Psychology Today,* September, 25–30.
———. 1969. "Stage and Sequence: The Cognitive-Developmental Approach to Socialization." In *Handbook of Socialization Theory and Research,* ed. D. A. Goslin, 347–480. Chicago: Rand McNally.
———. 1971. "From Is to Ought: How to Commit the Naturalistic Fallacy and Get Away with It in the Study of Moral Development." In *Psychology and Genetic Epistemology,* ed. T. Mischel, 151–235. New York: Academic Press.
Kohlberg, L., C. Levine, and A. Hewer. 1983. *Moral Stages: A Current Formulation and a Response to Critics.* Basel: Karger.
Kosfeld, M., M. Heinrichs, P. J. Zak, U. Fischbacher, and E. Fehr. 2005. "Oxytocin Increases Trust in Humans." *Nature* 435:673–76.
Kosslyn, S. M., W. L. Thompson, M. F. Costantini-Ferrando, N. M. Alpert, and D. Spiegel. 2000. "Hypnotic Visual Illusion Alters Color Processing in the Brain." *American Journal of Psychiatry* 157:1279–84.
Kuhlmeier, V., K. Wynn, and P. Bloom. 2003. "Attribution of Dispositional States by 12-Month-Olds." *Psychological Science* 14:402–8.
Kuhn, D. 1989. "Children and Adults as Intuitive Scientists." *Psychological Review* 96:674–89.
———. 1991. *The Skills of Argument.* Cambridge, UK: Cambridge University Press.
Kunda, Z. 1987. "Motivated Inference: Self-Serving Generation and Evaluation of Causal Theories." *Journal of Personality and Social Psychology* 53:636–47.
———. 1990. "The Case for Motivated Reasoning." *Psychological Bulletin* 108:480–98.
Kurzban, R. 2010. *Why Everyone (Else) Is a Hypocrite.* Princeton, NJ: Princeton University Press.
Kurzban, R., J. Tooby, and L. Cosmides. 2001. "Can Race Be Erased? Coalitional Computation and Social Categorization." *Proceedings of the National Academy of Sciences* 98:15387–92.
Kyd, S. 1794. *A Treatise on the Law of Corporations,* vol. 1. London: J. Butterworth.
Lakoff, G. 1996. *Moral Politics: What Conservatives Know That Liberals Don't.* Chicago: University of Chicago Press.
———. 2008. *The Political Mind: Why You Can't Understand 21st-Century American Politics with an 18th-Century Brain.* New York: Viking, 2008.
Lansing, J. S. 1991. *Priests and Programmers: Technologies of Power in the Engineered Landscape of Bali.* Princeton, NJ: Princeton University Press.
Larue, G. A. 1991. "Ancient Ethics." In *A Companion to Ethics,* ed. P. Singer, 29–40. Malden, MA: Blackwell.
Latane, B., and J. M. Darley. 1970. *The Unresponsive Bystander.* Englewood Cliffs, NJ: Prentice Hall.
Lazarus, R. S. 1991. *Emotion and Adaptation.* New York: Oxford University Press.
Leary, M. R. 2004. *The Curse of the Self: Self-Awareness, Egotism, and the Quality of Human Life.* Oxford: Oxford University Press.
———. 2005. "Sociometer Theory and the Pursuit of Relational Value: Getting to the Root of Self-Esteem." *European Review of Social Psychology* 16:75–111.
Lechter. A. 2007. *Shroom: A Cultural History of the Magic Mushroom.* New York: HarperCollins.
LeDoux, J. 1996. *The Emotional Brain.* New York: Simon and Schuster.
Lee, R. B. 1979. *The !Kung San: Men, Women, and Work in a Foraging Society.* Cambridge, UK: Cambridge University Press.
Lepre, C. J., H. Roche, D. V. Kent, S. Harmand, R. L. Quinn, J. P. Brugal, P. J. Texier, A. Lenoble, and C. S. Feibel. 2011. "An Earlier Origin for the Acheulian." *Nature* 477:82–85.
Lerner, J. S., and P. E. Tetlock. 2003. "Bridging Individual, Interpersonal, and Institutional Approaches to Judgment and Decision Making: The Impact of Accountability on Cognitive Bias." In *Emerging Perspectives on Judgment and Decision Research,* ed. S. L. Schneider and J. Shanteau, 431–57. New York: Cambridge University Press.
Lilienfeld, S. O., R. Ammirati, and K. Landfield. 2009. "Giving Debiasing Away: Can Psychological Research on Correcting Cognitive Errors Promote Human Welfare?" *Perspectives on Psychological Science* 4:390–98.
Liljenquist, K., C. B. Zhong, and A. D. Galinsky. 2010. "The Smell of Virtue: Clean Scents Promote Reciprocity and Charity." *Psychological Science,* 21:381–83.

LoBue, V., C. Chong, T. Nishida, J. DeLoache, and J. Haidt. 2011. "When Getting Something Good Is Bad: Even Three-Year-Olds React to Inequality." *Social Development* 20:154–70.

Locke, J. 1979/1690. *An Essay Concerning Human Understanding*. New York: Oxford University Press.

Lord, C. G., L. Ross, and M. R. Lepper. 1979. "Biased Assimilation and Attitude Polarization: The Effects of Prior Theories on Subsequently Considered Evidence." *Journal of Personality and Social Psychology* 37:2098–109.

Lucas, P., and A. Sheeran. 2006. "Asperger's Syndrome and the Eccentricity and Genius of Jeremy Bentham." *Journal of Bentham Studies* 8:1–20.

Luce, R. D., and H. Raiffa. 1957. *Games and Decisions: Introduction and Critical Survey*. New York: Wiley.

Luo, Q., M. Nakic, T. Wheatley, R. Richell, A. Martin, and R. J. R. Blair. 2006. "The Neural Basis of Implicit Moral Attitude—An IAT Study Using Event-Related fMRI." *Neuroimage* 30:1449–57.

Maccoby, E. E. 1998. *The Two Sexes: Growing Up Apart, Coming Together*. Cambridge, MA: Harvard University Press.

Marcus, G. 2004. *The Birth of the Mind*. New York: Basic Books.

Marean, C. W., M. Bar-Matthews, J. Bernatchez, E. Fisher, P. Goldberg, A. I. R. Herries, et al. 2007. "Early Human Use of Marine Resources and Pigment in South Africa During the Middle Pleistocene." *Nature* 449:905–8.

Margolis, H. 1987. *Patterns, Thinking, and Cognition*. Chicago: University of Chicago Press.

Margulis, L. 1970. *Origin of Eukaryotic Cells*. New Haven, CT: Yale University Press.

Markus, H. R., and S. Kitayama. 1991. "Culture and the Self: Implications for Cognition, Emotion, and Motivation." *Psychological Review* 98:224–53.

Marshall, L. 1999. "Nyae Nyae !Kung Beliefs and Rites." *Peabody Museum Monographs* 8:63–90.

Mascaro, J., ed. 1973. *The Dhammapada*. Harmondsworth, UK: Penguin.

Maslow, A. H. 1964. *Religions, Values, and Peak-Experiences*. Columbus: Ohio State University Press.

Mathew, S., and R. Boyd. 2011. "Punishment Sustains Large-Scale Cooperation in Prestate Warfare." *Proceedings of the National Academy of Sciences*, early edition, doi: 10.1073/pnas.1105604108.

Maynard Smith, J., and E. Szathmary. 1997. *The Major Transitions in Evolution*. Oxford: Oxford University Press.

Mazzella, R., and A. Feingold. 1994. "The Effects of Physical Attractiveness, Race, Socioeconomic Status, and Gender of Defendants and Victims on Judgments of Mock Jurors: A Metaanalysis." *Journal of Applied Social Psychology* 24:1315–44.

McAdams, D. P. 2006. *The Redemptive Self: Stories Americans Live By*. New York: Oxford University Press.

McAdams, D. P., M. Albaugh, E. Farber, J. Daniels, R. L. Logan, and B. Olson. 2008. "Family Metaphors and Moral Intuitions: How Conservatives and Liberals Narrate Their Lives." *Journal of Personality and Social Psychology* 95:978–90.

McAdams, D. P., and J. L. Pals. 2006. "A New Big Five: Fundamental Principles for an Integrative Science of Personality." *American Psychologist* 61:204–17.

McCrae, R. R. 1996. "Social Consequences of Experiential Openness." *Psychological Bulletin* 120:323–37.

McGuire, J., R. Langdon, M. Coltheart, and C. Mackenzie. 2009. "A Reanalysis of the Personal/Impersonal Distinction in Moral Psychology Research." *Journal of Experimental Social Psychology* 45:577–80.

McNeill, W. H. 1995. *Keeping Together in Time: Dance and Drill in Human History*. Cambridge, MA: Harvard University Press.

McWhorter, J. 2005. *Winning the Race: Beyond the Crisis in Black America*. New York: Gotham Books.

Meier, B. P., and M. D. Robinson. 2004. "Why the Sunny Side Is Up: Automatic Inferences About Stimulus Valence Based on Vertical Position." *Psychological Science* 15:243–47.

Meigs, A. 1984. *Food, Sex, and Pollution: A New Guinea Religion*. New Brunswick, NJ: Rutgers University Press.

Melis, A. P., B. Hare, and M. Tomasello. 2006. "Chimpanzees Recruit the Best Collaborators." *Science* 311:1297–300.

Mercier, H., and D. Sperber. 2011. "Why Do Humans Reason? Arguments for an Argumentative Theory." *Behavioral and Brain Sciences* 34:57–74.

Merton, R. K. 1968. *Social Theory and Social Structure*. New York: Free Press.

Mill, J. S. 2003/1859. *On Liberty*. New Haven, CT: Yale University Press.

Miller, D. T. 1999. "The Norm of Self-Interest." *American Psychologist* 54:1053–60.

Miller, G. F. 2007. "Sexual Selection for Moral Virtues." *Quarterly Review of Biology* 82:97–125.

Millon, T., E. Simonsen, M. Birket-Smith, and R. D. Davis. 1998. *Psychopathy: Antisocial, Criminal, and Violent Behavior*. New York: Guilford Press.

Mineka, S., and M. Cook. 1988. "Social Learning and the Acquisition of Snake Fear in Monkeys." In Social Learning: *Psychological and Biological Perspectives*, ed. T. R. Zentall and J. B. G. Galef, 51–74. Hillsdale, NJ: Lawrence Erlbaum.

Moll, J., F. Krueger, R. Zahn, M. Pardini, R. de Oliveira-Souza, and J. Grafman. 2006. "Human Fronto-Mesolimbic Networks Guide Decisions About Chari- table Donation." *Proceedings of the National Academy of Sciences of the United States of America* 103:15623–28.

Montaigne, M. de. 1991/1588. *The Complete Essays*. Trans. M. A. Screech. London: Penguin.

Morhenn, V. B., J. W. Park, E. Piper, and P. J. Zak. 2008. "Monetary Sacrifice Among Strangers Is Mediated by Endogenous Oxytocin Release After Physical Contact." *Evolution and Human Behavior* 29:375–83.

Morris, J. P., N. K. Squires, C. S. Taber, and M. Lodge. 2003. "Activation of Political Attitudes: A Psychophysiological Examination of the Hot Cognition Hypothesis." *Political Psychology* 24:727–45.

Motyl, M., J. Hart, T. Pyszczynski, D. Weise, M. Maxfield, and A. Siedel. 2011. "Subtle Priming of Shared Human Experiences Eliminates Threat-Induced Negativity Toward Arabs, Immigrants, and Peace-making." *Journal of Experimental Social Psychology* 47:1179–84.

Muir, W. M. 1996. "Group Selection for Adaptation to Multiple-Hen Cages: Selection Program and Direct Responses." *Poultry Science* 75:447–58.

Muller, J. Z. 1997. "What Is Conservative Social and Political Thought?" In *Conservatism: An Anthology of Social and Political Thought from David Hume to the Present*, ed. J. Z. Muller, 3–31. Princeton, NJ: Princeton University Press.

Munro, G. D., P. H. Ditto, L. K. Lockhart, A. Fagerlin, M. Gready, and E. Peterson. 2002. "Biased Assimilation of Sociopolitical Arguments: Evaluating the 1996 U.S. Presidential Debate." *Basic and Applied Social Psychology* 24:15–26.

Murray, C. 1997. *What It Means to Be a Libertarian: A Personal Interpretation*. New York: Broadway.

Mussolini, B. 1932. "The Doctrine of Fascism." *Enciclopedia Italiana*, vol 14. In Princeton Readings in Political Thought, ed. M. Cohen and N. Fermon. Princeton, NJ: Princeton University Press.

Needleman, H. L. 2000. "The Removal of Lead from Gasoline: Historical and Personal Reflections." *Environmental Research* 84:20–35.
Neisser, U. 1967. *Cognitive Psychology.* New York: Appleton-Century-Crofts.
Neuberg, S. L., D. T. Kenrick, and M. Schaller. 2010." Evolutionary Social Psychology." In *Handbook of Social Psychology,* ed. S. T. Fiske, D. T. Gilbert, and G. Lindzey, 5th ed., 2:761–96. Hoboken, NJ: John Wiley and Sons.
Nevin, R. 2000. "How Lead Exposure Relates to Temporal Change in IQ , Violent Crime, and Unwed Pregnancy" *Enviromental Research* 83:1–22.
Newberg, A., E. D'Aquili, and V. Rause. 2001. *Why God Won't Go Away: Brain Science and the Biology of Belief.* New York: Ballantine.
Nickerson, R. S. 1998. "Confirmation Bias: A Ubiquitous Phenomenon in Many Guises." *Review of General Psychology* 2:175–220.
Nisbet, R. A. 1993/1966. *The Sociological Tradition,* 2nd ed. New Brunswick, NJ: Transaction.
Nisbett, R. E., G. T. Fong, D. R. Lehman, and P. W. Cheng. 1987. "Teaching Reasoning." *Science* 238:525–31.
Nisbett, R. E., K. Peng, I. Choi, and A. Norenzayan. 2001. "Culture and Systems of Thought: Holistic Versus Analytical Cognition." *Psychological Review* 108:291–310.
Nocera, J. 2011. "The Last Moderate." *New York Times,* September 6, A27.
Norenzayan, A., and A. F. Shariff. 2008. "The Origin and Evolution of Religious Prosociality." *Science* 322:58–62.
Nowak, M. A., and R. Highfield. 2011. *SuperCooperators: Altruism, Evolution, and Why We Need Each Other to Succeed.* New York: Free Press.
Nucci, L., E. Turiel, and G. Encarnacion-Gawrych. 1983. "Children's Social Interactions and Social Concepts: Analyses of Morality and Convention in the Virgin Islands." *Journal of Cross-Cultural Psychology* 14:469–87.
Nussbaum, M. C. 2004. *Hiding from Humanity.* Princeton, NJ: Princeton University Press.
Oakeshott, M. 1997/1947. "Rationalism in Politics." In *Conservatism,* ed. J. Z. Muller, 292–311. Princeton, NJ: Princeton University Press.
Okasha, S. 2006. *Evolution and the Levels of Selection.* Oxford: Oxford University Press.
Olds, J., and P. Milner. 1954. "Positive Reinforcement Produced by Electrical Stimulation of Septal Areas and Other Regions of Rat Brains." *Journal of Comparative and Physiological Psychology* 47:419–27.
Osgood, C. E. 1962. "Studies on the Generality of Affective Meaning Systems." *American Psychologist* 17:10–28.
Ovid. 2004. *Metamorphoses.* Trans. David Raeburn. London: Penguin.
Oxley, D. R., K. B. Smith, J. R. Alford, M. V. Hibbing, J. L. Miller, M. Scalora, et al. 2008. "Political Attitudes Vary with Physiological Traits." *Science* 321:1667–70.
Pahnke, W. N. 1966. "Drugs and Mysticism." *International Journal of Parapsychology* 8:295–313.
Panchanathan, K., and R. Boyd. 2004. "Indirect Reciprocity Can Stabilize Cooperation Without the Second-Order Free Rider Problem." *Nature* 432:499–502.
Pape, R. A. 2005. *Dying to Win: The Strategic Logic of Suicide Terrorism.* New York: Random House.
Patterson, J. T. 2010. *Freedom Is Not Enough. The Moynihan Report and America's Struggle over Black Family Life—from LBJ to Obama.* New York: Basic Books.
Pavlov, I. 1927. *Conditioned Reflexes: An Investigation into the Physiological Activity of the Cortex.* Trans. G. Anrep. New York: Dover.
Paxton, J. M., L. Ungar, and J. Greene. Forthcoming. "Reflection and Reasoning in Moral Judgment." *Cognitive Science.*
Pennebaker, J. 1997. *Opening UP: The Healing Power of Expressing Emotions.* Rev. ed. New York: Guilford.
Pennebaker, J. W., M. E. Francis, and R. J. Booth. 2003. *Linguistic Inquiry and Word Count: LIWC2001 Manual.* Mahwah, NJ: Lawrence Erlbaum.
Perkins, D. N., M. Farady, and B. Bushey. 1991. "Everyday Reasoning and the Roots of Intelligence." In *Informal Reasoning and Education,* ed. J. F. Voss, D. N. Perkins, and J. W. Segal, 83–105. Hillsdale, NJ: Lawrence Erlbaum.
Perugini, M., and L. Leone. 2009. "Implicit Self-Concept and Moral Action." *Journal of Research in Personality* 43:747–54.
Piaget, J. 1932/1965. *The Moral Judgement of the Child.* Trans. M. Gabain. New York: Free Press.
Pickrell, J. K., G. Coop, J. Novembre, S. Kudaravalli, J. Z. Li, D. Absher, et al. 2009. "Signals of Recent Positive Selection in a Worldwide Sample of Human Populations." *Genome Research* 19:826–37.
Pildes, R. H. 2011. "Why the Center Does Not Hold: The Causes of Hyperpolarized Democracy in America." *California Law Review* 99:273–334.
Pinker, S. 2002. *The Blank Slate: The Modern Denial of Human Nature.* New York: Viking.
———. 2011. *The Better Angels of Our Nature: Why Violence Has Declined.* New York: Viking.
Plato. 1997. *Timaeus.* Trans. D. J. Zeyl. In *Plato: Complete Works,* ed. J. M. Cooper. Indianapolis: Hackett.
Pollan, M. 2006. *The Omnivore's Dilemma: A Natural History of Four Meals.* New York: Penguin.
Poole, K. T., and H. Rosenthal. 2000. *Congress: A Political-Economic History of Roll Call Voting.* New York: Oxford University Press.
Potts, R., and C. Sloan. 2010. *What Does It Mean to Be Human?* Washington, DC: National Geographic.
Powell, R., and S. Clarke. Forthcoming. "Religion as an Evolutionary Byproduct: A Critique of the Standard Model." *British Journal for the Philosophy of Science.*
Premack, D., and A. J. Premack. 2004. "Moral Belief: Form Versus Content." In *Mapping the Mind: Domain Specificity in Cognition and Culture,* ed. L. A. Hirschfeld and S. A. Gelman, 149–68. Cambridge, UK: Cambridge University Press.
Price, G. 1972. "Extensions of Covariance Selection Mathematics." *Annals of Human Genetics* 35:485–90.
Putnam, R. D. 2000. *Bowling Alone: The Collapse and Revival of American Community.* New York: Simon and Schuster.
Putnam, R. D., and D. E. Campbell. 2010. *American Grace: How Religion Divides and Unites Us.* New York: Simon and Schuster.
Pyszczynski, T., and J. Greenberg. 1987. "Toward an Integration of Cognitive and Motivational Perspectives on Social Inference: A Biased Hypothesis-Testing Model." *Advances in Experimental Social Psychology* 20:297–340.
Rai, T. S., and A. P. Fiske. 2011. "Moral Psychology Is Relationship Regulation: Moral Motives for Unity, Hierarchy, Equality, and Proportionality." *Psychological Review* 118:57–75.
Ramachandran, V. S., and S. Blakeslee. 1998. *Phantoms in the Brain: Probing the Mysteries of the Human Mind.* New York: William Morrow.
Rappaport, R. 1971. "The Sacred in Human Evolution." *Annual Review of Ecology and Systematics* 2:23–44.
Rawls, J. 1971. *A Theory of Justice.* Cambridge, MA: Harvard University Press.
Reyes, J. W. 2007. "Environmental Policy as Social Policy? The Impact of Childhood Lead Exposure on Crime." Working Paper No. 13097, National Bureau of Economic Research, Washington, DC.
Richards, K. 2010. *Life.* New York: Little, Brown.

Richerson, P. J., and R. Boyd. 1998. "The Evolution of Human Ultra-Sociality."In *Indoctrinability, Ideology, and Warfare: Evolutionary Perspectives*, ed. I. Eibl-Eibesfeldt and F. K. Salter, 71–95. New York: Berghahn.

———. 2004. "Darwinian Evolutionary Ethics: Between Patriotism and Sympathy." In *Evolution and Ethics: Human Morality in Biological and Religious Perspective*, ed. P. Clayton and J. Schloss, 50–77. Grand Rapids, MI: Eerdmans.

———. 2005. *Not by Genes Alone: How Culture Transformed Human Evolution*. Chicago: University of Chicago Press.

Rieder, J. 1985. *Canarsie: The Jews and Italians of Brooklyn Against Liberalism*. Cambridge, MA: Harvard University Press.

Rilling, J. K., D. R. Goldsmith, A. L. Glenn, M. R. Jairam, H. A. Elfenbein, J. E. Dagenais, et al. 2008. "The Neural Correlates of the Affective Response to Unreciprocated Cooperation." *Neuropsychologia* 46:1256–66.

Roes, F. L., and M. Raymond. 2003. "Belief in Moralizing Gods." *Evolution and Human Behavior* 24:126–35.

Rosaldo, M. 1980. *Knowledge and Passion: Ilongot Notions of Self and Social Life*. Cambridge, UK: Cambridge University Press.

Rosenberg, N. 1990. "Adam Smith and the Stock of Moral Capital." *History of Political Economy* 22:1–17.

Rosenzweig, M. R. 1999. "Welfare, Marital Prospects, and Nonmarital Childbearing." *Journal of Political Economy* 107:S3–S32.

Rothman, S., S. R. Lichter, and N. Nevitte. 2005. "Politics and Professional Advancement Among College Faculty." *The Forum* (electronic journal), vol. 3, iss. 1, article 2.

Rozin, P. 1976. "The Selection of Food by Rats, Humans, and Other Animals." In *Advances in the Study of Behavior*, ed. J. Rosenblatt, R. A. Hinde, C. Beer, and E. Shaw, 6:21–76. New York: Academic Press.

Rozin, P., and A. Fallon. 1987. "A Perspective on Disgust." *Psychological Review* 94:3–41.

Rozin, P., J. Haidt, and K. Fincher. 2009. "From Oral to Moral." *Science* 323:1179–80.

Rozin, P., J. Haidt, and C. R. McCauley. 2008. "Disgust." In *Handbook of Emotions*, ed. M. Lewis, J. M. Haviland-Jones, and L. F. Barrett, 3rd ed., 757–76. New York: Guilford Press.

Rozin, P., L. Lowery, S. Imada, and J. Haidt. 1999. "The CAD Triad Hypothesis: A Mapping Between Three Moral Emotions (Contempt, Anger, Disgust) and Three Moral Codes (Community, Autonomy, Divinity)." *Journal of Personality and Social Psychology* 76:574–86.

Ruffle, B. J., and R. Sosis. 2006. "Cooperation and the In-Group-Out-Group Bias: A Field Test on Israeli Kibbutz Members and City Residents." *Journal of Economic Behavior and Organization* 60:147–63.

Russell, B. 2004/1946. *History of Western Philosophy*. London: Routledge.

Saltzstein, H. D., and T. Kasachkoff. 2004. "Haidt's Moral Intuitionist Theory." *Review of General Psychology* 8:273–82.

Sanfey, A. G., J. K. Rilling, J. A. Aronson, L. E. Nystrom, and J. D. Cohen. 2003. "The Neural Basis of Economic Decision-Making in the Ultimatum Game." *Science* 300:1755–58.

Schaller, M., and J. H. Park. 2011. "The Behavioral Immune System (and Why It Matters)." *Current Directions in Psychological Science* 20:99–103.

Scham, S. 2008. "The World's First Temple." *Archaeology* 61, November/December, online article.

Scherer, K. R. 1984. "On the Nature and Function of Emotion: A Component Process Approach." In *Approaches to Emotion*, ed. K. R. Scherer and P. Ekman, 293–317. Hillsdale, NJ: Lawrence Erlbaum.

Schmidt, M. F. H., and J. A. Sommerville. 2011. "Fairness Expectations and Altruistic Sharing in 15-Month-Old Human Infants." *PLoS ONE* 6:e23223.

Schnall, S., J. Haidt, G. L. Clore, and A. H. Jordan. 2008. "Disgust as Embodied Moral Judgment." *Personality and Social Psychology Bulletin* 34:1096–109.

Schwitzgebel, E. 2009. "Do Ethicists Steal More Books?" *Philosophical Psychology* 22:711–25.

Schwitzgebel, E., and J. Rust. 2009. "Do Ethicists and Political Philosophers Vote More Often than Other Professors?" *Review of Philosophy and Psychology* 1:189–99.

———. 2011. "The Self-Reported Moral Behavior of Ethics Professors." Unpublished ms., University of California at Riverside.

Schwitzgebel, E., J. Rust, L. T.-L. Huang, A. Moore, and J. Coates. 2011. "Ethicists' Courtesy at Philosophy Conferences." Unpublished ms., University of California at Riverside.

Scruton, R. 1982. *Kant*. Oxford: Oxford University Press.

Secher, R. 2003/1986. *A French Genocide: The Vendée*. Trans. G. Holoch. South Bend, IN: Notre Dame University Press.

Seeley, T. D. 1997. "Honey Bee Colonies Are Group-Level Adaptive Units." *American Naturalist* 150:S22–S41.

Settle, J. E., C. T. Dawes, N. A. Christakis, and J. H. Fowler. 2010. "Friendships Moderate an Association Between a Dopamine Gene Variant and Political Ideology." *Journal of Politics* 72:1189–98.

Shariff, A. F., and A. Norenzayan. 2007. "God Is Watching You: Priming God Concepts Increases Prosocial Behavior in an Anonymous Economic Game." *Psychological Science* 18:803–9.

Shaw, V. F. 1996. "The Cognitive Processes in Informal Reasoning." *Thinking and Reasoning* 2:51–80.

Sherif, M., O. J. Harvey, B. J. White, W. Hood, and C. Sherif. 1961/1954. *Intergroup Conflict and Cooperation: The Robbers Cave Experiment*. Norman: University of Oklahoma Institute of Group Relations.

Sherman, G. D., and J. Haidt. 2011. "Cuteness and Disgust: The Humanizing and Dehumanizing Effects of Emotion." *Emotion Review* 3:245–51.

Shweder, R. A. 1990a. "Cultural Psychology: What Is It?" In *Cultural Psychology: Essays on Comparative Human Development*, ed. J. W. Stigler, R. A. Shweder, and G. Herdt, 1–43. New York: Cambridge University Press.

———. 1990b. "In Defense of Moral Realism: Reply to Gabennesch." *Child Development* 61:2060–67.

———. 1991. *Thinking Through Cultures: Expeditions in Cultural Psychology*. Cambridge, MA: Harvard University Press.

Shweder, R. A., and E. Bourne. 1984. "Does the Concept of the Person Vary Cross-Culturally?" In *Cultural Theory*, ed. R. Shweder and R. LeVine, 158–99. Cambridge, UK: Cambridge University Press.

Shweder, R. A., and J. Haidt. 1993. "The Future of Moral Psychology: Truth, Intuition, and the Pluralist Way." *Psychological Science* 4:360–65.

Shweder, R. A., and R. A. LeVine, eds. 1984. *Culture Theory: Essays on Mind, Self, Emotion*. Cambridge, UK: Cambridge University Press.

Shweder, R. A., M. Mahapatra, and J. Miller. 1987. "Culture and Moral Development." In *The Emergence of Morality in Young Children*, ed. J. Kagan and S. Lamb, 1–83. Chicago: University of Chicago Press.

Shweder, R. A., N. C. Much, M. Mahapatra, and L. Park. 1997. "The 'Big Three' of Morality (Autonomy, Community, and Divinity), and the 'Big Three' Explanations of Suffering." In *Morality and Health*, ed. A. Brandt and P. Rozin, 119–69. New York: Routledge.

Sigall, H., and N. Ostrove. 1975. "Beautiful but Dangerous: Effects of Offender Attractiveness and Nature of the Crime on Juridic Judgment." *Journal of Personality and Social Psychology* 31:410–14.

Singer, P. 1979. *Practical Ethics*. Cambridge, UK: Cambridge University Press.

Singer, T., B. Seymour, J. P. O'Doherty, K. E. Stephan, R. J. Dolan, and C. D. Frith. 2006. "Empathic Neural Responses Are Modulated by the Perceived Fairness of Others." *Nature* 439:466–69.
Sinnott-Armstrong, W., ed. 2008. *Moral Psychology*. 3 vols. Cambridge, MA: MIT Press.
Smith, A. 1976/1759. *The Theory of Moral Sentiments*. Oxford: Oxford University Press.
Smith, C. 2003. *Moral, Believing Animals: Human Personhood and Culture*. Oxford: Oxford University Press.
Sober, E., and D. S. Wilson. 1998. *Unto Others: The Evolution and Psychology of Unselfish Behavior*. Cambridge, MA: Harvard University Press.
Solomon, R. C. 1993. "The Philosophy of Emotions." In *Handbook of Emotions*, ed. M. Lewis and J. Haviland, 3–15. New York: Guilford Press.
Sosis, R. 2000. "Religion and Intragroup Cooperation: Preliminary Results of a Comparative Analysis of Utopian Communities." *Cross-Cultural Research* 34:70–87.
Sosis, R., and C. S. Alcorta. 2003. "Signaling, Solidarity, and the Sacred: The Evolution of Religious Behavior." *Evolutionary Anthropology* 12:264–74.
Sosis, R., and E. R. Bressler. 2003. "Cooperation and Commune Longevity: A Test of the Costly Signaling Theory of Religion." *Cross-Cultural Research: The Journal of Comparative Social Science* 37:211–39.
Sowell, T. 2002. *A Conflict of Visions: The Ideological Origins of Political Struggles*. New York: Basic Books.
Sperber, D. 2005. "Modularity and Relevance: How Can a Massively Modular Mind Be Flexible and Context-Sensitive?" In *The Innate Mind: Structure and Contents*, ed. P. Carruthers, S. Laurence, and S. Stich, 53–68. New York: Oxford University Press.
Sperber, D., and L. A. Hirschfeld. 2004. "The Cognitive Foundations of Cultural Stability and Diversity." *Trends in Cognitive Sciences* 8:40–46.
Stampf, G. 2008. *Interview with a Cannibal: The Secret Life of the Monster of Rotenburg*. Beverly Hills, CA: Phoenix Books.
Stearns, S. C. 2007. "Are We Stalled Part Way Through a Major Evolutionary Transition from Individual to Group?" *Evolution: International Journal of Organic Evolution* 61:2275–80.
Stenner, K. 2005. *The Authoritarian Dynamic*. New York: Cambridge University Press.
Stevenson, C. L. 1960. *Ethics and Language*. New Haven: Yale University Press.
Stewart, J. E. 1980. "Defendant's Attractiveness as a Factor in the Outcome of Criminal Trials: An Observational Study." *Journal of Applied Social Psychology* 10:348–61.
Stolberg, S. G. 2011. "You Want Compromise. Sure You Do." *New York Times*, Sunday Review, August 14.
Sunstein, C. R. 2005. "Moral Heuristics." *Brain and Behavioral Science* 28:531–73.
Taber, C. S., and M. Lodge. 2006. "Motivated Skepticism in the Evaluation of Political Beliefs." *American Journal of Political Science* 50:755–69.
Taleb, N. 2007. *The Black Swan: The Impact of the Highly Improbable*. New York: Random House.
Tan, J. H. W., and C. Vogel. 2008. "Religion and Trust: An Experimental Study." *Journal of Economic Psychology* 29:832–48.
Tattersall, I. 2009. *The Fossil Trail: How We Know What We Think We Know About Human Evolution*. 2nd ed. New York: Oxford University Press.
Tetlock, P. E. 2002. "Social Functionalist Frameworks for Judgment and Choice: Intuitive Politicians, Theologians, and Prosecutors." *Psychological Review*109:451–57.
Tetlock, P. E., O. V. Kristel, B. Elson, M. Green, and J. Lerner. 2000. "The Psychology of the Unthinkable: Taboo Trade-offs, Forbidden Base Rates, and Heretical Counterfactuals." *Journal of Personality and Social Psychology* 78:853–70.
Thomas, K. 1983. *Man and the Natural World*. New York: Pantheon.
Thomson, J. A., and C. Aukofer. 2011. *Why We Believe in God(s): A Concise Guide to the Science of Faith*. Charlottesville, VA: Pitchstone Publishing.
Thórisdóttir, H., and J. T. Jost. 2011. "Motivated Closed-Mindedness Mediates the Effect of Threat on Political Conservatism." *Political Psychology* 32:785–811.
Thornhill, R., C. L. Fincher, and D. Aran. 2009. "Parasites, Democratization, and the Liberalization of Values Across Contemporary Countries." *Biological Reviews of the Cambridge Philosophical Society* 84:113–31.
Tishkoff, S. A., F. A. Reed, A. Ranciaro, et al. 2007. "Convergent Adaptation of Human Lactase Persistence in Africa and Europe." *Nature Genetics* 39:31–40.
Todorov, A., A. N. Mandisodza, A. Goren, and C. C. Hall. 2005. "Inferences of Competence from Faces Predict Election Outcomes." *Science* 308:1623–26.
Tomasello, M., M. Carpenter, J. Call, T. Behne, and H. Moll. 2005. "Understanding and Sharing Intentions: The Origins of Cultural Cognition." *Behavioral and Brain Sciences* 28:675–91.
Tomasello, M., A. Melis, C. Tennie, E. Wyman, E. Herrmann, and A. Schneider. Forthcoming. "Two Key Steps in the Evolution of Human Cooperation: The Mutualism Hypothesis." *Current Anthropology*.
Tooby, J., and L. Cosmides. 1992. "The Psychological Foundations of Culture." In *The Adapted Mind: Evolutionary Psychology and the Generation of Culture*, ed. J. H. Barkow, L. Cosmides, and J. Tooby, 19–136. New York: Oxford University Press.
———. 2010. "Groups in Mind: The Coalitional Roots of War and Morality." In *Human Morality and Sociality: Evolutionary and Comparative Perspectives*, ed. H. Høgh-Olesen. New York: Palgrave Macmillan.
Trivers, R. L. 1971. "The Evolution of Reciprocal Altruism." *Quarterly Review of Biology* 46:35–57.
Trut, L. N. 1999. "Early Canid Domestication: The Farm Fox Experiment." *American Scientist* 87:160–69.
Turiel, E. 1983. *The Development of Social Knowledge: Morality and Convention*. Cambridge, UK: Cambridge University Press.
Turiel, E., M. Killen, and C. C. Helwig. 1987. "Morality: Its Structure, Function, and Vagaries." In *The Emergence of Morality in Young Children*, ed. J. Kagan and S. Lamb, 155–243. Chicago: University of Chicago Press.
Turkheimer, E. 2000. "Three Laws of Behavior Genetics and What They Mean." *Current Directions in Psychological Science* 9:160–64.
Turner, V. W. 1969. *The Ritual Process: Structure and Anti-Structure*. Chicago: Aldine.
Valdesolo, P., J. Ouyang, and D. DeSteno. 2010. "The Rhythm of Joint Action: Synchrony Promotes Cooperative Ability." *Journal of Experimental Social Psychology* 46:693–95.
Van Berkum, J. J. A., B. Holleman, M. Nieuwland, M. Otten, and J. Murre. 2009. "Right or Wrong? The Brain's Fast Response to Morally Objectionable Statements." *Psychological Science* 20:1092–99.
Van Vugt, M., D. De Cremer, and D. P. Janssen. 2007. "Gender Differences in Cooperation and Competition: The Male-Warrior Hypothesis." *Psychological Science* 18:19–23.
Van Vugt, M., R. Hogan, and R. B. Kaiser. 2008. "Leadership, Followership, and Evolution: Some Lessons from the Past." *American Psychologist* 63:182–96.
Viding, E., R. J. R. Blair, T. E. Moffitt, and R. Plomin. 2005. "Evidence for Substantial Genetic Risk for Psychopathy in 7-Year-Olds." *Journal of Child Psychology and Psychiatry* 46:592–97.
Voegeli, W. 2010. *Never Enough: America's Limitless Welfare State*. New York: Encounter Books.

Wade, N. 2007. "Is 'Do Unto Others' Written Into Our Genes?" *New York Times*. September 18, p. 1 of Science Times.
———. 2009. *The Faith Instinct: How Religion Evolved and Why It Endures*. New York: Penguin.
Walster, E., G. W. Walster, and E. Berscheid. 1978. *Equity: Theory and Research*. Boston: Allyn and Bacon.
Wason, P. C. 1960. "On the Failure to Eliminate Hypotheses in a Conceptual Task." *Quarterly Journal of Experimental Psychology* 12:129–40.
———. 1969. "Regression in Reasoning?" *British Journal of Psychology* 60:471–80.
Weedon, M. N., H. Lango, C. M. Lindgren, C. Wallace, D. M. Evans, M. Mangino, et al. 2008. "Genome-Wide Association Analysis Identifies 20 Loci That Influence Adult Height." *Nature Genetics* 40:575–83.
Westen, D. 2007. *The Political Brain: The Role of Emotion in Deciding the Fate of the Nation*. New York: Public Affairs.
Westen, D., P. S. Blagov, K. Harenski, S. Hamann, and C. Kilts. 2006. "Neural Bases of Motivated Reasoning: An fMRI Study of Emotional Constraints on Partisan Political Judgment in the 2004 U.S. Presidential Election." *Journal of Cognitive Neuroscience* 18:1947–58.
Wheatley, T., and J. Haidt. 2005. "Hypnotic Disgust Makes Moral Judgments More Severe." *Psychological Science* 16:780–84.
Wilkinson, G. S. 1984. "Reciprocal Food Sharing in the Vampire Bat." *Nature* 308:181–84.
Wilkinson, R., and K. Pickett. 2009. *The Spirit Level: Why Greater Equality Makes Societies Stronger*. New York: Bloomsbury.
Williams, B. 1967. "Rationalism." In *The Encyclopedia of Philosophy*, ed. P. Edwards, 7–8:69–75. New York: Macmillan.
Williams, G. C. 1966. *Adaptation and Natural Selection: A Critique of Some Current Evolutionary Thought*. Princeton, NJ: Princeton University Press.
Williams, G. C. 1988. Reply to comments on "Huxley's Evolution and Ethics in Sociobiological Perspective." *Zygon* 23:437–38.
Williamson, S. H., M. J. Hubisz, A. G. Clark, B. A. Payseur, C. D. Bustamante, and R. Nielsen. 2007. "Localizing Recent Adaptive Evolution in the Human Genome." *PLoS Genetics* 3:e90.
Wilson, D. S. 2002. *Darwin's Cathedral: Evolution, Religion, and the Nature of Society*. Chicago: University of Chicago Press.
Wilson, D. S., and E. O. Wilson. 2007. "Rethinking the Theoretical Foundation of Sociobiology." *Quarterly Review of Biology* 82:327–48.
———. 2008. "Evolution 'for the Good of the Group.' " *American Scientist* 96:380–89.
Wilson, E. O. 1975. *Sociobiology*. Cambridge, MA: Harvard University Press.
———. 1990. *Success and Dominance in Ecosystems: The Case of the Social Insects*. Oldendorf, Germany: Ecology Institute.
———. 1998. *Consilience: The Unity of Knowledge*. New York: Knopf.
Wilson, E. O., and B. Hölldobler. 2005. "Eusociality: Origin and Consequences." *Proceedings of the National Academy of Sciences of the United States of America* 102:13367–71.
Wilson, T. D. 2002. *Strangers to Ourselves: Discovering the Adaptive Unconscious*. Cambridge, MA: Belknap Press.
Wilson, T. D., and J. W. Schooler. 1991. "Thinking Too Much: Introspection Can Reduce the Quality of Preferences and Decisions." *Journal of Personality and Social Psychology* 60:181–92.
Wiltermuth, S., and C. Heath. 2008. "Synchrony and Cooperation." *Psychological Science* 20:1–5.
Wobber, V., R. Wrangham, and B. Hare. 2010. "Application of the Heterochrony Framework to the Study of Behavior and Cognition." *Communicative and Integrative Biology* 3:337–39.
Wolf, S. 2010. *Meaning in Life and Why It Matters*. Princeton, NJ: Princeton University Press.
Woodberry, R. D., and C. Smith. 1998. *Fundamentalism et al.: Conservative Protestants in America*. Palo Alto, CA: Annual Reviews.
Wrangham, R. W. 2001. "The Evolution of Cooking." Conversation with John Brockman on Edge.org.
Wrangham, R. W., and D. Pilbeam. 2001. "African Apes as Time Machines." In *All Apes Great and Small*, ed. B. M. F. Galdikas, N. E. Briggs, L. K. Sheeran, G. L. Shapiro, and J. Goodall, 1:5–18. New York: Kluwer.
Wright, R. 1994. *The Moral Animal*. New York: Pantheon.
———. 2009. *The Evolution of God*. New York: Little, Brown.
Wundt, W. 1907/1896. *Outlines of Psychology*. Leipzig: Wilhelm Englemann.
Wynne-Edwards, V. C. 1962. *Animal Dispersion in Relation to Social Behaviour*. Edinburgh: Oliver and Boyd.
Yi, X., Y. Liang, E. Huerta-Sanchez, X. Jin, Z. X. P. Cuo, J. E. Pool, et al. 2010. "Sequencing of 50 Human Exomes Reveals Adaptation to High Altitude." *Science* 329:75–78.
Zajonc, R. B. 1968. "Attitudinal Effects of Mere Exposure." *Journal of Personality and Social Psychology* 9:1–27.
———. 1980. "Feeling and Thinking: Preferences Need No Inferences." *American Psychologist* 35:151–75.
Zak, P. J. 2011. "The Physiology of Moral Sentiments." *Journal of Economic Behavior and Organization* 77:53–65.
Zaller, J. R. 1992. *The Nature and Origins of Mass Opinion*. New York: Cambridge University Press.
Zhong, C. B., V. K. Bohns, and F. Gino. 2010. "Good Lamps Are the Best Police: Darkness Increases Dishonesty and Self-Interested Behavior." *Psychological Science* 21:311–14.
Zhong, C. B., and K. Liljenquist. 2006. "Washing Away Your Sins: Threatened Morality and Physical Cleansing." *Science* 313:1451–52.
Zhong, C. B., B. Strejcek, and N. Sivanathan. 2010. "A Clean Self Can Render Harsh Moral Judgment." *Journal of Experimental Social Psychology* 46:859–62.
Zimbardo, P. G. 2007. *The Lucifer Effect: Understanding How Good People Turn Evil*. New York: Random House.

# 圖片鳴謝

下方未列出的相片與圖表皆由強納森．海德特拍攝或製作。

| 圖 | 圖片來源 |
| --- | --- |
| 七．三 | ©Heather Norwood/ CC BY-SA 3.0<br>Photo was used in protests by PETA against the Ringling Bros. Circus on 15 July 2010. http://www.peta.org |
| 七．五 | Emily Ekins |
| 七．七 | Sarah Estes Graham 拍攝。 |
| 九．二 | ©Didier Descouens/CC BY-SA 4.0<br>Biface. Place of discovery: Saint Acheul, Amiens, Somme, France - Former collection of Félix Régnault. |
| 九．三 | 感謝 Lyudmila Trut 授權使用。 |
| 十．一 | ©Alessandro Gelsumini (Own work) /CC0 1.0<br>Latina: Phalangis syntagma Macedonicae. |
| 十．二 | ©Unknown/Wikimedia Commons/Public Domain<br>Codex Magliabechiano from the Loubat collection |
| 十一．三 | 報紙原圖是由強納森．海德特掃描下來 |
| 十二．一 | 經 Jeff Gates 許可 |
| 十三．一 | ©William Blake Archive/Wikimedia Commons/Public Domain<br>The Good and Evil Angels |

國家圖書館出版品預行編目 (CIP) 資料

好人總是自以為是：政治與宗教如何將我們四分五裂 / 強納森．海德特 (Jonathan Haidt) 著；姚怡平譯．-- 二版．-- 臺北市：英屬蓋曼群島商網路與書股份有限公司臺灣分公司出版：大塊文化出版股份有限公司發行, 2022.04

面；　公分．-- (For2 ; 25)

譯　自：The righteous mind : why good people are divided by politics and religion.

ISBN 978-626-7063-10-1( 平裝 )

1. 道德　　2. 政治心理學　　3. 社會心理學

199　　111003445